甘肃省一流学科建设项目资助成果

教育部人文社会科学重点研究基地西北师范大学西北少数民族教育发展研究中心资助成果

西师教育论丛
主编 万明钢

研究性学习课程实施研究

胡红杏 著

Yanjiuxing Xuexi Kecheng Shishi Yanjiu

中国社会科学出版社

图书在版编目(CIP)数据

研究性学习课程实施研究/胡红杏著.—北京：中国社会科学出版社，2017.12

ISBN 978-7-5203-1261-5

Ⅰ.①研⋯ Ⅱ.①胡⋯ Ⅲ.①高中—教学研究 Ⅳ.①G632.0

中国版本图书馆CIP数据核字(2017)第261075号

出 版 人	赵剑英
责任编辑	周晓慧
责任校对	无 介
责任印制	戴 宽

出 版	中国社会科学出版社
社 址	北京鼓楼西大街甲158号
邮 编	100720
网 址	http://www.csspw.cn
发 行 部	010-84083685
门 市 部	010-84029450
经 销	新华书店及其他书店

印 刷	北京明恒达印务有限公司
装 订	廊坊市广阳区广增装订厂
版 次	2017年12月第1版
印 次	2017年12月第1次印刷

开 本	710×1000 1/16
印 张	22.75
插 页	2
字 数	348千字
定 价	99.00元

凡购买中国社会科学出版社图书，如有质量问题请与本社营销中心联系调换
电话:010-84083683
版权所有 侵权必究

总　序

　　正如学校的发展一样，办学历史越久，文化底蕴越厚重。同样，一门学科的发展水平，离不开对优良学术传统的坚守、继承与发展。西北师范大学教育学的发展，也正经历着这样的一条发展之路。回溯历史，西北师范大学前身为国立北平师范大学，发端于 1902 年建立的京师大学堂师范馆，1912 年改为"国立北京高等师范学校"，1923 年改为"国立北平师范大学"。1937 年"七七"事变后，国立北平师范大学与同时西迁的国立北平大学、北洋工学院共同组成西北联合大学，国立北平师范大学整体改组为西北联合大学下设的教育学院，后改为师范学院。1939 年西北联合大学师范学院独立设置，改称国立西北师范学院，1941 年迁往兰州。从此，西北师范大学的教育学人扎根于陇原大地，躬耕默拓，薪火相传，为国家培育英才。

　　教育学科是西北师范大学教育学院的传统优势学科，具有悠久的历史和较强的实力。1960 年就开始招收研究生，这为 20 年后的 1981 年获批国家第一批博士点打下了坚实的基础。当时，西北师范学院教育系的师资来自五湖四海，综合实力很强，有在全国师范教育界影响很大的著名八大教授：胡国钰、刘问岫、李秉德、南国农、萧树滋、王文新、王明昭、杨少松，他们中很多人曾留学海外，很多人迁居兰州，宁把他乡做故乡，扎根于西北这片贫瘠的黄土高原，甘于清贫、淡泊名利、默默奉献，把事业至上、自强不息、爱岗敬业的精神，熔铸在西北师范大学教育学科发展的文化传统之中，对西部教育事业的发展作出了重要贡献。"随风潜入夜，润物细无声。"先生之风，山高水长。为西北师范大学早期教育学科的卓越发展作出重大贡献的先生们，他们身体力行、典型示范，对后辈学者们潜心学术，继承学问产生了重要的、潜移默化的影响，体现了西北师范大学的教育学人扎根本土、潜心学术、面向全国、放眼世界，站在学科发展前沿，培养培训优秀师资，服务地方经济社会发展的教育胸怀与本色。

西北师范大学教育学科历经历史沧桑的洗礼发展走到今天，已形成了相对稳定而有特色的研究领域。尤其是在国家统筹推进世界一流大学和一流学科建设的大背景下，西北师范大学的教育学作为甘肃省《统筹推进高水平大学和一流学科建设实施方案》规划的一流学科建设项目，迎来了学科再繁荣与大发展的历史良机。为此，作为甘肃省一流学科建设项目成果、西北师范大学课程与教学论国家重点（培育）学科建设成果、教育部人文社会科学重点研究基地西北师范大学西北少数民族教育发展研究中心科研成果，我们编撰了"西师教育论丛"，汇聚近年来教育学院教师在课程与教学论、民族教育、农村教育、高等教育以及学前教育等方面的学术成果。这些成果大多数是在中青年学者的博士学位论文，科研项目以及扎根教学实践的基础上进一步凝练的结晶。他们深入民族地区和农村地区的村落、学校，深入大学与中小学的课堂实践，通过详查细看，对语文、数学、英语、物理、化学、研究性学习等学科课程教育教学的问题研究，对教育基本理论问题的思考，对教育发展前沿问题的探索……这些成果是不断构建和完善高水平的现代教育科学理论体系，大力提高教育科学理论研究水平和教育科学实践创新能力，进一步发挥教育理论研究高地、教育人才培养重镇、教育政策咨询智库作用的一定体现，更是教育学学科继承与发展的重要过程。

筚路蓝缕，以启山林。目前付梓出版的这些著作不仅是教师自我专业成长的一个集中体现，也是西北师范大学教育学院教育学科发展与建设的新起点。当然，需要澄明的是，"西师教育论丛"仅仅是西北师范大学教育学研究者们在某一领域的阶段性成果，是研究者个人对教育问题的见解与思考，其必然存在一定的不足，还期待同行多提宝贵意见，以促进我们的学科建设和发展。

万明钢
2017 年 9 月

目 录

序 …………………………………………………………………… (1)

前言 …………………………………………………………………… (1)

第一章 绪论 ………………………………………………………… (1)
  第一节 研究性学习与创新型人才培养 ………………………… (1)
  第二节 本书要回答的问题 ……………………………………… (7)
  第三节 研究的目的与意义 ……………………………………… (11)

第二章 研究性学习课程实施研究的回顾与展望 ………………… (15)
  第一节 研究性学习的发展历史 ………………………………… (15)
  第二节 国外研究性学习实施的经验 …………………………… (29)
  第三节 国内研究性学习实施的探索 …………………………… (37)

第三章 研究性学习课程实施理论 ………………………………… (46)
  第一节 基本概念的理解 ………………………………………… (46)
  第二节 课程实施的取向和影响因素 …………………………… (61)
  第三节 研究性学习的理论基础和价值取向 …………………… (72)
  第四节 指导教师的教育观念和教学行为 ……………………… (85)

第四章 研究设计与实施 …………………………………………… (109)
  第一节 研究的思路和方法 ……………………………………… (109)

第二节　研究资料的整理与分析 …………………………… (124)
　　第三节　研究的信度和效度 ………………………………… (126)

第五章　教师的教育观念和教学行为现状调查研究 ………… (131)
　　第一节　教师的教育观念现状 ……………………………… (131)
　　第二节　教师的教学行为现状 ……………………………… (155)

第六章　教师观念和教学行为对研究性学习实施的影响研究 … (168)
　　第一节　教师观念和教学行为的关系 ……………………… (169)
　　第二节　教师观念和教学行为对课程实施影响的个案
　　　　　　分析 ………………………………………………… (173)

第七章　研究性学习实施的问题调查研究 …………………… (204)
　　第一节　课程支持 …………………………………………… (204)
　　第二节　课程资源 …………………………………………… (211)
　　第三节　课程评价 …………………………………………… (220)
　　第四节　教师的合作交流与培训 …………………………… (224)

第八章　问题的解决对研究性学习实施的影响研究 ………… (233)
　　第一节　课程支持的条件创设 ……………………………… (234)
　　第二节　课程资源的开发利用 ……………………………… (247)
　　第三节　课程评价的体系构建 ……………………………… (252)
　　第四节　教师培训的模式创新 ……………………………… (267)

第九章　研究性学习中的教师因素 …………………………… (278)
　　第一节　教师变革动力与课程改革 ………………………… (279)
　　第二节　教师合作文化与教师专业发展 …………………… (287)
　　第三节　主体性教育与学习方式变革 ……………………… (297)
　　第四节　促进研究性学习有效实施的对策建议 …………… (308)

参考文献 …………………………………………… (313)

附录 ………………………………………………… (327)

后记 ………………………………………………… (343)

序

教育部《普通高中"研究性学习"实施指南》（2001.4）指出："研究性学习是学生在教师指导下，从自然、社会和生活中选择和确定专题进行研究，并在研究过程中主动地获取知识、应用知识、解决问题的学习活动。"在普通高中阶段，研究性学习既是一门课程，又是一种学习方式，二者有着密切的关系。作为课程的研究性学习就是在普通高中开设研究性学习的课程，通过研究性学习活动的组织与实施，让学生学会研究性学习的方法，进而提升学生的学习能力与综合素质。也就是说，研究性学习课程就是通过研究性学习活动培养学生研究性学习能力与方法的专门课程。普通高中开设研究性学习课程，对普通高中教师来说是一个极大的挑战，首先是传统的学科分科课程与新型的综合课程之间的差别，习惯了分科课程与教学的教师对综合的研究性学习课程缺乏自信，在初步尝试遇到困难后产生了胆怯心理。其次是研究性学习方法与传统的教学方法之间的矛盾让教师在教学方式变革方面遇到了最大的挑战。面对综合性强、方法独特的研究性学习课程，教师缺乏已有的经验，在研究性学习方法的改革方面更是困难重重。那么，教师在观念与行为层面遇到了哪些问题？这些问题又是如何影响普通高中研究性学习课程的实施的？研究性学习课程的实施如何才能更加有效？对这些问题的研究与解决，不仅重要而且迫切，因为这些问题的有效解决将会有力地推动普通高中研究性学习课程的有效实施。

胡红杏博士正是立足于她对普通高中理科教学多年的经验积累，敏感地选择了普通高中研究性学习课程的实施作为其博士学位论文研究的选题，而且，她选择以教师的观念与行为层面的研究为突破口，具体可行又能深入洞察问题的实质，可谓准确地抓住了这一问题的关键。为了研究普通高中课程实施中教师的观念和教学行为方面的表现特征与变化历程，她精心设计了调查问卷并深入甘肃省的普通高中进行较大样本的调查研究，从整体层面揭示了教师在研究性学习课程实施中所遇到的困惑和问题，并分析了产生这些困惑和问题的成因。为了研究普通高中研究性学习课程实施的影响因素及其相互关系，她运用系统论的观点，全面深入地分析了研究性学习课程实施在课程支持条件、课程资源应用、教师交流和培训、课程评价等方面已有的经验和存在的问题及其对课程实施质量的影响，探讨了研究性学习课程实施与课程管理、学校文化、教师的专业发展、教师培训等方面的关系。为了进一步深入把握教师的观念与行为，她多次深入个案学校，参与学校的研究性学习活动，通过参与观察的方法，深入洞察教师观念、教学行为、学生学习与课程实施效果之间的互动关系，探析教师行为背后实际使用理论及其所信奉理论之间达成一致的条件，并在理论探讨和实证研究的基础上，反思了促进研究性学习课程有效实施和评价监控的策略。其调查研究从面上整体把握了研究性学习课程实施所面临的问题及教师的观念状况；其个案研究从根上"挖深井"，探索了研究性学习实施的过程及存在的问题；其研究纵横交错，形成了立体的图像；其立论有理有据，使研究结论科学可靠。

胡红杏的博士学位论文选题立足于普通高中研究性学习课程实施的现实问题，结合课程实施的相关理论，具有重要的理论意义和实践价值。她的调查深入细致，个案研究典型独特，从宏观与微观结合的角度研究了普通高中研究性学习课程实施的现状与问题。胡红杏之所以有如此深厚的学术积累与研究视野，主要是因为她对普通高中教育的丰富经验积累与攻读博士学位期间广泛而深度的读书生活的结合，这种理论与实践的结合体现在一个人身上，集中在一个专门领域，便形成了合力，产出了杰作。她的博士学位论文被评为2014年甘肃省优秀博士学位论文。答辩之后，她又不断修改完善论文，对相关问题进行了专题性补充研究，还多次深入个案学校搜集材料。由此观之，正是其态度之严谨认真，其方法之多样细致，决定了其论文质量之精益求精。

胡红杏博士本是理科出身，1991年毕业于陕西师范大学化学系之后，在兰州市一所普通高中从事化学教学18年，积累了丰富的高中教学实践经验，形成了一定的教学理论与方法。可是，当面对普通高中的课程改革，面对学生学习方式的变革时，她同样产生了困惑与遇到了挑战。为了从根本上解决自己的实践难题，她又开始攻读硕士与博士学位，从化学教学论到课程与教学理论，经历了艰苦而孤独的六年青灯黄卷的单调生活，以顽强的毅力完成了理科身份的中学教师向人文社科研究学者的华丽转身，其中的甘苦艰辛与付出的超常规努力，深深地印在博士学位论文的字里行间，也印在了她自己永不磨灭的求学记忆之中。好在博士学位论文的完成给予她最好的回报，让她产生了学术的兴趣与自信，从此在大学开始了学科教学论的教学与研究生涯。她丰富的实践经验，以及扎实的理论素养，让她成为大学化学教学论难得的理论与实践素养兼备的优秀人才。

时值胡红杏的博士学位论文付梓出版之际，她邀请我为其著作写序以纪念，我欣然应允。作此序，不仅为纪念胡红杏博士求学之美好经历，而且为鼓励她将来拥有更高追求的专业旨趣。

王　鉴

长江学者特聘教授、博士生导师

2017年5月5日

前　言

　　我国当前的课程改革强调学习方式的变革，研究性学习在基础教育阶段的设置，有助于改变学生以单纯接受教师传授知识为主的学习方式，更有利于培养学生的创新精神和实践能力。目前，研究性学习在全国一些经济发达城市中学的开展已经取得了一定的实践经验和成果，而在教育相对落后的西部地区普通高中的推进却举步维艰、困难重重。因此，如何在我国普通高中全面、有效地开展研究性学习，是当前基础教育课程改革中亟待解决的问题。

　　本书所涉及的研究是在当前我国课程改革的背景下，立足于西部普通高中研究性学习课程实施的一项田野研究。课程改革的实践表明，教师不再被视为国家课程变革方案的忠实执行者，而是逐渐成为制定国家课程计划的参与者、开发者和创造性实施者。没有教师的积极参与和合作，就没有课程改革的成功，从某种意义上讲，课程改革必须通过教师改变进而促使学生变化。因此教师改变不仅是课程实施的重要途径，而且是课程改革的一个基本目标。[1] 正如古德森（Goodson）所强调的，只有当教师的个人投入被视为变革动力及其必要目标时，教育变革才最有成效。[2] 因此从对教师的研究入手深入探讨课程实施的过程，特别是教师在课程实施过程中如何对课程进行调适，是一个被许多研究者认同的研究课程实施的恰当策略。[3] 迈克尔·富兰（Michael Fullan）指出，

---

[1] 尹弘飚、李子建：《课程实施与教师心理变化》，第八届海峡两岸和香港、澳门课程专家论坛论文，杭州，2006年，第55页。

[2] Goodson, I., "Social Histories of Educational Change," *Journal of Educational Change*, Vol. 2, No. 1, 2001, pp. 45 – 63.

[3] 马云鹏：《课程实施及其在课程改革中的作用》，《课程·教材·教法》2001年第9期。

实施任何一种新的项目或者政策都至少涉及以下三个方面或者维度：使用新的或修订后的材料的可能性，如课程材料或技术之类的教学资源；使用新的教学方法的可能性，如新的教学策略和活动；改变信念的可能性，如特定的新政策或项目潜在的哲学假设和结论。① 富兰的理论成为本书的理论基础。由于研究性学习课程实施没有统一的教材，只有实施指导纲要，其课程材料的变化，即课程内容的选择和组织方式完全取决于教师的观念和课程决策，因此，本书以富兰理论的后面两个维度的改变来考察研究性学习课程实施问题，即将研究问题聚焦于普通高中研究性学习课程实施的毫无争议主体——教师之上，研究在研究性学习课程实施中教师的观念、态度、教学行为与教师所遇到的问题和困惑等对课程实施质量的影响。研究场域和对象立足于我国西部的一般普通高中，因此研究结论将充实我国研究性学习和课程实施的本土化理论，同时，基于理论分析和实证研究的思考，分析教师的信念、知识、态度、能力方面所产生的变化历程，探析教师行为背后的理论，有利于调整和完善中小学尤其是高中教师的职前培养和职后培训模式，最终促进教师的专业发展。

具体来说，本书从理论发展需要和现实实践需要两个层面建构研究思路和框架，首先，在理论层面，通过全面梳理课程实施的相关理论和研究性学习课程实施的国内外研究现状，在分析并借鉴已有研究的基础上，探讨研究性学习和课程实施的理论，包括界定课程实施和研究性学习两个核心概念的含义，以此作为调查研究和思考的基础；探讨研究性学习的理论基础和价值取向；阐述研究性学习指导教师的教育观念（课程观的视角）和教学行为特征，由此建构研究性学习指导教师的教育观念和教学行为的理论分析框架。理论探讨主要为普通高中研究性学习课程实施研究提供相关的理论支撑。其次，在实践层面，开展实证研究，选取样本校，开展有关研究性学习实施现状的调查研究，全面考察教师在研究性学习课程实施中，在观念、态度、教学行为等方面的表现特征和变化历程，并分析产生这些变化的成因和对研究性学习实施质量

---

① ［加］迈克尔·富兰：《教育变革的新意义》，武云斐译，华东师范大学出版社2010年版，第24页。

的影响；揭示教师在研究性学习课程实施中所遇到的困惑和问题；分析研究性学习实施在课程支持条件、课程资源应用、教师交流和培训以及课程评价等方面已有的经验和存在的问题对课程实施质量的影响；同时，深入个案学校，追踪调查教师实施研究性学习的过程，呈现教师指导学生进行课题研究的真实案例，进而以参与、体验、观察、访谈、描述等质性研究方法，洞察教师的观念和行为之间的关系，以及教师遇到的困惑和问题对课程实施质量的影响；探讨研究性学习课程实施与课程管理、学校文化、教师的专业发展、教师培训等方面的关系。最后，在理论探讨和实证研究的基础上，通过深入洞察教师观念、教学行为、学生学习与课程实施效果之间的互动关系，探析教师行为背后实际使用的理论和所信奉理论之间达成一致的条件，反思促进研究性学习课程有效实施和评价监控的策略。

第一部分，研究的背景和对研究性学习课程实施研究的回顾和展望。

主要包括第一章和第二章。第一章，绪论。从时代的发展对创新性人才的需求和创新性人才培养与研究性学习的关系等方面阐述研究的背景，从目前我国普通高中研究性学习实施的困境和问题出发说明研究的缘起，提出本书所要探讨的问题核心和理论基础，由此阐明研究的目的以及理论意义和实践价值。第二章，研究性学习课程实施研究的回顾和展望。本章对研究性学习所产生的背景和发展脉络进行考察，对国内外关于课程实施研究的现状进行梳理。对国外的相关研究主要从课程开发、影响因素、实施策略以及实施效果等方面进行总结；对国内的相关研究主要从理论建构、现状考察、模式移植和经验借鉴等方面进行评述，由此对研究性学习课程实施研究的特征和问题进行反思，对研究的趋势进行展望，并提出本书的问题定位。

第二部分，研究性学习课程实施的理论探讨。

主要包括第三章。对研究性学习和课程实施两个基本概念进行界定；对国内外关于课程实施的取向和影响因素研究进行总结评述，探讨研究性学习课程实施的理论基础和价值取向，阐述研究性学习指导教师的教育观念和教学行为特征。对研究性学习课程实施理论的探讨，注重对教育发展的历史脉络进行梳理，有助于通过历史考察，进一步理解社会历史发展对教育改革和人才培养需求的变化，理解教育理念和学习方式变革与社会发展的关系。对研究性学习和课程实施理论发展历史的梳理，也在于更深入地厘清今天倡导的"研究性学习"与历史上的"研究性学习"的区别和联系，洞察课程实施与课程变革的关系，由此深入领会研究性学习这种新型课程的本质，领会通过课程实施变革学习方式，提升学生创新意识和实践能力的价值。研究性学习指导教师的教育观念和教学行为体现的是教育变革的时代对教师素养的新要求，是教师专业能力发展在课程实践中的综合表现，课程改革的效果最终通过教师的观念和行为影响学生的行为，实现教育目标，促进学生的发展。

第三部分，教师的教育观念与教学行为现状及对课程实施的影响分析。

包括第四、五、六三章。第四章，研究设计与实施，说明本书的思路和方法，阐述研究实施的过程。本书采用"文本"研究和"田野"研究相结合的研究范式，沿着从理论到实践再到理论的思路设计研究实施的过程，形成往复循环、不断提升的系统的研究框架。具体研究思路分为文献梳理、研究工具开发、理论探讨、实证研究以及影响机制和对策研究五个阶段。研究方法采用理论分析与实证研究相结合，量化研究和质性研究相结合，综合应用问卷调查法、访谈法、观察法以及文本分析法等多种方法，设计和运用了问卷调查表、实地观察表和访谈提纲三种研究工具，从研究对象中收集数据。本书的总体对象是甘肃省普通高中的教师和学生，共选出15所普通高中的480名教师和450名学生作为研究的样本对象，再根据质的研究取向，在样本对象的学校中选出16位教师作为访谈对象，选出一所学校和3位教师作为个案调查的对象。实证研究的目的在于多角度深入地了解把握西部普通高中研究性学习课程实施的现状与问题，探析影响研究性学习课程实施的原因。

第五章和第六章，对教师的观念、教学行为现状及对课程实施的影响进行调查分析。第五章，通过实证研究，探查了研究性学习课程实施中教师的观念和教学行为方面的表现特征和变化历程。研究发现，一方面，普通高中研究性学习指导教师整体所持的教育观念（课程观的视角）与新课程所倡导的理念基本吻合。多数教师能够认同研究性学习追求科学精神和人文精神融合的课程价值观；认为研究性学习重在通过转变学习方式，培养学生的创新意识和实践能力；通过课程实施，增加综合应用知识的机会，培养学生的社会责任感，激发生命感、价值感，充分体现以人为本的理念，促进学生的个性发展。另一方面，虽然多数教师认同新课程的理念，但在实践中，由于缺乏必要的课程支持条件，或囿于守旧求稳的教学思维，一些教师所信奉的教育观念与实际倾向并不完全符合，教师在课程实施中实际遵从的理论与新课程所倡导的理念有一定的距离，教师的教学行为总体上呈现出多元和复杂的特征，一些教师的教学行为兼具生成型和控制型的矛盾取向，多数教师认为新课程所倡导的教学方式在现实中难以实现。第六章，分析教师观念与教学行为之间的关系及其对课程实施的影响。以行动理论和迈克尔·富兰的教育变革理论为分析的理论基础，通过对个案学校和教师实施研究性学习的过程进行参与性观察和回溯反思，分析教师观念与教学行为之间的关系，探讨教师观念和教学行为变革对研究性学习实施质量的影响机制。研究表明，教育改革的复杂性，使得课程实施的影响因素呈现出多样而复杂的特征，这种特征主要表现为教师观念、教学行为、问题解决和学生学习之间的互动关系。教师自身的变革动力是影响教师观念向积极的教学行为转变的核心因素。具有不同教育经历和实践体验的教师，构成其变革动力的要素不同，但卓越的教师通常在"秉持教育理想、理论引领实践、学习反思能力"方面，往往有更深的思考和更突出的成绩。

第四部分，教师在课程实施中遇到的问题及其对课程实施的影响分析。

包括第七、八两章。第七章，通过实证研究，揭示研究性学习课程实施中教师遇到的难点和问题，分析产生这些困惑和问题的成因。教师在课程实施中遇到的困惑和问题，主要有课程支持条件缺乏、课程资源开发和利用不足、课程评价体系建构不健全以及教师研讨和校本培训低效等。在纷繁复杂、内外交织的影响课程实施的因素中，有效的课程领导对解决课程实践问题所体现出的教育道德力量，为帮助教师变革教学行为提供了重要的动力支持。第八章，探讨课程实践问题的解决对突破课程实施难点，提升课程实施质量的影响机制。一些学校和教师能从自身条件和学生实际出发，深入分析问题成因，逐渐生成新的见解和策略，教师对实践问题的持续探索改变了学生的学习效果，反过来促使教师反思自己的教学行为，进而影响教师对教育理论的理解，并在实践中改善和调整教学行为，促进课程实施；整个社会、高等院校和教育管理部门从资源开发、专业支持、评价制度以及教师培训等方面为课程实施提供的保障条件亦有助于使学校发生实质性的课程变革。教师变革动力和课程实施条件保障，促使教师及时有效地解决课程实施中所遇到的困惑和问题，使教师真正获得课程变革的动力，促使其信奉理论内化为使用理论，进而改善其教学行为，促进研究性学习的有效实施。

第五部分，普通高中研究性学习课程实施的改进对策研究。

包括第九章。在理论探讨和实证研究的基础上，首先，对研究性学习实施中的教师因素作进一步思考，重点分析教师变革动力和教师文化的内涵，探讨教师变革动力与课程改革、教师合作文化与教师专业发展的关系，洞察教师行为背后的实际使用理论和信奉理论之间达成一致的条件。其次，以教师改变为基础，全书回到研究性学习课程实施的目标旨归上，即对学习方式变革和主体性教育的关系进行理论阐释和问题辩证。最后，提出促进普通高中研究性学习有效实施的策略和建议，包括课程支持条件创设策略、课程资源开发利用策略、课程评价体系构建策略以及教师培训模式创新策略等，以此促进研究性学习的有效实施和教师专业发展，进而推动课程改革。

值本书出版之际，谨向给予我帮助的我的导师，协助我调研的有关领导和老师以及我的同学、朋友表示衷心的感谢！本书中应用了许多专家、学者的研究成果，在此一并致谢！由于水平有限，本书难免存在不完善的地方，在此也肯请前辈、专家和同行予以指导帮助！

作　者

2017 年 5 月 23 日

第一章　绪论

第一节　研究性学习与创新型人才培养

一　知识经济发展需要培养创新型人才

20世纪，人类社会进入了科学技术迅猛发展的时代。综观人类发展的各个领域，科技进步和社会变革成为时代发展的主旋律，科学发现和技术创新层出不穷，现代生物技术、新材料技术、新能源技术、航天技术等的迅速发展推动着社会进步，并极大地改变了世界的面貌和人们的生活与思维方式。20世纪90年代，以计算机科学为代表的信息产业迅速崛起，引发了整个社会的深刻变化，社会出现转型并进入了知识经济时代。知识经济时代的重要特征是，经济发展不再主要依赖资源、资本、设备、劳动以及一些固定的技术和知识，而主要依靠知识更新以及知识更新所带来的观念创新、制度创新和技术创新。尤其是在现代信息大数据时代，信息来源非常广泛，社会发展对学生能力的需求比知识更加迫切。在知识经济以及大数据时代，衡量人才的主要标准不再是掌握知识的多少，而是发现问题、解决问题的能力以及获得知识、创造知识的能力。我们把发现问题、解决问题的能力和获得知识、创造知识的能力统称为创新能力。当前，世界各国都已经认识到教育是国际竞争的战略要地，创新是教育的时代最强音，知识经济时代需要大量的创新型人才。

2006年2月，美国政府发布的《美国竞争力计划》提出："加大对科研和教育的投入，制定具体的科研与教育发展蓝图，其目的是提高美国的创新能力，培养适应未来社会发展的劳动者，保持美国的国际竞争力。"[1] 可见，全面提升未来公民所必备的创新意识和实践能力，是时代赋予教育改革的历史使命，正如联合国教科文组织在其发表的一份重要报告——《学习——内在的财富》中明确提出的："教育的使命是使每个个人发展自己的才能和创造性潜能。"[2] 另一份报告《教育——财富蕴藏其中》对新世纪的教育使命做了全新的注解，这就是著名的21世纪教育的四个支柱，即"教育应为人的一生幸福做好准备，未来教育的四大支柱是通过教育使学生学会认知（learning to know）、学会做事（learning to do）、学会共同生活（learning to live together）、学会生存（learning to be）"。[3]

由此可见，未来的教育绝不能只满足于给学生一点知识和技艺，它必须将学生置于一个有尊严、有个性、有巨大发展潜能的生命体的位置上，全面关注他们的精神生活，开发他们的创造潜能，不断提高他们的生命质量和生存价值。

二 创新型人才的培养需要"研究性学习"

20世纪后半叶，随着知识更新速度的加快以及教育价值取向的转变，传统的以文化知识教育为目的的教育体系已不适应社会发展的要求，教育面临着重大改革。1957年，苏联先于美国发射了世界上第一颗人造地球卫星，极大地震动和冲击了美国，美国政府对自己在技术、军事和人才方面的落后进行了全面而深刻的反思，最后归结为教育的落后，认为以"纯知识教育"为目的的传统教育必须改革。1959年9月，美国科学院在伍兹霍尔召开了有关教改的讨论会，美国著名教育心理学家布鲁纳（Gerome S. Bruner）做了题为"教育过程"的著名报告，提

---

[1] 夏天：《研究性学习支持系统》，博士学位论文，华东师范大学，2007年。
[2] ［美］联合国教科文组织：《学习——内在的财富》，联合国教科文组织总部中文科译，教育科学出版社1996年版，第30页。
[3] ［美］联合国教科文组织：《教育——财富蕴藏其中》，联合国教科文组织总部中文科译，教育科学出版社1996年版，第76页。

出了"发现法",这是当代世界研究性学习[①]的最早模式。1961年,美国芝加哥大学教授施瓦布提出了更具操作性的"探究式学习"。随着世界全面进入了知识经济社会和信息化时代,它对劳动者的素质、对人的创造能力提出了前所未有的要求。在这种情况下,20世纪80年代,世界各国进行了又一轮大规模的教育改革。改革的核心都集中在如何使本国的青少年具备21世纪所需要的基本素质上,这种基本素质包括获得新技术和处理信息的能力、主动探索的能力、分析问题和解决问题的能力、与人合作的能力以及终身学习的能力等。90年代,针对传统学校课程所存在的三个"断层",即与社会、经济、文化的断层;与现代学科发展的断层;与学生身心发展的断层,世界各国都把教育改革的焦点放在了"改造学生的学习方式"上面。[②] 知识经济的发展,促使支持教育和教学活动的"学习观"发生了根本的变革。传统的学习观是"输入—产出",即单纯追求"知识传递",追求教师如何把现成的知识输入学生的头脑之中,以求得高效的产出。而现代的学习观,即建构主义的学习观是"知识建构",亦即主动的问题解决。所谓"学习"是学习者与自身对话、与他人对话、与客观世界对话的过程,[③] 在这个过程里,每个学习者都有一套对信息和世界的解读方法。学习作为建构知识的活动,一方面成为学生不断探索、不断质疑、不断表达个人见解的历程;另一方面还超越原有的个人化行为,成为团队精神的体现和群体意识发展的契机。[④] 学习观的根本变革,使变革学生的学习方式,成为世界课程改革的焦点,研究性学习应运而生。在不同的国家,研究性学习有不同的名称,诸如"项目学习""主题学习""体验学习""投入学习""示范学习""服务学习""综合学习""真实学习",等等,虽然名称各异,但它们之间有着大致相似的课程目标、理论基础和改革策

---

① "研究性学习"来自于对国外"Project-Based Learning"和"Problem-Based Learning"的翻译,国内学界对"研究性学习"的含义有广义的学习方式和狭义的课程领域两种理解,本书将"研究性学习"作为课程领域来理解。在文献综述中出现的"研究性学习"既指"学习方式",又指"课程形态或领域",某些引文中出现的"研究型课程"实质上与课程形态的"研究性学习"同义。

② 钟启泉:《现代课程论》,上海教育出版社2006年版,第487页。

③ 佐藤学:《学习的快乐》,世纪书房2001年版,第59—68页。

④ 钟启泉:《研究性学习:"课程文化"的革命》,《教育研究》2003年第4期。

略。我国新课程改革（指"第八次基础教育课程改革"，本书使用学术界通用的简称"新课程改革"）所倡导的研究性学习，作为一个崭新的课程领域，旨在通过变革学生的学习方式，培养学生的创新精神和实践能力，反映和满足时代对基础教育改革的要求。

国家为了获得持续的发展和强大的国际竞争力就必须有连续不断的创新，创新能力的培养来自学校的教育。在我国原有的教学体制下，学生的学习方式偏重于机械记忆、浅层理解和简单应用，仅仅立足于被动地接受知识传输。这种学习方式不利于学生实践能力和创新精神的培养。为此，在改革开放以来的第二次全国教育工作会议上，党中央、国务院明确地、郑重地把"重点培养学生的创新精神和实践能力"写入党的教育方针。同年国家召开了第三次全国教育工作会议，从提高国民素质，增强综合国力的高度，提出大力推进素质教育，并明确所谓"素质教育"就是以德育为核心，以培养创新精神与动手实践能力为重点，构建终身学习的教育体系和培养终身学习的能力。

1999年6月，《中共中央国务院关于深化教育改革，全面推进素质教育的决定》提出，要"调整和改革课程体系、结构、内容，建立新的基础教育课程体系"，新中国成立以来第八次基础教育课程改革在世纪之交启动。2000年1月，国家教育部颁布《全日制普通高级中学课程计划（试验修订稿）》，指出："综合实践活动是国家规定的必修课，包括研究性学习、劳动技术教育、社区服务、社会实践四部分内容。"[①]这是我国首次将综合实践活动课列为必修课，"研究性学习"被列为综合实践活动板块的一项重要内容。

2001年4月教育部第6号文件印发了《普通高中"研究性学习"实施指南（试行）》（以下简称"《指南》"），《指南》明确指出："实施以培养创新精神和实践能力为重点的素质教育，关键是改变教师的教学方式和学生的学习方式，设置研究性学习的目的在于改变学生以单纯地接受教师传授知识为主的学习方式，为学生构建开放的学习环境，提供多渠道获取知识并将学到的知识加以综合应用于实践的机会，促进他们形成积极的学习态度和良好的学习策略，培养创新精神和实践能

---

① 教育部编制：《全日制普通高级中学课程计划（试验修订稿）》，2000年1月。

力。"研究性学习的地位得以进一步确立。

2001年6月,教育部颁发了《基础教育课程改革纲要(试行)》(以下简称《纲要》),对新课程的结构做出了如下规定:"从小学至高中设置综合实践活动并作为必修课程,其主要内容包括:信息技术教育、研究性学习、社区服务与社会实践以及劳动与技术教育。强调学生通过实践,增强探究和创新意识,学习科学研究的方法,发展综合运用知识的能力。增进学校与社会的密切联系,培养学生的社会责任感。"《纲要》是我国新课程改革的总纲领,上述规定意味着研究性学习正式成为我国整个基础教育领域的必修课程。

随着新一轮基础教育课程改革向高中推进,2003年4月,教育部颁布《普通高中课程方案(实验)》,规定:"研究性学习是每个学生的必修课程,三年共计15个学分,设置研究性学习活动旨在引导学生关注社会、经济、科技和生活中的问题,通过自主探究、亲身实践的过程综合地运用已有知识和经验解决问题,学会学习,培养学生的人文精神和科学素养。"至此,研究性学习作为我国基础教育课程体系中必修课程的地位得到牢固确立,其重要意义体现在作为"课程文化的一场革命"[①]上,通过改造学生的学习方式,超越传统的"输入—产出"学习观,使"学习"成为主动的问题解决过程,以充分促进学生的个性发展,培养学生的主体精神。

2010年7月,国务院印发了《国家中长期教育改革和发展规划纲要(2010—2020)》,这部标志着我国教育事业科学发展的里程碑的重要文献明确提出,要"积极开展研究性学习、社区服务和社会实践。建立科学的教育质量评价体系,全面实施高中学业水平考试和综合素质评价"。这是从国家教育战略的高度强调了研究性学习的实施对于学生发展的意义。

由此可见,我国当前课程改革强调学习方式的转变,在基础教育阶段设置"研究性学习"课程,顺应了世界课程改革的趋势,是时代的需求和落实素质教育的需要,是现代教育追求"以人为本"理念的必然结果。

---

① 钟启泉:《研究性学习:"课程文化"的革命》,《教育研究》2003年第4期。

三 研究性学习课程实施面临着诸多困境

实践表明，研究性学习的有效实施具有巨大的优越性，它不仅充分地挖掘了学生的巨大潜能，而且培养了学生的自主能力和创造能力。在开展研究性学习较早的上海、浙江等地，在短短的几年时间里，教师的教学方式和学生的学习方式得到了极大的改进，学生的课题研究取得了丰硕的成果，一些成果显示了一定的实用价值。其中比较有代表性的有华东师大二附中的"小课题研究课程"、华东师大一附中的"跨学科研究活动辅导"、大同中学的"知识论（Theory of Knowledge，简称 TOK）课程"、上海市西中学的"高中自研式活动课程"、向明中学的"自创性研究型课程"、七宝中学的"人与自然"系列研究、进才中学的"学生科学院"、市二中学的"研究型课程"、江苏省太仓高级中学的"研究性学习课程"等。这种以小课题研究为主要形式的研究性学习，模拟了科学研究的情境和过程，强调学习过程的参与体验，对传统的重知识传授的教学模式来说是一个突破。[1]但研究性学习的实施也是此次课程改革的"难点"。[2] 研究性学习的有效实施要求学校有正确的办学理念和教育观念，需要学校内部建立健全的课程与教学管理制度，如研究性学习师资配备制度、教师指导制度、课程评价制度等。由于研究性学习的实施打破了原有学科教学的固定模式，相当一部分校长、教师在认识和理解上出现了偏差，使研究性学习在实施中暴露出了诸多问题，这在一定程度上阻碍了研究性学习的深入、健康发展。所有这些都构成了研究性学习特有的"难点"。虽然我国的教育学界对研究性学习的理论研究已比较深入，但对于我国主流的中小学教学而言，教学理论与教学实践分离的现象依然十分严重。正如霍益萍教授在其主编的研究性学习丛书里所说，对

---

[1] 孙明娟：《研究性学习在我国的实施现状综述与剖析》，《佳木斯大学社会科学学报》2007 年第 4 期。

[2] 参见崔允漷、余进利《我国普通高中研究性学习课程现状调研报告》，《全球教育展望》2003 年第 7 期；柯政、王成军《普通高中研究性学习：来自家长的调研报告》，《全球教育展望》2003 年第 7 期；陈月茹《普通高中研究性学习：来自学生的调研报告》，《全球教育展望》2003 年第 7 期。

于今天的我国中小学来说，研究性学习不是一个理论问题，而是一个实践问题，即如何让研究性学习真正成为中小学课程结构之中的一个重要的板块，有序有效地发挥作用，将是必须解决的问题。[①] 研究性学习的开设虽然顺应了时代和教育发展的趋势，但在实践中出现的重重困难，提醒我们要关注课程实施问题。

第二节 本书要回答的问题

2010年3—6月，笔者作为一位研究性学习的指导教师，曾被抽派到兰州市教科所，参与兰州市普通高中研究性学习开展的现状调查，在兰州市八所省级或市级示范性中学（兰州一中、西北师大附中、兰州二中、兰州三十三中、兰州二十七中、兰州五中、兰州铁一中、兰化一中）发放教师问卷和学生问卷，并和一些课程管理人员、教师以及学生进行交流座谈，对调查问卷进行分析。作为兰州市最早开展研究性学习的指导教师，我亲身感受到这种新型课程对学校文化、教师素养以及学生发展所带来的冲击。研究性学习的开展更新了教师的教育理念，对学生的学习方式起到了潜移默化的影响，提升了学校的教研水平。但同时，研究性学习在实施中也存在着突出的问题。对调查问卷的结果分析显示，研究性学习在组织与管理、开展方式、教师的知识与指导技能、课程评价方面存在许多问题，这些问题制约着普通高中研究性学习实施的质量。这次参与兰州市教科所的调研工作，引发了我对研究性学习课程实施问题的关注。

近几年来，研究性学习在许多学校逐渐成为班级课程表的点缀，学校每周给高一高二的学生安排两节课时，但实际上形同虚设，很多学校事实上已停开了研究性学习。没有亲历新课程变革的过程，就无法真正体会处于课程实施核心的教师所承受的压力和艰辛。而课程变革的倡导者往往只关注变革的理论构想，以为"只要课程变革计划完善，就可以自然地在实施过程中获得预期结果"，而对课程实施过程中的问题却极少关注，更遑论及时改进了。教师虽然自始至终参与了课程实施过

---

① 霍益萍：《研究性学习实验与探索》，广西教育出版社2001年版，第101页。

程，但囿于"只缘身在此山中"的视域，并不能在实施过程中对变革方案进行及时调整和修订。指导研究性学习的教学实践和对兰州市普通高中开展研究性学习的现状调研，使笔者能够深刻地反思研究性学习的实施问题。我国的研究性学习存在着突出的矛盾，在普通高中设置研究性学习顺应了时代发展和教育的要求，而在现实推进过程中却举步维艰，困难重重。毫无疑问，我国普通高中研究性学习的开展遇到了极大冲击和挑战。

考察一些学者和科研机构对研究性学习课程实施问题的关注情况，总体来说，已有的研究成果还是比较忽视其实施层面的，关于具体操作的应然描述较多，实然研究较少，基于深入学校进行扎扎实实的了解、考察实际实施状况的研究成果十分稀缺。对于课程实施主体——教师的研究，多是概括性地描述其在实施中所遇到的问题和困惑，而对教师观念与行为，则缺乏深入细致的考察。

回首课程发展史，人们会发现一个奇怪的现象：许多重大的甚至影响深远的课程变革计划不是昙花一现、中途夭折，就是其实施结果与原先的理想相去甚远。反思其中的原因，人们发现，这些课程变革的倡导者往往过多地沉醉于描绘变革的理想或蓝图，对课程计划的实施过程则极少关注。[1] 事实表明，要想比较成功地推行一项改革，必须自始至终地深入研究变革方案的实施过程，在实施过程中及时地调整和修订方案，使之不断臻于完善。因此，我们说课程实施是整个课程发展历程中重要的一环，是课程变革成败的关键所在。同时，课程变革的实践表明，教师不再被视为国家课程改革方案的忠实执行者，而是逐渐成为制定国家课程计划的参与者、开发者和创造性实施者。没有教师的积极参与和合作，就没有课程变革的成功，从某种意义上讲，课程变革必须通过教师的改变进而促使学生的变化。因此教师改变不仅是课程实施的重要途径，而且是课程变革的一个基本目标。[2] 正如古德森（Goodson）所强调的，只有当教师的个人投入被视为变革动力及其必要目标时，教

---

[1] 张华：《课程与教学论》，上海教育出版社2000年版，第330页。
[2] 尹弘飚、李子建：《课程实施与教师心理变化》，第八届海峡两岸和香港、澳门课程专家论坛论文，杭州，2006年，第55页。

育变革才是最有成效的。① 因此从研究教师入手深入探讨课程实施的过程，特别是教师在课程实施过程中如何对课程进行调适，是一个被许多研究者认同的研究性课程实施的恰当策略。② 加拿大著名的教育家迈克尔·富兰指出，实施任何一种新的项目或者政策至少涉及三个方面或者维度：使用新的或修订后材料的可能性，如课程材料或技术之类的教学资源；使用新的教学方法的可能性，如新的教学策略和活动；改变信念的可能性，如特定的新政策或项目潜在的哲学假设和结论，③ 富兰的理论成为本书的理论基础。由于研究性学习的实施没有统一的教材，只有实施指导纲要，其课程材料的变化，即课程内容的选择和组织方式完全取决于教师的观念和课程决策，这一点与学科课程迥然不同，因此，本书以富兰理论的后面两个维度的改变来考察研究性学习课程实施问题，即将研究问题聚焦于普通高中研究性学习课程实施毫无争议的主体——教师之上，探讨在研究性学习实施中教师的观念、教学行为与教师所遇到的问题等对课程实施质量的影响。

具体来说，本书围绕的核心主题是"研究性学习课程实施中的问题研究"。本书研究的假设为：教师在实施研究性学习的过程中会遇到许多问题，正是这些问题没有得到及时有效的解决，从而影响了研究性学习课程实施的质量。这表现为三个相互关联的问题：教师在研究性学习课程实施过程中遇到了什么问题？这些问题是否得到及时有效的解决？这些问题是否影响了研究性学习课程实施的质量？因此，本书的研究内容包含以下四个方面（见图1.1）。

第一，研究性学习课程实施的基本理论是什么？

通过文献梳理和理论探讨，界定研究性学习以及课程实施的涵义；探析研究性学习的本质、价值取向、理论基础；分析研究性学习指导教师的教育观念、教学行为特征以及它们之间的关系等。对研究性学习课

---

① Goodson, I., "Social Histories of Educational Change," *Journal of Educational Change*, Vol. 2, No. 1, 2001, pp. 45-63.

② 马云鹏：《课程实施及其在课程改革中的作用》，《课程·教材·教法》2001年第9期。

③ ［加］迈克尔·富兰：《教育变革的新意义》，武云斐译，华东师范大学出版社2010年版，第24页。

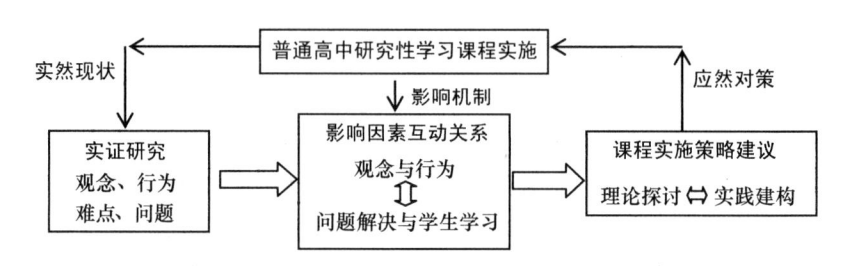

图 1.1 研究性学习内容框架

程实施的基本理论进行探讨,将为本书提供分析的理论依据。

第二,研究性学习课程实施中教师的观念、教学行为以及教师所遇到的难点和问题是什么?存在问题的成因是什么?

通过实证研究,主要考察教师在开展研究性学习中,在观念、态度、教学行为等方面的表现特征和变化历程;全面了解研究性学习在课程支持、课程资源、教师的交流和培训、课程评价等方面已有的经验和存在的问题,分析产生这些问题的成因。对现状和问题的分析为本书分析提供了事实依据和数据支撑。

第三,教师观念与教学行为之间的关系如何?教师观念和教学行为变革以及课程实践问题解决对突破课程实施难点,提升研究性学习实施质量的影响机制如何?

通过个案分析,探析教师观念与教学行为之间的关系,洞察教师观念、教学行为以及课程实践问题解决对突破课程实施难点,提升课程实施质量的影响机制,有助于揭示教师观念、教学行为与问题解决和学生学习之间的互动关系,为提出有效对策提供学理支撑。

第四,促进研究性学习有效实施的对策有哪些?

在理论探讨和实证研究的基础上,对研究性学习实施中的教师因素进行进一步深入探讨,揭示教师变革动力和课程改革的关系;教师文化和教师专业发展的关系,洞察教师行为背后实际使用理论及信奉理论之间达成一致的条件,进而提出促进普通高中研究性学习有效实施的策略和建议,以此促进教师专业发展和课程改革。

第三节 研究的目的与意义

一 研究的目的

本书在理论分析基础上对实践问题进行了深入研究。本书采用量化研究与质性研究相结合的取向，采用多种方法收集资料，使资料之间形成相互验证，确保研究的效度，力求真实、细致、深刻地反映研究性学习课程实施已取得的经验和存在的问题，并进一步反思促进研究性学习有效实施的策略。

本书致力于实现如下一些目的。

第一，在理论层面，探究研究性学习课程实施的理论，包括探讨研究性学习和课程实施的含义，梳理课程实施的取向和影响因素，分析研究性学习的本质、价值取向以及理论基础，建构研究性学习指导教师的教育观念与教学行为的理论分析框架，为普通高中研究性学习课程实施研究提供相关的理论基础。

第二，在实践层面，开展实证研究，选取样本校，开展有关研究性学习课程实施现状的调查研究，了解指导教师的教育观念和教学行为特征，进而发现存在的主要问题。同时，深入个案学校，追踪调查教师实施研究性学习的过程，呈现教师指导学生进行课题研究的真实案例，进而以参与、体验、观察、访谈、描述等质性研究方法，洞察教师的观念和行为之间的关系，以及教师的观念和行为与教师所遇到的困惑与问题对课程实施质量的影响。

第三，在理论探讨和实证研究的基础上，对研究性学习实施中的教师因素作出进一步思考，揭示课程改革与教师改变的关系，提出促进普通高中研究性学习有效实施的策略和建议，并通过教师专业水平的提升来促进研究性学习的有效实施。

二 研究的意义

教育研究源于教育实践，其价值体现在它能够最终改进教育实践上。对教育改革过程的关注，有利于我们了解教育改革的实施情况，对影响课程实施的因素做出分析，有利于我们正视和反思教育改革过程中的阻力和困难，及时调整改革推进的策略和技术手段，以提高改革的成效。因此，课程改革的关键往往在于实施。研究性学习的实施亦然。目前，研究性学习在全国一些发达城市的中学已经取得了一定的实践经验和成果，而在教育相对落后的西部地区普通高中的推进却举步维艰、困难重重。如果没有对西部普通高中开展研究性学习的难点和问题进行深入细致的研究，就难以对课程的开展进行有效的指导。因此，"如何在西部普通高中有效地开展研究性学习"是当前基础教育课程改革中亟待解决的问题。本书是在国内外课程改革的背景下，从理论发展需要和现实实践需要两个层面，对普通高中研究性学习实施的问题和困境进行研究，以富兰的变革理论以及新知识系统的重构、建构主义、人本主义以及认知发展理论为基础，建构研究思路和框架。研究场域和对象立足于我国西部的一般普通高中，体现了一定的创新性。

（一）理论意义

本书是立足于我国西部普通高中研究性学习课程实施的一项田野研究成果，因此研究结论将充实和丰富我国研究性学习的本土化理论。

第一，本书研究有助于丰富和完善有关研究性学习课程实施的理论。就课程理论研究的内容而言，人们更多地关注课程目标和课程设计等方面，而对达成课程目标的过程即课程实施则关注较少。原因在于，虽然大家都认为课程实施是课程改革中的一个重要内容，但它往往被人视为课程改革过程中理所当然的事情。于是，人们对课程实施的内涵及相关理论问题的研究关注较少。本书通过对研究性学习有关理论进行系统的总结，对课程实施的具体实践进行分析，丰富和完善了与课程实施有关的理论。

第二，本书通过深入分析教师教育观念、教学行为与课程实施效果之间的互动关系，探析将教师观念转变为教学行为的变革动力和文化因素，洞察教师行为背后实际使用理论及信奉理论之间达成一致的条件，将充实和丰富有关教师改变的理论。

第三，本书尝试建构的普通高中研究性学习指导教师教育观念（以课程观为例）的理论分析框架（包括课程价值观、目标观、内容观、实施观以及评价观）以及教学行为（包括教学目标凸显、教学内容选择、教学方式应用以及教学评价取向选择）的理论分析框架，有助于充实和丰富有关教师专业发展和教育评价的理论。

（二）实践意义

本书通过大样本调查，考察当前我国西部普通高中研究性学习课程实施的现状，分析存在的主要问题和成因，并在理论探讨和实证研究的基础上提出促进研究性学习有效实施的策略，研究结论将有助于改进研究性学习的教学实践，并进而推动课程改革。

第一，为提升研究性学习实施质量提供可资借鉴的经验和依据。目前，研究性学习在现实推进中，绝大多数地区举步维艰、困难重重，甚至有许多学校中途停止或根本就从未开展。事实表明，多数课程规划内容付诸实施后，实施效果并不像规划者所预想的那样乐观。本书采用量化研究和质性研究的方法，立足于课程实践，通过深入调查和个案研究，了解教师的教育观念和教学行为现状以及二者之间的关系；分析造成研究性学习课程实施困难的因素；揭示课程实施中所存在问题的本质；反思改进策略，研究结论对促进研究性学习的有效实施，具有一定的实践指导意义。

第二，有助于促进教师的专业发展。毫无疑问，研究性学习实施的核心主体是教师。但现在的中学教师，不论是在认知方面还是在心理方面都面临着严峻挑战。中学教师基本上都是单一学科背景，而研究性学习属于综合课程，所以他们需要花费相当多的时间和精力来适应"新环境"。所以，教师在研究性学习的实施中发挥作用的状况，对其今后的专业发展具有重要意义。本书通过全面考察西部普通高中研究性学习实施的现状和问题，分析教师的信念、知识、态度、能力方面产生变化的历程，探析教师行为背后的理论，有利于调整和完善中小学尤其是高中教师的职前培养和职后培训模式，最终促进教师的专业发展。

第三，有助于变革学生的学习方式，促进学生的全面发展。通过对研究性学习的实施以及指导教师的教育观念与教学行为关系的研究，变革教师的教学方式，从而变革学生的学习方式，培养学生的创新精神和实践能力，最终促进学生的全面发展。

第四，为相关决策部门制定有关研究性学习的教育政策规定提供有一定价值的参考意见。本书将基于理论分析和实证研究，对西部普通高中研究性学习实施中教师的观念、教学行为及课程实施效果三者之间的逻辑关系进行深入分析，全面揭示课程实施中的难点和问题根源，并由此提出有利于提升研究性学习实施和评价的策略，为相关决策部门制定研究性学习实施和评价的有关政策规定提供有一定价值的参考意见。

第二章　研究性学习课程实施研究的回顾与展望

我们今天倡导的研究性学习既有历史性又有时代性。[①] 本章主要对研究性学习所产生的背景和发展历史从社会和教育发展的脉络进行考察，对近十多年来国内外关于研究性学习课程实施的研究现状进行全面梳理，从研究内容、研究结论以及研究方法等方面对相关研究进行反思和总结，对发展和研究的趋势进行展望，并以此为基础进一步强调本书的问题定位和方法取向对促进研究性学习的理论完善和实践研究的意义。本书对研究性学习产生的背景及其发展脉络的梳理，有助于进一步理解社会历史发展对教育改革和人才培养需求的变化，理解教育理念和学习方式变革与社会发展的关系。通过历史考察和彰显研究性学习的变迁轨迹，深入厘清今天所倡导的"研究性学习"与历史上"研究性学习"的区别和联系，进而洞察研究性学习这种新型课程的本质，领会研究性学习通过课程实施来变革学习方式，提升学生主体意识、创新意识和实践能力的价值。

第一节　研究性学习的发展历史

一　思想的萌芽

回顾古代中西教育家丰富的教育思想，有关学与教的理论隐含着研究性学习的思想智慧。孔子的"学而不思则罔，思而不学则殆"，是弘扬学思结合、学疑结合的学习理论；孔子倡导的"不愤不启，不悱不

[①] 张华：《研究性学习的理想与现实》，上海科技教育出版社2004年版，第4页。

发,举一隅不以三隅反,则不复也",将启发建立在学生学习主动性的基础上,并且启发的核心是使学生能够举一反三、触类旁通。孔子的学生子夏提出"博学而笃志,切问而近思"的学习方法,把"学—问—思"统一为一个有机的整体。此后,中国最早、最完整的教育学专著《学记》继承和发展了孔子的启发式教育思想。《学记》指出:"君子之教喻也:道而弗牵;强而弗抑;开而弗达。道而弗牵则和,强而弗抑则易,开而弗达则思。和易以思,可谓善喻矣。"意即教师要善于引导学生,而不是牵制学生;要鼓励学生,而不是强加逼迫;要启发学生独立思考,而不是告诉学生现成的结论。在西方,研究性学习的根源可以追溯到古希腊的苏格拉底和他的"助产术",苏格拉底的教学不是教师的训导,他从不直截了当地把结论教给学生,而是通过讨论、问答甚至辩论的方式来揭露对方认识中的矛盾,使学生的学习变成一个不断探索知识的主动过程。[1] 回顾中西古代这些宝贵的教学经验,其中渗透着研究性学习的思想,虽然学生的探究最终指向对固有知识和现成结论的把握,但其探究的形式对学生主动性的关注,仍能给予我们很重要的启迪。

　　18世纪以后,研究性学习开始逐渐得到倡导,其思想也随着历史的进程逐渐发生变化并成熟起来。18世纪末19世纪早期的欧洲自然主义教育,应该说是研究性学习的萌芽阶段,主要倡导者是卢梭(J. J. Rousseau)、裴斯泰洛齐(J. Pestalozzi)、福禄倍尔(F. Froebel)等人。19世纪末20世纪初美国的进步主义教育运动,是研究性学习作为一种教学模式逐渐走向成熟的阶段,主要倡导者为帕克(R. E. Park)、杜威(J. Dewey)、克伯屈(W. Kilpatrick)等人。对研究性学习的第三次倡导发生于20世纪50年代末至70年代的欧美诸国以及亚洲的韩国、日本等国,主要倡导者为美国的布鲁纳(J. Bruner)、施瓦布(J. Schwab)、费尼克斯(P. Phenix)等人,他们在理论上系统地论证了"发现学习""探究学习"的合理性,推动了课程改革运动——学科结构运动。[2] 这个时期对研究性学习的倡导,使研究性学习

---

[1] 钟启泉:《研究性学习的理论基础》,上海教育出版社2003年版,第3—5页。
[2] 张华、李雁冰:《研究性学习的理想与现实》,上海科技教育出版社2004年版,第5页。

的理论进一步成熟,其模式也是异态纷呈。

二 模式的发端

研究性学习对学生发展的价值,基于这种教学活动所产生的历史渊源。18世纪,欧洲社会占据统治地位的封建权贵们利用天主教思想,从意识方面对人民实施严厉控制。教育领域要求突破传统的专制主义,尊重儿童的天性,回归自然的教育。法国启蒙主义教育家卢梭顺应启蒙运动的时代潮流,强力抨击封建神学思想,积极倡导人性自由,借助于其教育巨著《爱弥儿》,深刻揭露了新旧教会羽翼下的教育弊病,进而以其自然主义教育理论向封建神学教育进行了不屈的斗争。[1]

卢梭在其划时代的教育名著《爱弥儿》中,对自然主义教育思想做了系统阐述,确立了儿童在教育中的主体地位和中心地位。卢梭说:"我们生来是软弱的,所以我们需要力量;我们生来是一无所有的,所以需要帮助;我们生来是愚昧的,所以需要判断的能力。我们在出生的时候所没有的东西,我们在长大的时候所需要的东西,全都要由教育赐予我们。"[2] 然而,教育是什么? 卢梭认为,教育就是"遵循自然,跟着他给你画出的道路前进"[3],让儿童的天性率性发展。他在《爱弥儿》开卷即写道:"出自造物主的东西都是好的,而一到了人的手里,就全变坏了。"[4] 这种"变坏"就是"偏见、权威、需要、先例以及压在我们身上的一切社会制度都将扼杀他的天性,而不会给他添加什么东西"[5]。为此,卢梭提出让儿童天性率性发展的自然教育,就是要服从自然的永恒法则,听任人的身心自由发展。自然教育强调:良好的教育,有赖于自然教育、人的教育和事物的教育这三种教育的有机结合。卢梭认为,每一个人所受的教育,是由三种教育构成的,即自然的教育、人的教育和事物的教育。"这种教育,我们或受之于自然,或是受

---

[1] 滕大春:《卢梭教育思想评述》,人民教育出版社1984年版,第5—12页。
[2] [法] 卢梭:《爱弥儿·论教育》上卷,李平沤译,人民教育出版社2001年版,第3页。
[3] 同上书,第19页。
[4] 同上书,第1页。
[5] 同上。

之于人，或是受之于事物。我们的才能和器官的内在的发展，是自然的教育；别人教我们如何利用这种发展，是人的教育；我们对影响我们的事物获得良好的经验，是事物的教育。"① 在卢梭看来，我们每一个人都是由这三种教育培养起来的。一个学生，如果在他身上这三种不同的教育互相冲突的话，他所受的教育就不好，而且将永远不合他本人的心愿；如果在同一个学生身上，这三种不同的教育是一致的，都趋向于同样的目的——自然的教育，这样的学生才受到了良好的教育。

卢梭自然主义教育理论包含着如下特征。

第一，以培养"自然人"为教育目的。卢梭所讲的"自然人"主要有三个方面的特征：第一，"自然人"完全为自己而活，充分遵循自我天性的发展规律；第二，"自然人"不依从于任何固定的社会地位和社会职业，不被传统所束缚，是具备独立生活能力且勤于从事劳动实践的自由人；第三，"自然人"是身心协调发展的人，能掌握自己的命运，保持人的主体地位，适应客观环境的发展变化。卢梭认为："在自然秩序中，所有的人都是平等的，他们共同的天职，是取得人品。"② 因此，卢梭的"自然人"是生活在社会中的自然人，他不被欲念、偏见、权利所指引，而是用自己的眼睛去看，用心去想，用理智去判断，不为其他因素所控制，是能够尽到社会职责的成员。教育应该以自然的教育为中心，使事物的教育和人的教育服从于自然的教育，使这三方面教育相配合并趋于自然的目标，这样儿童才能享受到良好的教育。

第二，教育内容的选择要遵循实用和兴趣两个原则。在知识教育方面，让儿童学习多种多样的科学知识，尤其要让他们接受劳动教育，养成自食其力和独立生活的本领。卢梭反对教给学生百科全书式的知识，更反对用书本知识束缚儿童的头脑，他认为，这些都不是真正有用的知识。儿童应该学习的东西，就是儿童感兴趣同时又是他生活中非常实用的知识。③ 另外，卢梭根据对儿童身心发展规律的研究，按照儿童不同阶段的特征安排不同的教育内容，提出教育要适应受教育者的年龄特征

---

① [法]卢梭：《爱弥儿·论教育》上卷，李平沤译，人民教育出版社2001年版，第3页。
② 同上书，第1—19页。
③ 王天民、李月颖：《论卢梭自然主义教育思想的现代启示》，《教学研究》2014年第3期。

和个体差异以及两性差异,以多种多样的新学科和丰富多彩的新智能,培植全面发展或多面发展的新生一代。①

第三,以顺应学生的天性为教育方法。卢梭要求教育要以儿童的经验为基础,要顺应儿童的天性,让儿童独立观察和研究大自然中的各种事物,主张依据不同的年龄阶段,循序渐进地开展教育。卢梭反对封建强制教育,反对盲从教师权威,强调教学互动和能力培养,积极倡导以身作则的示范教育。主张"真正的教育不在于口训,而在于实行",即以行求知,加强体认感。教师的教育应该是行动多于口训,因为孩子是容易忘记他们自己说的和别人对他们说的话的,但是对他们做的和别人替他们做的事情,就不容易忘记。②

第四,卢梭以顺应儿童的天性为目的,确立了发现教学的基本宗旨。他认为,恰当的教学"不在于告诉他一个真理,而在于教他怎样去发现真理"。③ 卢梭所提倡的发现教学以儿童天然的好奇心和探求本能为基础,其最终目的是发现儿童的理智和判断力,以形成不依附于权威的独立人格。他认为,我们谬见中的大部分不是出自我们,而是从别人那里学来的。为了不听信别人的偏见,就要不屈服于权威,④ 因为"你一旦在他心中用权威代替了理智,他就不再运用他的理智了,他将为别人的见解所左右"⑤。在发现教学中,由于儿童不得不自己学习,因而他所使用的是他的理智而不是别人的理智。教师"不能告诉他应当学习什么东西,而要由他自己希望学什么东西和研究什么东西;而你呢,则设法使他理解那些东西,巧妙地使他产生学习的愿望,向他提供满足他的愿望的办法"⑥。

卢梭关于自然教育的思想直接受启蒙运动的影响,打破了当时占统治地位的教会经院主义教育强迫儿童死读硬背宗教教义的弊端和偏见,

---

① [法]滕大春:《卢梭和他的〈爱弥儿〉》,卢梭:《爱弥儿·论教育》上卷,李平沤译,人民教育出版社2001年版,第19—20页。
② 李平沤:《如歌的教育历程》,山东人民出版社2001年版,第25页。
③ [法]卢梭:《爱弥儿·论教育》上卷,李平沤译,人民教育出版社2001年版,第281页。
④ 同上书,第283页。
⑤ 同上书,第217页。
⑥ 同上书,第237页。

强调学生的自由发展、独立思考和实际观察，呼吁保护儿童的自然天性。从本质上看，卢梭适应自然的教育理论，是对于人性的教育和人性的完善。他阐明了一个深刻的道理：儿童的身心发展有其自然规律，教育应当顺应儿童的天性，遵循和尊重这些规律而不能与其对抗。他提出的发现教学论，是研究性学习思想的发端，渗透着研究性学习主张充分发展儿童个性的思想，其目的是"把人的精神从中世纪的蒙昧、迷信和盲从中解放出来，让理性的光辉照亮人的心灵"①。自然主义教育思想无论是在当时还是在当代都具有借鉴意义。

三 理论的成熟

从18世纪中期开始，工业革命的兴起极大地推动了社会经济的发展和技术的进步。工业化大生产模式要求教育规模化来培养人才，强调学生的理论知识，强调教学的认识过程，强调教师的主导作用，从而以班级授课制的形式成批量地为社会培养"模具化""标准件"式的人才，保证了工业化背景下传授知识的有效性。然而，这种围绕着教师中心、教材中心以及课堂中心展开的"三中心"教学模式，在教学活动的本质上重教轻学，在师生关系上重师轻生，因此不能满足学生个性化发展的需要。随着教育领域对儿童认知的新发现，人们开始对知识的系统掌握与学生的个性发展、教师主导与学生主体性、知识传授与学生成长、重视教师之教与强化学生之学之间的关系进行反思。

（一）进步主义教育

1. 杜威的"做中学"和问题教学法

19世纪，以帕克、杜威等为代表人物的进步主义教育运动，基于民主社会对儿童认知规律的发掘，对传统课堂的教学范式进行了批判，产生了现代教学论，以期通过变革教学方式来重新确定教与学之间的逻辑关系。② 在教育改革中，杜威等教育家提出体验式学习、做中学（hands-on）的理论，倡导以学生为主体开展教学活动，这是研究性学习作为学习方式或教学模式的发端。杜威自1896年起在芝加哥实验学

---

① 张华、李雁冰：《研究性学习的理想与现实》，上海科技教育出版社2004年版，第5页。
② 王鉴：《论翻转课堂的本质》，《高等教育研究》2016年第8期。

校进行了八年的实验，力求革除当时学校教育脱离实际生活、违背儿童天性、落后于科学发展等教育弊端。杜威的实验有以下几方面的特点:[①] 第一，基于儿童的本能说（社会的本能、制造的本能、探究的本能和表现的本能），实施包括交流与交往、动手工作、科学研究、艺术表演等方面的全面教育；第二，强调教育与家庭、社区和职业等生活实际的联系，教给实用知识和相应的训练；第三，强调学生的兴趣、经验的意义，要求把教学与之联系起来，促进学生身心的发展；第四，训练科学研究的方法、技术与精神；第五，以活动为中心组织课程与教学活动，提倡学生在"做中学"。尽管课程分为4—8岁的生活活动课程、9—12岁的基础课程以及13—15岁的专门课程，但强调学生动手操作、学校与生活的联系以及提倡学生进行科学和社会探究，则是一贯的突出特点。杜威提出的问题解决"五步教学法"包括：其一，教师给学生创设一个课题，情境必须与实际经验相联系，使学生产生了解它的兴趣；其二，给学生足够的资料，使学生进一步观察、分析，研究该课题的性质和问题所在；其三，学生提出解决问题的设想，或暂时提出一些尝试性的不同解答方案；其四，学生根据设想，进行推理，以求得解决问题的方案；其五，进行实验验证，学生要根据明确的假设方案亲自动手去做，以检查全过程所取得的结果是否符合预期的目的。杜威的"五步教学法"和做中学等策略，其核心都是强调在做的过程中，儿童自己发现这些设想、假设的真实性和有效性。这种教学方法至今还被广泛运用，而从强调学校教育与社会的联系中，也可以找到情境主义教学或真实性教学的渊源。[②]

2. 克伯屈的设计教学法

美国另一位教育家克伯屈（W. H. Kilpatrick）作为杜威思想的积极倡导者，于1918年从杜威"做中学"的教育思想出发，并在其"问题教学法"的基础上，提出了另一种教学组织形式和方法，即"设计教学法"（project method of teaching），其目的在于克服传统教学中呆板的

[①] 梅林等：《杜威学校》，王承绪等译，华东师范大学出版社1991年版，第10—20页。
[②] 王海澜：《打开学生自我建构之门——关于研究性学习的研究》，博士学位论文，华东师范大学，2002年。

课堂教学，只重视书本知识，学生学习被动，以及分科教学孤立、分散等缺点。"设计"就是在社会环境中专心致志，努力进行一种有目的的活动或一种有目的的活动单元，①"把设计法理解为以有目的的方式对待儿童，以便激发儿童身上最好的东西，然后尽可能放手让他们自己管理自己"②。"设计教学法"肯定学习者在学习中的地位，认为这种学习是在特定的社会环境中发生的，需要学习者全身心投入的、有计划的行动。设计教学法的开展包含四个步骤：一是确定目的，根据学生的兴趣和实际需要而提出；二是拟订计划，由学生自己承担，教师作为学习的支持者；三是实施计划，教师通过暗示、建议、鼓励等方法来支持学生；四是评定结果，对学习结果做出评定，教师对学生的错误及时纠正。③ 在设计教学法中，学生在教师的指导下，根据自己的学习兴趣确定学习目的，设计学习内容，通过自行设计及操作，获得有关知识与技能。鉴于知识的快速变化，克伯屈建议由学生主导项目活动，而不是以教师为中心的学科学习，强调课程中不应该区分任何具体的学科，反对重复学习、测验及分数卡。设计教学法因其丰富和独特的内涵，强调激发学生的学习动机，发挥学生的学习主动性，而对美国乃至整个世界的教育都产生了深刻影响。④

进步主义教育强调"以儿童为中心的学生观、以生活为内容的课程观、以解决问题为方法的教学观以及淡化权威意识的教师观"⑤。研究性学习的发展就是植根于现代教学论这种"做中学"和"设计教学"的传统，强调儿童主动学习、经验获得和做中学习，通过确立学生的主体地位，体现了现代教学论对教学重心从教师的教到学生的学的根本性转移。

（二）结构主义思想

1. 布鲁纳的发现学习

进步主义教育主张废除班级授课制度，打破学科界限，摒弃传统的

---

① ［美］克伯屈：《教学方法原理：教育漫谈》，王建新译，人民教育出版社1991年版，第14页。
② 同上书，第304页。
③ 同上书，第15页。
④ 赵丽萍：《项目学习的发展及现实问题研究》，《中国教育学刊》2013年第10期。
⑤ 王鉴：《论翻转课堂的本质》，《高等教育研究》2016年第8期。

教科书，在克服传统教学中的缺点方面起了一定的积极作用，但由于"设计教学法"的教学形式在教学的指导、设备和教材的编写上存在着种种困难和问题，特别是学生不能获得系统的科学知识，影响了教学质量，故因其忽视学术知识的倾向而在20世纪30年代初的经济大萧条时期和第二次世界大战期间开始受到怀疑，冷战时期则进一步被明确地否定。为了适应现代科学发展的需要，美国从20世纪50年代直到70年代，结构主义的教育改革占据了统治地位。1960年，美国心理学家、教育学家布鲁纳出版了《教育过程》一书，主张大力开展中小学教学改革，以适应科技发展的迫切需要，提出了"知识结构"观点和"发现法"学习模式。布鲁纳认为，任何概念或问题或知识，都可以用一种极其简单的形式来表示，以便使任何一个学习者都可以用某种认识的形式来理解它。"知识结构"观点用"学科基本结构"的思想来表述，就是每门学科都存在一系列的基本结构，这就是每门学科的基本概念和基本原则。例如，化学中的"键"，数学中的交换律、分配律和结合律等。在布鲁纳看来，学生如果掌握了"学科基本结构"，就能更好地掌握整个学科。如何组织学科内容是教学论中迫切需要解决的一个问题。为了组织最佳的知识结构，布鲁纳提出了三条组织原则：一是表现方式的适应性原则，指学科知识结构的呈现方式必须与不同年龄学生的认知学习模式相适应；二是表现方式的经济性原则，指任何学科内容都应该按最经济的原则进行排列，在有利于学生认知学习的前提下合理地简约；三是表现方式有效性原则，指经过简约的学科知识结构应该有利于学生的学习迁移。布鲁纳认为，按照反映知识领域基础结构的方式来设计课程，需要对那个领域有极其根本的理解。按照布鲁纳的设想，一门学科不仅教专门的课题或技能，而且应该使学生弄清楚学科知识组成的基本结构。他指出："不论我们选教什么学科，务必使学生理解该学科的基本结构。这是在运用知识方面的最低要求，这样才有助于学生解决在课堂外所遇到的问题和事件，或者日后课堂训练中所遇到的问题。"在布鲁纳看来，学习结构就是学习事物是怎样相互关联的。任何学科的基本原理都可以用某种形式教给任何年龄的任何人。基于"学科基本结构"的思想，布鲁纳提出了发现学习（discovery learning），他认为，儿童应该在教师的启发引导下按自己观察事物的特殊方式去表现学科知识的结构，借助于教师或教师提供的其他材料去发现事物。布鲁纳强调说，发现是教育儿童的主要手段，"人类学习中似乎有个必不可少的成分，它像发现一样，是尽力探索情境的机会"。他还强调说："如果我们要展望对学校来说什么是特别重要的问题，我们就得问怎样训练几代儿童去发现问题，去寻找问题。"发现学习是指学生在学习情境中，经由自己的探索寻找而获得问题答案的一种学习方式，其主要特点是学习的主要结论必须由学生自我发现，学生的发现并不局限于寻求人类尚未知晓的事物，还包括用自己的头脑获得知识的一切形式。[1]

布鲁纳所倡导的发现学习是为了适应20世纪50年代美国教育改革的需要而提出来的。在发现学习中，学生要亲自发现各学科的知识结构，要成为一个发现者，像数学家那样思考数学，像历史学家那样思考历史。[2] 这种发现学习看到了接受学习对于学生个体的忽略，但需要注意的是，学生的学习发现和科学家的研究发现不能完全等同，发现学习需要向学生提示他们必须学习的有关内容。这种学习方式通常适用于那些可引出一定假设，并遵循一定原理进行学习的数理学科，而对于社会和人文学科的学习，发现学习并不一定有效；发现学习需要学生具有相当的知识经验和一定的思维发展水平。

2. 施瓦布的探究学习

教育家施瓦布（J. Schwab）提出了探究学习（inquiry learning）这一方法。探究学习是指学生在主动参与的前提下，根据自己的猜想或假设，在科学理论的指导下，运用科学的方法对问题进行研究，在研究过程中获得创新实践能力，获得思维发展，自主构建知识体系的一种学习方式。施瓦布指出："如果要学生学习科学的方法，那么有什么学习比通过积极地投入探究的过程中去更好呢？"这句话对科学教育中的探究学习产生了深远的影响。施瓦布认为，教师应该用探究的方式展现科学知识，学生应该用探究的方式学习科学内容。为实现这些改变，施瓦布建议科学教师要到实验室去，引导学生体验科学实验的过程，而不是在

---

[1] 转引自钟启泉《研究性学习的理论基础》，上海教育出版社2003年版，第19—21页。
[2] 张华、李雁冰：《研究性学习的理想和现实》，上海科技教育出版社2004年版，第25页。

教室里照本宣科地教授科学。这就是说,在向学生介绍正规的科学概念和原理之前,应该先让他们到实验室里做实验。用实验的证据来解释和深化教材中的内容。施瓦布的探究学习是在总结发现式学习和有意义学习的经验基础上提出的。其理论依据是建构主义理论的学习观,即知识是学生自主建构的,而不是老师教授的,通过自己的探究与实践活动构建自身的知识体系符合学生的认知发展规律。

从20世纪50年代直到70年代,学术中心的教育改革占据着统治地位。美国1950年建立的全国科学基金会、1956年建立的基础教育委员会都反映了加强学术基础和科学教育的倾向。[1] 在美国的影响下,世界各国为了加强基础教育和专门人才的培养,也走上了学术中心的道路。学术中心的教育改革运动有以下倾向:[2] 第一,更新教育内容,加强学科结构性知识(概念与原理),而不是事实与信息性的知识;第二,加强知识内容以外的科学素质的培养,如科学态度、科学方法、批判精神、创造力、交流与合作能力等;第三,强调学生积极主动地参与学习,通过活动、体验和挑战来提高实际能力;第四,要求课程有弹性,根据学生的兴趣与经验,组成专题来讲学,以便符合学生的具体需要。也就是说,有一种压缩知识、强化学生实际能力和其他个人素质的倾向;在强调学术知识的同时,强调科学探究的方法与精神。

(三) 人本主义教育

"学术中心主义"强调专业科学的掌握虽然对于人的培养确实起着重要作用,但一味强调"学科结构"在人的智力发展上的作用,而不去引导学生面对现实社会的种种问题,难以培养学生解决实际问题的能力。另外,"学术中心主义"强调通过科学探究、发现的逻辑展开学习,认为唯有发现学习才能使学习者成为活动的主体,从而反对一切的机械记忆、演绎性教学和接受性学习,是对教育实际和学习内容之间复杂关系的忽视。[3] 事实上,由于学生的才能、素质、潜能具有多样性和

---

[1] [法]米亚拉雷、维亚尔主编:《现代教育史:1945年至今》,张人杰等译,五南图书出版公司1993年版,第43—44页。

[2] 转引自王海澜《打开学生自我建构之门——关于研究性学习的研究》,博士学位论文,华东师范大学,2002年。

[3] 钟启泉:《现代课程论》,上海教育出版社2006年版,第161—165页。

差异性，有效的学习必须通过广泛多样的活动才能产生，而不是仅仅通过"探究—发现"的方式。20世纪70年代，世界各国兴起了一场重新检讨处于迷惘状态的现代学校教育运动，这便是人本主义教育运动。人本主义教育家罗杰斯对奥苏贝尔的有意义学习理论进行了反思，发展和深化了意义学习理论，提出了新的内涵，他认为，意义学习主要包括四个要素：第一，学习具有个人参与（personal involvement）的性质，即整个人（包括情感和认知两方面）都投入学习活动；第二，学习是自我发起的（self-initiated），即便在推动力或刺激来自外界时，也要求发现、获得、掌握和领会的感觉是来自内部的；第三，学习是渗透性的（pervasive），也就是说，它会使学生的行为、态度乃至个性都发生变化；第四，学习是由学生自我评价的（evaluated by the learner），因为学生最清楚这种学习是否满足自己的需要，是否有助于探知他想要知道的东西，是否明了自己原来不甚清楚的某些方面。罗杰斯对意义学习原则论述的一个核心是要让学生进行自由学习（freedom to learn）。自由学习的方法包括构建真实的问题情境；提供学习的资源；使用合约；同伴教学；分组学习；探究训练；程序教学以及自我评价等。人本主义教育一方面强调课程必须反映科学的实际，沿着综合性的方向开发，另一方面，试图把认知和情感合二为一，以便培养出完整的人，使人们重新认识到情感在教育中的重要性。[1] 可见，人本主义教育追求的价值就是学生整体的人格成长和全面发展，学校的培养目标不能仅仅限于追求智力优异性、学问卓越性，情意教育既要充分注意发展学生的学术才能，同时又要注意发展学生的非学术才能。[2]

进步主义教育对研究性学习的倡导主要是顺应了工业化时代和社会民主化的需求，并且受实验科学的影响，其目的是培养适应现代社会所需要的改造自然和社会的人。结构中心主义主要适应了冷战时期科技、军事与空间竞争的需要，目的是培养智力的卓越性，造就智力超群的社会精英。[3] 人本主义教育对处于迷惘状态的现代学校教育进行了重新检

---

[1] 施良方：《学习论》，人民教育出版社2001年版，第385—401页。
[2] 钟启泉：《现代课程论》，上海教育出版社2006年版，第178页。
[3] 张华：《论"研究性学习"课程的本质》，《教育发展研究》2001年第5期。

讨，把认知和情感合二为一，以便培养出完整的人，使人们重新认识到情感在教育中的重要性。在这个过程中，教育是依循儿童的本性来发展儿童，还是追求智力的优异和卓越，这些思想在教育发展的历程中不断碰撞和交织，深刻地影响着研究性学习的发展脉络。

四 实践的勃兴

20世纪80年代以后，世界全球化、国际化的进程迅速加快，人类进入知识经济时代，社会对人才培养的要求趋向更加多元和全人方面发展。在新的时代，如何面对知识数量的迅速膨胀，如何面对多元文化与多元价值观，如何提供给每个学生充分发展的机会以适应多变的世界等课题，迫使各国不断调整教育发展战略，开始新一轮的教育改革。新时期的教育改革把变革学生的学习方式视为重要内容，以适应变革时代对具有创新精神和实践能力的创新型人才的要求。学习方式的变革，要求教学必须回到以学生的学为中心的逻辑起点上，以培养学生的创新意识和实践能力。研究性学习从历史发展中汲取教育理论发展的成果，以学习方式的变革重新确立教学中教和学的关系，以追求人文精神的全新内涵，在世界各国得到进一步的发展和勃兴。

1983年，"美国教育优异委员会"发表了题为"国家在危机中：教育改革势在必行"的调查报告，要求重新审视和改革教育体系。这份报告重新确立了美国中小学新的基础科目，规定四年制高中毕业生必须修习四年英语、三年数学、三年自然科学、三年社会研究和半年计算机课程。其中，社会研究采取的基本活动方式是主题探究式的，要求在自然现象、社会经济、政治、文化、环境、职业等领域选择不同的主题，通过调查研究和问题探究的方式进行学习，一方面使学生获得探究能力，另一方面旨在增强学生的社会责任感和综合的社会实践能力。社会研究作为研究性学习的一种主要类型，被列为必修课意味着美国对培养学生探究能力的高度重视。[①]

1996年美国公布《国家科学教育标准》，力求提高学生的科学素养，改革教学方式。受美国的影响，各个国家也纷纷以建构主义学习观

---

① 钟启泉：《研究性学习的理论基础》，上海教育出版社2003年版，第26页。

改造课程与教学模式,加强知识运用和问题解决能力的培养。从此以后,问题本位的(problem-based)学习、项目本位的(project-based)学习以及探究本位的(inquiry-based)学习,在世界各国得到了普遍的开展。①

日本在1998年确立了课程标准,在原有的中小学课程中增加"综合学习时间"(Period for Integrated Study)板块,"追求跨学科的、综合性的学习;并确认这种学习对培养儿童的'生存能力',让他们更好地适应以国际化、信息化等为标志的社会变化十分必需"②。我国台湾推行的新课程非常强调学习方式的转变,强调培养学生的主动探索和研究精神以及解决问题的能力。如作为台湾整个新课程体系之灵魂的"十大能力"的第九条规定:"激发主动探索和研究的精神";第十条规定:"培养独立思考与解决问题的能力"。香港特别行政区2000年的改革方案所确立的基本理念是"终身学习、全人发展",贯穿这一理念的课程体系则以"学会学习"(learning to learn)为总目标,要求每个人"能够一生不断自学、思考、探索、创新和应变,有充分的自信和合群的精神,愿意为社会的繁荣、进步、自由和民主不断努力,为国家和世界的前途作出贡献"③,要求通过科目、教程、单元、渗透式学习、综合式学习、专题研习等多元化的课程组织,实现教育目标,并明确地将"专题研习"(project learning)列为课程改革的四个关键项目之一。世界各国的课程改革还有项目课程、主题研究、多样化途径学习、任务式学习、有指导的个人实践活动等不同的名称,不仅在美、英、法、日等发达国家,而且在许多发展中国家都已普遍开设。有的国家已经在初中、高中到大学预备班统一开设了改革课程,形成了相互衔接的课程系列。④ 这些课程在实质上都属于我国新课程所倡导的研究性学习的范畴,中国当前的课程改革受国际课程改革的影响,强调学习方式的转

---

① 王海澜:《打开学生自我建构之门——关于研究性学习的研究》,博士学位论文,华东师范大学,2002年。

② [日]天笠茂:《论综合学习与综合学习课程》,李季湄译,《教育发展研究》2001年第1期。

③ 转引自王海澜《打开学生自我建构之门——关于研究性学习的研究》,博士学位论文,华东师范大学,2002年。

④ 叶平:《中小学研究性学习》,《信息技术教育》2003年第10期。

变，设置"研究性学习"课程顺应了世界课程改革的发展趋势。

通过对研究性学习发展历史的考察，可以看出，现代学习方式不是指某一具体的方式或几种方式的总和，从本质上讲，现代学习方式是以确立学生主体性为宗旨，以促进人的可持续发展为目的，由若干具体方式所构成的多维度、多层次的开放系统。自主性、合作性、探究性是现代学习方式的三个基本维度，[①] 我们今天所倡导的研究性学习，作为我国新课程提出的综合实践活动的一种课程类型，在开展过程中，根据活动主题和目标，会不同程度地体现自主、合作或探究的特征，因此研究性学习中的研究，事实上是多样的学习方式的综合运用。

第二节　国外研究性学习实施的经验

关于研究性学习课程实施的研究在于探讨研究性学习开展的过程，揭示如学生、教师、家长和学校等不同参与者在课堂、校内和校外等环境下，在研究性学习课程实施的不同阶段所遇到的困难及解决的办法。[②]研究性学习在世界各国的普遍开展，取得了丰硕的研究成果，但也暴露出了诸多问题。要想比较成功地推行一项变革，必须自始至终地深入研究变革方案的实施过程，在实施过程中对方案做出及时调整、修订，使之不断趋于完善。因此，对研究性学习课程实施的研究，逐渐成为备受关注的问题。

研究性学习在国外是非常普遍的，相应地，有关这方面的理论研究和实践研究的成果也比较多。美国人相信孩子同成人一样具有独立研究、独立动手的能力，故其教育的一个特点就是为孩子这方面能力的发展提供所需的时间和空间，指导学生自选课题，利用自学课及课外时间进行研究和学习。小学侧重的是对孩子收集资料、独立提问能力的培养；到了中学，培养的重点则是确定研究方法、实施研究计划的能

[①] 王鉴：《教学论热点问题研究》，广西师范大学出版社2008年版，第204页。
[②] 赵明仁，黄显华：《西方研究性学习的研究综述》，《教育理论与实践》2008年第5期。

力。① 目前比较综合和系统的研究体现在以下方面。

一 课程开发研究：为理解而做

（一）课程开发模式

国外关于研究性学习课程开发的研究大多来源于大学的研究人员，他们的研究主要关注的是"资料包"中的项目、问题或课程而不是教学和学习第一线的教师和学生所引发的项目或问题。主要有以下三类模式。

第一，问题式课程。即以问题为中心，而不是以学科和知识的结构为基点来组织开发研究的（Problem-based Learning or Project-based Learning，PBL）课程，是美国近年来兴起的新课程开发模式。PBL 最先是在大学医学院的实习活动当中开展的，如麦克马斯托大学医学院 25 年前就已经在本科生和研究生中间进行 PBL 课程的学习了。此外，许多中小学和少部分社区学院也在进行这方面的课程开发建设。PBL 既是一种课程，也是一个过程。这种课程仔细地选择和设计各种问题，这些问题要求学生获得批判性的知识、解决问题的技能、自我导向的学习策略和团队参与意识及技巧。作为一个过程，PBL 则"拷贝"了解决问题的一般系统方法或应付生活和职业挑战的各种方法。在 PBL 中，学生增加对学习的责任，获得更强的学习动机和更多的成功感受，为他们成为生活中的成功者打好基础。而教师则成为学生在进行 PBL 时的学习资源和在解决问题时的导师、促进者。PBL 的问题并不是互不相干的，而是有着密切联系的，基本上是同一范畴的问题的深化学习和研究。最有代表性的是美国伊利诺伊州数学和科学学院的问题式学习中心（IMSA）所进行的研究活动，那里的研究人员基于大学的问题式学习模式，为中小学生开发出了一学期的基于问题的课程，将其命名为"科学、社会和未来"，重点是"有待解决的科学性社会问题"（unresolved science-related social issues）。② 欧洲一些著名的创新型大学，如丹麦的

---

① 王海澜：《打开学生自我建构之门——关于研究性学习的研究》，博士学位论文，华东师范大学，2002 年。
② 同上。

阿尔鲍格大学（Aalbord）、荷兰的那斯特瑞特大学（Naastricht）、比利时的鲁文大学（Leuven）都十分成功地开发了项目型学习、问题型教学或独立型学习，并且是连续性的发展。[1]

第二，与多媒体关联的项目。该项目强调多媒体技术（即文本、图形、录像、动画以及声音等表征和传递信息的媒介对象的整合）在项目中的作用。研究的主题既可以与学生所学习的学科基本概念相关，也可以是广泛的社会性问题。研究的设计和规划主要由学生来完成，但更强调多媒体的作用，从材料的搜集到结果的展示，都强调技术的作用。如美国1995年启动的著名的"挑战2000年多媒体项目（PBL＋MM）"模式，[2] 是由教育部门资助的19个有创造性的技术革新工程之一，其目的是展示怎样使用技术以达到最重要的教育结果。在学习过程和产品上体现出下列特征：在学习过程上，要求学生自行决策、相互合作、联系现实世界、进行系统评价（既评价过程也评价结果）、充分利用多媒体作为交流的工具。而学习和研究的结果大多也和多媒体技术有关，其形式包括网页网站的制作、用电脑展示自己的产品、用电脑制作电视节目和影片，等等。

第三，学科关联项目。即改变传统课程设计的观点，把课程的核心概念体现于一些项目和问题之中。代表性的研究是温特比尔特大学的认知和技术小组所开发的"杰斯帕系列"[3]。国外对学科关联项目的开发还不系统和充分，不是把某门学科中的所有核心概念和原理都组织成一系列的项目或问题，而主要是提供一种开发的范例和思路。

近几年来，基于专业发展的教师教育发展项目在德国等一些国家里兴起。由于研究性学习具有实践性和情境性的特征，在教师教育中开展研究性学习活动，进行与教学法实践相结合的项目研究，可以较好地帮助职前教师通过参与项目研究把教学法理论和教学法实践结合起来。这

---

[1] ［德］Johannes Wildt：《研究型学习促进教师教育的专业发展》，赵丽、李妍编著：《中外教师专业发展研究》，华东师范大学出版社2013年版，第153页。

[2] Stepien & Gallagher, *Project-Based Learning: As Authentic as It Gets*, Educational Leadership, 1993, p. 51.

[3] 参见王海澜《打开学生自我建构之门——关于研究性学习的研究》，博士学位论文，华东师范大学，2002年。

种项目开发强调创造相关的学习环境和教师教学方法的改变，遵循行动型研究的策略，在开展过程中通过观察教学实践，发展并执行行动计划，然后对经验进行反思。很多研究对项目实施效果的评估通过实证研究来进行。①

（二）课程开发类型

美国为培养学生进一步学习的能力，提高其对未来社会的适应性，各州的课程框架都设计了不同类型的研究性学习的实践形式，典型的包括以下三种。②

第一，自然和社会研究（studies of science technology and society，STS）。"科学·技术·社会"是美国中学课程中具有综合性和实践性的课程，它包括自然研究和社会研究两大方面，是一种主题探究式的研究性学习课程。

第二，设计学习（project or design learning，PDL）。与课题式研究性学习相比，设计学习更强调学生的自主设计和实践操作能力。设计学习具有一定的创造性、开放性，主要通过学生创造性地设计和实施一定主题的活动，来考查学生综合运用学科知识的能力。

第三，应用学习（applied learning）。应用学习着重解决学生生活和社会生活中所面临的实际问题，强调操作性和应用性，注重使学生获得解决实际问题的技能。当然，它也需要建立在调查和探究基础之上。

国外（尤其是西方）早期的研究性学习面临着一个问题，就是如何处理好理论和实践的关系，同时，弄清"研究"和"学习"的差异也是个重要问题，如 20 世纪 60 年代后期"德国青年教师大会"（BAK）提出的研究性学习和科学测验，把研究性学习解释成"教"与"学"的结合。③近年来，国外的研究性学习注重理论研究在实践中的应用，关于研究性学习课程开发的研究基于已经相对比较成熟的教育理

---

① ［德］Johannes Wildt：《研究型学习促进教师教育的专业发展》，赵丽、李妍编著：《中外教师专业发展研究》，华东师范大学出版社 2013 年版，第 151—160 页。
② 钟启泉：《研究性学习的理论基础》，上海教育出版社 2003 年版，第 27 页。
③ ［德］Johannes Wildt：《研究型学习促进教师教育的专业发展》，赵丽、李妍编著：《中外教师专业发展研究》，第 153 页。

念和模式，研究者深入课程实施的具体过程，从学生、教师、学校等不同的视角研究学习如何发生以及教师如何跟进，才能使研究性学习变成"为理解而做"而不是"为做而做"的学习活动。他们的研究对我们加强研究性学习的系统性、连贯性有着重要的参考价值；对我们加强现代信息技术在教育中的渗透提供了新的思路。

二 影响因素研究：关注教师改变的意义

国外对研究性学习影响因素的研究主要表现在学生层面、教师层面以及学校层面三个方面。

（一）学生层面的影响因素

C. Achilles 和 S. Hoover 的研究发现，学生在传统的学习活动中缺乏进行自我管理的机会，研究性学习的复杂性和开放性，需要学生具有相应的自我管理的习惯和能力。另外，学生缺乏小组合作能力是影响研究性学习有效实施的一个重要因素。因此，学生合作能力及自我管理能力就成为开展研究性学习需要解决的重要问题。[①]

D. Edelson 等人的研究提出，在研究性学习活动中，学生面临的困难主要是缺乏探究的能力，包括持续探究的动机、技能、知识储备以及探究习惯。[②]

J. Krajcik 等人通过实地观察、访谈和录像等方法对两个研究性学习项目中学生的表现进行综合研究后发现：学生有能力制定调查计划，但在学习过程中提出有价值的研究问题、系统地收集和分析资料，发现观点并总结研究结论方面的困难较多。研究者提出，教师建设性的指导对解决学生困难，促进研究性学习的实质性展开至关重要。[③]

Meyer 等人的研究表明，具有不同学习风格和智力倾向的学生，在

[①] Achilles, C. M., Hoover, S. P., *Exploring Problem-Based Learning in Grade* 6-12, Tuscaloosa: Paper presented at the annual meeting of the mid-south educational research association, 1996, p. 406.

[②] Edelson, D. C., Gordon, D. N., & Pea, R. D., "Addressing the Challenge of Inquiry-Based Learning," *Journal of the Learning Science*, Vol. 8, No. 392-450, 1999.

[③] J. Krajcik, J., Blumenfeld, P. C., Marx, R. W., Bass, K. M. & Fredricks, J., "Inquiry in Project-Based Science Classrooms: Initial Attempts by Middle Schoool Students, *The Journal of the Learning Sciences*," Vol. 7 (3 & 4), No. 313-350, 1998.

研究性学习中的适应能力不同，有的学生在传统教学中表现一般，但是在研究性学习中却有上佳成绩。有的学生面对挫折、失败能够不断地寻求挑战，而有的学生则为避免失败往往回避挑战。①

从本质上讲，研究性学习是以学生的学习方式变革为核心的，与传统教学相比，要求学生在学习过程中扮演更活跃的角色，积极地承担更多的责任。因此，在研究性学习过程中，学生会面对很多挑战，也会得到全面发展。

（二）教师层面的影响因素

Ladewski 等通过个案研究发现，研究性学习课程的非预设性特征与教师的信念往往是冲突的。教师应对冲突的心态直接决定了教师在研究性学习课程实施中的态度与行为。教师积极面对挑战并寻求解决的方法对于有效开展研究性学习显得至关重要。②

Wagner 认为，导致教师抵制改变的重要原因是教师职业的特征和教师文化。一方面，进入教育领域的人常常被教师工作的稳定性所吸引，而且教师的工作环境和培训经历也强化了他们回避挑战和风险的倾向；另一方面，教学工作的独立性使教学工作具有孤立保守的特征，任何危及教师独立意识的改革都会受到他们的抵制。③

PBL 在实施当中存在转变的困难。教师往往缺乏实施 PBL 的动机和作为学生在进行 PBL 时促进者的技能。教师更关心的是科学研究、发表论文和资金而不是改进教学，因为 PBL 是试验性的，对教师的动机可能会起到反作用。教师长于讲演和有组织的讨论，而作为 PBL 促进者的技能则需要重新获得专业熏陶和训练。④

（三）课程与学校层面的影响因素

关于 PBL 项目实施的研究表明，实施的阻碍，第一是对传统课程

---

① Meyer, D. K., Turner, J. C., & Spencer, C. A., "Challenge in a Mathematics Classroom: Students' Motivation and Strategies in Project-Based Learning," *Elementary School Journal*, Vol. 97, No. 5, 1997.

② Ladewski, B. G., Krajcik, J. S., & Harvey, C. L., "A Middle Grade Science Teacher's Emerging Understanding of Project Based Instruction," *The Elementary School Journal*, No. 5, 1994.

③ Wagner, T., "Leadership for Learning: An Action Theory of School Change," *Phi Delta Kappan*, Vol. 5, 2001.

④ 转引自李玉文《论"研究性学习"理念》，硕士学位论文，四川师范大学，2003 年。

的挑战。"改变课程就像在搬迁一座坟墓。人们消极地把改变课程看作对课程改革毫无价值的事情,它就像改变我们已经熟悉的生活周期一样,教师需要知道什么是学生所期望的和应当调整的,而他们适应了的却是进行讲演和有组织的讨论。开发一个PBL项目需要120到160小时的时间来建构、现场实验和修正,而教师往往并不想多花额外的时间来从事这些工作。"第二,课程实施也需要学生花更多的时间成为对自己学习负责的独立学习者。指导者和合作者应当使这种转变平稳进行。PBL的成功依赖于有效的交流和定位。第三,费时费力。作为对他们所习惯的方面和能够迅速地传递知识信息的需要,教师往往希望能够通过讲演告诉学生PBL是怎么回事,而这恰恰会扼杀PBL的进行。但是,教师的想法是对的,一门可以用98周讲授完的课程,如果实施PBL,则往往需要120周的时间,增加了22%的时间,而且PBL适合小组学习,也需要更多的教师。第四,PBL代价昂贵,需要更多专为PBL准备的小教室,更多的图书资料及其复印资料,涉及更多的仪器和实验,等等。①

Thomas的研究显示,学校层面对研究性学习实施的影响具体体现在可供教师和学生利用的课程资源,合理的班级规模,教育管理部门在时间安排和评价政策的支持等方面。②

以上研究都看到了教师改变对于有效实施研究性学习的意义。研究性学习区别于传统教学的特征,使教师面临着很大的挑战,教师从观念和行为上都需要发生积极的改变,而教师职业的特征和通行的教师文化是抵制这种改变的,因此学校提供可能的支持将有助于教师寻求解决问题的途径,促进自身从渐进性改变过渡到根本性改变,以有效实施研究性学习。

三 实施策略研究:指导自主学习的重要性

B. Barron等人通过案例研究发现,有利于研究性学习实施的策略

---

① 转引自李玉文《论"研究性学习"理念》,硕士学位论文,四川师范大学,2003年。
② 转引自赵明仁、黄显华《西方研究性学习的研究综述》,《教育理论与实践》2008年第5期。

为：确定适当的学习目标以引导学生的深入理解；通过"情景教学""合同主题"等方式进行研究性学习；提供多元的自我评价的机会；加强课程组织以提高学生参与的程度。B. Barron 等人进一步通过访谈、观察等质化研究方法，归纳出成功实施研究性学习的三个策略：培育学生自主学习和自我管理的文化；选择优秀的作品让学生学习；创造支持学习的环境。[1]

研究性学习的目标是达成学生学习方式的变革，以上研究者对研究性学习实施策略的研究，都表明指导学生进行自主学习、自主管理和自我评价的重要性。

四 实施效果研究：体现变革实践的价值

F. Dochy 的研究发现，研究性学习对学生知识和技能的掌握有极其显著的正面效果；学生原有的智能水平是非常重要的调节变量，学生的智能水平不同，在研究性学习中所学到的技能和知识会显示出较大的差异。[2]

Thomas 利用前测—后测方式在三年内跟踪研究了英国两所中学学生的数学课成绩变化。一所学校采用研究性学习方式教学，另一所学校采用以教师为中心的方式教学。研究发现，研究性学习能够显著地提高学生的批判意识，也改善了教师的信念和实践以及专业发展。[3]

在国外（尤其是西方）的教育实践中，研究性学习的教育理念、传统、模式及相应的教育理论早已深入人心，其实践层面的研究也较为深入和微观。国外关于研究性学习的研究已逐渐对研究性学习的实践产生了实质性影响，这些研究为我们认识研究性学习的过程和效能提供了可资借鉴的可靠基础。

---

[1] 转引自赵明仁、黄显华《西方研究性学习的研究综述》，《教育理论与实践》2008 年第 5 期。
[2] Dochy, F., Segers, M., Bossche, P. V. & Gijbels, D., "Effects of Problem-Based Learning," A Meta-analysis, Learning and instruction, Vol. 13, 2003.
[3] 转引自赵明仁、黄显华《西方研究性学习的研究综述》，《教育理论与实践》2008 年第 5 期。

第三节　国内研究性学习实施的探索

我国的研究性学习课程自实施以来，取得了一定阶段性成果，但也暴露出诸多问题。因此，对研究性学习课程实施的研究，逐渐成为备受关注的问题，对存在问题的理性思考也随着课程改革的深入而尤显突出。

一　理论建构：系统化的本土探索

心理学、课程论及教学论等的研究成果对课程实施均有着很大影响。研究者以此为研究基础，依据各自对研究性学习课程价值、性质及实施取向等方面的理解，对研究性学习的实施体系进行了理论建构，具体研究内容主要包括以下六个方面。

第一，实施取向和类型。李子建、尹弘飚依据侯斯的课程实施分析框架讨论了技术性、政治性及文化性三种取向中的研究性学习课程实施问题。[①]《普通高中"研究性学习"实施指南（试行）》（以下简称《指南》）依据研究对象和内容的不同，将研究性学习分为课题研究和项目（活动）设计两大类。陈忠良等人从选题角度出发，将研究性学习课程分为学科知识型、热点型和社会生活型三种类型。[②]可见，在不同的分类标准下，研究性学习的实施类型是不同的。

第二，实施模式和途径。靳玉乐、艾兴认为，研究性学习主要有三条实施途径：其一，在综合课程中通过设置主题板块来实施；其二，在学科课程中以研究专题的形式来实施；其三，单独设置。[③]张丽萍、王升、吴淑华对研究性课程实施的两种常见模式，即问题探讨模式和课题研究模式，用概念图（表征和揭示知识结构中的意义联系）的形式进行了框架建构，科学、逻辑地展示了不同实践模式的实施过程，并且清

[①] 李子建、尹弘飚：《研究性学习实施论纲》，《课程·教材·教法》2004年第3期。
[②] 陈忠良、王晓燕：《指导学生有效地开展研究性学习》，《学科教育》2002年第3期。
[③] 靳玉乐、艾兴：《研究性学习的课程解读——研究性学习系列讲座》，《中小学教材教学》2003年第6期。

晰地表征和揭示了概念之间的意义联系。① 以上学者的研究科学、逻辑地展示了不同实践模式的实施过程，对开展研究性学习有很重要的实践指导作用。

第三，实施程序和组织。《指南》把研究性学习的实施程序分为问题情境阶段、实践体验阶段和总结表达交流阶段三个部分，并提出了三种组织形式，即小组合作研究、个人独立研究、个人与全班集体讨论相结合。② 黄伟、谢利民提出要使"小组合作"做到优势互补、功能整合，至少要考虑以下几个因素：共同目标的达成；个性差异的互补；组内交流、组际竞争。③ 霍益萍认为，研究性学习课程的实施一般分为三个阶段：选择课题；开展课题研究；结题展示。④ 安桂清从多元智能理论的视角研究了研究性学习课程实施的程序。⑤ 赵明仁、王嘉毅提出研究性学习在实施起始阶段一定要做好三方面的工作：理解研究性学习的本质内涵；制定研究性学习课程实施的制度；建立研究性学习课程实施的组织体系。⑥ 由此可见，研究性学习实施的组织形式是十分灵活多样的，至于选择什么样的组织形式，除了《指南》所提出的三种主要形式外，教师可以在研究性学习实施过程中发挥智慧，不断创造出丰富的实施组织形式。

第四，实施原则和要求。《指南》指出，实施研究性学习必须做到全员参与、任务驱动、形式多样、课内外结合。⑦ 崔允漷、安桂清认为在课程实施过程中，应对如下几个问题给予关注：一是致力于合作探究、工作任务导向的学习方式变革，实现学习方式的多样化；二是彻底走出传统教育"三中心"模式，将学习内容开放到学生整个生活世界；三是打破教师作为知识权威和垄断者的角色，教师应从"学科教师"变为导师；四是充分挖掘隐性的课程资源；五是各级教育管理部门应该

---

① 张丽萍、王升、吴淑华：《用概念图解读研究性学习的理论与实践》，《课程·教材·教法》2007 年第 1 期。
② 教育部编制：《基础教育课程改革纲要（试行）》，2001 年 6 月。
③ 黄伟、谢利民：《研究性学习课程实施中的问题辨正》，《教育理论与实践》2001 年第 12 期。
④ 霍益萍：《浅谈"研究性学习"课程管理》，《教育发展研究》2001 年第 10 期。
⑤ 安桂清：《多元智能理论观照下的研究性学习》，《外国教育研究》2004 年第 10 期。
⑥ 赵明仁、王嘉毅：《研究性学习设计与实施的反思》，《教育科学研究》2007 年第 7 期。
⑦ 教育部编制：《教育部关于印发〈普通高中"研究性学习"实施指南（试行）〉的通知》，2001 年 4 月。

着重检查学校的制度建设，而不是研究成果。① 这些观点既有理论高度，又是从实践中归纳概括而成的，具有一定的普遍性。

第五，实施策略与专业支持。吴永军从学科、时空和师资三方面论述了研究性学习的实施策略。② 李子建、尹弘飚从课程结构与教学实践两个层面上分析了研究性学习的实施策略，并指出要成功地实施研究性学习，就应该加强校长的课程领导职能；建立自然合作的教师文化；发展积极的家庭与学校伙伴关系，以及改善研究性学习的资源支持。③ 崔允漷、柯政认为，研究性学习的指导步骤有探讨项目领域，决定课题；探讨课题研究计划，设计搜集资料的方法；搜集资料，整理分析资料；综述课题，提出观点；公布成果，反思评价。④ 赵明仁、王嘉毅认为，有效的教师指导应体现在三个方面：研究工具要有科学性；指导学生自己发现问题；培养学生高层次思维能力。⑤ 汪霞认为，教育改革的成功实施，需要教育内外力量的通力合作和相互支持，研究性学习的开展呼唤具有专业视野和专业才能的专家、学者的支持和理论引领。⑥

第六，教师专业发展研究。尹弘飚对课程实施中教师困境的研究表明，困境产生的根源在于变革与其所处情境之间在专业、资源、制度和文化四个方面出现的不同步变化，如果任何一个方面的变化失去了其余几个方面的同步变化作为支持，都会给教师改变造成困境。⑦ 钟启泉认为，研究性学习的课程实施对教师的专业能力提出了严峻的挑战，教师受到研究能力的质疑，需要以革新的行动来落实研究性学习课程的要求。他倡导教师的"课程行动研究"，即教师在教育情境中直接参与实践研究，以批判的眼光对既有的课程进行重新审视和考察，对自己的行

---

① 崔允漷、安桂清：《试论普通高中研究性学习的课程框架》，《教育发展研究》2003年第6期。
② 吴永军：《关于研究性学习若干问题的再思考》，《教育发展研究》2002年第10期。
③ 李子建、尹弘飚：《研究性学习实施论纲》，《课程·教材·教法》2004年第3期。
④ 崔允漷、柯政：《普通高中研究性学习的问题研究》，《教育科学研究》2003年第7—8期。
⑤ 赵明仁、王嘉毅：《研究性学习设计与实施的反思》，《教育科学研究》2007年第7期。
⑥ 汪霞：《研究性学习的外部援助策略》，《课程·教材·教法》2005年第9期。
⑦ 尹弘飚、李子建：《论课程改革中的教师改变》，《教育研究》2007年第3期。

为进行反思性探究。① 有学者根据课程实施中教师改变的程度，区分了两种性质的教师改变：根本性改变和渐进性改变。根本性改变是对过往经验的重构和再造，因此会深层动摇教师原有的信念和价值观，通常容易遭到教师的抵制。渐进性改变是过往行为和实践的延续，是对教师日常教学实践的有限调整，因此是教师自愿进行的改变。② 研究性学习作为一门新型的课程，对教师来说确实存在较大的挑战，教师在困境中不断学习，实现专业水平的提升。

对研究性学习课程实施体系的理论建构，是建立在国内外课程学者对课程实施理论研究基础上的，结合我国普通高中的实际教学情境所进行的理论探索，对指导我国普通高中开展研究性学习起到了重要的理论指导作用。

二　现状考察：戴着"镣铐的舞蹈"

崔允漷、余进利对我国普通高中研究性学习课程实施现状进行的调研显示，研究性学习的地位受到各种因素的袭扰，研究性学习在普通高中的开展远远没有实现持续化、常规化和制度化。研究者提出四个方面的建议：其一，课程改革中要端正对课程实施的认识；其二，为研究性学习在学校脉络中找到合适的位置；其三，重建课程评价体系；其四，切实帮助学校、教师和学生解决课程实施中所面临的困难和问题。③

陈月茹以"普通高中研究性学习典型案例分析"项目组所设计的一套高中学生调查问卷，对上海、浙江、江苏等地七所普通高中开展研究性学习的情况进行了问卷调查，结果表明，研究性学习对于让学生在轻松愉快中增强探究能力、掌握基本科研方法的确有积极的成效，但现存的高考制度，使研究性学习的实施成为戴着"镣铐的舞蹈"；学生认为制约研究性学习顺利实施的因素主要集中在时间、资源和研究方法的

---

① 钟启泉：《现代课程论》，上海教育出版社 2006 年版，第 494—498 页。
② 操太圣：《院校协作过程中的教师专业性：香港与上海的个案比较研究》，博士学位论文，香港中文大学，2003 年。
③ 崔允漷、余进利：《我国普通高中研究性学习课程现状调研报告》，《全球教育展望》2003 年第 7 期。

掌握等方面。①

柯政、王成军以"普通高中研究性学习典型案例分析"项目组设计的一套家长调查问卷，对浙江、江苏和江西等地五所高中的学生家长对研究性学习课程实施的看法进行了问卷调查，结果表明，多数家长对研究性学习的价值能够认同，对这门课程的开设表示支持，但部分家长因为担心影响高考而心存顾虑；多数家长希望学校建立相关的制度以确保学生安全。②

张华、仲建维分析了人们在认识和实践上的差距，导致在课程实施中出现了以下问题：功能异化；对象异化；唯科学主义倾向；教师角色专职化、包办和放任；精英主义倾向。最后呼吁教育者要突破观念和制度的障碍，保障研究性学习走向健康发展的道路。③

近年来，一些硕士、博士研究生将研究性学习的实施作为研究的课题。比如王海澜的《打开学生自我建构之门——关于研究性学习的研究》以上海为例，分析了专题研究和学科渗透两种模式的运作状况，提出了有效推进研究性学习课程的基本设想，即构建研究性学习体系，其核心内容是开发基于学科的研究型课程、设计合适的学习活动、创设新型的学习情境等。④ 夏天的《研究性学习支持系统》认为，研究性学习课程的实施需要一个能够满足不同学习者认知需求并能够提供"即求即应"学习支持的研究性学习支持系统。基于研究性学习支持系统可以扮演教师角色并能遵循一定的教学模式指导学生学习的特点，夏天提出了五种学习支持模式：研究示范模式；导师点拨模式；精神激励模式；学习导航模式；社会化模式，不同的学习支持模式适用于具有不同认知能力的学习者。⑤

---

① 陈月茹：《普通高中研究性学习：来自学生的调研报告》，《全球教育展望》2003年第7期。
② 柯政、王成军：《普通高中研究性学习：来自家长的调研报告》，《全球教育展望》2003年第7期。
③ 张华、仲建维：《研究性学习的历史、现状与未来》，《教育科学研究》2004年第3期。
④ 王海澜：《打开学生自我建构之门——关于研究性学习的研究》，博士学位论文，华东师范大学，2002年。
⑤ 夏天：《研究性学习支持系统》，博士学位论文，华东师范大学，2007年。

以上学者从理论和实践两个层面总结了研究性学习课程实施中所出现的问题，对影响研究性学习课程实施的因素从观念层面和制度保障方面进行了深入的分析。

三 模式借鉴：国际视野和本土经验

对研究性学习课程实施的实践研究体现在对国外的成功模式进行比较借鉴，以及对本土的实践案例进行总结提升和经验推介方面。

教育改革措施的推行不仅需要理论建构和问题辨正，还需要国际视野以拓展研究者的视域，启发实践者的思想。在有关研究性学习课程实施的文献中，有大量介绍国外研究性学习的特征并进行比较研究的内容。这些文章以介绍美国、法国的居多。[1] 对美国开展情况的介绍，主要关注"以项目为中心的学习"（Project-Based Learning）和"以问题为中心的学习"（problem-Based Learning），还包括对美国研究性学习活动的现状考察、模式探究等。[2] 对法国经验的借鉴则关注初中阶段的多样化途径和高中的"TPE"（适度发挥学生创造力）。[3] 近几年来，研究者对各国课程设置及开展情况进行了比较研究，以进一步推动我国研究性学习课程的实施。[4]

研究性学习的有效实施，往往还需要多样化的实施案例以引领实践者的脚步。在大量研究文献中，关于研究性学习的经验推介研究也

---

[1] 霍益萍：《"研究性学习"在法国》，《教育发展研究》2000年第10期。张人红：《"研究性学习"在美国》，《教育发展研究》2001年第8期。嵇永宁：《美国教育界对研究性学习的研究》，《教育发展研究》2002年第1期。

[2] 张华：《追求卓越——美国芝加哥大学实验学校研究性学习活动现状考察》，《教育发展研究》2005年第9期。胡庆芳：《当今美国中小学研究性学习的模式研究》，《教育科学》2003年第10期。刘景福：《基于项目的学习（PBL）模式研究》，《外国教育研究》2002年第11期。

[3] 霍益萍：《国外研究性学习——法国的实施方案》，《教育发展研究》2001年第11期。霍益萍：《再谈"研究性学习"在法国》，《教育发展研究》2002年第10期。宋启林等：《法国的课程概述》，《外国中小学教育》2005年第2期。

[4] 孟祥林：《自主·灵活·切实——国外研究型课程的设置》，《上海教育》2004年第9期。钱旭升：《中国的"综合实践活动"和日本的"综合学习时间"的比较研究》，《外国教育研究》2002年第8期。

比较多,① 这些经验介绍对其他学校有一定的示范和借鉴作用,也有利于进一步完善自身的课程改革。从内容来看,风格各有千秋,对操作步骤的一般描述较多,但对实施过程中关键问题的处理策略则泛泛而谈,缺乏全面深入的分析,对实施效果的评析还需通过实证研究进行论证。另外,大量的经验总结报告和推介,对研究性学习的发展出路、怎样处理研究性学习和学科课程的关系、对学校教学文化和学生学习方式变革到底有多大的冲击力等实质性问题,缺乏更深入的考察和分析。

对国外研究性学习课程实施的比较研究以及对国内经验的推介研究表明,一方面,研究性学习在我国的实施虽然有一定的实践基础,但其顺利开展主要得益于借鉴国外的模式;另一方面,这些研究在总体上重复性较多,关于对我国课程实施的启发作用,论述和分析比较笼统。总之,我们对国外实施的状况研究和对国内已有实践经验的总结还需要深入、系统,以期进一步深化我国的课程实施和研究性学习的发展。

四 反思展望:关注教师和课程的互动关系

综观我国十多年来对研究性学习课程实施的研究,笔者发现存在如下特点:②

第一,从研究内容来看,对研究性学习课程实施的理论研究多,对研究性学习课程实施的实践研究少。一方面,研究者基于对研究性学习的课程价值和性质的理解,从课程实施的取向和类型、实施的模式与途径、实施程序和组织形式、实施原则和要求、实施的指导策略与专业援助、教师变革等方面对课程实施问题进行了一般性理论研究。总体来说,理论研究取得了很大的成果,对研究性学习课程实施框架进行的理论建构,对我国研究性学习课程的开展起到了一定的促进和指导作用,同时也充实了我国课程实施的研究理论。但同时,在这些理论研究成果

---

① 霍益萍等:《让教师走进研究性学习》,广西教育出版社 2001 年版。翁伟斌:《寻找课程改革的突破口——上海市开展研究性学习的扫描》,《教育发展研究》2001 年第 8 期。吴丽华:《研究,在黑土地扎根——黑龙江省研究性学习撷英》,《教育发展研究》2001 年第 9 期。黄法祥、王玲:《走进研究性学习课程——镇江市第一中学的实践及其启示》,《教育发展研究》2004 年第 7—8 期。

② 胡红杏:《研究性学习课程实施十年深度反思》,《当代教育与文化》2012 年第 3 期。

中，有一大部分是对政策的解释、一般的设想或经验性的说明以及对外来理论的介绍和评论，一些研究重解读，轻批判，缺乏新的理解和建构，未形成自己的独立体系，理论的本土化和系统化还需完善。另一方面，实践研究关于具体操作的应然描述较多，实然研究较少，对需要深入学校扎扎实实地了解、考察实际实施状况的研究相对忽视。一些现状考察，研究范围相对狭小，而且缺乏有效数据的支撑，有些研究者主要通过个人的经验、感受与主观推断等方式来说明现状，其研究结果缺乏说服力。

第二，从研究方法来看，实证研究薄弱。研究的方法较单一，多采用问卷调查的方法得出结论。由此，很难对课程实施的影响因素做出深入分析，并找出这些影响因素背后所隐藏的深层原因。譬如，研究者普遍提到教师的指导能力欠缺，但很少说明和解释教师主要欠缺哪些方面的指导能力，以及造成指导能力欠缺的原因是什么。再如，研究者普遍认为课程资源不足，但并未说明对课程资源开发和利用的不合理。总之，对需要运用更深入的调查，如通过问卷、访谈、观察等多种资料收集手段从事的实证研究较为薄弱，研究的深度不够，得出的结论相应也比较笼统，具有一定的局限性。

第三，从研究结论来看，对教师的理念更新、角色转变、研究意识、研究能力的提高等因素研究多，对这些关键因素如何影响研究性学习课程实施质量的研究少。很多对教师的研究，多是概括性地描述教师在实施中所遇到的问题，而对教师观念与行为的研究，则缺乏深入细致的考察。对十多年来关于研究性学习课程实施研究的回顾，又确证了这样一个事实，即随着新课程变革和研究的深入，课程变革与实施的复杂性早已被人们所接受。正如学者一再指出的：变革是一个过程，而不是一个事件。① 这种复杂的变革现象给我们的研究带来了诸多的障碍，同时又使未来的课程实施研究充满契机。② 就课程实施的影响因素而言，在实证研究中，对学校组织结构的分析占据了主流位置，

---

① ［加］迈克尔·富兰：《教育变革新意义》，赵中健、陈霞、李敏译，教育科学出版社2005年版，第54页。
② 李子建：《课程实施研究的障碍与契机》，《河南大学学报》（社会科学版）2005年第7期。

而对教师个人因素的分析还不够充分。在学校教育情境中，课程实施通常是学校组织结构与教师个人因素共同作用的结果，仅从一个视角分析并不能取得理想的效果。因此，研究者还需要更加深入地探讨教师个人因素与课程实施过程之间的互动关系，以更加有效地促进研究性课程的实施。

通过对相关研究的梳理，可以发现关于研究性学习的主要研究趋势有以下几方面特征：一是通过对优秀实践的分析，探究能够促进学生发展的研究性学习在计划、实施和管理方面的特点；二是从教师的角度出发，分析教师在信念、知识、态度、能力方面产生变化的历程，探究教师行为背后的理论；三是从学生的角度出发，分析学生在研究性学习中思维、情感、知识、技能等方面所遇到的困难，以及帮助学生克服困难应该给予的支持条件；四是分析研究性学习的开展与学校发展和课程变革的联系，通过研究性学习，学校的组织结构是否更加灵活？课程领导是否更能配合与支持课程与教师的发展？学校文化是否得到丰富和发展？

在分析有关研究性学习课程实施的国内外文献的基础上，本书聚焦于"普通高中研究性学习课程实施的问题"，力求通过质性与量化结合的研究方法，深入我国西部近十年来开设研究性学习的学校开展调查研究，力求把握在研究性学习课程实施中教师的教育观念、教学行为以及课程支持、课程资源、教师交流和培训、课程评价等方面存在的问题，分析产生这些问题的成因，探析这些问题对研究性学习课程实施质量的影响机制，分析教师观念、教学行为与学生学习以及课程实施效果之间的互动关系，在理论探讨和实证研究的基础上，提出有针对性地促进研究性学习有效实施的对策与建议。研究结论将充实我国研究性学习的本土化理论，并为提升我国西部普通高中研究性学习实施的质量提供依据，进而推动学校的课程改革。

第三章 研究性学习课程实施理论

本章在分析并借鉴已有研究的基础上,对课程实施和研究性学习的理论进行探讨。首先对本书的两个核心概念从现代教育理念的视角进行界定和剖析;接下来对课程实施的取向和影响因素进行梳理、总结,对研究性学习的价值取向和理论基础进行分析;最后,以此为依据,提出研究性学习指导教师的教育观念和教学行为特征,并建构教师教育观念(从课程观的视角)和教学行为的理论分析框架,作为调查研究和思考的基础。

第一节 基本概念的理解

概念是思维的细胞,是研究得以开展的基础。[1] 因此探讨研究性学习课程实施问题,需要对两个最基本的概念,即研究性学习和课程实施的实质内涵进行分析,以为本书提供分析的基础和理论依据。

一 研究性学习:以培养学生主体性为旨归

(一)国外关于研究性学习的理解

从宽泛的意义上讲,尊重学生主体地位的西方教学实践隐含着研究性学习的思想。当代世界研究性学习的模式,从自然主义思想开始萌芽,到进步主义开始发端,从学问中心主义和人本主义的逐渐发展,到现当代的逐渐成熟完善,具有不同教育目标和实施模式的教学方式和学

---

[1] 李泽林:《高中课堂的危机与变革》,甘肃教育出版社2014年版,第55页。

习方式形态相应呈现。① 以下对其中几种主要形式的内涵进行一定的概述。

1. 问题教学法

问题教学法是由杜威提出的，即在真实的作业情境中引起思维，通过思维提出和解决问题，在作业中验证所获观念的有效性。这里的"作业"是指"复演社会生活中进行的某种工作或与之平行的活动方式。"② 杜威认为，人的思维活动分为五个阶段：暗示；问题；假设；推理；检验。相应地，问题教学法包括五个步骤："第一，学生要有一个真实的经验的情境——要有一个对活动本身感到兴趣的连续的活动；第二，在这个情境内部产生一个真实的问题，作为思维的刺激物；第三，他要占有知识资料，从事必要的观察，对付这个问题；第四，他必须负责有条不紊地展开他所想出的解决问题的方法；第五，他要有机会和需要通过应用来检验他的观念，使这些观念意义明确，并且让他们自己发现它们是否有效。"③ 开展问题教学法，首先，要考虑儿童的直接经验，与儿童的日常生活相联系；其次，问题教学法的目的不是为学生提供现成的答案，让学生积累知识，而是使学生获得解决问题的方法，发展科学思维的能力；最后，问题教学法必须把学生获得的观念应用于实际，从而促进思想的有效发展。④ 问题教学法运用于课堂教学的实践就是主动作业，强调在作业中验证所获观念的有效性。学校应使主动作业在课程中占有明确地位，以便使儿童从中进行正常、有效的学习。主动作业的特点主要包括四个方面：一是满足儿童的兴趣，适应儿童生长的需要；二是主动作业代表着社会的情境，使儿童的个人生活与自然的和社会的生活融为一体；三是主动作业是儿童的现有经验向学科教材所包含的逻辑经验发展的媒介；四是主动作业体现了方法与材料的统一。⑤

---

① 相关历史发展脉络参见本书第二章第一节对研究性学习发展历史的考察。
② 杜威：《学校与社会·明日之学校》，赵祥麟等译，人民教育出版社1994年版，第95页。
③ 杜威：《民主主义与教育》，王承绪译，人民教育出版社1990年版，第179页。
④ 同上书，第171—178页。
⑤ 杜威：《学校与社会·明日之学校》，赵祥麟等译，第95—96页。

2. 设计教学（project method of teaching）

设计教学是由克伯屈创立的，"就是在社会环境中专心致志，努力进行一种有目的的活动或一种有目的的活动单元"①。设计教学"要求以有目的的方式对待儿童，以便激发儿童身上最好的东西，然后尽可能放手让他们自己管理自己"。② 设计教学的内容主要有四个方面：第一，必须是一个有待解决的实际问题；第二，必须是有目的有意义的单元活动；第三，必须由学生负责计划和实行；第四，包括一种有始有终，可以增长经验的活动，使学生通过设计来获得主要的发展和良好的生长。③ 设计教学的主要特点是：打破学科界限，废除班级授课制，摒弃传统的教科书，强调激发学生的学习动机，发挥学生的学习主动性。学生在教师的指导下，根据自己的学习兴趣确定学习目的，设计学习内容，通过自行设计及操作，获得有关知识与技能。④

3. 发现学习（discovery learning）

发现学习是由布鲁纳提出的，是指学生在学习情境中，经由自己的探索、寻找而获得问题答案的一种学习方式。其主要特点是学习的主要内容必须由学生自我发现。发现，并不局限于寻求人类尚未知晓的事物。学生的学习发现和科学家的研究发现不能完全等同，发现学习需要向学生提示他们必须学习的有关内容。这种学习方式通常适合于那些可引出一定假设，并遵循一定原理进行学习的数理学科，而对于社会和人文学科的学习，发现学习并不一定有效；发现学习需要学生具有相当的知识经验和一定的思维发展水平。

4. 探究学习（inquiry learning）

探究学习由施瓦布提出，指学生在主动参与的前提下，根据自己的猜想或假设，在科学理论的指导下，运用科学的方法对问题进行研究，在研究过程中获得创新实践能力，获得思维发展，自主构建知识体系的

---

① 克伯屈：《教学方法原理——教育漫谈》，王建新译，人民教育出版社1991年版，第14页。
② 同上书，第304页。
③ 同上书，第15页。
④ 徐卫红：《影响中国教育的思想流派——克伯屈的设计教学法》，《光明日报》2005年8月3日。

一种学习方式。探究学习是在总结发现式学习和有意义学习的经验基础上提出的一种学习方式。其理论依据是建构主义理论的学习观，即知识是学生自主建构的，不是老师教给的，通过自己的探究与实践构建自身知识体系符合学生的认知发展规律。

5. 自主学习（self-regulated learning）

自主学习由齐莫曼提出，它是指学生在教师的科学指导下，通过能动的创造性的学习活动，自觉主动地确定学习目标、制定学习计划、选择学习内容，以实现自主性发展。教师的科学指导是前提条件，学生是教育的主体、学习的主体；学生能动的创造性的学习活动是教育教学的中心，是教育的基本方式和途径；实现自主性发展是教育教学活动的目的，是一切教育教学活动的本质要求。

6. 亲历学习（enactive learning）

亲历学习由班杜拉提出，是指通过亲身经验获得学习的一种方式。它与通过观察、模仿而进行的替代性学习相对。

另外，在国外中小学的课程体系中存在的与我国大部分学者所理解的研究性学习相近的概念，还有"专题式学习"（project learning），"任务式学习"（task-based learning），国外中小学界称为的"项目课程、主题研究、专题研习、综合学习、多样化途径学习、有指导的个人实践活动"等不同名称的课程，实质上都属于研究性学习的范畴。[1]

需要强调的是，我们今天倡导的"研究性学习"虽然来自于历史上的"研究性学习"的发展，但由于时代的不同，二者之间有很大的区别。[2] 从学习目的看，历史上的"研究性学习"或旨在培养"理性的人"，或旨在培养"民主社会的公民"，或旨在培养"智力的卓越性"，如杜威、克伯屈等进步主义者对"研究性学习"的倡导主要是顺应工业化时代和社会民主化的需求，其目的是培养适应现代社会需要的改造自然和社会的人；而"学术中心"主义者布鲁纳、施瓦布、费尼克斯等人对"研究性学习"的倡导主要是适应"冷战"时期科技、军事与空间竞争的需要，目的是培养"智力的卓越性"，造就智力超群的社会

---

[1] 叶平：《中小学研究性学习》，《信息技术教育》2003年第10期。
[2] 张华：《论"研究性学习"课程的本质》，《教育发展研究》2001年第5期。

"精英"。而今天倡导的"研究性学习"则指向培养个性健全发展的人，它把学生视为"完整的人"，把"探究性""创造性""发现"等视为人的本性，视为完整个性的有机构成部分，因此，个性健全发展是今天我们所倡导的"研究性学习"的出发点和归宿。从学习内容看，历史上的"研究性学习"大多局限于某一方面，比如，"学术中心"主义所倡导的"发现学习""探究学习"，其内容是"学科结构"，而且主要是理科的学科结构，这未免脱离学生的生活实际；我们今天所倡导的"研究性学习"主张从学生的自身生活和社会生活中选择问题，其内容面向学生的整个生活与科学世界，而不把学科知识、学科结构强化作为核心内容。从学习理念看，历史上"研究性学习"的倡导者大多认为存在一个普遍的、适用于所有学生的"研究性学习"模式，只要找到这个模式的共同要素，严格遵循这个模式，即可培养出"研究性学习能力"；我们今天所倡导的"研究性学习"秉持迥然不同的理念，认为每个人的学习方式（Learning Style）都是其独特个性的体现，每个人都有自己的"研究性学习方式"，课程应遵循每个人学习方式的独特性。由此看来，今天倡导的"研究性学习"不仅仅是转变学习方式，而是要通过转变学习方式来促进每一个学生个性的健全发展。它尊重每一个学生的独特个性和具体生活，为每一个学生个性的充分展开创造空间。因此"研究性学习"课程洋溢着浓郁的人文精神，体现着鲜明的时代特色。

我国开展研究性学习的发端主要来自于对西方开展情况的借鉴和移植，如美国"以项目为中心的学习"（Project-Based Learning）和"以问题为中心的学习"（Problem-Based Learning），对法国经验的借鉴则关注初中阶段的多样化途径和高中的"TPE"（适度发挥学生创造力）等。实际上，美国的两种 PBL 模式，更多的是学科课程的教学框架，即利用问题或项目来掌握学科课程的核心内容，因此，与我国新课程提出的，与学科课程并列的"研究性学习"课程并不类似，倒是独立研究（independent study 或 self-directed research）、项目作业（project work）等带有狭义的"研究性学习"的性质。

（二）国内关于研究性学习的理解

研究性学习是我国教育改革的一个热点问题，作为一个新概念的提出，对其内涵实质的分析与解读一度成为诸多文献的核心主题。

《全日制普通高级中学课程计划（试验修订稿)》（2001.1）指出：研究性学习旨在通过亲身实践来获取直接经验，养成科学精神和科学态度，掌握基本科学方法，提高综合运用所学知识解决实际问题的能力。教育部《普通高中"研究性学习"实施指南》（2001.4）（以下简称"《指南》"）指出：研究性学习是学生在教师指导下，从自然、社会和生活中选择和确定专题进行研究，并在研究过程中主动获取知识、应用知识、解决问题的学习活动。国家有关教育文件对研究性学习概念的界定，主要是从功能的角度出发，着眼于宏观把握，说明通过研究性学习能够发展综合运用知识的能力，形成自主合作探究的学习方式，具有较高的指导性。但在实践中，人们对"研究性学习"的称谓和理解并不相同。在各类学术期刊论文中有"探究性学习""研究型学习""研究型课程""研究性学习活动课程""研究性学习课程"等称谓。在众多不同称谓的背后，暗含着人们对"研究性学习"本质的不同理解，总体来说，有以下三方面的理解。

第一，研究性学习是一种学习方式。

靳玉乐、艾兴认为，"研究型课程"是把研究性学习视为课程类型的误读，研究性学习不是研究型课程，也不等同于探究性教学，研究性学习就是一种学习，或者说是一种学习理念，是学习上的变革，它不是所谓的课程类型，也不是教学。研究性学习的理念可以渗透到所有的课程实践和教学活动之中，而不仅仅是应用于所谓的"研究型课程"[1]。张肇丰和应俊峰的观点与之基本类似。[2]

第二，研究性学习属于综合实践活动的一个课程领域。

王升认为，研究性学习是一种以知识与经验并重的生成性课程。[3]钟启泉认为，所谓"研究性学习"就是通过问题解决的方法发展问题解决能力的一种学习形态，是一种跨学科的综合实践活动，是一种超越了传统的课堂、传统的学科、传统的评价制度，涉及自然、社会、人类

---

[1] 靳玉乐、艾兴：《对研究性学习的再认识》，《课程·教材·教法》2003年第1期。
[2] 张肇丰：《试论研究性学习》，《课程·教材·教法》2000年第6期。应俊峰：《研究型课程》，天津教育出版社2001年版，第14页。
[3] 王升：《论研究性学习》，《课程·教材·教法》2002年第5期。

文化及自身的崭新的课程领域。① 赵明仁、王嘉毅认为，对研究性学习的界定，最根本的是要说明通过怎样的"研究"过程来"学习"，学习的功能与性质均是从过程衍生而来。他们从过程的视角出发，对研究性学习进行了界定：在教师指导下，学生从感兴趣的且有意义的问题出发，在文献分析和讨论基础上形成基本假设，然后制定计划，收集与分析资料，再形成结论的学习活动过程。②

第三，研究性学习从广义来说是一种学习方式或一种理念，从狭义来说是一门独立的课程或学习活动。

张华提出，作为一种学习方式，"研究性学习"是指教师或其他成人不把现成结论告诉学生，而是学生在教师指导下自主发现问题、探究问题、获得结论的过程。作为一种课程形态，"研究性学习课程"是为"研究性学习方式"的充分展开所提供的相对独立的、有计划的学习机会，具体地说，是在课程计划中规定一定的课时数，以有利于学生从事"在教师指导下，从学习生活和社会生活中选择和确定研究专题，主动地获取知识、应用知识、解决问题的学习活动"。所以，"研究性学习课程"是指向"研究性学习方式"的定向型课程。③ 霍益萍、石中英、崔允漷、安桂清、王中男等学者也持相似的观点。④

对国内关于研究性学习概念的观点进行对照分析，可以看出，在实践中，由于人们研究视角的不同和教育观念的多元化，对研究性学习的认识势必会产生一定的差异。但无论将研究性学习理解为学习方式还是课程领域或学习活动，都折射出对研究性学习内涵本质的认识，这主要有以下两个方面。

第一，研究性学习作为一种学习方式，可以运用于各种学习活动，包括学科教学。我国传统的基础教育比较重视接受性学习，接受性学习

---

① 钟启泉：《研究性学习："课程文化"的革命》，《教育研究》2003 年第 5 期。
② 赵明仁、王嘉毅：《研究性学习设计与实施的反思》，《教育科学研究》2007 年第 7 期。
③ 张华：《论"研究性学习"课程的本质》，《教育发展研究》2001 年第 5 期。
④ 霍益萍：《研究性学习实验与探索》，广西教育出版社 2001 年版，第 101 页。安桂清：《研究性学习：作为理念、方式与领域》，《山东教育科研》2002 年第 3 期。石中英：《试论研究性学习的性质》，《课程·教材·教法》2002 年第 8 期。崔允漷、王中男：《研究性学习活动课程：意义与性质、问题及澄清》，《教育理论与实践》2009 年第 12 期。

是教师将要学习的内容以定论的形式呈现给学生，学生获得的主要是间接经验，而研究性学习强调教师或其他成人不把现成结论告诉学生，而是要求学生自主发现问题并进行探究，重视学生在探究过程中所获得的体验和感悟。不同的学习方式各有各的价值，彼此之间具有互补性，但不能相互替代。"就人的个性发展而言，'研究性学习'与'接受性学习'这两种学习方式都是必要的，在人的具体活动中，两者常常相辅相成、相反相成、结伴而行。"① 接受性学习对于我们在短时间内储备大量的知识是非常重要的，但不利于调动学生学习的积极性、主动性和创造性，研究性学习的提出，有助于改变长期以来形成的学习文化，有助于学习方式的变革。②

第二，研究性学习作为一种学习活动或课程领域，与学科课程相对。"学科课程是主要基于学科的逻辑体系而开发的，掌握必要的体现于学科中的间接经验是学科课程的直接目的；而'研究性学习'课程基于学生的直接经验，它以获取关于探究学习的直接经验、发展创新精神和解决问题的能力为直接目的，以个性健全发展为根本……'研究性学习'课程中所获得的直接经验与学科课程中所获得的体现于学科中的间接经验，两者是交互作用、相辅相成、相反相成的。"③ 研究性学习强调基于学生的直接经验，密切联系学生的自身生活和社会生活，在做、调查、实验、探究等一系列活动中发现和解决问题，体验和感受生活，所以研究性学习具有明显的体验性特点。马克斯·范梅南（Max van Manen）说："教育需要转向体验世界。体验可以开启我们的理解力，恢复一种具体化的认知感。"这里的"体验"显然指的是对于学生生活世界的直接体验或直接经验。而研究性学习正是提供这种直接体验的一种体验性学习，因此，它为学生的知识与实践、科学与生活、间接经验与直接经验的联系铺设了桥梁，或者说，它为学生的亲历与实践、感受与体验创设了空间。但强调对直接经验的体悟并不意味着间接经验的获取就不重要，恰恰相反，研究性学习要以间接经验为知识基础

---

① 张华：《论"研究性学习"课程的本质》，《教育发展研究》2001年第5期。
② 石中英：《试论研究性学习的性质》，《课程·教材·教法》2002年第8期。
③ 张华：《论"研究性学习"课程的本质》，《教育发展研究》2001年第5期。

和认知背景才能得以深入有效的开展。

在研究性学习的实施中存在这样一种现象,即将学生在实践中获得的感性知识、直接经验与理性知识、间接经验对立割裂起来,因而在强调感性和体验的同时忽略和贬低了学科知识和接受性学习。我们看到,很多学术期刊中的有关论述总是将研究性学习与接受性学习对举、对比,一提研究性学习就是丰富性、完整性、价值性等,相反,一提学科知识、接受性学习就是如何的片面、狭隘和机械等。这种价值导向,一方面容易导致研究性学习课程忽视学生间接经验的奠基作用,学生的间接经验,即学科知识难以在研究性学习的实施中得到应用与检验,使学生的体验和感受落入贫乏和空泛中;另一方面,研究性学习基于学习方式的变革,使学生有可能通过多元的学习思维和路径对一些真实问题展开讨论,但这并不意味着否定记忆、理解等层面学习的必要性和重要性,也不否定有意义接受学习方式的必要性和重要性。换言之,研究性学习课程十分注重以学科课程的学习为基础,进而提供并扩展学生多元化的学习经验,激活学生在其他学习中的知识储存。

研究性学习课程是对学科课程的一种补充和完善,传统的学科课程注重的是学科知识,轻视知识的形成与生产过程,轻视学生的学习过程与方法。研究性学习课程的实施正是要弥补学科课程在这方面的不足。因此研究性学习课程在实施过程中如何走出传统的学科课程的思维定势,创造性地开展新型的学习活动就成了一个难题。对研究性学习指导教师而言,就是要开辟一个新的学习领域和教学方法领域,变革自己过去的教学方法,并创生适合学生新型学习的教学方法,所以,研究性学习指导教师的知识观、课程观、教学观、学生观、评价观等都要发生变革,变革的主旨是围绕学生的学习建构新型的教学理论与方法体系。对于学生而言,就是要积极参与研究性学习的过程,在教师的指导下,完成研究性学习的任务。这对学生来说,也是一个挑战,因为学生已经习惯于在传统的课堂教学中被动地进行接受性的学习,而不适应自主的参与性的研究性学习。教师的任务不仅在于教会学生掌握研究性学习的知识内容,而且在于培养学生研究性学习的能力与方法。

(三)研究者的观点

本书将研究性学习视作综合实践活动课程中一种独立的课程形态,

有以下两个理由。

第一,研究性学习是我国普通高中新课程计划规定的综合实践活动中的一个重要类型,具有国家规定的实施目标和实施指南,并且要求各级学校根据要求有计划、有组织的开展。既然研究性学习方式可以渗透在学科课程的学习活动之中,那么,为什么还要设置专门的"研究性学习"课程?一方面,由于我国基础教育长期以来习惯于"讲解式教学""接受性学习",教师往往把教学理解为讲解知识、技能、概念、原理,学生往往把学习理解为习诵、模仿和做题,这种顽固的习惯势力会成为"研究性学习方式"有效渗透的强大阻抗。另一方面,在各门学科课程的教学中,学生往往局限于本学科的知识体系和逻辑结构中来从事探究活动,"研究性学习"课程则强调基于学生的直接经验,密切联系学生的自身生活和社会生活,综合运用学生的知识对学生自主选择的问题进行跨学科探究,以获取学生自己的结论。在新课程改革中把研究性学习作为专门的必修课程来开设,在专任教师的负责下进行课程开发和管理。这种设置有利于打破学科壁垒,促进课程统合。新课程改革为使学生尽快转变学习方式,促进学生形成积极的学习态度和良好的学习策略,培养创新精神和实践能力而专门设置了"研究性学习"课程,这"有助于改变传统的课程与教学,可以为人的全面、和谐发展提供教育形式上的支撑,'研究性学习'课程的价值体现在它回应了变革的社会提出的挑战"[①]。因此,从独立课程的角度理解研究性学习,有助于学生学习方式的深入变革,使其超越学科的视界,立足于每一个完整的人的整体的生活。

第二,研究性学习作为专门实施研究性学习方式的课程,符合现代教育科学对于课程的理解。所谓课程,是指在教师指导下的学习者学习活动的总体,"除了学校的课程表所表示的正式课程之外,还有作为课外实践特别计划并实施的'课外活动'(entra-curricular activities),以及在整个学校生活中潜移默化地影响儿童的心理形成的学校传统或校风,亦即支配学校的教师和学生集体的价值观、态度、行为、方式等等

---

① 杨明全:《为什么需要研究性学习:追问与求证》,《教育科学研究》2005年第1期。

校园文化中的非制度侧面也包括在内"①。将"研究性学习"视作一种独立的课程形态，符合现代教育科学对于课程的理解。"研究性学习不是从属或依附于某一学科的'研究性的学习'，而是与其他学科在价值地位、组织与实施方式方面具有独立性的一门课程。"② 研究性学习课程的独特性在于，它是与学科课程并列的综合课程，一方面是国家课程计划中规定的一门必修课程，具有严肃性和正统性，另一方面是一门没有课程标准和教材的课程，充分体现出生成性、适应性。③ 将研究性学习理解为课程，有助于将其与学科教学中常见的形形色色的"探究教学"区别开来，有助于加深学生对不同学科问题、知识与方法之间内在关系的理解，培养学生科际整合的意识、素质与能力。④

那么，作为课程的研究性学习，其本质和内涵是什么？我们可以从现代课程理论之父拉尔夫·泰勒（Ralph W. Tyler）所提出的课程与教学的基本原理出发来认识和理解。泰勒从四个方面阐述了课程与教学的基本原理，它们分别是：第一，学校力求达到的教育目标；第二，要为学生提供怎样的教育经验，才能达到这些教育目标；第三，如何有效地组织好这些教育经验；第四，如何才能确定这些教育目标正在得以实现。⑤ 舒伯特（W. H. Schubert）从这四个方面——确定教育目标、选择教育经验（学习经验）、组织教育经验、评价教育计划中归纳出目标（purpose）、内容（content）或学习经验（learning experience）、组织（organization）、评价（evaluation）四个维度，并把它们称为课程开发的永恒的分析范畴。⑥ 基于这种分析范畴和新课程背景，我们可以从现代课程理念出发，将研究性学习课程定义为：在教师的指导下，以追求科学精神和人文精神相融合的基本价值取向，基于学生的直接经验，以学生自身生活和社

---

① 钟启泉：《现代课程论》，上海教育出版社2006年版，第228页。
② 崔允漷、安桂清：《试论普通高中研究性学习的课程框架》，《教育发展研究》2003年第6期。
③ 崔允漷、王中男：《研究性学习活动课程：意义与性质、问题及澄清》，《教育理论与实践》2009年第12期。
④ 石中英：《试论研究性学习的性质》，《课程·教材·教法》2002年第8期。
⑤ ［美］拉尔夫·泰勒：《课程与教学的基本原理》，罗康、张阅译，中国轻工业出版社2008年版，第1页。
⑥ 张华：《课程与教学论》，上海教育出版社2000年版，第96页。

会生活的综合主题为学习对象，采用自主性教学方式和多样化的学生实践活动，培养学生的主体精神、创新精神和实践能力的课程。①

综上所述，我们在对研究性学习概念的产生背景以及发展历史进行考察的基础上，梳理、剖析了国内外学者对其内涵的理解，并从现代课程理念的视角对其进行了概念界定，由此，我们可以总结出研究性学习的本质特征有以下方面。

一是学习的问题性。研究性学习的实施是从一个驱动或引发性的问题出发，来组织和激发学习活动。驱动问题的设计要基于学生的兴趣和经验，能够反映学生对社会、生活和知识的理解，并具有发展学生的创新意识和实践能力的价值。

二是学习的合作性。在研究性学习的开发阶段，教师、学生以及涉及该活动的所有人员相互合作，从问题生成、目标设计、活动设计到组织管理形成"学习共同体"；在实施阶段，学生以合作学习方式对研究的核心问题和驱动问题进行讨论。

三是学习的探究性。要求学生对现实生活中的真实问题进行探究，学生通过设计探究方案或搜集资料，实施验证或体验，论证假设和猜想，整理和分析资料，获得结论，从而建构起自己对问题的理解。

四是学习的真实性。研究的问题从学生的经验出发，并基于真实生活情境，增强学生对于知识和生产生活联系的认识，提升学生对于利用学科知识解决生产生活问题的体验。当学习以真实的方式来进行时，问题的解决具有产生实际结果的可能性。

五是评价的过程性和结果性。研究性学习的评价可以是学生对活动的体验和感受的表现性评价，也可以是最终的一个成果，如一个产品、一份报告或作品的设计和产出过程，教师通过由学生的实际表现或所呈现的成果等来判断学生在研究性学习中对问题的理解、对知识与生活社会关系的掌握以及所体现出的能力、创造力的发展状况。

学习方式的变革，必须重新确立教学中教和学的关系，必须回到以"学生的学"为中心的教学逻辑起点。② 作为课程的研究性学习就是通

---

① 参见本书第四章第三节对研究性学习指导教师课程观的阐述。
② 王鉴：《论翻转课堂的本质》，《高等教育研究》2016 年第 8 期。

过研究性学习活动的组织与实施，变革学生的学习方式，让学生学会研究性学习的方法，进而提升学生的主体精神与综合素质。研究性学习课程关注学生的经验和体会，强调基于真实生活情境的问题解决，体现了现代教学论的教学重心从教师的教到学生的学的根本性的转移，昭示着学生的主体意识的觉醒和主体地位的确立，使教学回到以"学生的学"为中心的逻辑起点上。

二 课程实施：课程计划的情境性实践

对课程实施问题的研究是在理解和评定课程变革的过程中兴起的。20世纪60年代末，人们对发端于美国、影响波及全球却又收效甚微的课程变革——"学科结构运动"进行了深刻反思，结果发现，由于对课程变革具体实施过程关注甚少，致使科学完善的课程计划在实施阶段却流于形式或根本未予实行，最终导致"学科结构运动"因未达到预期目的而失败。由此，人们开始质疑那种认为"只要课程计划完善就可以自然在实施过程中达到预期结果"的假设，并逐渐意识到"课程变革很少在实践中获得所希望的实施效果"[1]。自此，课程实施问题才引起人们的关注。20世纪70年代以来，随着课程改革的不断深入，课程实施受到研究者越来越多的关注，逐步成为课程变革中的一个相对独立的研究领域。

目前，人们对课程实施的含义有不同的理解，概括起来主要有以下三种代表性的观点。

第一种观点认为，课程实施就是教学。持此观点的学者认为，课程实施就是对课堂教学的研究，因为教学过程就是课程计划的实施过程。譬如，黄政杰认为，课程实施就是教与学的过程，就是学习者参与有计划的学习机会的过程。[2] 黄甫全认为，课程实施实际上就是教学。[3] 这种观点主要从课程实施的主要途径角度理解课程实施的本质，认为教学与课程是内在统一的，只要课程方案付诸实施，就必然以教学为主要途

---

[1] 王鉴：《课程论热点问题研究》，广西师范大学出版社2008年版，第24页。
[2] 黄政杰：《多元社会课程取向》，师大书苑1995年版，第131页。
[3] 黄甫全：《大课程论初探兼论课程（论）与教学（论）的关系》，《课程·教材·教法》2000年第5期。

径。这种理解方式解决了课程与教学分离的困境，有助于教育过程的展开，但缺乏对教学活动中诸要素包括教师、学生、课程内容等协同作用的充分关注。①

第二种观点认为，课程实施是将预期的课程方案付诸实践的过程。这种观点基本上可以看作富兰等课程理论界先驱在20世纪80年代对课程实施本质的转译。② 富兰认为："课程实施是将革新付诸实践的过程"。③ 这种观点得到了众多课程研究学者的认同，譬如，李子建和黄显华认为，课程实施是新的课程方案的实际使用；④ 施良方把课程实施看成是新课程计划付诸实践的过程；⑤ 江山野认为，课程实施是把某项改革付诸实践的过程，它不同于采用某项改革（决定使用某种新的东西），实施的焦点是实践中发生改革的程度和影响改革程度的因素；⑥ 张廷凯的观点是，课程实施是把通过编制过程创造的课程具体化并使之发生效用的过程；⑦ 李定仁、徐继存通过梳理我国课程论研究20年的历程，认为课程实施是将编制好的课程计划付诸实践的过程，是实现预期的课程理想，达到预期课程目标，实现预期教育结果的手段；⑧ 靳玉乐认同把课程实施看作将新课程计划付诸实践的一个过程，他认为，新课程计划总是蕴含着对原有课程的一种变革，课程实施就是要力图在实践中实现这种变革，其本质就是将课程理论转化为课程实践的活动；⑨ 张华认为，课程实施是把某项课程变革计划付诸实践的具体过程，课程计划与课程实施是理想与现实、预期目标与实现过程之间的关系；⑩ 钟启泉的观点是，课程实施是将规划的课程方案付诸教学实践的历程，是协商对

---

① 李臣之：《课程实施：意义与本质》，《课程·教材·教法》2001年第9期。
② 黄甫全：《课程与教学论》，高等教育出版社2003年版，第327页。
③ Fullan, M., "Curriculum Implementation," A. Lewy, *The International Encyclopedia of Curriculum*, 1991, pp. 378-384.
④ 李子建、黄显华：《课程：范式、取向和设计》，中文大学出版社1996年版，第311页。
⑤ 施良方：《课程理论——课程的基础、原理与问题》，教育科学出版社1996年版，第128页。
⑥ 江山野：《简明国家课程百科全书》，教育科学出版社1991年版，第156页。
⑦ 张廷凯：《国外课程研究的现状及主要理论》，《浙江教育科学》1991年第2期。
⑧ 李定仁、徐继存：《课程论研究二十年》，人民教育出版社2004年版，第91页。
⑨ 靳玉乐：《课程实施：现状、问题与展望》，《山东教育科研》2001年第11期。
⑩ 张华：《论课程实施的涵义与基本取向》，《外国教育资料》1999年第2期。

话与教育信念转型的行动过程;① 吉标、吴霞认为,新课程实施的过程就是教师与课程设计者之间进行理解、对话的过程,是教师与学生对知识与意义进行建构和生成的过程。② 综上所述,学者们均是将课程实施看作一个动态的过程,课程实施的价值取向要求实践过程朝向改革建议的方向,即要求改革的结果符合预定的课程方案,同时更多地关注改革的过程。对课程实施所涉及的范围,认为课程实施涉及整个社会和教育系统,例如,从国家、地方、学校直到课堂等多个层面。

第三种观点认为,课程实施即教师的情境性实践。张增田和靳玉乐从解释学视域界定了课程实施:从传统解释学来看,课程实施是试图实现课程设计者思想和意图的过程;从哲学解释学来看,课程实施是师生和课程设计者思想融合的过程,是师生与文本对话并共享经验、创造与生成新的课程意义的过程。③ 青木认为,课程实施是教师的情境性实践,是美的创造活动,虽有特定的目标,又存在复杂多变的因素,通过丰富的想象力向各种可能性开放,富含情调和趣味,又充满惊奇和发现,洋溢着生命的创造和幸福。④ 从以上阐述中不难看出,这种观点在本质上强调教师的情境性实践,强调在师生的生活世界中共同创造课堂文化,正如斯普朗格所说:"教育绝非单纯的文化传递,教育之为教育,正在它是一个人格心灵的'唤醒',这是教育的核心所在。教育最终目的不是传授已有的东西,而是把人的创造力量诱导出来,将生命感、价值感'唤醒','一直到精神生活运动的根'。"⑤ 这可以看作课程实施的真谛所在。

以上三种观点,哪种更为合理呢?本书认同课程实施即教师的情境性实践的观点。富兰指出,课程变革由以下三个阶段组成:一是发起或

---

① 钟启泉:《现代课程论》,上海教育出版社2006年版,第498页。
② 吉标、吴霞:《课程实施:理解、对话与意义建构》,《西南师范大学学报》2005年第1期。
③ 张增田、靳玉乐:《论解释学视域中的课程实施》,《比较教育研究》2004年第6期。
④ 青木:《课程实施》,转引自《第八届两岸三地课程专家论坛略记》,《人民教育》2007年第2期。
⑤ 参见邹进《现代德国文化教育学》,山西教育出版社1992年版,第73页。

启动阶段；二是实施或最初使用阶段；三是常规化或制度化阶段。① 伯曼（Beman）也认为教育改革一般涉及三个过程：第一，发起、开发，或采用；第二，实施或使用；第三，制度化及其他结果。② 可见，课程实施与课程变革关系密切，课程实施是课程发展和课程变革中的重要环节，有效的课程实施将调和影响课程实施的诸因素，以缩短现存实践与创新实践之间的差异，平衡课程理想与实践情境的关系，创造教学新文化。③ 因此研究课程实施问题不只是研究课程方案的落实程度，还要研究学校和教师在执行一个具体课程的过程中，在具体的教学实践情境中是否按照实际的情况对课程进行了调适以及影响课程变革程度的因素。④

第二节 课程实施的取向和影响因素

一 实施取向：趋向课程变革的实践本质

"课程实施的取向是对课程实施过程本质的不同认识以及支配这些认识的相应的课程价值观。"⑤ 因此，课程实施的取向集中体现在对课程、课程知识、课程变革、教师角色的性质以及研究方法论的认识方面。目前，学界对课程实施取向的研究主要有以下三种代表性的观点。

（一）富兰、辛德等人的实施取向分类：忠实、调适、创生

富兰、辛德等人将课程实施分为忠实、相互调适和课程创生三种取向。⑥ 这种观点对30余年来的课程实施研究影响深远，长期以来，我国的课程研究学者普遍采用这种观点。

第一，课程忠实取向（fidelity orientation）（或忠实观）。课程实施过程即是忠实地执行课程变革计划的过程，衡量课程实施成功与否的基

---

① ［加］迈克尔·富兰：《教育变革新意义》，武云斐译，华东师范大学出版社2010年版，第50页。
② 参见李子建、尹弘飚《后现代视野中的课程实施》，《华东师范大学学报》（教育科学版）2003年第1期。
③ 李臣之：《课程实施：意义与本质》，《课程·教材·教法》2001年第9期。
④ 参见马云鹏、唐丽芳《课程实施策略的选择——课程改革中一个不可忽视的问题》，《比较教育研究》2002年第1期。
⑤ 张华：《课程与教学论》，上海教育出版社2000年版，第335页。
⑥ Snyder, J., Bolin, F. & Zumwalt, K., *Curriculum Implementation*, New York: Macmillan Publishing Company, 1992, pp. 402-435.

本标准即是课程实施过程对预定的课程变革计划的实现程度。实现程度高，则课程实施成功；实现程度低，则课程实施失败。课程忠实取向以量化研究作为基本方法论，研究重点在于确定所实施的实际课程与预定的课程方案之间的符合程度。

第二，课程相互调适取向（mutual adaptation orientation）（或相互适应观）。课程实施过程是课程变革计划与学校实践情境在课程目标、内容、方法等方面相互调整、改变与适应的过程。一个课程变革计划付诸实践之后可能会发生两方面的变化：一方面，既定的课程计划需发生变化，以适应各具体实践情境的特殊情况；另一方面，课程实践会发生变化，以适应课程变革计划的要求。相互调适取向对课程实施过程中课程计划和实践之间可能发生相互调适的现象给予观照，以量化研究和质性研究相结合的混合研究取向，重点了解实施过程中调适的内容和影响调适的因素。

第三，课程创生取向（curriculum enactment orientation）（或创生观、缔造观）。真正的课程是教师与学生共同创造的经验，课程实施本质上是在具体的教育情境中创造新的教育经验的过程，既有的课程方案和教学策略为创造新的经验提供思考的基础。课程创生取向主要以质化研究为基础，重点关注师生实际创造教育经验的过程而不是课程实施和计划的符合程度。

以上三种取向从不同方面揭示了课程实施的本质。忠实取向强化了课程设计者在课程变革中的作用，相互调适取向把影响课程实施的学校情境因素予以考虑，创生取向则把处于课程实施核心的教师和学生在课程发展中的主体性解放出来，所以，这三种取向都有其存在的合理性。同时，三种取向又各有其局限性。忠实取向把课程变革视为线性地实施预定的课程计划的过程，忽视了教育情境的复杂性和发展性，使课程变革成为一个机械的、技术化的程序，这就抹杀了课程变革的直接参与者——教师和学生的主体价值。创生取向要求教师和学生具有对课程专家开发的课程根据具体情境进行合理判断和解释，并创造自己的经验课程的意识和能力。在现有的条件下，由于教师缺乏足够的资源和多种技能，实现课程的创生取向在今天的教育现实中还有很长的路要走。可见，从课程实践来看，纯粹的忠实取向和创生取向都会遭遇很多困境。① 为此，采用相互调适取向是一种比较恰当的、有利于提高课程变革成效的路径，因为这样可以更好地关注学校内部和学校外部之间的关系与互动，并经过教师的课程运作转化为现实的教育效果，即被学生内化为其文化结构和价值观的有机组成部分。

总之，从忠实取向到相互调适取向，再到创生取向，意味着课程变革从追求"技术理性"，到追求"实践理性"，再到追求"解放理性"，体现了课程变革趋向主体价值实现的发展方向。尽管这三种取向各有其存在价值和局限性，但这三种取向彼此之间不是绝对排斥和对立的关系，而是包容与超越的关系。课程实施研究从忠实取向经相互调适取向发展到创生取向，反映了人们对课程变革本质的认识不断深化。②

（二）侯斯的实施取向分类：技术、政治、文化

侯斯（House, E.）从技术的、政治的和文化的三种视角出发分析课程变革，提出了另一种理解课程实施取向的分类方式。③

第一，技术观（technical perspective）。将课程实施视为一种技术，认为实施只是预定计划的线性的执行过程，其成效以目标达成程度为衡量标准。该取向假定人们在变革中拥有共同的价值体系和变革目标，问题只是如何最好地达成这一目标。在研究方法上，技术观主张使用量化方法研究课程实施。这种观点支配了20世纪60年代的课程改革运动，并且在课程实施研究中延续了下来。

第二，政治观（political perspective）。在政治观中，我们所面临的并非一个充满和谐的社会，而是存在着许多问题和冲突的社会。尽管人们仍然共享一套价值体系，但群体之间的利益往往是相互冲突的，因此技术观假定的共同的行动目标并不存在，课程实施更像一个协商的过程，需重视因时制宜，就学校的具体情境做出调整。政治观提倡以半结构化的问卷和访谈作为研究方法。兰德变革动因研究可以作为这类研究的代表。

---

① 杨明全：《革新的课程实践者——教师参与课程变革研究》，上海科技教育出版社2003年版，第112页。
② 张华：《论课程实施的涵义与基本取向》，《外国教育资料》1999年第2期。
③ 参见尹弘飚、李子建《再论课程实施取向》，《高等教育研究》2005年第1期。

第三，文化观（cultural perspective）。在文化观视域下，有很多亚文化群体，群体内部具有价值共识，但群体之间则缺乏一致性，这种差距使群体很难采取共同行动。课程变革过程是课程方案所代表的专家学术文化和教师实践文化之间的沟通、融合的文化适应行动。因此，文化观将变革的实施视为一种文化再生的过程，提倡以民族学的质化研究手段，如参与式观察、个案研究等作为研究方法。

有学者认为，富兰、辛德等人的观点与侯斯的主张至少存在两点区别：[①] 首先，富兰、辛德等人的观点立足于课程领域自身，从课程变革与实施的内部考察课程实施；而侯斯的主张是从课程领域外部出发，从社会文化心理和价值体系的视角理解课程实施。其次，富兰、辛德等人是通过总结和归纳已有的课程实施研究成果而形成的，因此更侧重于课程实施研究的取向；而侯斯的观点是根据其他学科理论和课程变革实例演绎而来的，因此更偏重于课程实施的取向。可见，这两种分类方式的侧重点略有不同。

同时，富兰、辛德等人的观点与侯斯的主张有颇为一致的地方。[②] 这种一致性表现在课程实施取向的实质性内容如基本假设、研究重点、实施策略以及研究方法论等方面。表3.1总结了两种分类体系的共同特征。

表3.1　　　　　　　　课程实施的取向比较

实施取向	忠实取向、技术观	相互调适取向、政治观	课程创生取向、文化观
基本假设	系统而理性化的过程；共同的利益和价值观；消极的使用者；实施是一项技术性工作，关键在于寻找实现目标的最佳手段；课程知识是客观预定的，独立于认识者之外	双向的社会互动过程；调适的使用者；不同团体认同一套价值观，通过团体间的妥协达成共识，因此调适程度并不一致；课程知识产生于社会互动过程中	非线性复杂演化过程；自主的使用者和创造者；实施有赖于不同文化的互动；团体内的小派别分享相同的价值观，团体间的价值观可能相互矛盾；个人化的知识观

[①] 参见尹弘飚、李子建《再论课程实施取向》，《高等教育研究》2005年第1期。
[②] 李子建、黄显华：《课程：范式、取向与设计》，香港中文大学出版社1996年版，第314页。

续表

实施取向	忠实取向、技术观	相互调适取向、政治观	课程创生取向、文化观
研究重点	变革方案的合理与完备；课程实施的程度；效率	学校情境与变革方案的互动；调适的内容与过程；互动	学校情境的文化含义；创生的内容及其影响；意义
实施策略	专门知识的应用；外围式变革；RD & D 模式	利用政治手段产生影响；有弹性的变革；RAND 模式	社群的自觉行为；草根式变革；TORI 模式
研究方法论	量化研究：如问卷调查、访谈、观察、文件分析	量化研究与质化研究，如半结构化问卷、访谈、实地观察、文件分析、个案研究	质化研究，如个案研究、叙事研究、参与式观察、行动研究

资料来源：尹弘飚、李子建《再论课程实施取向》，《高等教育研究》2005 年第 1 期。

由表 3.1 可以看出，这两种分类体系之间的共性远远多于差异性。富兰、辛德等人关注不同类型课程实施在形态上所表现出的基本特征，而侯斯则是从社会文化心理和价值体系的视角出发观察课程实施，这种出发点的不同增强了二者之间的互补性。鉴于二者之间明显的继承与互补关系，研究者可以用任何一种分类体系描述课程实施取向。

（三）哈格里夫斯等人的实施取向分类：后现代取向

在侯斯发表其理论的 20 年后，哈格里夫斯等人（Hargreaves, Earl & Schmidt）结合当今的社会发展脉络，从技术观、政治观、文化观和后现代观四种视角出发检视课程变革，从而正式提出了课程实施的后现代取向。[①]

哈格里夫斯等人指出，随着时代的变化，社会的后现代特征越来越明显，复杂性、多样性和不确定性成为后现代课程变革的显著特征，从而使课程实施取向呈现出新的变化，主要表现为：[②] 在主体观上，关注各类实施主体的特有地位，通过向变革参与者赋权以使其积极参与课程实施；在本体论上，主张将课程实施视为在开放性和复杂性的教学情境

[①] 尹弘飚、李子建：《再论课程实施取向》，《高等教育研究》2005 年第 1 期。
[②] 李子建、尹弘飚：《后现代视野中的课程实施》，《华东师范大学学报》（教育科学版）2003 年第 3 期。

中的理解与对话的过程；在知识观上，承认课程知识的境域性和个人性，为师生建构知识留出空间；在研究方法论上，研究者应持多元与宽容的态度，努力拓展评定和理解课程实施的方法论基础。与已有的实施取向相比，后现代课程实施观显然更加富有人文关怀。

后现代取向的课程实施研究还只是处于理论分析阶段，研究者都是借助于思辨、反思等方法建构一种理论假设，并没有得到与其相应的实证研究的支持。正如哈格里夫斯等人所指出的那样：它的出现在很大程度上不是通过对研究资料的描述（尽管我们描述了一部分），而是通过批判性的思维反思我们所呈现的这些诠释。更重要的是，后现代课程实施取向在实践层面上还存在很多亟待研究的问题：在现有的学校组织中，我们如何通过广泛的对话促进每一位学习者的发展？怎样能够促成符合这种要求的高素质教师的专业发展？针对不同情境中的课程实施，我们如何评定优劣？[①] 因此，如何改善这一理论的实际运作，是课程研究学者今后努力的方向。

（四）我国新课程改革的实施取向："自上而下"的程序化取向

我国当前的课程实施主要是"自上而下"取向，也称为程序化取向。这种取向的基本假设是：课程实施的主要方式是"忠实"地反映课程设计者的意图，以便能达到预定的课程目标。由此可见，程序化取向近似于上文中的忠实取向，在新课程改革中，应该提倡一种实践取向的课程实施观，作为课程实施者的教师应与课程设计者展开对话、沟通与交流，在此基础上达成共识，并在课堂教学实践中不断修改与完善课程实施的过程。[②]

关于课程实施取向的研究是探讨课程实施的一个基础。关于课程实施取向的认识涉及我们从什么角度来认识课程实施的本质，从什么地方入手来研究课程实施的效果，以什么样的观点来分析具体的课程实施过程中所发生的事实。[③] 从课程实施者对待"课程"的态度、课程计划或

---

① 李子建、尹弘飚：《后现代视野中的课程实施》，《华东师范大学学报》（教育科学版）2003 年第 3 期。
② 姜勇：《实践取向的课程实施刍议》，《比较教育研究》2002 年第 6 期。
③ 马云鹏：《课程实施探索——小学数学课程实施的个案研究》，东北师范大学出版社 2001 年版，第 34 页。

课程方案在过程中的变革或变化程度、课程实施在不同情境中的实际效果，或者从课程实施过程中重"内容"或重"方法"等角度理解课程实施，均可以产生不同的实施取向。①

二 影响因素：对学校文化和教师因素的关注

课程实施研究的目的是使课程的设计发挥出最佳的效果，课程实施研究所关注的焦点是课程计划在实际中所发生的情况，以及影响课程实施诸因素之间的互动关系。

(一) 国外对课程实施影响因素的研究

由于研究者价值理念和研究视角的不同，对于影响课程实施的因素，不同的研究者有着不同的架构，其中以富兰的理论影响最大。他提出了影响教育变革交互作用的三类九个因素：②第一，革新或变革项目的特征因素，包括需要、清晰性、复杂性、项目的质量和实用性；第二，当地因素，包括学区、董事会和社区的特征、校长、教师的角色；第三，外部因素，指政府和其他部门。

辛德等学者分析了影响课程实施的四类15个因素：③其一，改革的特征，包括课程改革的必要性与相关性、改革方案的清晰度与复杂性、课程计划的质量与实用性；其二，校区层面的因素，包括校区的革新史、地方的适应过程、管理部门的支持、教师发展与参与、时间安排与信息系统（评价）、社区及委员会的特征；其三，学校层面的因素，包括校长、教师之间的关系、教师的特点与取向；其四，环境因素，如政府部门的重视、外部的协调等。

1993年，美国全国教育管理发展委员会中心的学校重建研究小组依据全面质量管理的原则对有效学校教育、成就本位教育等改革项目进行研究，发现以下七个因素或多或少地影响着教育改革的进行，它们依

---

① 李臣之：《课程实施：意义与本质》，《课程·教材·教法》2001年第9期。
② [加] 迈克尔·富兰：《教育变革新意义》，赵中健、陈霞、李敏译，教育科学出版社2005年版，第74页。
③ Snyder, J., Bolin, F. & Zumwalt, K., "Curriculum Implementation," In P. W. Jackson, *Handbook of Research on Curriculum*, New York: Macmillan Pub. Co., 1992, pp. 402-435.

次是:① 第一，目标的坚定性。组织承诺不断超越实施者的现有需要，营造一种使学校或学区沿着一个明确的方向前进的环境。第二，关注变革受益者。不断辨识并努力满足变革受益者的需求。第三，筹谋。组织中所有成员都能根据收集到的资料进行决策，并运用新的工具解决问题。第四，文化。在组织中，大家共同分享对改革的认识和理解。文化在这里主要是指一个组织的规范、态度和信仰。第五，共同领导。为了更好地解决问题，强调团队精神。第六，去中心化。赋予变革实施一线人员提高教育质量和解决问题的决策权力。第七，改进的连续性。通过对系统变革的不断回顾与反思，持续改进向学生提供的服务和一些具体的成品（如新课程）。

从以上学者的研究成果中可以看出，自 1965 年以来关于课程实施的研究已成功地确定了通常影响实践改革的诸多因素，而最近的研究也更加关注教育改革的组织与领导，关注学校文化和教师的切身利益，体现出一定的人文关怀。② 这些研究成果为我们分析和探讨影响新课程实施的因素提供了一个有效的参考框架（见表 3.2）。

（二）国内对课程实施影响因素的研究

国内学者对课程实施影响因素的研究，一方面，在宏观上对西方的理论进行借鉴与探索，并结合本土实际进行策略研究；另一方面，在微观上对不同类型、不同层次课程的具体操作进行实证研究，形成了以下一些具有代表性的观点。

李子建、黄显华将影响课程实施的因素划分为以下三类：创新、变革的特征；干涉参与人员；脉络。③

冯生尧、李子建以香港近年来规模最大、影响深远的"目标为本课程"的改革为例，具体分析了影响目标为本课程实施的相关因素，分析框架涉及六个方面，目标为本课程设计的特征即改革特性；整体策

---

① ［美］吉纳·E. 霍尔、雪莱·M. 霍德：《实施变革——模式、原则与困难》，吴晓铃译，浙江教育出版社 2004 年版，第 32 页。
② 江山野主译：《简明国际教育百科全书·课程》，教育科学出版社 1991 年版，第 158 页。
③ 李子建、黄显华：《课程：范式、取向和设计》，中文大学出版社 1996 年版，第 324 页。

略；教师发展；资源提供；学校行政和教师文化。[1]

尹弘飚、李子建研究了教师心理变化与课程实施的关系，认为教师改变包括教师外显的行为变化和内隐的心理变化，相对于行为变化来说，教师心理过程的变化更加抽象，更加复杂，也更难发生。[2]

黄政杰将课程实施的影响因素分为四类：使用者本身因素；课程因素；实施策略因素；实施机构因素。[3]

陈侠认为，编订好的课程要能很好地落实，必须考虑课程实施中人与物两大因素。人的因素，指的是教师与学生在课程实施中的作用；物的因素，指的是教科书和教学设备在课程实施中的地位和作用。[4]

江山野将影响课程实施的因素归纳为四大类：与尝试课程改革有关的特性；地方条件；地方策略和外界因素。[5]

施良方认为，影响课程实施的因素主要有五个方面：课程计划本身的特性；交流与合作；课程实施的组织和领导；教师的培训；各种外部因素的支持。[6]

张华借鉴富兰等人的分析框架，将课程实施影响因素归纳为四个方面：课程变革的特征；学区的特征；学校的特征；外部环境的特征。[7]

靳玉乐结合我国新课程实施现状，将影响课程实施的因素归纳为四个方面：新课程方案的特性；人的因素；物的因素；背景因素。[8]

李臣之认为，影响课程实施的因素主要有六个方面：课程实施背景；课程实施主体；课程实施对象；课程实施管理；课程实施资源；课程实施理论。[9]

---

[1] 冯生尧、李子建：《香港课程实施影响因素之分析》，《全球教育展望》2001年第5期。
[2] 尹弘飚、李子建：《教师情绪与课程实施》，第八届海峡两岸和香港、澳门课程专家论坛论文集，杭州，2006年10月，第55—62页。
[3] 参见袁志芬《农村中学新课程实施影响因素的个案研究》，《上海教育科研》2006年第11期。
[4] 陈侠：《课程论》，人民教育出版社1989年版，第266—275页。
[5] 江山野：《简明国际教育百科全书·课程》，教育科学出版社1991年版，第158—162页。
[6] 施良方：《课程理论——课程的基础、原理与问题》，教育科学出版社1996年版，第145—147页。
[7] 张华：《课程与教学论》，上海教育出版社2001年版，第353—358页。
[8] 靳玉乐：《课程实施：现状、问题与展望》，《山东教育科研》2001年第11期。
[9] 李臣之：《浅谈影响课程实施的六大因素》，《教育导刊》2001年第12期。

黄甫全将影响课程实施的因素归纳为六个方面：实施的文化背景；实施的主体；实施的对象；实施的管理；实施的环境；实施的理论基础。[1]

有一些研究者是从不同侧面、不同角度来分析影响课程实施因素的，形成了以下一些观点：如从文化方面入手，认为文化冲击和文化适应是一个重要因素；[2] 从制度入手，认为影响新课程实施的瓶颈有三个：高考制度滞后、教育立法滞后和教师研究滞后；[3] 有学者认为包括教育政策、教育传统、教学材料、实践机会以及师生在内的诸多课程环境直接制约着课程设计和实施的因素构成。[4]

综合国内外课程学者对课程实施影响因素的分析（见表3.2），可以看出以下特点。

表3.2　　　　　　　　课程实施影响因素的分析框架

学　者	主　要　观　点
Fullan（1991）	一　改革的特征 1. 需要；2. 清晰性；3. 复杂性；4. 质量、实用性。 二　地方特征 1. 校区；2. 社区；3. 校长；4. 教师。 三　环境特征 政府和其他机构。
Snyder（1992）	一　改革的特征 1. 需要与相关性；2. 清晰度；3. 复杂度；4. 计划质量与实用性。 二　校区层面的因素 1. 校区的改革史；2. 采用过程；3. 管理部门的支持；4. 教师发展和参与；5. 时间与信息系统；6. 校区及委员会特征。 三　学校层面的因素 1. 校长；2. 教师之间的关系；3. 教师的特点与取向。 四　外部环境 1. 政府机构；2. 外部协助。

---

[1] 黄甫全：《课程与教学论》，高等教育出版社2003年版，第332—339页。
[2] 参见张立昌《论基础教育课程改革的学校文化适应性及其改造的目标——基于中、美课程改革历史与现实的比较分析》，《比较教育研究》2005年第4期；万明钢、王平《教学改革中的文化冲击与文化适应问题》，《教育研究》2005年第10期。
[3] 钟启泉：《中国课程改革——挑战与反思》，《教育发展研究》2005年第12期。
[4] 孙广勇：《课程环境因素及其对课程改革的影响》，《教育探索》2006年第1期。

续表

学 者	主 要 观 点
李子建（1996）	一　创新、变革的特征 1. 需要；2. 清晰性；3. 复杂性；4. 质素、实用性。 二　干涉及参与人员 1. 教师；2. 校长；3. 本地及外地促进者的支持；4. 支援（如教师教育、组织安排）。 三　脉络 1. 层次（教室、学校、国家）；2. 文化（教师文化、学校文化）；3. 组织机构的政治脉络。
黄政杰（1991）	一　使用者本身因素 1. 教师对课程改革的态度；2. 能力；3. 时间。 二　课程因素 1. 新课程设计的实用性；2. 明确性；3. 复杂性。 三　实施策略因素 1. 在职进修；2. 资源支持；3. 参与决定；4. 信息回馈。 四　实施机构因素 1. 采用新课程的原因；2. 学校气氛；3. 学校领导；4. 学校环境（精神与物质的）；5. 学校特质。 五　大的社会政治因素

资料来源：袁志芬《农村中学新课程实施影响因素的个案研究》，《上海教育科研》2006年第11期。

第一，课程改革与实施是一个非常复杂的过程，受诸多因素的影响与制约。在考虑影响课程实施的因素时，要从具体课程实施的特征，以及这个课程在具体环境下的实施历史等因素来综合考虑，以确定哪些因素可能对课程的实施产生比较大的影响。[①]

第二，教师是课程实施中的主要人物，影响课程实施的诸多因素往往要通过教师反映在具体的教学实践中，即在教学层面，教师是课程实施的核心。

第三，从整体研究水平来看，有些研究过于拘泥于理论分析框架的全面性而缺乏对关键因素的深入分析，如对教师因素影响课程实施的分析，关于如何促使教师积极主动地参与课程变革，并有效地实施课程，没有寻求适当的方法和策略。一些研究成果重复性较强，实证研究较

---

① 马云鹏：《课程实施及其在课程改革中的作用》，《课程·教材·教法》2001年第9期。

薄弱。

鉴于此，我们应该在借鉴上述理论研究成果的同时，以尊重教育情境为原则，充分考虑新课程改革的实际情况，对影响新课程实施的各因素进行深入的分析，并对课程实施中的教师因素给予充分的关注。

第三节 研究性学习的理论基础和价值取向

一 理论基础：现代教育理论的融合

任何一种新的学习观念、思想或实践的产物都不是孤立地依靠某个成熟的理论或学派产生出来的，它不过是我们在已有认识成果的基础上衍生出来的，整个知识文明就是它的母体。研究性学习也不例外。因此，企图为研究性学习找寻一个最基础的理论基础似乎是值得怀疑的。但是，具有直接意义的理论基础却是存在的，研究性学习的这种基础正是它的教育学基础和教育心理学基础。研究性学习从它的产生、发展到成熟，体现了现代教育理论的融合，是教育理论发展的自然产物。

（一）新知识系统重构：课程价值观的转向

科学自身不断进行着存在形态的完善和改造。早期人们的认识体现出一种原始意义上的整体性研究视野。自文艺复兴时期开始，一方面，科学分化的速度不断加快，极大地促进了生产力的发展。另一方面，由科学分化所造成的人们对事物整体性认识和改造的割裂，又制约了生产力的进一步提高。① 自第二次世界大战以后，一场知识论的革命悄然开始。研究表明，无论是自然科学的知识还是社会科学的知识，都不可能以纯科学或纯学科的形式存在并发挥作用，而是个人化地、历史地、社会地存在着，个人所处的具体的社会历史环境，决定着知识的内容、存在形式和功能性质。波普尔（K. Popper）批评了近代以来知识专门化的倾向："毫无疑问，当代科学太专业化，太职业化，这使得科学显得有些不近人情。"② 费耶阿本德则进一步批判了科学观念和科学方法论：

---

① 有宝华：《综合课程论》，上海教育出版社2002年版，第34—35页。
② [英] Karl Popper, *Objective Knowledge, An Evolutionary Approach*, Oxford：Oxford University Press, 1972, p.182. 参见石中英《知识增长方式的转变与教育改革》，《教育研究与实验》2001年第4期。

"受着固定的和普遍性支配的科学观念，既非真实的，也非有益的。说它是非真实的是因为它对于人类的才能以及鼓励发展这种才能的环境持一种过于简单的观点。说它是非有益的是因为它对这种游戏规则的强调只有增长我们的专业资格但却以我们的人性为代价。"[1] 20 世纪中叶以后，不同学科之间各种形式的综合愈益明显，出现了一些新兴学科、边缘学科、交叉学科等，人类知识的生长点从学科内部转移到学科之间。后现代知识越来越倾向于"综合的"与"合作的"增长模式，不断地冲破了学科的知识界限，成为一种跨学科乃至跨领域的活动。无论是现代科学的发展还是后现代科学的进步都显示出"综合"在知识创新中的重要作用。[2] 知识论的发展，对学科知识的权威性进行了怀疑，从而启发人们打破传统知识体系的限制。新知识系统在本质上不同于传统的知识系统，它不是永恒不变的或者结构稳定的，而是开放的、动态的和弹性的。每个社会成员不仅是知识的消费者，也是知识的生产者；不仅是知识的继承者，也是新知识的创造者。

什么知识最有教育价值？教育不仅意味着知识的传递和掌握，而且意味着知识的选择和比较，更意味着知识的生产和创新。判断知识教育价值大小的标准有三条：一是在多大程度上满足儿童发展的需要；二是在多大程度上满足社会发展的需要；三是在多大程度上满足知识发展的需要。[3] 在新知识系统里，综合意识、合作意识、批判意识构成了个体知识创新的重要条件，而知识传播和生产方式的变革，必然导致学校教育价值、课程目标与学习方式的变革。课程的最基本的职能从传授所谓永恒不变的知识转向促进学生身心的和谐发展。"教育，如果像过去一样，局限于按照某些预定的组织规划、需要去间接训练未来社会的领袖，或想一劳永逸地培养一定规格的青年，这是不可能的。"[4] 学习化社会的到来，终身教育思想的提出，使学校教育本身的价值取向发生了改变。在此背景下，基础教育的任务和目标发生了相应的变化，注重发

---

[1] 参见石中英《知识转型与教育改革》，教育科学出版社 2001 年版，第 74 页。
[2] 石中英：《知识增长方式的转变与教育改革》，《教育研究与实验》2001 年第 4 期。
[3] 石中英：《关于当前基础教育改革的几点认识论思考》，《人民教育》2002 年第 1 期。
[4] 联合国教科文组织国际教育发展委员会编著：《学会生存——教育世界的今天和明天》，华东师范大学比较教育研究所译，教育科学出版社 1996 年版，第 199—200 页。

展学生的个性和创造性，关注学生学会学习，强调培养学生的实践能力和创新意识，这些都成为各国课程改革的主旋律。现代课程论认为，课程不只是特定的知识体系的载体，而是具有开放性和灵活性的一种发展过程。课程知识的选择应从三维的知识价值结构出发，课程内容不应是恒定的，而应是充实、完善的，并不断扩展内容之间的联系。课程是教师和学生共同参与求知的过程，教师不再作为知识权威的代言人，全面控制课程的组织和开展，而更多的是以指导者、协调者的角色出现。学生也不再是课程的被动接受者，而是课程发展的积极参与者。在这种课程观的指导下，学生的学习不仅表现为接受和掌握，也表现为感悟、体验、发现、质疑和探究，即当课程由"专制"走向民主，由封闭走向开放，由专家走向教师，由学科走向学生的时候，课程就不只是"文本课程"（教学计划、教学大纲、教科书等文件），而更是"体验课程"（师生实实在在地体验到的课程）。[①] 研究性学习立足于每一个学生的健全发展，以学生自主性、探究性学习为基础，从学生生活和社会生活中选择他们有兴趣的问题作为课程内容，对研究主题的探究体现了个人、社会、自然的内在整合，体现了科学、艺术、道德的内在整合。[②] 这些正是现代课程观的典型体现，正是完成新课程观转向的最佳选择。

（二）建构主义理论：对世界的理解赋予个人意义

作为一种新型的学习理论，建构主义对学习赋予了新的意义。建构主义理论认为："知识是由认知主体主动建构的，建构是通过新旧经验的互动实现的，认知的功能是适应，它有助于主体对经验性世界的组织。"[③] 在建构主义视野里，世界是客观存在的，但对世界的理解和赋予意义却由个体自己决定；学习者的学习是以他们自己的经验为背景，基于自己已有的知识鉴别新知识，最后重新建构个人化知识；教学是一种对话和社会协商的过程，学习就是知识建构，是个人经验和社会协商的代名词。基于上述观点，建构主义学习理论认为，学习应具备五个基

[①] 钟启泉、崔允漷、张华：《为了中华民族的复兴 为了每位学生的发展——基础教育课程改革纲要（试行）解读》，华东师范大学出版社2001年版，第271页。
[②] 张华：《论"研究性学习"课程的本质》，《教育发展研究》2001年第5期。
[③] [美]斯特弗、盖尔主编：《教育中的建构主义》，高文等译，华东师范大学出版社2002年版，第9页。

本特征：一是学习的目标：深层理解。学习目标是获得知识的意义。但目标不是从外部由他人设定的，而是形成于学习过程的内部，由学习者自己设定。二是学习的内部过程：通过思维构造实现意义建构。学习者建构自己的知识和理解的过程是不断思考，对各种信息进行加工转换，形成假设、推论和检验的过程。三是学习的控制：自我监控与反思性学习。学习者要不断监视和判断自己的进展，采用各种增进理解和帮助思考的策略。四是学习的社会性：充分的沟通、合作和支持。五是学习的物理情景：学习应发生于真实的学习任务之中，强调多样的、情景性的信息与有利的建构工具。借助建构主义学习理论的这些观点来透视研究性学习课程，无疑有着积极的启发意义和借鉴价值。研究性学习课程主要着力于学生的学，目标指向学生的创新能力、问题意识、合作意识以及关注人类发展的意识和责任感的培养。可以说，二者在强调学习的探究性、主体性、交互性、过程性、开放性等体现现代学习的特点方面存在共同的基础。[1] 所以，研究性学习又是一种建构性学习，只有建构性学习才最符合学习的本质，最能促进人整体的可持续发展。因此，建构主义是研究性学习课程重要的学习理论基础。

（三）人本主义理论：自我价值的实现

建构主义学习理论因为看到了知识的个人性与生成建构性，容易导致对继承系统科学文化知识和人类文化遗产的简单否定。[2] 进入 21 世纪以来，由于创造潜能的发挥符合时代的需要，以人本主义心理学为基础的人本主义学习理论越来越被教育论界所关注。其主要代表人物罗杰斯（Carl R. Rogers）提出了"以人为中心"的理论，主要体现在"有意义学习"的一系列假说中，其中包括对学习的基础、目的、内容、过程、方法以及条件等方面的论述，具体来说包括：第一，培养完整的人，认知与情感要合二为一。第二，生长和发展是一种不断趋向自主、不断摆脱外部控制的过程，因而倡导学生中心教学。第三，学习是自我发起的，即便在推动力或刺激来自外界时，发现、获得、掌握和领会的

---

[1] 杨军：《研究性学习与当代学习理论——兼论研究性学习的心理学依据》，《西北师范大学学报》（社会科学版）2003 年第 5 期。

[2] 夏天：《研究性学习支持系统》，博士学位论文，华东师范大学，2007 年。

感觉也是来自内部的,所以倡导自发学习,培养独创性和自信心。第四,人类生来就有学习的潜能,学校要为激发潜能提供条件。第五,大多数意义学习是从做中学的,学生的体验和感悟是促进学习最有效的方式之一。第六,学习是由学生自我评价的,当学生以自我批判和自我评价为主要依据,把他人评价放在次要地位时,独立性、创造性和自主性就会得到促进。① 罗杰斯学习理论在提倡内在学习,弘扬情感、态度等非智力因素的动力功能,注意创造力的培养,创造最佳的教学心理氛围诸多方面做出了贡献。② 根据研究性学习对知识经济时代所需人才的理解,其本质在于,研究性学习是学习者主动获取信息、理解信息、处理信息、创造信息的过程;是质疑解惑、追求真知的实践过程,研究性学习即成长;研究性学习强调个人经验和社会协商的和谐统一,强调多维知识的整体协调建构;人类发展的历史就是人类不断探究、学习的历史,学习是人的本真状态,是人的基本存在方式,是儿童的天性。因此研究性学习首先应当是人们的一种积极的生存生活方式和人生态度、价值取向,其次才是某种发展诸如创新意识、实践能力的"手段"和"工具"。③研究性学习使学习者达成按照适合自己的独特的最佳方式走向自我实现的理想境界的学习,每个学习者都不应等待知识的传递,而应基于自己与世界相互作用的独特经验去建构知识并赋予经验以意义。④ 可见,人本主义学习理论对于健全人格、创造潜能、自我实现等方面的关注,与研究性学习的特点是一致的。人本主义学习理论为研究性学习的开展奠定了人文基础,它让人们看到只有尊重人的主动性和独特性,给予人自我实现、发挥潜能的机会,人才能够获得发展。

(四)认知学习理论:基于真实探究的发现学习和有意义学习

认知学习理论的主要代表人物是当代美国的心理学家及教育家布鲁纳。布鲁纳抛弃了行为主义学习理论将学习看作"刺激—反应"之间

---

① 施良方:《学习论》,人民教育出版社2001年版,第385—403页。
② 参见郑伟《高中研究型课程的理论与实践探索》,硕士学位论文,福建师范大学,2001年。
③ 吴永军:《关于研究性学习若干问题的再思考》,《教育发展研究》2002年第10期。
④ 钟启泉、崔允漷、张华:《为了中华民族的复兴 为了每位学生的发展——基础教育课程改革纲要(试行)解读》,华东师范大学出版社2001年版,第24页。

的联结，认为学习是新知识进入头脑中使原有的知识结构获得意义的过程。学习是否有意义，取决于学生能否将新知识与自己认知结构中的原有知识建立起实质性联系。① 布鲁纳的学习理论被称为"认知—发现说"，他所说的发现，并不局限于发现人类尚未知晓的事物的行动，而是包括用自己的头脑亲自获得知识的一切形式。布鲁纳提倡的发现学习有以下一些特征：其一，强调学习过程。在教学过程中，学生是一个积极的探究者，教师的作用是要形成一种学生能够独立探究的情境，而不是提供现成的知识。其二，强调直觉思维。在探究活动中教师要帮助学生形成丰富的想象，让学生自己试着做，边做边想。其三，强调内在动机。鼓励学生向自己的能力提出挑战，形成学生的能力动机。其四，强调信息提取。提取信息的关键在于如何组织和整理信息。② 研究性学习课程非常重视学生对信息的获取、选择、分析、判断和运用能力，布鲁纳在认知结构研究基础上提出的发现学习法为研究性学习课程功能和课程价值的发挥提供了心理学依据。

对传统的学习理论持批评态度的还有美国当代著名的心理学家和教育家奥苏贝尔（David P. Ausubel）。奥苏贝尔提出了认知同化学习理论，其核心是：学生的学习主要取决于他们认知结构中已有的有关概念；意义学习是通过新信息与学生认知结构中已有概念相互作用才得以发生的；相互作用导致了新旧知识的同化。③ 以同化为心理机制，奥苏贝尔对意义学习进行了阐释，并提出意义学习的两个先决条件是：第一，学生表现出一种意义倾向，即有将新信息与已有知识建立联系的倾向；第二，学习内容对学生具有潜在意义，即能够与学生已有的知识结构联系起来。④ 认知同化学习理论的特点在于运用不同方式促进学生的意义学习。研究性学习课程从选题、研究到得出结论，是与学生的原有知识基础、天赋特长、兴趣爱好紧密相连的，因此学生在进行探究时是遵循奥苏贝尔的认知同化学习理论的。研究性学习正是基于此，提出了由学生"自主选题、自己探索、自由创造"的原则，重视创造性学习，

---

① 杨明全：《为什么需要研究性学习：追问与求证》，《教育科学研究》2005年第1期。
② 参见施良方《学习论》，人民教育出版社2001年版，第212—217页。
③ 同上书，第233页。
④ 同上书，第222页。

重视学生创造力的发展。研究性学习能够调动学生学习的积极性，使其产生有意义学习的心理动机，并有机会使新旧知识建立联系，在解决问题中综合运用知识，因此，奥苏贝尔在认知同化理论基础上提出的有意义学习理论为研究性学习课程的实施打下了坚实的心理学基础。

由此可见，认知心理学对我们的启发是，学习不能脱离认知主体，不能不考虑认知主体的经验和学习意向而进行知识的灌输。学习是人的本能，好奇心是认知的起点，无论是生活在远古石器时代儿童，还是生活在当今信息化社会的儿童，当一颗流星带着耀眼的亮光划过天空继而消失在茫茫黑夜中时，这种现象对他们的心灵引起的震撼以及挑起的强烈求知欲都是一样的。从学习的这种最原初的意义上来说，学校教育应保护儿童学习的这种天性和好奇心，因为这是一切有意义学习的基础。[①] 研究性学习显然合乎儿童的认知特征，能够使儿童学习的天性和好奇心得以在制度化的学校教育中很好地保留下来。

（五）主体性教育理论：培育学生主体精神

主体性教育是在对人的主体性认识的基础上发展起来的。我们已有的知识、文明和自然都是我们主体作用于世界的结果，主体性教育，就是根据社会发展的需要和教育现代化的要求，教育者通过启发、引导受教育者内在的教育需求，创设和谐、宽松、民主的教育环境，有目的、有计划地组织、规范各种教育活动，从而把他们培养成为自主地、能动地、创造性地认识和实践活动的社会主体。[②] 新课程以"一切为了每一位学生的发展"为最高宗旨和核心理念，基于当代教育对学生主体性地位的确立，第一，学生是发展的人。学生的身心发展是有规律的，教师需依据学生身心发展的规律和特点开展教育教学活动；学生具有巨大的发展潜能，要坚信每个学生都是可以积极成长的，是追求进步和完善的；学生是处于发展过程中的人，也即意味着学生还是一个不成熟的人，是一个正在成长的人，所以学生的健康成长和教师的教育紧密相关。第二，学生是独特的人。学生是有着丰富个性的完整的人，学生不仅具备全部的智慧力量和人格力量，而且体验着全部的教学生活，课堂

---

① 杨明全：《为什么需要研究性学习：追问与求证》，《教育科学研究》2005年第1期。
② 王孝红：《关于实施主体性教育的思考》，《江西社会科学》2003年第1期。

教学要还学生完整的生活世界，丰富学生的精神生活，给予学生全面展现个性力量的世界和空间。第三，学生是具有独立意义的人。学生是学习的主体，教师只能让学生自己感受事物，自己观察、分析、思考，从而使他们自己明白事理，自己掌握事物发展变化的规律。① 正如《学会生存》所指出的："如果在教育过程中允许自由地和持久地交换意见；如果交换意见以后又提高了个人对生活的领悟；如果学习者被引导走上了自我教育的途径，简言之，如果学习者从学习对象变成了学习主体，教育的民主化才是可能的。当教育采取了自由探索、征服环境和创造事物的方式时，它就更加民主化了；而不像往常一样是一种给予和灌输、一个礼物或一种强制的东西了。"② 为此，主体性教育强调以下内容：第一，增强学生的主体意识；第二，发展学生的主体能力；第三，塑造学生的主体人格。③ 由此可见，主体性教育的核心就在于把学生视为学习活动的主体，尊重学生在教育中的主体地位，并以教育促进他们主体性的提高与发展，为他们将来成为社会历史的主体奠定基础。为了发展学生以主体性为核心的综合素质，教育教学的方式方法都发生了相应的变化。研究性学习课程的实施，重视学习的过程和方法，重视交流与合作，重视体验和感悟，在这个过程中培育学生的主体精神。主体性教育理论是研究性学习课程实施最核心的教育学基础。

二　价值取向：人文精神

（一）分类框架：知识、社会、人文

在人类发展的不同历史时期，人们在哲学思想、价值观、方法论、文化背景上的不同以及对个体的心理发展等问题的认识差异，导致对课程的不同看法，这些不同看法就形成了课程取向。④ 课程取向亦被称为课程价值取向，它是指在某种价值观的支配下，人们对课程的有意识的

---

① 朱慕菊：《走进新课程：与课程实施者对话》，北京师范大学出版社 2002 年版，第 120—122 页。
② 联合国教科文组织国际教育发展委员会：《学会生存——教育世界的今天和明天》，教育科学出版社 1996 年版，第 104—105 页。
③ 张天宝：《主体性教育》，教育科学出版社 1999 年版，第 39 页。
④ 马云鹏：《国外关于课程取向的研究及对我们的启示》，《外国教育研究》1998 年第 3 期。

选择与取舍。①

纵观课程发展的历史，人们所持的课程价值取向受不同的文化传统和价值理论的影响而出现多元化的特点，其分类框架比较典型的有：艾斯纳（Eisner）和瓦纳斯（Vallance）将课程取向分为五类：学术理性主义（academic rationalism）、认知过程（cognitive processes）、社会重建（social reconstruction）、自我实现（self-actualization）和技术取向（technology）；② 米勒（Miller）把课程价值取向分为七类：行为取向（behavioral）、学科取向（subject/disciplines）、社会取向（social）、发展取向（developmental）、认知过程取向（cognitive）、人文取向（humanistic）和超越个人的取向（transpersonal）；普瑞特则提出了五种课程价值取向：学术理性主义取向（academic rationalism）、认知过程取向（cognitive processes）、人本主义取向（humanistic）、社会重建主义取向（social reconstruction）、技术学取向（technology）。③ 我国课程学者综合国外对课程取向分类的研究，较倾向于将课程取向分为五类，即学术理性主义、认知过程、社会重建、人文主义和科技发展。④ 从历史与现实的角度考察和分析，上述对课程价值取向的研究又可以归结为三种基本的课程价值取向，即知识本位的课程价值取向、社会本位的课程价值取向和人文本位的课程价值取向。⑤

知识本位的课程价值取向强调系统知识的学习，并在学习过程中发展认知能力，其课程设计以学科为中心，"学科中心的理念认定人的本质在于心智能力，即思考、理解、推理、记忆、怀疑等，运用这些心智能力，人类便可以追求事物的意义，获得其中的真理"⑥。因此，知识本位取向的课程重视传授科学知识，"使学习者获得具有力量的、精确

---

① 靳玉乐、杨红：《试论文化传统与课程价值取向》，《西南大学学报》（社会科学版）1997年第6期。
② 靳玉乐、罗生全：《中小学教师的课程取向及其特点》，《课程·教材·教法》2007年第4期。
③ 马云鹏：《国外关于课程取向的研究及对我们的启示》，《外国教育研究》1998年第3期。
④ 靳玉乐、罗生全：《中小学教师的课程取向及其特点》，《课程·教材·教法》2007年第4期。
⑤ 刘志军：《课程价值取向的时代走向》，《教育理论与实践》2004年第10期。
⑥ 黄政杰：《课程设计》，台湾东华书局股份有限公司1991年版，第106页。

的和普遍的思想"①。知识本位取向的课程对知识习得和认知能力发展的重视,一方面有助于培养学习者理性地思考问题、分析问题进而解决问题的能力,另一方面也容易忽视学习者心理和个性的发展,不利于培养学生适应和改造社会的能力。

社会本位取向的课程重视对国家和社会发展的巨大作用,并关注课程与政治和经济发展之间的关系。社会本位取向的课程有两个支派,其中一个支派强调课程要适应当前的社会需要,另一支派则主张进行社会改革、创造未来。相应地,在课程目标方面,也存在两种观点,适应论者重视培养学习者适应社会的技能,而改造论者则重视培养学习者对现存社会问题进行分析、批判的意识与能力。以上两方面都源于社会心理模式,认为个人发展和社会脉络的质素是互相依赖的,课程目标是试图使个人与社会配合得更好。② 可见,社会本位取向的课程过于强调社会服务和改造功能,因而容易导致把学生作为工具来训练,在一定程度上背离了教育的根本目的。

人文本位取向的课程以人本主义心理学为其主要理论基础,把人文精神作为课程价值取向的最终追求。所谓人文精神,是指整个人类文化所体现的最根本的精神,是指向人的主体生命层面的终极关怀,它以追求真善美等崇高的价值理想为核心,以人的自由和全面发展为终极目的。③ 以人文精神为目的的课程价值取向体现了"以人为本"的理念,其要旨是尊重学生的生命存在和特性,观照其各种社会属性与个性的培养,而其终极目的和终极关怀则是引领和帮助每个学生的健全发展和可持续发展。④ 由此,人文本位的课程目标在于有效地促进学习者的成长与发展,最终实现自我价值。学习者的成长与发展应当是全面的,包括认知、社会、个性等层面。⑤ 同时,人文精神的丰富内涵不仅包括通常

---

① 李子建、黄显华:《课程:范式、取向和设计》,香港中文大学出版社1996年版,第67页。
② 同上书,第65页。
③ 孟建伟:《论科学的人文价值》,中国社会科学出版社2000年版。
④ 姚姿如、杨兆山:《"以人为本"教育理念的意蕴》,《课程·教材·教法》2011年第4期。
⑤ 王娟:《西北地区中小学教师课程取向研究》,博士学位论文,西北师范大学,2011年。

意义上的人本主义和人文主义所倡导的人类价值，也包括科学文化中所蕴含的科学精神。

由此可见，现代课程的价值取向逐渐趋于融科学精神与人文精神为一体，将知识与技能、过程与方法、情感态度与价值观的三维目标和课程的价值取向有机地统一起来。

（二）影响因素：人类文化传统的历史变迁

决定课程价值取向的因素涉及社会文化、学校环境以及个人的知识背景和实践经验等多方面，但纵观课程的发展历史，在这些因素中，与课程价值取向的发展有紧密关系的最核心因素是人类文化传统的历史变迁。靳玉乐认为，课程价值取向与文化传统的关系表现在，一方面，在一定价值取向的支配下，课程对文化传统起着选择与创新的功能；另一方面，具有某种价值取向的课程之所以能够存在，是因为千百年来各种文化传统的积淀。中国文化传统中儒家文化长时间居于主体地位，使得我国课程发展平缓而缺少更迭，具体表现出以下两方面的特征。

第一，儒家文化主要是一种伦理型文化，表现为注重宗法、家族和伦理精神，因此，以儒家文化为核心的中国传统文化，强调以政治、伦理为本位，其注意力主要集中在人与人之间的关系上，道德至上是它的最高准则。在这样的文化统涉下，课程就从"格物致知诚意正心"开始，以孔孟经书为主要内容，以培养"修身齐家治国平天下"的"君子""贤臣"为目的，并由此而产生出一种以"重道轻艺""贵义贱利"为典型特征的教育价值观。①

第二，中国传统文化由于植根于以个体农业经济为基础发展起来的农耕文明，因此具有重视人文、追求统一的特性。在农耕文明的影响下，中国传统教育一方面表现出保守崇古的特征，另一方面也表现出重视人文教育的价值取向。"非圣人之言不敢言，非圣人之服不敢服，非圣人之道不敢道"，保守崇古的教育价值取向注重研究过去，诠释儒家经典，② 折射在国民身上，形成了其独特的风格，李森将其总结为

---

① 靳玉乐、杨红：《试论文化传统与课程价值取向》，《西南大学学报》（社会科学版）1997年第6期。

② 李伟艳：《再论教育价值取向》，《呼伦贝尔学院学报》2004年第5期。

"'天人合一'的思维方式、'伦理本位'的价值取向、'中庸之道'的行事特点",在思维方式上的具体表现就是"重整体综合,轻分析判断;重直觉感悟,轻逻辑推理;重内向思维,轻理性精神"。①中国传统文化对人伦、道德和礼仪的重视有效地保障了社会的和谐稳定,我们中华民族成为世界上唯一现存的文明古国,统一的文化及相应重视人文精神的教育价值取向起到了重要的作用。②

中国传统文化重视人文、追求统一的特性,使得中国传统课程一方面从形式到内容均缺乏变化,另一方面重视人文素养的养成,而忽视科学教育,导致我国的传统教育出现两千年来几乎与科学启蒙无缘的现象,制约了社会的发展和进步。由此可见,一个社会的文化由哪些部分构成,其性质如何,决定着教师向学生传授什么性质的文化,③在具体教育内容的取舍和决定文化传递与创造的教学方式上,文化传统起着重要的制约作用,它往往决定着课程的价值取向。

从当今世界文化来看,各国各民族之间的文化相互取长补短,并使得世界文化朝着多元化、开放化、民族化的方向发展。中国当代文化也积极地从本国传统文化以及外来文化中吸收先进的、符合时代发展的养分,并进行有机结合,力争构建一种积极的开拓进取的具有中华民族特色的新文化。文化上的时代特征往往会通过其价值观反映在与其同时代的课程上,随着20世纪70年代人本主义教育理论在西方的兴起和发展,世界教育的基本理念发生了深刻的变化。帮助学生认识自我、相信自我、实现自我的"以人为中心"的课程设计呼声越来越高,并逐渐成了课程发展的一种方向。④"学会生存""学会学习""学会理解、宽容与尊重"这些教育理念,正具体化为强调科学与人文整合的全人发展的课程价值取向。研究性学习在世界各国的兴起,反映了教育重视学生个性发展,重视全人发展的价值诉求。

---

① 李森:《文化传统与课堂教学价值取向》,《西北师范大学学术报告》2010年12月21日。
② 李伟艳:《再论教育价值取向》,《呼伦贝尔学院学报》2004年第5期。
③ 靳玉乐、杨红:《试论文化传统与课程价值取向》,《西南大学学报》(社会科学版)1997年第6期。
④ 同上。

(三) 研究性学习的价值取向：人文精神

研究性学习的价值取向和一般课程的价值取向基本一致，但同时因结合了研究性学习的特殊性而具有特殊的价值取向。研究性学习以其特有的学习方式突出了学生的主体地位，与基于学科逻辑体系设计以掌握学科间接经验为目的的学科课程不同，研究性学习主要以获取直接经验为主，以发展创新精神和解决问题的能力为直接目的，以融合科学精神的人文精神为其基本的价值取向。

第一，科学精神的养成价值。研究性学习没有规定性的内容，对问题的思考没有统一的思路，解决问题没有预设的方法，课程题材的选择、研究方案的制定均没有固定的模式，需要学生在探究过程中以问题为主线组织学习过程，围绕问题收集资料，针对问题展开探究。这样，要发现、解决问题，就必须养成科学研究的态度，了解科学研究的基本过程和方法，合理运用科学研究的相关理论和基本规则，形成良好的科学研究习惯和道德品质，体现了研究性学习的价值追求。

第二，人文精神的养成价值。学生对未知领域的探索需要树立合作意识，知识的建构、问题的解决需要不断自我反省、自我批判。在这个过程中，渗透着对人类命运和自身生命的思索和关怀。可见，相对于机械的接受学习的封闭、被动，研究性学习更能培养学生的价值判断能力、创新精神、实践能力、合作意识以及兼容并包的开放态度，形成健全的社会人格。可见，养成渗透在探究过程中的人文精神是研究性学习更深层次的价值追求。[1] "课程的价值是多方面的，固然社会价值、经济价值是基本的方面，然而，更基础的是课程在人的发展上所体现出来的价值"[2] "人的发展又是一切发展的基础"。[3] 研究性学习将融合了科学精神的人文精神作为其基本的价值取向，体现了"课程在人的发展上所体现出来的价值"的精髓。

第三，教师和学生的发展价值。研究性学习要求学校和教师着眼于开发学生的潜力，以促进学生"自由而全面的发展"为目标，而不应

---

[1] 陈静雄：《试论研究性学习的价值取向》，《福建教育学院学报》2003年第9期。
[2] 张楚廷：《课程与教学哲学》，人民教育出版社2003年版，第392页。
[3] 同上书，第390页。

过多关注学生掌握知识的多寡和技能掌握的程度。爱因斯坦说过:"用专业知识教育人是不够的,通过专业学习,学生可以成为一种有用的机器,但不能成为一个和谐发展的人。要使学生对价值(社会、伦理、准则)有所理解并产生热烈的情感,那是最基本的。"研究性学习课程就是要弥补学科课程的不足,要树立以学生发展为本的教育价值观。人的发展应当是主动的、全域的发展。人的心智的发展离不开一定的知识、技能。心智的发展与知识、技能的掌握是辩证统一的关系。知识与技能的掌握并不必然地导致心智的发展,但是,没有一定的知识与技能,人的心智发展就成了无本之木、无源之水。研究性学习就是把学生心智发展与知识技能的掌握结合起来的最佳途径。[①] 同时,研究性学习是建立在学校和学生差异性基础上的,它以适应不同学校的现实情况、满足不同学生需要为目的,如果忽视研究性学习课程实施的这种差异性和个性,就背离了研究性学习的课程价值。因此,学校和教师在研究性学习课程的实施上,需充分考虑学校的具体情况,给学生更大的发挥空间,为每个学生发展自己的特长与个性创造条件。

第四节 指导教师的教育观念和教学行为

一 教育观念:为了每一位学生的发展

课程的实施过程不是一个简单地遵循课程方案去做的过程,而是一个再创造的过程。为此,研究性学习的有效实施首先需指导教师树立与新课程相适应的教育观念。新课程以"为了每一位学生的发展"为核心理念,研究性学习课程的实施,要求教师通过变革教学方式来变革学生的学习方式,培养学生的批判性思维、创造性思维和实践能力。以下从课程观的角度分析研究性学习指导教师需要树立的教育观念,包括课程价值观、课程目标观、课程内容观、课程实施观以及课程评价观五个方面。

(一)课程价值观:人文精神

研究性学习以其特有的学习方式突出了学生的主体地位,将融合了

[①] 卢堡生:《研究性学习的价值取向与目标定位》,《云南教育》2004年第16期。

科学精神的人文精神作为其基本的价值取向，体现了"课程在人的发展上所体现出来的价值"的精髓，其内涵具体体现在科学精神的养成价值、人文精神的养成价值以及教师和学生的发展价值方面。①

研究性学习所追求的价值取向，要求学校和教师着眼于学生的未来，着眼于学生潜力的开发，以促进学生"自由而全面的发展"为目标，将知识与技能、过程与方法、情感态度与价值观的三维目标和课程的价值取向有机地统一起来。

(二) 课程目标观：表现型目标和生成性目标并重

1. 课程目标的取向类型

课程目标是课程价值观在课程与教学领域的具体体现，因此课程目标也具有一定的价值取向，纵观课程发展的历史，典型的课程目标取向可以归结为"行为目标"取向、"生成性目标"取向、"表现性目标"取向三种。

"行为目标"是随着课程领域的独立和科学化而产生的，它指明课程实施结束后学生身上所发生的具体可见的行为变化，具有确定性和可操作性的特点，因此，"行为目标"有助于评估学生的显性行为与教学策略的关系，其主要缺点在于容易忽视具体教学情境中学生的特殊表现以及学生行为中难以测评的内容。"生成性目标"是指在教育情境中随着教育过程的展开而自然生成的课程目标。其最根本的特点是过程性，关注学生具体教育情境中潜能的发挥和个性的养成，忽视预定目标对课程内容和课程实施过程的导向作用。"表现性目标"关注每一个学生在具体教育情境中所产生的个性化表现，它追求的不是学生表现的同质性而是多元性。以上三种取向各有特点，教师在课程实施中可以结合课程内容及重点要解决的问题，具体采取课程目标的形式。

2. 研究性学习的目标取向

研究性学习课程追求科学精神和人文精神的融合，通过引导学生对其感兴趣的与社会、生活联系比较广泛的问题展开探究。课程实施的重点在于培养学生解决问题的能力，并鼓励学生的创造精神，因此，其课程目标以表现性和生成性并重，将知识与技能、过程与方法、情感态度

---

① 参见本章第三节对研究性学习课程价值观的阐述。

与价值观的三维目标有机地结合起来。

第一，表现性目标取向关注学生的主体精神和创造性表现。《指南》明确指出，设置研究性学习课程旨在"全面实施素质教育，培养学生创新精神和实践能力，转变学生的学习方式和教师的教学方式"，强调学生要"在研究过程中主动地获取知识、应用知识、解决问题"。虽然研究性学习课程是为了有效地转变研究性学习方式而专门设置的课程，但转变学习方式并不是研究性学习课程唯一的价值追求，研究性学习课程的实施将使学生逐渐形成亲近自然、融入社会、关注生活的意识，获得积极的情感体验，并促进个性的发展，提高实践能力和创新思维。这是研究性学习课程目标的表现性取向。

第二，生成性目标取向关注学习过程中新的认识和体验的价值。"生成性目标"强调学习过程的价值，正如塔巴（H. Taba）所言："教育基本上是一个演进过程。而且，它是渐进生长的，它扎根于过去而又指向未来，从这个意义上来说，它又是一个有机的过程。在此过程的任何阶段上，我们能提出的目的，不管它们是什么，都不能看作最终目的；也不能武断地将它们插到后面的教育过程中。目的是演进着的，而不是预先存在的。目的是演进中的教育过程的方向的性质，而不是教育过程的某些具体阶段的或任何外部东西的方向的性质。它们对教育过程的价值，在于它们的挑战性，而不在于它们的终极状态。"[①] 研究性学习课程注重活动前的精心设计，更注重捕捉活动展开过程中所产生的"生成性目标""生成性主题"的价值。每一所学校、每一个班级都有对研究性学习课程的整体规划，每一个活动开始之前都有对活动的精心设计，这是研究性学习课程所具有的计划性的一面。但是，研究性学习课程的本质特性却是生成性，这意味着每一个活动都是一个有机整体，而非根据预定目标的机械装配过程。随着活动的不断展开，新的主题不断生成，学生的认识和体验不断加深，创造性的火花不断迸发，这是研究性学习课程"生成性目标"的集中表现。[②]

研究性学习课程以促进学生全面发展为宗旨，表现性目标和生成性

[①] 参见瞿葆奎主编《教育学文集·教育目的》，人民教育出版社1989年版，第625页。
[②] 张华：《论"研究性学习"课程的本质》，《教育发展研究》2001年第5期。

目标并重,达成新课程"三维"目标的有机整合。现代教学以人为本位,旨在促进人的全面发展。新课程把发展的内涵界定为知识与技能、过程与方法、情感态度与价值观三方面(三维目标)的整合。其中,所谓"知识与技能"强调的是学科的基本知识与基本技能;所谓"过程与方法"强调的是了解和体验问题探究的过程和方法,并初步具有发现问题和解决问题的基本能力,真正学会学习;而所谓"情感态度与价值观"关注的则是"形成积极的学习态度,健康向上的人生态度,具有科学精神和正确的世界观、人生观、价值观,成为有责任感和使命感的社会公民等"[1]。富兰认为:"情感方面发展完善的学生所具有的个人和社会技能,是他们具有与其他的学习者相联系的动机,进而促进他们获得更大的认知成就。情感智力本身就是一个有价值的目标,因为它能够培养更优秀的公民,这种公民能够在复杂、压力重重的世界中应付自如。"[2] 应当指出,人生来就应当是完整意义上的人。因此,人的认知、人的情感以及人的意志等都应当有机结合在一起,在研究性学习课程实施过程中,新课程的"三维"目标必须是融为一体、不可分割的。情感态度与价值观的培养必须有意识地贯穿于教师的指导过程中,使学生的研究性学习活动成为学生一种高尚的道德生活和愉悦的情感体验。[3]

(三)课程内容观:开放的学习者经验和优化的课程资源的结合

1. 课程内容的取向类型

课程内容的选择体现了特定的教育价值观,指向特定的课程目标。课程目标的基本来源是"学科的发展""当代社会生活的需求""学习者的需要",相应地,课程内容的基本取向即是"学科知识""当代社会生活经验""学习者的经验"。现代课程的发展,逐渐趋向对人的主体价值和个性解放的不懈追求,因此,基于"教育是建构人生的价值和人生意义的一种活动"的认识,课程内容的选择在注重学科知识的科学

---

[1] 靳玉乐:《新课程改革的理念与创新》,人民教育出版社2003年版,第82页。
[2] [加]迈克尔·富兰:《教育变革的新意义》,武云斐译,华东师范大学出版社2010年版,第131页。
[3] 余文森:《新课程背景下的教学观》,《福建师范大学学报》(哲学社会科学版)2006年第6期。

性和基础性的同时,更加关注与社会生活的联系,并注意尽可能与学生的兴趣、需要和能力相适应,让学生体验过程,习得某种经验、经历和体验。罗杰斯强调课程内容应该与"真实问题"相关,"如果我们想要学生学会做自由和负责任的人,我们就必须愿意让他们直面生活、面对难题",他还指出:"我们必须让所有学生,无论他们是在哪个(教育)阶梯上,接触与他们生存有关的真实问题,这样一来,他们才会发现他们想要解决的问题。"① 显然,这是一种凸显获取生活经验的价值取向,体现的是课程的实践性问题,即"学生的发展是在实践与活动中生成、在实践与活动中表现、在实践与活动中发展"②。

2. 研究性学习的内容取向

研究性学习的"表现性目标"和"生成性目标",决定了课程内容的选择取向,即将开放的学习经验和优化的课程资源相结合。

第一,课程内容以开放的学习者经验为基本取向,课题选择向学生整体的生活世界开放。

课程内容的选择体现了特定的教育价值观,指向实现特定的课程目标。课程内容不同于教材内容,而是泰勒所指的学习经验,即"学习者与使他起反应的环境中的外部条件之间的相互作用,学习是通过学生的主动行为而发生的;他学到什么取决于他做了什么,而不是教师做了什么。"③ 由此泰勒提出选择学习经验的原则是:"提供机会让学生去实践既定目标所隐含的行为;学习经验必须使学生在从事目标所隐含的相关行为时获得满足感;学习经验所期望的反应必须是在学生力所能及的范围之内;有许多特定的经验能用来实现同样的教育目标;同样的学习经验常常会产生多种学习结果"④。一方面,基于研究性学习的"表现性目标"取向,研究性学习的课程内容以开放的学习者经验为基本取向,课题选择向学生整体的生活世界开放。研究性学习课程的"表现

---

① 张华:《课程与教学论》,上海教育出版社2000年版,第191页。
② 裴娣娜:《学校教育创新视野下中国基础教育课程改革的实践探索》,《课程·教材·教法》2011年第2期。
③ [美]拉尔夫·泰勒:《课程与教学的基本原理》,罗康、张阅译,中国轻工业出版社2008年版,第55页。
④ 同上书,第59页。

性目标"取向，意味着"既向教师，也向学生发出了一份请帖，邀请他们探索、追随或集中讨论他们特别感兴趣或对他们特别重要的问题"①，这就要求教师在研究性学习课程的内容选择中，应该引导学生选择那些具有开放性、综合性、趣味性的问题作为课题，即《指南》所述的"从自然、社会和生活中选择和确定专题进行研究"，这里的专题研究即是指独立于学科的那类课题研究，其选择范围要向学生整体的生活世界开放，挖掘学生本人、社会生活和自然世界中所蕴含的探究性问题，这些问题往往没有现成的答案，或所谓标准的结论。问题的开放性也决定其某种程度的模糊性，所以学生的方法、观点与角度不同，结果可能就不同。另一方面，基于研究性学习的"生成性目标"取向，教师还应引导学生体会探究过程所带来的惊喜和发现，鼓励学生表达探究所带给他们的独特感受。

第二，有效开发研究性学习课程资源，提高课程开发技能。

研究性学习课程是一门生成性课程，没有统一的模式或内容要求，强调的是结合学生的生活和社会实际来选题，充分利用本地、本校的各种资源，如社区环境资源、人力资源等，使其成为学生的学习资源。如今研究性学习课程的开展出现了较为突出的地域性差异问题，如东部地区相对于西部地区研究性学习课程开展得好；省级或市级示范性中学比普通学校开展得好；而农村开展研究性学习的学校非常少。有的学校认为，自己学校的基础设施落后，图书室藏书少，连多媒体教室都没有，开展研究性学习课程当然比不上那些条件好的学校；有的农村教师说，没有照相机，没有电脑，让学生怎么找材料、怎么研究？他们认为，开展研究性学习课程资源不足，从而降低了开展这一活动的积极性。造成这种现象的原因主要是对研究性学习课程资源的认识问题。所谓课程资源，是指富有教育价值、能够转化为学校课程或服务于学校课程的各种条件的总和。课程资源绝不仅仅是教材，也不仅仅是可以利用的硬件环境。从形态上划分，可以分为物质形态的课程资源和精神形态的课程资源，像社区的文化教育机构（如图书馆、博物馆、文化宫等）、风景名胜、文物古迹、广播电视、网络、现代化教学设备等，就属于物质形态

---

① 张华：《课程与教学论》，上海教育出版社2000年版，第179页。

的课程资源,而像社会生活方式、价值规范、行为准则、人际关系、校风、学风、社会风气等就属于精神形态的课程资源。[①] 事实上,教师的专业素质决定了课程资源的识别范围、开发和利用的程度,教师应该是最重要的课程资源,教师可以根据本地实际和学生特点,在实践中学习鉴别、积累、开发和利用资源,提高课程开发技能。研究性学习课程旨在培养学生的实践能力和创新精神,而实践能力在一定意义上就是发现和利用资源的能力,如果教师能引导学生充分利用各种课程资源,就不会因为一些现代化设备在学校、家庭中的缺失而认为开展研究性学习课程缺乏信息支持。如甘肃成县一中的一位老师对指导研究性学习课程就有独到之处,她带领学生完成的很多研究课题,就有效利用和发掘了本地的独特资源,例如,"对成县'李武豆腐坊'的调查研究"就充分体现了其开发本地课程资源的眼界和能力。[②] "李武豆腐"是带动李武人走上小康之路的支柱产业之一,也是成县城区人民食用豆腐的主要来源。学生在化学课堂上学习了豆腐的制作原理后,产生了对"李武豆腐"进行探究的兴趣。这位老师指导学生围绕着豆腐的成分、制作原理、制取工艺、营养价值、豆渣利用和废水处理等一系列问题,做了深入的调查研究,通过搜集资料、走访、参观、交流等不同的体验活动,提高了实践能力和创新意识,最后还给从业者提供了很多良好的建议,如改进生产工艺、创新豆腐产品、提升品牌意识等,也给卫生防疫部门提出了加强对个体豆腐作坊管理,加强执法监督的建议。由此可见,即使贫困地区和薄弱学校,其课程资源也是丰富多彩的,广袤的大地、河流、山川,哪怕是黄土坡、茅草棚,对于实现课程目标以及发展学生感受和表达美的意义与功能都是无限的,关键在于我们怎么运用它们。所以教师要更新传统的课程资源意识,通过因地制宜地开发和利用各种课程资源,开展富有特色的研究性学习活动。

(四)课程实施观:对课程方案合理调适和有效创生的结合

纵览课程变革的历程,学者们对课程实施的内涵和本质的认识有两

[①] 钱旭昇:《高中研究性学习实施问题的研究》,《课程·教材·教法》2004年第7期。
[②] 杨芳:《甘肃省成县化学课程资源的开发及在九年级教学中的应用》,硕士学位论文,西北师范大学,2006年。

种不同的理解。① 一种观点认为，课程计划（方案）是固定的、不可变更的，课程实施就是一个执行的过程。另一种观点则认为，课程实施是作为一个动态的过程而存在的，课程实施问题不只是研究课程方案的落实程度，还要研究学校和教师在执行一个具体课程的过程中，是否按照实际情况对课程进行了调适。由于地区和校际的差异，同样的课程计划在实施过程中不可避免地会面对不同的情境，产生不同的问题，因此，在理解课程实施问题时，应当将课程计划看作可以调整和改变的。判断课程实施的成败也不应以对原有计划的执行程度为标准，而应关注执行过程中教师在特定的情境下对课程计划的调适和改造。②

课程实施作为过程对象化活动的领域，主要表现为学校教学过程的设计与教学策略。③ 为达成课程实施最终的价值取向，需要树立全面发展和交往互动的教学观，深入研究学生的学习本质，并重塑新型的师生关系，以促进学生身心的全面发展。④

基于以上认识，下面我们从实施取向、教学方式、学习本质以及教师角色等方面分析研究性学习课程指导教师应具有的课程实施观。

1. 实施取向

研究性学习的特征和价值决定了其实施取向，即在课程开展过程中要根据实际情况对课程方案进行合理调适并有效地创生学习者的经验。

第一，进行合理的、符合实际的调适以适应具体的实践情境。对课程实施的含义和本质的不同认识，是由其相应的课程价值观决定的。这就是课程实施的取向问题。富兰、辛德等人将课程实施分为忠实、相互调适和课程创生三种取向。⑤ 由于课程变革的过程往往并不遵循预期目标与规划方案的线性演绎过程，而更多的是一种复杂的非线性的和不可预知的过程。一项课程方案付诸实施以后，可能会发生两方面的变化：

---

① 参见本章第一节对课程实施含义的探讨。
② 马云鹏、唐丽芳：《课程实施策略的选择——课程改革中一个不可忽视的问题》，《比较教育研究》2002年第1期。
③ 裴娣娜：《学校教育创新视野下中国基础教育课程改革的实践探索》，《课程·教材·教法》2011年第2期。
④ 王鉴：《课程论热点问题研究》，广西师范大学出版社2008年版，第89页。
⑤ Snyder, J., Bolin, F. & Zumwalt, K., *Curriculum Implementation*, New York: Macmillan Publishing Company, 1992, pp. 402-435.

一方面，既定的课程方案发生了变化，以适应各种具体实践情境的特殊需要；另一方面，既有的课程实践发生了变化，以适应课程方案的特定要求。因此课程实施中的相互调适是必然的。① 结合我国正在进行的新课程改革实践，我们认为，合理的、符合实际的调适应当是有效地进行研究性学习课程实施所必需的。

第二，有效的创生以创造新的教育经验。研究性学习课程没有教材，没有教参，只有弹性化的指导纲要。其弹性化表现在，只从宏观层面规定了培养目标、内容、范畴和基本实施形式，而微观层面的具体内容、活动类型、活动方式等则由学校或教师根据本校实际加以设计和生成。

研究性学习追求个性自由与解放的价值取向，决定其有效实施既需要师生基于一定的取向，在具体的教学情境中不断调整活动方案和课程目标，又要遵循课程实施的创生取向，师生共同合作，使课程实施成为教师与学生个性成长和完善的过程，并经过师生的共同解释，转化为真实体验到的教育经验。遵循这种以有效创生取向为主的课程实施观，将使教师从预定方案的限制中解放出来，"成为师生学习经验的积极缔造者"②。

2. 教学方式

"教学方式作为教学中的动态因素，是指教学主体为达成教学目标而运用的措施和方法，是教学活动的动态方式和存在状态。"③ 新课程以"为了每一位学生的发展"为核心理念，关键是改变教师的教学方式和学生的学习方式，即在教学中关注学生的情感体验和人格养成。研究性学习的设置在于改变学生单纯地接受教师传授知识为主的学习方式，构建开放的学习环境，以学生的经验为基础选择课程内容，在活动中形成积极的学习态度和良好的学习策略。从教学方式来说，就要以学生为中心，强调学生是学习的主体和主动建构者，教师是学生学习的帮助者和促进者。研究性学习课程的实施，就是教师实现教学重心从

---

① 钟启泉：《现代课程论》，上海教育出版社2006年版，第500页。
② 尹弘飚、李子建：《课程变革理论与实践》，高等教育文化事业有限公司2008年版，第56页。
③ 李森、赵鑫：《教学方式变更的文化审视》，《课程·教材·教法》2011年第4期。

"教"到学生"学"的转变,通过变革教学方式来变革学生的学习方式,培养学生的批判性思维、创造性思维和实践能力。

不同的教学方式具有不同的教学价值和适用范围,教师既要认真领会新课程以参与、探究、合作、讨论等为主要内容的教学方式的核心主旨,又不能单纯地否认传统的以讲授为主的教学方式。即便是在以学生经验和活动为中心的研究性学习中,讲授法也是具有一定价值的,"要怀着兼容并包的开放胸怀和辩证求实的科学态度,践行多样化的教学方式"①,并对不同的教学方式进行优化综合,使不同风格的教学方式发挥各具特色的功效,以便取得最优化的课程实施效果。

3. 学习本质

研究性学习课程以人文取向为其主导价值取向,强调学习者要主动与客观世界对话、与他人对话、与自身对话。研究性学习课程的价值取向决定其实施所依据的学习本质观,是人本主义学习观和建构主义学习观的有机融合。具体来说有以下内涵:第一,人类具有学习的自然倾向;第二,当学生正确地了解所学习的内容的用处时,学习才成为最好的学习;第三,大量的学习将是通过做中学的;第四,当学生尽责地参与学习过程时,学习的效果最佳;第五,学习者全身心投入其中的自发学习,也就是智力和情感共同参与的学习,才是最持久和最深入的学习;第六,当自我评价和自我批评比他人评价重要时,学生的独立性、创造性、自主性就容易发展;第七,在现代社会中,最有用的学习是了解学习过程,对经验始终持开放态度,并把它们结合进自己的变化过程中;② 第八,学习就是建构知识的活动,是学生不断质疑、不断探索、不断表达个人见解的历程;第九,"知识建构"的学习就是主动的问题解决,它超越了原有的个人化行为,成为群体合作的行为,成为团队精神和群体意识发展的契机。③

从人性的角度来说,人是主体性与客体性的双重统一,是能动性与受动性的双重统一,是独立性与依赖性的双重统一。传统的学习观一味

---

① 王平:《论新课程背景下教学方式的建构特征》,《当代教育科学》2004 年第 22 期。
② Rogers, C. R., *Freedom to Learn*, Columbus, Ohio: Charles E. Merrill, 1969, pp. 157-163.
③ 钟启泉:《现代课程论》,上海教育出版社 2006 年版,第 488 页。

强调机械的接受学习,学生的学习只建立在人的客体性、受动性、依赖性上,从而导致人的主体性、能动性、独立性的不断销蚀。新课程提出:"要改变过于强调接受学习、死记硬背、机械训练的现状,倡导学生主动参与、乐于探究、勤于动手,培养学生搜集和处理信息的能力、获取新知识的能力、分析和解决问题的能力以及交流与合作的能力。"①研究性学习课程通过转变学习方式,把学习过程中的发现、探究、研究等认识活动突显出来,使学习过程更多地成为学生发现问题、提出问题、分析问题以及解决问题的过程。"转变学习方式就是要转变他主性、被动性的学习状态,把学习变成人的主体性、能动性、独立性不断生成、张扬、发展、提升的过程。"②

4. 教师角色

《学会生存》指出:教师的职能正发生着变化,即变得越来越少地传递知识,而越来越多地激励思考,除了其正式职能以外,教师将越来越成为一名顾问,一位交换意见的参加者,一位帮助发现矛盾点而不是拿出现成真理的人。③ 在研究性学习课程中,学生用类似于科学研究的方法进行学习,使教学内容的呈现方式、学生的学习方式、教师的教学方式以及师生互动的形式都发生了很大的变化,因此,在研究性学习课程实施中,教师角色将从传统的控制者向学生学习的促进者转换。

罗杰斯认为,学习是个人潜能、人格和自我的充分发展,是一种感性与理性、身体与心灵交融汇聚的全面活动,是学习者在相当大的范围内自行选择学习材料、自行安排适合于自己的学习情境的一种自主自决、自我实现、自我发展的过程。为此,罗杰斯以"促进者"一词说明教师的角色,即教师的作用,不是控制而是帮助,教师要把每一个学生当作具有独特经验和情感的人,而不是等待接收某些知识的容器,与学生建立起一种真诚的、信任的关系。教师作为"促进者"的角色对

---

① 教育部编著:《基础教育课程改革纲要(试行)》,北京师范大学出版社2001年版,第4页。

② 钟启泉、崔允漷、张华:《为了中华民族的复兴 为了每位学生的发展——基础教育课程改革纲要(试行)解读》,华东师范大学出版社2001年版,第278—303页。

③ 联合国教科文组织国际教育发展委员会:《学会生存——教育世界的今天和明天》,教育科学出版社1996年版,第108页。

学生的帮助作用具体表现在：第一，帮助学生澄清自己想要学习什么；第二，帮助学生安排适宜的学习活动和材料；第三，帮助学生发现他们所学东西的个人意义；第四，维持某种有利于学习过程的心理气氛。[①] 和其他学科课程相比，研究性学习课程的"载体"发生了变化，即没有了教材和可以操作的"文本"，这虽给学校和教师留下了很大的创造空间，但同时增加了课程实施中大量的不确定因素：课程实施模式、课题选择内容、课题资料来源、课题研究方法、课题研究结果的呈现方式等，几乎每一个环节都需要因地制宜，因人而异。因此，这门课程对教师、学生和学校都提出了挑战，尤其是教师，不仅要改变自己指导学生的思路和方式，而且要培养和施展自己的教学智慧，学会在没有文本的情况下，遵循研究性学习课程的基本精神和一般流程，创造性地开展指导工作。教师要促使学生投入探究的过程中，帮助学生形成强烈的探究动机，维持较高的探究热情，养成碰到困难也不退缩的精神。教师要尽量创设真实的、能引起学生兴趣的问题情境，或帮助学生提出问题，使学生积极主动地探索问题解决的办法。[②] 可见，在研究性学习课程开展过程中，教师作为学生学习的促进者发挥着十分重要的作用。

(五) 课程评价观：过程取向和主体取向并举

1. 课程评价的取向类型

课程评价对课程的实施起着重要的导向和质量监控作用。课程评价的价值取向不同，评价的目的功能、评价的目标体系和评价的方式方法等各方面也会不同，从而直接影响着课程价值的实现和课程实施的质量。从19世纪末20世纪初课程评价成为一个独立的研究领域以来，它的发展大约经历了四个时期：测验时期、评价时期、描述和判断时期、建构时期。在各个不同的时期，存在着不同的评价理念和价值取向，从取向的维度来说，复杂的课程评价可以归纳为三种，即"目标取向"的评价、"过程取向"的评价和"主体取向"的评价。[③]

"目标取向"的评价是把评价视为将课程计划或教学结果和预定课

[①] 参见钟启泉、黄志成主编《美国教学论流派》，陕西人民教育出版社1993年版，第259页。

[②] 张星：《论研究性学习中的教师角色》，硕士学位论文，上海师范大学，2003年。

[③] 张华：《课程与教学论》，上海教育出版社2000年版，第392页。

程目标相对照的过程,其主要代表是被称为"现代评价理论之父"的泰勒及其学生布鲁姆等人。"目标取向"的评价追求评价的客观性和科学化,在本质上是受"科技理性"或"工具理性"支配的,其缺陷在于忽略了人的行为的主体性、创造性和不可预测性,忽略了过程本身的价值。"过程取向"的评价强调评价者与具体评价情境的交互作用,主张凡是具有教育价值的结果都应当受到评价的支持与肯定,在本质上是受"实践理性"支配的,重视过程本身的价值,对人的主体性、创造性给予一定的尊重,其主要代表是美国的斯李文(Serivan,M.)和英国的斯滕豪斯(Stenhouse,L.)。"主体取向"的评价认为,课程评价是评价者与被评价者、教师与学生共同建构意义的过程,评价是一种价值判断的过程,这种价值是多元的。在评价情境中,不论评价者还是被评价者,不论教师还是学生,都是评价的主体。主体取向评价反对量的评价,主张质的评价,因为量的评价与评价的主体性追求是根本悖逆的。

2. 研究性学习的评价取向

《纲要》确立了"改变课程评价过分强调甄别与选拔的功能,发挥评价促进学生发展、教师提高和改进教学实践的功能"的课程评价改革目标,指出要"建立促进学生素质全面发展的评价体系""建立教师不断提高的评价体系"以及"建立课程不断发展的评价体系"[1],由这三方面构成的发展性评价,成为建构素质教育课程评价体系的核心,其评价理念为:评价是与教学过程并行的同等重要的过程;评价提供的是强有力的信息、洞察力和指导,旨在促进发展;评价应体现以人为本的思想,建构个体的发展。[2] 在具体建构中,发展性评价体系体现出以下特点:重视发展,淡化甄别与选拔,实现评价功能转化;重综合评价,关注个体差异,实现评价指标多元化;强调参与和互动、自评与他评相结合,实现评价主体多元化;注重过程,终结性评价与形成性评价相结

---

[1] 教育部编制:《基础教育课程改革纲要(试行)》,2001年6月。
[2] 钟启泉、崔允漷、张华:《为了中华民族的复兴 为了每位学生的发展——基础教育课程改革纲要(试行)解读》,华东师范大学出版社2001年版,第303页。

合,实现评价重心转移。[①] 可见,新课程倡导的发展性评价既是"主体取向"的评价,又是"过程取向"的评价。研究性学习课程强调真实性与探索性的问题解决,必然采取发展性评价方式,即以学生的实际表现为基础,注重学生个性化反应,强调每一个主体对自身行为的反省意识和反思能力,评价过程是一种民主参与、协商和交往的过程,既体现了"主体取向"评价"价值多元""平等参与"的基本特性,也体现了"过程取向"评价"重视人的个性化表现"并以人的自由与解放为根本目的的时代精神。

以上我们从现代课程的基本要素组成出发,分析了教师实施研究性学习课程需要树立的课程观。研究性学习课程的本质和特征决定了研究性学习课程的指导教师需要树立科学精神与人文精神融合的课程价值观、表现性目标和生成性目标并重的课程目标观、开放的学习者经验和优化的课程资源相结合的课程内容观、对课程方案的合理调适和有效创生相结合的课程实施观以及过程取向和主体取向并举的课程评价观。当代教育的发展和基础教育课程改革的趋势,必将达成教师课程观的重塑,并促使教师从知识结构和行为方式等方面挑战自己、改变自己和完善自己,促使研究性学习的有效实施。

二 教学行为:教学生成与预设的统一

教师教学行为是指,为完成教学任务、达成教学目标,教师在教学过程中所采取的可观察的外显的教学活动方式。教学活动过程中各种教学信息的传递,主要是通过教师的教学行为来实现的。

(一)新课程对教学行为变革的诉求:从"控制型"向"生成型"的转向

新课程要求教师提高素质、更新观念、转变角色,必然也要求教师的教学行为发生相应的变化。我国传统的教师教学行为属于"控制型"的教学行为,这是由于我国传统文化长期遵循"师道尊严""学高为师"的古训使然。控制型教师的教学行为是"把教学设定为传递客观

---

① 朱慕菊:《走进新课程与课程实施者对话》,北京师范大学出版社2002年版,第141—144页。

知识、成人社会价值观和成人社会规范;通过教学实现对既有社会秩序规范的维持和复制,使教学成为围绕教材设定的知识和预设好标准的程序性操作,成为来自学生与教师主体外在强制的教学文化"[1]。控制型的教学行为表现在教学目标方面,以让学生获得知识、掌握技能为唯一教学目标,忽视学生在学习过程中的体验和感悟,人文目标被搁置;在教学内容方面,将教材、教参中所谓的普遍性、客观性、中立性的知识看成全部的教学内容,其中所承载的知识、观点是不容置疑的真理;在教学方式方面,只有机械训练和照本宣科式的讲授;在教学评价方面,以复制、还原教师传授知识的多寡为评判标准。[2] 可见,控制型的教学行为,使教学履行着社会和成人世界的文化复制功能,通过流程传递,复制出精心设定的"知识人"。它无视或者有意压制、消解学生在教学中主体能动性和自主发展的意识,束缚了师生个性的自由发展和个性的自然生长,违背了人的身心发展规律,培养出的人才容易千人一面,难以适应社会发展的多元需要。换言之,对一切可能导致"成人标准失范"的教学活动的消解,是控制型教学行为的固有特征和功能。[3]

新课程呼唤教师教学行为向生成型转变,促进学生的人格发展和创新能力培养,以合乎社会文化迅速变迁的时代对人才素质的新诉求。[4] 生成型的教学行为"秉持生成性思维方式,将教学的生成与预设统一起来,强调教学既是师生生活的建构过程,也是课程创生的过程,更是师生自我价值实现的过程"[5]。

生成型的教学行为强调将教学的生成与预设统一起来,表现在教学目标方面,要帮助学生生成知识、获得能力、掌握方法,并使师生德性完满、人格健康;在教学内容方面,不再囿于现成的教材和教参,而是充分利用和优化各种教学资源,既重视直接经验,又重视间接经验;在教学方式方面,倡导启发诱导、自我建构,主张把有意义的接受式学习

---

[1] 程良宏、杨淑芹:《控制型教学文化及其转向》,《全球教育展望》2009 年第 2 期。
[2] 龚孟伟、李如密:《试论当代教学文化的形态与功能》,《课程·教材·教法》2011 年第 4 期。
[3] 程良宏、杨淑芹:《控制型教学文化及其转向》,《全球教育展望》2009 年第 2 期。
[4] 肖正德:《教师教学行为转变的文化学思考》,《课程·教材·教法》2011 年第 4 期。
[5] 龚孟伟、李如密:《试论当代教学文化的形态与功能》,《课程·教材·教法》2011 第 4 期。

和自主、合作、探究式学习等结合起来；在教学评价方面，提倡发展性评价、表现性评价、过程性评价和终结性评价相结合。可见，生成性教学行为关注人的全面发展和人的主体性的发挥，倡导对师生生命关怀和人格培育。

新课程呼唤教师教学行为从控制型向生成型转变。首先，要从"重教"向"重学"转变。要重视学生的主体地位，充分发挥学生的能动性。要让学生主动参与，培养学生的主体意识。其次，要重视学习方式的改变。要重视学生的学习方法指导，尤其是探究性学习的指导，在课堂教学过程中应当引导学生不断发现问题、提出问题、分析问题，使学习过程变成学生不断探究、实践、思考、提出问题和解决问题的探索过程，努力培养学生的探究能力。最后，要重视学生创新能力的培养。给学生充分的机会发展他们的想象力和创造力；让学生走向大自然、在大自然中观察和思考周围世界的事物和现象，以培养学生的观察能力、思维能力。总之，只有教师的教学行为向生成型转变，学生的学习方式才会向生成型转变，学生的创新能力才会得到更好的培养。[①]

（二）指导教师的教学行为：在预设和生成之间保持一定的张力

研究性学习课程实施能否真正取得效果，一方面取决于教师能否对研究性学习的课程价值和目标有深刻的认识，另一方面取决于教师能否把新课程的理念和目标转化为教师最终的教学行为。在研究性学习课程的实施中，教师的生成型教学行为，主要体现在具体的指导过程中，教师不仅要改变自己指导学生的思路和方式，而且要培养和施展自己的教学智慧，学会在没有文本的情况下，遵循研究性学习课程实施的基本精神和一般流程，将教学的生成与预设统一起来，创造性地开展指导工作。

新课程实施所倡导的生成性教学和传统的预设性教学是相辅相成、相互统一的关系。生成性教学的基本特征表现在教学主体、教学内容、教学情境的不确定性；教学过程的开放性、互动性、情境性以及教学方

[①] 肖正德：《教师教学行为转变的文化学思考》，《课程·教材·教法》2011年第4期。

法的生成性、有效性、趣味性等方面。① 生成性教学的价值取向为让课堂充满生命成长的气息,让学生的主体人格在和谐自由的环境中发展;让学生稚嫩的思维"灵舞"起来,让他们质朴的思想"涌流"出来;让课堂呈现出丰富的差异,让差异成为有效的教学资源;让学生产生积极的、个人化的思考、表达、交流及其实践。② 预设性教学是遵循一定的教学规律,有目的、有计划地设计教学活动的目标、内容、方法、手段以及组织形式等,进而提高教学活动效率的一种教学活动。教学活动的目的性、计划性、组织性等特点,决定了教学活动中不可避免的预设性,相反,教学活动的艺术性、创造性、智慧性等特点,决定了教学活动中不可避免的生成性,可见,教学的预设和生成虽然在思维模式上是相对独立的,但二者之间存在着统一关系,因为预设要遵循教学规律和学生身心发展规律,而生成也由学生身心发展的特点所决定,教师需要运用智慧寻找"生成点",对学生进行引导和启迪,这样,二者在目标、指导思想上是完全一致的。有效的教学活动就是要将二者有机地统一起来,既要在教学活动开展之前,科学地预设教学的目标、内容、方法、手段以及组织形式等,即按照教育教学的规律进行预设教学,又要在教学活动开展的过程中,充分考虑学生的学习方式与学习特点,给学生参与、思考、表达的机会,即坚持教学的艺术性进行生成教学。通过在教学的预设和生成之间保持一定的张力,帮助学生在课堂教学活动开展过程中生成他们所需要的、所能理解的知识与技能、过程与方法、情感态度与价值观等。③

研究性学习作为学生自主探究的活动,在实施中没有可以遵照的统一文本和规范,但其追求科学与人文融合养成的价值取向,决定了其课程实施存在着基本的精神旨趣和操作的一般流程。因此,教师在开展过程中要将教学的生成与预设统一起来,在研究性学习实施的三个阶段,即问题情境阶段、实践体验阶段、评价反思阶段,从课程目标的凸显、

---

① 王鉴、张晓洁:《试论生成性教学的内涵和特点》,《当代教育与文化》2010 年第 4 期。
② 靖国平:《"生成性课堂"何以可能?》,《湖北教育》(教学版)2005 年第 8 期。
③ 王鉴、张晓洁:《试论预设性教学的内涵与特点》,《课程·教材·教法》2008 年第 2 期。

教学内容的选择、实施过程的调适和创生、教学方式的优化和整合、评价方式的多元选择以及教师角色的重塑等方面，变革教学行为，实现向生成型教学行为的转型。

1. 课程目标的凸显与生成：关注学生的真实体验和创造性表现

研究性学习追求人文本位的课程取向，旨在培养学生的学习兴趣，让学生了解、体验学习活动的过程，掌握学习的方法，因此它是参与体验式的学习，同时又是创造性的学习。人文本位的课程以人文精神为目的，体现了"以人为本"的理念，其课程目标在于有效地促进学习者的成长与发展，最终实现自我价值。研究性学习指导教师要深刻把握这一理念并将其贯彻到研究性学习的课程实施之中，关注学生的真实体验和创造性表现，形成适合学生的教学。

研究性学习是对学科课程的一种补充和完善，传统的学科课程注重学科知识，轻视知识的形成与生产过程，轻视学生的学习过程与方法。研究性学习的实施正是要弥补传统的学科课程在这方面的不足。因此研究性学习在实施过程中如何走出传统的学科课程的思维定势，创造性地开展新型的学习活动就成了一个难题。对研究性学习指导教师而言，就是要开辟一个新的学习领域和教学方法领域，变革自己过去的教学方法，创生适合学生学习的新型教学方法，所以，研究性学习指导教师要围绕学生的学习建构新型的教学理论与方法体系。对于学生而言，适合自己的教学，就是积极参与课程教学，积极参与研究性学习的过程，在教师的指导下，完成研究性学习的任务。对学生来说，这也是一个挑战，因为学生已经习惯于在传统的课堂教学中被动地进行接受性的学习，而不适应自主的参与性的研究性学习。教师的任务不仅在于教会学生掌握研究性学习的知识内容，而且在于培养学生研究性学习的能力与方法，在研究性学习活动中获得体验，逐渐树立创新意识，发展实践能力。

2. 课程内容的优化与整合：师生共同创造自己的课程

研究性学习课程的内容选择以开放的学习者经验和优化的课程资源相结合为原则，引导学生从其关心的自然现象、社会问题和自我生活中选择和确定研究课题。在具体操作中，可以从两方面入手，即成熟的案例研究与灵活的研究素材相结合；专业的引领与教师的独立探索相结合，帮助师生在具体的实践情境中共同创造自己的课程。教师要将为学生学习提供便利的一切条件和元素变成可利用的课程资源，并借鉴其他教师较为成熟的案例来确定研究内容，拓展学生的视野。研究性学习课程的内容比较开放和灵活，可以发挥师生的创造性和主动性，但在开展的起始阶段需要一定的专业引领，对教师进行关于课程资源观和课程内容观的培训，并以成熟的案例研究给教师提供一定的借鉴和参考，使相关教师逐渐适应研究性学习课程的特殊教学方式。没有教材固然使教师有了更广阔的创造空间，但如果从一开始就让教师自己探索开展方式，往往会遇到很多的挫折，这会影响教师深入开展研究性学习活动指导的积极性。

3. 课程实施的调适与创生：开展适合学生的教学过程

研究性学习没有课程标准，没有教材，没有教参，只有弹性化的指导纲要。其弹性化表现在只从宏观层面规定了培养目标、内容、范畴和基本实施形式，微观层面的具体内容、活动类型、活动方式等则由学校或教师根据本校实际加以设计和生成。研究性学习的开放性和实践性特征，决定其实施组织形式的丰富多样性，教师在具体组织活动时，可以发挥智慧，不断创造丰富的课程实施的组织形式。因此，研究性学习课程的有效实施，既需要师生在具体的教学情境中不断地调整活动方案和课程目标，又需要师生共同合作，创造新的教育经验，从而使预定的课程计划成为课程创生过程的资源之一，使课程实施成为教师与学生个性成长和完善的过程。

从研究性学习课程实施的途径与方法来看，它偏重的目标在于三维目标中的"过程与方法"，当然，三维目标不是分割的，而是一个有机的整体，但在研究性学习实施的过程中，学生受益的重点是在学习活动的过程中掌握学习方法，这种学习是研究性的、创造性的，因此方法也是多样性的，需要教师和学生在课程实施过程中不断积累并完善，最终形成富有特色和创新的研究性学习实施过程与方法体系。研究性学习课程的实施要满足学生的学习兴趣，就要致力于实现从学生单一被动的接受性的学习向自主参与、合作探究的学习方式变革，实现学习方式的多样化，同时，还要将学习内容开放到学生整个生活世界之中，让学生的学习活动与学生的生活世界有机地联结为一体，使学生在解决生活实际问题的过程中习得经验、获得感受、增长知识。对研究性学习指导教师而言，必须"打破教师作为知识权威和垄断者的角色，应从'学科教师'变为学生学习的导师"。

研究性学习的实施需要一个过程，研究性学习指导教师的专业发展也需要一个过程，参与研究性学习的学生的意识与学习方式的变革同样需要一个过程，这三个过程其实是一个过程，即在研究性学习的实施过程中，课程本身、指导教师、学生都得到了发展，更趋于适应研究性学习的特点，更为重要的是在这一过程中探索并形成了适合学生发展的新型教学模式。

4. 课程评价方式的多元选择：体现发展性评价的激励和发展功能

研究性学习强调真实性与探索性问题的解决，因为学生的真实性表现是无法单凭传统的纸笔测验来说明的，所以研究性学习的课程评价必然采取基于学生实际表现并注重学生个性化反应的发展性评价方式。[①] 发展性评价方式是一种主体取向的评价。主体取向的评价认为："课程评价是评价者与被评价者、教师与学生共同建构意义的过程，评价是一种价值判断的过程，这种价值是多元的。在评价情境中，不论评价者还是被评价者，不论教师还是学生，都是评价的主体……这种评价取向反对量的评价，主张质的评价，因为量的评价与评价的主体性追求是根本悖逆的。"[②] 由此可见，研究性学习采取发展性评价的意义在于，这种评价不仅弥补了传统学业成就测验的不足，还在于通过提供更多的反馈信息，体现出评价的激励功能，从而提升评价的个人发展价值。

研究性学习本来是为适合学生的发展而设计的，研究性学习指导教师就应为适合学生的发展而开展教学，这一理念的落实需要在研究性学习的实施过程中逐渐完善，相应地，出现的一些问题也需要在研究性学习过程中加以解决。这样，在研究性学习实施一个阶段之后，适合学生发展的研究性学习的价值与功能便凸显出来。

三 教师教育观念与教学行为研究的理论分析框架

（一）教师教育观念研究的理论分析框架

从现代课程的基本要素组成出发，结合研究性学习课程的本质和特

---

① 钟启泉：《研究性学习："课程文化"的革命》，《教育研究》2003年第4期。
② 张华：《课程与教学论》，上海教育出版社2000年版，第393页。

征，我们认为，教师教育观念主要体现在对教育变革和课程实施的内涵理解上，具体包括教师对研究性学习课程价值、课程目标、课程内容、课程实施、课程评价五个方面的理解（见表3.3）。

表3.3　　　　　　　教师教育观念研究的理论分析框架

一级分析维度	二级分析维度
课程价值观	价值取向：知识取向—社会取向—人文取向
课程目标观	目标取向：教学性—表现性 目标凸显：认知训练—全面发展
课程内容观	选择原则：封闭—开放 内容取向：预设—生成
课程实施观	实施取向：忠实—调适—创生 教学方式：单向灌输—交往互动 学习本质：被动接受—自主建构 教师角色：控制者—促进者
课程评价观	评价取向：终结性—发展性 评价方法：单一—多元 评价主体：师评—多主体

第一，课程价值观。教师的课程价值观主要从课程价值取向维度分析，概括为知识取向—社会取向—人文取向三个方面，考察教师对研究性学习价值取向的理解，是为深化学科知识和训练研究方法，或为提升社会适应能力，还是为培育、融合科学精神在内的人文精神，追求学生的完美人格与自我实现。

第二，课程目标观。教师的课程目标观主要从目标取向和目标凸显两个维度进行分析。目标取向被概括为教学性—表现性维度，考察教师是把研究性学习目标理解为提高学科成绩，获取研究成果，还是重在学习过程的体验和活动中的表现，培养学生的创新意识和实践能力。目标凸显被概括为认知训练—全面发展维度，考察教师在实践中的目标凸显方式是传授知识、训练技能，还是追求学生的认知、态度、情意的统一，培养学生的能力，最终促进学生的全面发展。

第三，课程内容观。教师的课程内容观主要从选择原则和内容取向两个维度进行分析。选择原则被概括为封闭—开放维度,指课题研究内容是由课程标准和统一的教材作出规定,还是引导学生选择生活中具有开放性、趣味性和综合性的问题作为研究课题。内容取向被概括为预设—生成维度,指课题研究内容主要是固定在预先精心设计好的活动范围以内,还是以开展过程中学习者的经验作为主导取向,重视课题开展过程中新目标、新主题的价值。

第四,课程实施观。教师的课程实施观主要从实施取向、教学方式、学习本质以及教师角色四个维度进行分析。实施取向被概括为忠实—调适—创生维度,了解教师对研究性学习实施取向的认识,即课程实施是忠实地执行课程变革计划的过程,还是通过课程的实践活动实现师生双方相互理解、平等对话和意义创生的过程;衡量课程实施成功与否的基本标准是所实施的课程与预定的课程变革计划之间的符合程度,还是学校和教师在执行一个具体课程的过程中,是否基于自己对课程的理解,不断调和各种影响因素,按照实际的情况对课程进行了调适和创生。教学方式被概括为单向灌输—交往互动维度,了解教师在课题开展过程中,是一味地对学生进行单向灌输,机械地训练研究方法和习题,还是与学生共同探讨问题,互动交往,帮助学生解决困难。学习本质被概括为被动接受—自主建构维度,指学生的学习过程主要是由教师以权威者的身份掌控,还是在教师引导下,学生利用已有知识进行思考并形成自己的观点与看法,然后通过师生之间的民主对话和讨论,共同解决问题,积极进行知识的自主学习。教师角色被概括为控制者—促进者维度,指研究性学习课程的开发和实施,是以教师的意愿和兴趣选择课题内容并设计研究方案,还是帮助学生完善自主选择意识和能力,鼓励学生自主选择和主动探究,将学生的需要、动机和兴趣置于核心地位,为其个性发展创造空间。

第五,课程评价观。教师的课程评价观主要从评价取向、评价方法和评价主体三个维度进行分析。评价取向被概括为终结性—发展性维度,指研究性学习评价是以学生研究课题的成果为主要标准,还是以学生实际表现并注重学生个性化反应的发展性评价为主要标准。评价方法被概括为单一—多元维度,指研究性学习是采取单一的评价方法,还是采取学习档案评价和活动表现评价等多元的评价方法。评价主体被概括为师评—多主体维度,指研究性学习评价是以教师评价为主,还是以师生共议、生评、师评等相结合的多主体评价为主。

(二) 教师教学行为研究的理论分析框架

课程改革呼唤教师教学行为从控制型向生成型转变。对研究性学习课程而言,课程实施的"载体"发生了变化,作为以学生自主探究为主的活动,和其他学科课程相比,研究性学习课程没有统一教材和可以操作的"文本",这虽给学校和教师留下了很大的创造空间,但同时增加了课程实施中的大量不确定因素:课程实施模式、课题选择内容、课题资料来源、课题研究方法、课题研究结果的呈现方式等,几乎每一个环节都需要因地制宜,因人而异。因此,在课程实施中,教师不仅要改变自己指导学生的思路和方式,而且要培养和施展自己的教学智慧,学会在没有文本的情况下,遵循研究性学习课程的基本精神和一般流程,创造性地开展教学指导工作。

为此,研究教师教学行为的表现特征,可以从研究性学习课程实施的三个阶段——问题情境阶段、实践体验阶段以及评价反思阶段来展开。通过参与性观察,对教师指导开展研究性学习的过程进行全程跟踪、深入访谈,对已完成的活动进行回溯反思,深入了解教师在课程指导实践中是如何凸显和生成课程目标、优化和整合课程内容、探究和调适课程指导策略、选择课程评价方式并构建课程评价体系的,是如何转变教师角色并构建新型师生关系的,从而探析教师的观念和教学行为的关系,以及教师遇到问题的解决策略(见表3.4)。

由于研究性学习课程具有"自主性、实践性、活动性"的特点,这决定了学生在研究过程中往往会遇到一些问题,诸如因研究陷入困境而使兴趣减退,因成员合作不愉快而使研究活动难以开展,因不重视研究资料积累而使研究活动偏离原先设定的目标,自身安全存在隐患等。针对这些问题,教师需要做好有的放矢的指导工作。具体包括强化学生的研究兴趣和信心;与学生共同探讨解决问题的途径;宏观把握课题研究的进展情况;与学生一起建立安全防范措施。[①]

---

① 王一军:《普通高中研究性学习中的教师角色研究》,《教育发展研究》2003年第6期。

表 3.4　　　　　　　教师教学行为研究的理论分析框架

一级分析维度 ＼ 二级分析维度	问题情境阶段：准备、选题	实践体验阶段：调查访问、资源开发	评价反思阶段：总结、表达、交流	事件场景
课程目标凸显和生成				
课程内容优化和整合				
课题指导策略探究				
课程评价方式选择				
师生关系构建				
问题解决策略				

第四章 研究设计与实施

第一节 研究的思路和方法

一 研究思路：系统性的框架建构

本书结合所要研究的问题，采用"文本"研究和"田野"研究相结合的范式，沿着从理论到实践再到理论的思路设计研究实施的过程，从而形成往复循环、不断提升的系统的研究框架。具体研究思路（见图4.1）分为五个阶段，分别是文献梳理、研究工具开发、理论探讨、

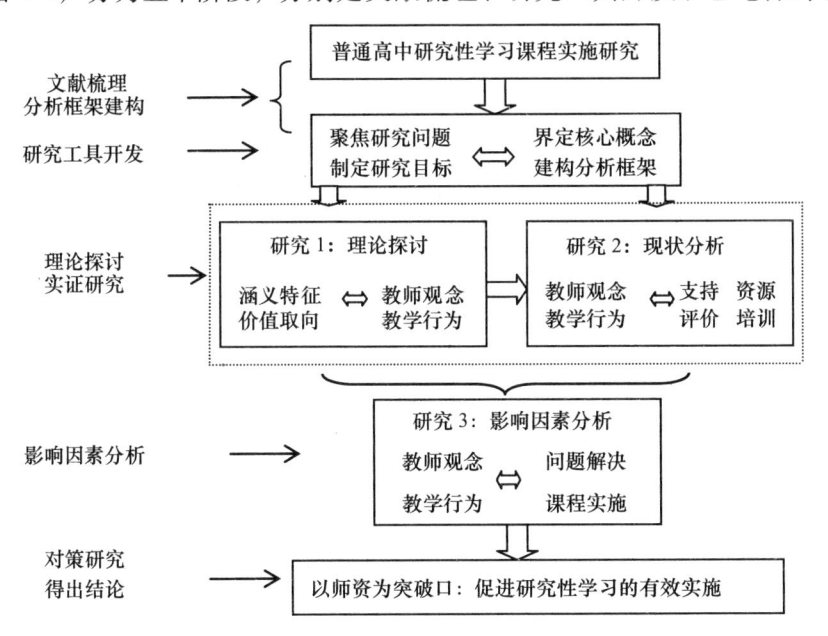

图4.1 "普通高中研究性学习课程实施研究"思路图

实证研究以及影响因素和对策研究。

第一，文献梳理。通过对文献资料的搜集、整理和分析，理清国内外研究性学习课程实施的研究现状，确定研究的问题，建构研究的理论框架。

第二，研究工具开发，包括调查问卷、访谈提纲、实地观察表。调查问卷旨在了解教师的教育观念和教师所遇到的问题，访谈调查旨在探寻教师在特殊的背景中意义建构的过程以及教师所遇到问题的深层原因。参与型的观察，旨在洞察教师的教学行为特征，考察教师观念和行为之间的关联及与实践情境的联系。

第三，理论探讨。探讨研究性学习和课程实施的理论，包括界定研究性学习和课程实施的定义，探讨课程实施的取向和影响因素，阐述研究性学习的理论基础和价值取向，并以此为依据探析教师观念与教学行为的特征，为普通高中研究性学习课程实施研究提供学理支撑和理论依据。

第四，实证研究。以甘肃省兰州市的普通高中为例，开展研究性学习课程实施现状的调查研究，重点调查教师的观念和教学行为现状，以及教师在研究性学习课程实施中所遇到的问题。第一，深入样本学校，对教师、学生进行问卷调查，了解教师的教育观念和教学行为，以及教师在研究性学习课程实施中所遇到的主要问题，并对问题的成因进行分析。第二，对个案学校的研究性学习课程实施过程进行实证研究，呈现普通高中教师指导学生进行课题研究的真实案例，进而以观察、访谈、描述等质性研究方法，进一步揭示研究性学习课程实施中教师观念及教学行为之间的关系，洞察教师的困惑和遇到的问题以及产生问题的原因。

第五，影响因素和对策研究。在理论分析和实证研究的基础上，探讨教师观念、教学行为以及教师所遇到问题的解决对课程实施质量的影响作用，分析研究性学习中的教师因素，提出促进普通高中研究性学习有效实施的对策。

二 研究方法：量化和质性综合研究的取向

（一）选择依据：基于课程实施的调适与创生取向

课程实施的取向不同，研究方法会有一定的差异。课程实施的忠实取向探究的基本问题是测量所实施的实际课程与预定的课程方案之间的符合程度，因此，其研究的基本方法是量化研究。相互调适取向的研究重心是把握课程实施的具体过程，它要求更为广泛的方法，既包括量化研究也包括质的研究。课程创生取向的研究方法更倚重质的研究。[①] 而研究性学习课程强调通过发挥师生的创造性来建构师生的教育经验与生活经验，因此，其有效开展需要采取以符合实际的调适与有效地创生师生的经验相结合的课程实施取向，在研究方法上，本书采用理论分析与实证研究相结合，量化研究和质性研究相结合的方法。陈向明指出："量的研究的长处恰恰是质的研究的短处，而质的研究的长处恰恰可以用来填补量的研究的短处。在同一个研究项目中使用这两种不同的方法，可以同时在不同层面和角度对同一研究问题进行探讨，可以结合宏观和微观，行为和意义，自上而下验证理论和自下而上建构理论。可以同时收集不同类型的原始资料，为研究设计和解决实际问题提供更多的灵活性。不同的方法之间可以相互补充，共同揭示研究现象的不同侧面。"[②] 在质性研究部分，本书主要采用田野工作的方法。"田野研究实际上是一种质性研究，追求的是情境和真实，具有自然主义的探究特点，研究也是一个逐渐演化的动态过程，对资料的分析通常采用自下而上的分析方法，十分重视研究关系。"本书应用田野工作法对研究性学习课程实施过程进行实证研究，以期对研究的问题获得一种现场感，契合了教师教学活动的复杂性和情境性特征，能在微观层面对教师的价值观念、思维方式和行为方式进行深入细致的描述与分析，全面客观地反映研究性学习课程实施在教师与学校层面存在的问题，对于进一步分析、揭示研究性学习课程实施的影响因素，是非常有效的。

具体来说，本书对国内外课程改革、课程实施的基本理论和国内外研究性学习课程实施的研究现状考察，主要采用文献分析法。为本书研究的问题进行定位，并为本书的研究框架提供了设计的整体思路和理论准备。对本书的理论基础，包括研究性学习课程的含义、理论基础、价

---

① 张华：《课程实施的含义与基本取向》，《外国教育资料》1999年第2期。
② 陈向明：《质的研究方法与社会科学研究》，教育科学出版社2000年版，第472—473页。

值取向以及教师应有的教育观念和教学行为特征等主要采用文献分析法和文本分析方法来研究。对研究性学习课程实施的现状考察，包括教师的教育观念（主要从课程观角度分析）、教学行为特征、教师的困惑和问题及问题解决方式和策略等主要采用问卷调查法、半结构式访谈、个案研究、教学案例研究、实地观察等量化和质性研究结合的方法。

（二）具体方法：整体把握和深度探寻

1. 文献分析法：研究基础的把握

本书运用文献分析法，通过对国内外关于课程实施及研究性学习课程实施，教师观念和教学行为变革，以及课程改革、已有研究成果的梳理，为本书研究的问题进行定位，并为本书的研究框架提供设计的整体思路和理论准备。以此为基础，界定课程实施以及研究性学习的含义，探析研究性学习的理论基础、价值取向等，为本书研究提供理论支撑和分析框架。

2. 问卷调查法：整体性的考察

本书在探讨研究性学习课程实施理论的基础上，笔者结合对样本学校初步调研的结果，并参考大量关于课程实施研究方面的问卷设计，自行设计了"研究性学习课程实施研究调查"（教师问卷和学生问卷）问卷，以了解教师的课程观、教学行为以及教师与学生在开展研究性学习课程中所遇到的问题。为了使问卷调查能够更为有效，笔者对所设计的问卷进行了试测。通过对试测结果进行分析，根据实际情况，笔者对两份问卷进行了相应的修订。

（1）"研究性学习课程实施研究调查"（教师问卷）的编制步骤和维度划分

①教师问卷编制步骤

第一，理论构想，拟订大纲。通过文献分析和理论探讨，依据本书的目的，确立问卷的基本结构和编制原则、问题维度。在形成预测问卷之前，先征求导师意见，对问卷构成的问题维度进行了总体修正。

第二，撰拟问卷题目，征求专家意见，形成预测问卷。依据研究目的和实际观察所了解到的情况拟订了预测问卷，具体过程包括以下几个环节：首先，将初步草拟的问卷拿到我攻读博士学位的师范大学的教育学院，向一位心理学教授和几位对量化研究较为精深的课程论专业的博士进行请教，就问卷的语言和形式方面的一般原则，做了技术性的咨询，对草拟问卷进行了第一次修改。其次，将第一次修改后的问卷拿到兰州市教科所，请几位参与过 2010 年兰州市研究性学习开展现状调查的教研员提出修改意见。他们的意见使我对怎样通过通俗的表达来考察所研究的问题有了清晰的认识，对问题的陈述方式进行了全面的修改，同时丰富了题目的不同表达形式，使问卷更切合学校和教师的实际。再次，将第二次修改后的问卷分别拿到两所样本学校，向课程管理人员及长期指导研究性学习的教师征求意见。这些教师中有三位是高级教师，包括 A 校主管教学的副校长和 B 校负责课程管理的教导主任，他们都具有非常丰富的课程管理和研究性学习课程实施经验。A 校的另一位高级教师和 B 校的一位年轻中级教师，在指导研究性学习方面颇具特色，他们指导的课题曾经获得兰州市青少年科技创新大赛大奖，属于研究型教师。这四位教师通过当场做答，提出建议，帮助笔者对问卷进行第三次修改，剔除了易产生歧义和无效的问题，修订了题目中表述不明确的语句。最后，结合一个多月来笔者对样本学校所作的前期调研，通过初步访谈和实地观察对实际情况所得到的了解，进一步修订了问卷的题目，形成预测问卷。

第三，选取样本，进行预测。对样本学校一些课程管理人员及指导过研究性学习实施的教师进行预调查，获取教师完成问卷所需的时间、出现的问题以及保证调查顺利进行要注意的事项等方面的信息。教师预测问卷共发放 90 份，对象是兰大附中和中国科学院兰州分院附属中学的高一、高二年级教师。

第四，对预测问卷进行信、效度检验，修正定稿。为保证最后的正式问卷有良好的信、效度，笔者进行了三次预测，对每次预测的问卷进行信度检验和问卷构成维度的相关分析，根据 SPSS13.0 统计分析结果，并进一步征求导师的意见，删除不合格的题目，修正定稿。

最终选取 62 道题目组成了正式的教师问卷，其中"教师课程观"部分有 36 个题目，"教师遇到的问题"部分有 26 道题目。详细内容见附录 1。

②教师问卷维度划分及题目分布

教师问卷除基本信息以外，共分两部分，第一部分为教师课程观，主要考察教师对新课程理念和研究性学习课程价值等的理解。第二部分为教师在研究性学习课程实施中所遇到的问题,主要从教师指导研究性学习课程开展的具体过程中,了解教师所遇到的困惑和问题。

第一部分,教师课程观(教师问卷)维度划分及其题目分布(见表4.1)。

表4.1　　**教师课程观(教师问卷):维度划分及其题目分布**

一级维度	二级维度	题目分布
课程价值观	知识取向—社会取向—人文取向	1、2、3、5
课程目标观	目标取向:教学性—表现性 目标凸显:认知训练—全面发展	*6、36 *4、13、14、16、17、21、22、32
课程内容观	选择原则:封闭—开放 内容取向:预设—生成	7、8、9、10、11 12、15
课程实施观	实施取向:忠实—调适—创生 教学方式:单向灌输—交往互动 学习本质:被动接受—自主建构 教师角色:控制者—促进者	18 19、20 23、26、28 24、25、29、30
课程评价观	评价取向:终结性—发展性 评价方法:单一—多元 评价主体:师评—多主体	33、34 35 *27、31

说明:带*的题目是反向题。

教师课程观具体包括教师对研究性学习课程的价值取向、课程目标、课程内容、课程实施、课程评价五个方面的理解。课程价值观设计了取向维度;课程目标观设计了两个维度,分别是目标取向维度和目标凸显维度;课程内容观设计了两个维度,分别是选择原则和内容取向;课程实施观设计了四个维度,分别是课程实施取向、教学方式、学习本质以及教师角色;课程评价设计了三个维度,分别是评价取向、评价方法以及评价主体。问卷主要采用李克特五点量表(Likert-type scale)的方式计分,每一问题的选择项为:完全同意(5分)、基本同意(4分)、不能确定(3分)、基本不同意(2分)、完全不同意(1分)。为确保调查的客观性，问卷特设了三道反向题（T4、T6、T27），其赋分与正向题相反，以避免被试猜测。

第二部分，教师遇到的问题（教师问卷）的维度划分及其题目分布（见表4.2）。

教师遇到的问题（教师问卷）主要采用封闭性单项与多项选择题的形式。根据初步访谈和实地观察对研究性学习课程实施现状的初步了解，归纳出教师在课程实施中可能遇到的问题主要集中在课程支持条件、课程资源、课程评价、教师的合作交流与培训四个方面，由此主要从这四个方面出发设计教师遇到的问题问卷。

表4.2 教师遇到的问题（教师问卷）：研究的问题与其对应题目分布

研究问题		题目分布	题量合计
课程支持条件		6、7、8	3
课程资源利用		9、10、11、12、13	5
课程评价方式		14、15	2
交流研讨培训		16、17、18、19、20、21	6
相关问题	课程实施效果	1、2、3、	10
	教师指导作用	4、5、	
	教师困难	24	
	学生困难	25	
	影响因素	26	
	解决策略	22	
	课程前景	23	

（2）"研究性学习课程实施研究调查"（学生问卷）的编制步骤和维度划分

①学生问卷编制步骤

第一，根据教师问卷的维度划分和题目分布，对应设置学生问卷的维度和题目分布，但教师问卷重在了解教师的课程观和课程实施中所遇到的问题，学生问卷重在从学生角度了解教师的课程观、教学行为以及学生对研究性学习课程的认识和学生的困难、体验和感受。

第二，将草拟问卷拿到样本学校请几位高一学生现场作答，根据他们对题目的认识和理解进行修改,形成学生预测问卷。

第三,和教师问卷一起选取样本,进行预测。预测问卷发放了90份,对象是兰大附中高一学生。

第四,对预测问卷进行信度检验,根据SPSS13.0统计分析的结果,删除不合格的题目,修正定稿。

学生问卷最终选取了42道题目组成了正式的学生问卷,其中,"教师课程观"部分共选取了28个题目,"学生遇到的问题"部分共选取了14道题目。详细内容见附录2。

②学生问卷的维度划分及其题目分布

学生问卷除了基本信息外也分两部分,第一部分主要是从学生角度了解教师的课程观和教学行为,第二部分主要了解学生对研究性学习课程的认知及学生遇到的问题和困难。

第一部分,教师课程观(学生问卷)维度划分及其题目分布(见表4.3)。

表4.3　　教师课程观(学生问卷):维度划分及其题目分布

一级维度	二级维度	题目分布
课程价值观	课程价值取向: 知识取向—社会取向—人文取向	1、2、3
课程目标观	目标取向:教学性—表现性 教学目的:认知训练—全面发展	4、5 6、7、8
课程内容观	课题选择:封闭—开放	9、10
课程实施观	实施取向:忠实—调适—创生 教学方式:单向灌输—交往互动 学习本质:被动接受—自主建构 教师角色:控制者—促进者	11、*12 13、14、15、 16、17、18、19、20、21 22、23、24、25、*26
课程评价观	评价标准:终结性—发展性 评价主体:师评—多主体	27 28

说明:带*的题目是反向题。

根据研究框架，教师课程观（学生问卷）具体包括教师对研究性学习课程的价值取向、课程目标、课程内容、课程实施、课程评价五个方面的理解。特别需要注意的是，学生对教师课程观的了解，主要是基于学生对教师的语言和教学行为的感受和观察。问卷同样采用李克特五点量表的方式计分，特设了两道反向题（T12、T26），以确保调查的客观性。

第二部分，学生遇到的问题（学生问卷）的维度划分及其题目分布（见表4.4）。

本部分主要了解学生对研究性学习课程的认知及学生所遇到的困难，采用封闭性单项与多项选择题的形式。根据初步访谈和实地观察对研究性学习课程实施现状的初步了解，归纳出学生可能遇到的问题主要集中在课程支持条件、课程资源、课程评价、教师指导等方面，由此主要从这四个方面出发设计学生遇到的问题问卷，另外还涉及一些相关问题，如学生对研究性学习课程实施效果的认识，学生最担心的问题等，表4.4呈现的是学生遇到的问题问卷中研究问题与其对应的题目分布情况。

表4.4 学生遇到的问题（学生问卷）：研究问题与其对应的题目分布

研 究 问 题	题 目 分 布	题 量 合 计
教师指导作用	2、3	2
课程支持条件	4、5、6	3
课程资源利用	7、8、9、10、11	5
课程评价方式	12	1
相关问题 {课程实施效果 困难 影响因素 策略方法}	1 13、14 15 16	5

3. 访谈法：追寻行为背后意义的解释

（1）访谈目的

质的研究涉及人的理念、意义建构和语言表达，因此"访谈"便成为质的研究中一个非常关键的收集资料的方法。与观察相比，访谈可以了解受访者的所思所想和情绪反应、他们生活中曾经发生的事情以及他们的行为所隐含的意义,观察往往只能看到研究者的外显行为,很难准确地探究他们的内心活动。与问卷调查相比,访谈具有更大的灵活性以及对意义解释的空间。[1] 访谈有很多不同的方式,质的研究主要采用开放型和半开放型访谈。开放型访谈通常没有固定的访谈问题,访谈者鼓励受访者用自己的语言发表看法,访谈的目的是了解受访者自己认为重要的问题、他们看待问题的角度和对问题的解释。在半开放型访谈中,访谈者对访谈的结构具有一定的控制力,根据自己的研究设计对受访者提出的问题,但同时鼓励受访者参与提出自己感兴趣的问题。[2]

由于本书所关心的问题主要是教师在特殊的背景中意义建构的过程,只有从教师的视角,才能真正了解其中的意义。因此,本书主要采用半开放型访谈以达到三方面的目的:一是厘清问卷调查和实地观察中一些表面现象后面更深层次的问题,如价值观念、情感认知和文化规范等;二是补充问卷调查和实地观察无法涉及的一些问题并探析问卷调查虽有涉及但仍模糊的问题;三是通过访谈来探寻教师的内心世界,言说他们自己所关心的事情对于现实的意义。

(2) 访谈提纲

根据研究的问题,分别设计了教师和学生的访谈提纲。

教师访谈提纲包括6个方面,15个问题(见附录3)。这6个方面主要包括:第一,教师的从教经历和对教学与教师职业的认识等;第二,教师对研究性学习课程的认识;第三,教师的教学方式和指导策略;第四,教师遇到的主要问题和困难及解决策略;第五,学校开展研究性学习课程的效果和建议;第六,教师的变革动力。

学生访谈提纲包括5个方面,7个问题(见附录4)。这5个方面主要包括:第一,学生对研究性学习课程的认识和学习兴趣;第二,教师在课题选择、学法指导、论文撰写、自评反思等方面的帮助和指导情况;第三,学生在开展课题研究中所遇到的主要困难和解决策略;第

---

[1] 陈向明:《教师如何作质的研究》,教育科学出版社2001年版,第70页。
[2] 同上书,第69页。

四,家长和社区的支持;第五,学生的收获和建议。

因为本书旨在探寻教师在特殊的背景中意义建构的过程,所以访谈提纲主要设计为半开放式问题。访谈提纲旨在为访谈提供一个引导,在实际访谈时,并不是完全按照访谈提纲中的问题及其顺序提问,而是根据受访者的特点和研究的目标作出适当调整。所有的访谈都在征询被访者同意的情况下做了录音,并随后整理成文字记录以供分析。

4. 参与型观察法:对课程实施的情境性和过程性的观照

(1) 观察目的

实地观察不仅能够对研究现象得到比较具体的感性认识,而且可以深入被观察者的文化内部,了解他们对自己行为意义的解释。质的研究中的实地观察,根据观察程度的区别,分成参与型观察与非参与型观察两种形式。在参与型观察中,观察者参与到观察对象的活动之中,通过与观察对象共同活动从内部进行观察。非参与型观察一般不要求观察者直接介入被观察者的日常活动之中,而是观察者通常作为旁观者了解活动的情况,关注事情的发展。[①]

鉴于本书要揭示教师行为背后更深层次的教育观念、心理等问题,笔者主要采用参与型观察的方法,以尽可能获得准确、真实的信息。在实地观察的过程中,结合研究条件,采取了灵活的立场,根据情景来判断对事件的参与程度,使获得的信息更加丰富。如在教师指导学生进行课题研究的现场,笔者以非参与型观察者的身份身处师生教学活动的真实场景里,直接观察他们的教学行为。在教师座谈会及课题成果汇报会等场合,笔者就是完全的参与者,就教师和学生关心和感兴趣的话题参与大家的讨论,与教师及学生进行直接的互动。通过参与型观察,可以在具体的背景脉络中,在对整体情境的考量中,了解教师在课程实施中的观念和行为,探寻其间的关联及与实践情境的联系。

(2) 观察表设计

本书通过对研究性学习课程实施的三个阶段——问题情境阶段、实践体验阶段、评价反思阶段——教师的语言、教学行为以及学生的学习

[①] 王鉴:《课堂研究概论》,人民教育出版社2007年版,第132页。

状况进行实地观察，深入了解教师在课程指导实践中如何凸显课程目标、调适和创生课程内容、探究课程指导策略、选择课程评价方式并构建课程评价体系，如何转变教师角色并构建新型师生关系，从而探析教师的观念和教学行为的关系，以及教师遇到问题的解决策略。依据以上内容和目标，按照教师教学行为的理论分析框架设计了实地观察记录表（见附录5）。

与学科课程不同的是，研究性学习课程实施的场域主要并不在传统意义上的课堂（即教室）里，师生的各项活动更多地发生在教室以外各种实践领域。因此，本书的实地观察主要从两个角度进行：一是关注师生在教室以外更广泛的"课堂"中开展活动的情况，如活动准备、相互交流等；二是对影响教师实施研究性学习课程的因素，如学校文化、图书资料、有关的会议、教师之间的关系、校长领导风格等给予充分关注。

5. 个案研究法：对实践情境的具体考量

在质性研究中，其主要的研究方法是个案研究，个案研究是对当前现实生活中所存在的现象进行实证性的探究，特别是对研究对象与所处背景之间界限不太清晰的现象进行探究。[①] 进行个案研究是为了描述、解释或评定特定的社会现象。[②] 本书选择个案研究的理由是：从纵向的维度看，个案研究是对研究对象发展变化的过程进行深度分析和探究。教师怎样实施课程本身是一个在教学情境中不断探究、不断反思的过程，以个案的方式研究有利于集中探究教师的教育观念和教学行为特征。从横向的维度看，个案研究是以整体性的方式展示与诠释真实生活世界中的普遍联系及意义特征。通过个案研究，可以开放的心态发现在课程改革中教师观念、教学行为与课程实施之间的关系。

个案研究是选择能代表研究者欲研究现象的重要特征的个案。迈克尔·巴顿（Michael Patton）把研究者选择个案的步骤描述为"目的

[①] 赵明仁：《教学反思与教师专业发展——新课程改革中的案例研究》，北京师范大学出版社2009年版，第102页。

[②] ［美］乔伊斯·P. 高尔、M. D. 高尔、沃尔特·R. 博格：《教育研究方法实用指南》，屈书杰、郭书彩、胡秀国译，北京大学出版社2007年版，第292—293页。

性抽样"。目的性抽样旨在选取能够提供和研究目的相关的丰富信息的个体,这样,研究者不是在实地调查每个个体,而是寻找重要信息提供者(key informant)。[①] 基于本书的目的,对个案学校的选取,以能提供尽可能多的信息的学校为原则,采取目的抽样方法,最后确定个案研究的对象。

(三)研究对象的选择和确定:趋向优秀抽样设计的标准

Kiss 指出,一个优秀的抽样设计应该满足四个方面的标准:[②] 第一,目标定向,即要以研究方案和目标为依据;第二,可测性,即要为必要的分析提供数据;第三,可行性,即要做出和实际情况相吻合的理性抽样设计;第四,经济性,即研究的目标要和可得资源相吻合。本书结合研究的问题和各方面的因素,从以上四方面进行考量,确定研究对象。

1. 问卷调查对象:分类抽样和单纯随机抽样的结合

本书中量的研究主要采用问卷调查的方法,在选择研究对象时采取随机抽样的方法,并把分类抽样方法和单纯随机抽样方法结合起来,以保证所选择样本的代表性。

在抽样区域方面,选择 2010 年秋季进入普通高中新课程改革的甘肃省农村普通高中的教师和学生为总体研究样本。由于甘肃省进入新课改较晚,整个普通高中教育还比较落后,以甘肃省普通高中的教师和学生为总体样本,有助于了解西部普通高中研究性学习课程开展的整体现状和普遍问题。在具体学校选择上,本书选择了 15 所学校,其中有 5 所省级示范性高中、4 所市级示范性高中以及 6 所普通高中。这些学校分布在县和乡镇,教学质量上形成了一定的梯度,教师的总体水平和学生的情况能够代表甘肃省农村的一般状况。调查问卷按学校实际担任研究性学习指导教师的人数发放。

从表 4.5 中可以看出,第一,被调查教师在教龄、职称、学历水平、任教科目分布方面比较均衡,大学本科以上学历占 71.4%。第二,

---

[①] [美] 乔伊斯·P. 高尔、M. D. 高尔、沃尔特·R. 博格:《教育研究方法实用指南》,屈书杰、郭书彩、胡秀国译,北京大学出版社 2007 年版,第 296 页。

[②] Kiss, L., *Survey Sampling*, New York: Wiley, 1965, pp.23-24.

表4.5　　　　　　　　　　教师研究样本基本信息

项目	类别	人数（个）	百分比（%）	合计（个）
性别	男 女	180 262	40.7 59.3	442
教龄	1—3年 4—6年 7—10年 11—20年 20年以上	48 93 135 107 57	10.9 21.0 30.5 24.2 12.9	440
职称	未评 中教二级 中教一级 中教高级	39 156 176 62	9.00 36.0 40.6 14.3	433
学历水平	中师（高中） 大专 大学本科 研究生	4 121 304 8	0.90 27.7 69.6 1.80	437
任教科目	理科（数理化生） 文科（语外政史地） 其他（信息技术等）	183 245 11	41.4 55.4 2.50	439
任教年级	高一 高二	291 151	65.8 34.2	442

被调查教师在性别分布和任教年级方面并不均衡。女性教师（59.3%）的比例高于男性教师（40.7%），这是由于被调查样本对象均为中学一线教师，其中女性教师数量偏多。教师在任教年级方面的偏差是由于个别学校在高二年级未开展研究性学习，这些学校的研究性学习指导教师全部是高一年级教师。第三，不同情况的教师人数统计与总体样本数（442）有一定偏差，这是由于个别教师对问卷中教师基本情况的某些相关项有漏填所致，并不影响对总体情况的分析。总体来说，被调查教师在总体样本分布上基本合理。

由于对学生的调查是为对教师的调查提供佐证，学生样本只在性别和年级方面做了区分。从表4.6中可见，被调查学生数据表明了当前普通高中学生在这两个方面的基本样态。

表4.6　　　　　　　　　　学生研究样本基本信息

项　目	性　别	人数（个）	百分比（%）	合计（个）
性　别	男 女	234 193	54.8 45.2	427
年　级	高一 高二	220 207	51.5 48.5	427

2. 访谈对象：对课程领导和实施主体的综合关注

本书的访谈对象主要有三个不同的群体，分别是课程管理者、教师和学生。课程管理者包括校长、教务处主任及教研室主任、备课组长等。校长作为学校的主要课程领导者，是主导学校发展和课程改革的重要推动者，因此是关键的访谈对象。教务处或教研室主任、备课组长是学校各项制度和课程改革计划的具体执行者，因此也是重要的访谈对象。教师和学生处于课程实施的核心，他们的感受和体会体现了教育改革的真正意义，是本书最为关注的焦点。表4.7呈现的是访谈教师的基本情况。

表4.7　　　　　　　　　　访谈教师的基本情况

代码	性别	专业	学历	职称	年级	职务及荣誉
Z	女	语文	研究生	中教二级	高二	
LY	男	英语	专科	中教二级	高二	
CL	女	历史	大学本科	中教二级	高一	
E	男	数学	大学本科	见习期	高一	
F	女	政治	大学本科	中教高级	高一	
G	女	化学	专科	中教一级	高二	
YG	男	物理	大学本科	中教高级	高一	
WX	男	生物	大学本科	中教高级	高二	副校长
WZ	男	化学	大学本科	中教一级	高二	教务主任
LH	女	语文	大学本科	中教二级	高一	
J	男	语文	教育硕士	中教高级	高三	教研主任
B	男	语文	大学本科	中教一级	高一	备课组长、省级教学新秀
CH	女	语文	教育硕士	中教二级	高一	
YZ	男	地理	大学本科	中教二级	高二	
SZ	男	语文	大学本科	中教高级	高一	教研主任、省级骨干教师
WY	男	语文	大学本科	中教二级	高三	校长、"甘肃省园丁"奖获得者

3. 个案学校的选取：对课程改革实践场域的全景再现

本书将甘肃省榆中县 H 中学确定为个案研究对象，主要有以下两个原因：其一，H 中学是建校时间短，而教育教学质量优秀的市级示范性高中。H 中学坐落在兰州市榆中县，是 1997 年 8 月建立的一所全日制寄宿制中学，招生生源多数是兰州市榆中县和兰州市郊其他一些县的初中学生。在短短的 15 年时间里，H 中学面对办学条件和生源质量对学校发展的巨大挑战，在教育管理部门、学校领导以及全体师生的共同努力下，发展成为拥有开拓先进的教育管理理念和科学完善的教育管理制度的市级示范性中学，多次荣获兰州市和榆中县普通高中教育质量优秀奖，赢得良好声誉。H 中学创造的非凡成绩，促使笔者思考影响课程改革和课程实施的学校及教师因素，选择 H 中学为个案，可以为笔者的研究提供丰富和深层的信息。其二，H 中学开展研究性学习课程已有 10 年的时间，取得了较好的成绩，也面临着很多的问题。选择 H 中学为个案研究的对象，可以帮助笔者充分了解现状、洞察问题，与一线教师、课程管理人员以及学生就课程实施中的问题、教师的困惑进行深入、广泛的交流和讨论，以探索促进研究性学习课程有效实施的策略。

第二节 研究资料的整理与分析

一 量化研究资料的整理与分析

2011 年 6 月进行正式的问卷调查。先把问卷送交甘肃省教育厅基础教育处，请相关领导审查问卷内容，征得同意后开始发放问卷。发放之前向教师和学生说明调查的目的只做研究之用，不会影响个人的工作和学习。

量化研究资料即问卷调查的资料是以文本呈现的，使用统一的指导语，采取现场发放现场回收的办法，以确保问卷的有效率。问卷由被试独立完成，回收后认真审查数据质量，对多选、漏选、矛盾的选择和完全一致的答卷均作废卷处理。共发放教师问卷 480 份，回收有效问卷 442 份，回收率为 92.08%；发放学生问卷 450 份，回收有效问卷 427 份，回收率为 94.89%。2011 年 8 月对量化研究的结果进行录入和数据处理。对有效问卷首先进行编码，数据录入，然后采用 SPSS13.0 社会科学统计软件对数据进行统计分析。数据统计分析有两方面：第一，进行描述性统计，包括平均数、标准差和频数百分比；第二，进行推断性统计，包括 T 检验、方差分析和相关分析等。

二 质性研究资料的整理和分析

本书正式的田野调查时间为 2011 年 9 月至 2011 年 12 月，主要是深入学校，对教师和学生进行深入访谈，对个案学校研究性学习课程的实施情况进行追踪调查和参与性观察。访谈参考拟订的提纲，并根据具体情境和教师与学生的实际情况调整访谈内容。对个案学校的实地调查主要是进入教师指导学生进行课题研究的现场，以参与者的身份观察教师的语言和教学行为以及学生的表现，洞察教师行为背后的观点和理论，查阅大量的档案资料，如学校的课程实施方案、教师的总结与反思，学生的课题报告等，深入了解课程实施情况。2011 年 12 月完成质性研究资料的整理与分析。在正式田野调查初始，及时对量化研究的结果进行处理和分析，以保证质性研究能对某些现象背后的问题进行深度探寻；同时对于所获得的质性资料及时进行整理分析，以为下一步的质性研究提供思路和方向。

质性研究资料主要包含访谈的录音和记录（初步整理成笔记）、实地观察记录、有关学校和教育管理部门的文件与教师个人的总结和论文、学生的学习总结等方面。首先采用类属分析的方式进行整理，即按一定的标准将原始资料分成不同的组或类，将相同或相近的资料合为一类，将相异的资料区别开来。然后按照研究的目的和要求，对分类后的资料进行汇总和编辑，使之成为能反映研究对象客观情况的系统、完整、集中、简明的材料。

本书主要采用以下两种方法对质性资料进行分析处理。

内容分析法。对不同类型的访谈内容进行整理、分类和归纳，然后结合量化研究的结果进行综合分析和讨论。

文件分析法。在本书中，文件指通过各种文字、影像媒介对教师及学生的活动和思考的记录，如教师培训、教师论文、教师日志（包括教师反思和工作总结）、学生课题报告、学生成长记录、学生评价表、教学及教研录像或照片等。收集这些资料的目的是了解教师的教学思想、教学方式以及教学风格等，并作为检验其他来源资料的证据，如果发现文件和调查问卷或访谈所得资料相互矛盾，则进行进一步探寻确证。

第三节 研究的信度和效度

信度和效度是量化研究用来检测研究结果可靠性和真实性的两个重要维度。信度是指研究的前后一致性，即对同一事物进行重复测量时所得结果的一致性程度，反映的是研究结果的可靠性。效度则是指研究的真实程度，在量化研究中，效度指的是一项测试在何种程度上测试了它意欲测试的东西，效度越高，即表示测量结果越能显示其所测量对象的真实性。[1]

一 研究的信度

研究结果的可靠性取决于所运用测量工具的可靠性，[2] 了解问卷的可靠性与有效性，就要对其进行信度检验。在李克特态度量表法中常用的信度检验方法为克伦巴赫 α 系数（Cronbach's alpha），如果一个量表的 α 系数越高，就表明信度越高，量表越稳定。信度有外在信度与内在信度，所谓内在信度是指每一个量表是否测量单一概念，同时，组成量表题项的内在一致性程度如何。综合多位学者的看法，整个量表的内部一致性信度系数至少要在 0.70 以上，若高于 0.80，就表示量表有高的信度。分量表的内部一致性信度系数要在 0.50 以上，若高于 0.70，就表示分量表有高的信度。[3] 本书采用克伦巴赫 α 系数对预测问卷进行信度检测，在删去与总量表呈负相关以及相关性较小的问题项后，形成最后的正式问卷。

---

[1] 袁方主编：《社会研究方法教程》，北京大学出版社1997年版，第192页。
[2] ［美］乔伊斯·P. 高尔、M. D. 高尔、沃尔特·R. 博格：《教育研究方法实用指南》，屈书杰、郭书彩、胡秀国译，北京大学出版社2007年版，第129页。
[3] 吴明隆：《问卷统计分析实务——SPSS 操作与应用》，重庆大学出版社2010年版，第244页。

下面对"研究性学习课程实施研究调查"(教师问卷和学生问卷)中教师课程观部分的信度进行分析。由于教师课程观包含课程价值观、课程目标观、课程内容观、课程实施观、课程评价观五个维度,每个维度都有其特定的内涵,因此判断教师课程观部分的信度需要对其内部一致性 α 系数以各不同的维度分别计算,通过客观地进行项目分析,从而判断教师课程观部分的内部一致性。

(一)教师课程观(教师问卷)的信度

教师课程观(教师问卷)包含的题项数共有 36 道,对其采用克伦巴赫 α 系数进行信度检测。表 4.8 是教师课程观(教师问卷)的信度检验表。

由表 4.8 可知,教师课程观(教师问卷)的克伦巴赫 α 系数值为 0.928,高于 0.80,信度指标较为理想,显示问卷的内部一致性较高,信度较好。课程价值观、课程目标观、课程内容观、课程实施观四个维度的克伦巴赫 α 系数值分别为 0.735、0.749、0.767、0.891,均高于 0.70,表明这四个分维度各自包含题项的内部一致性较高,信度较好。课程评价观维度的克伦巴赫 α 系数值为 0.594,表明此分维度的内部一致性信度符合要求。总体来说,教师课程观(教师问卷)及其分维度的克伦巴赫 α 系数值均达到社会科学研究的要求。

表 4.8 教师课程观(教师问卷)信度和分维度信度检验表

	克伦巴赫 α 系数	题目数
课程观	0.928	36
课程价值观	0.735	4
课程目标观	0.749	10
课程内容观	0.767	7
课程实施观	0.891	10
课程评价观	0.594	5

(二)教师课程观(学生问卷)的信度

教师课程观(学生问卷)包含的题项数共有 28 道,对其采用克伦巴赫 α 系数进行内在信度检测。表 4.9 是教师课程观(学生问卷)的信度检验表。

表4.9　教师课程观（学生问卷）信度和分维度信度检验表

	克伦巴赫α系数	题目数
课程观	0.921	28
课程价值观	0.784	3
课程目标观	0.664	5
课程内容观	0.796	2
课程实施观	0.876	16
课程评价观	0.691	2

从表4.9中可见，教师课程观（学生问卷）的克伦巴赫α系数为0.921，显示问卷的内部一致性较高，问卷的信度较好。课程价值观、课程内容观、课程实施观三个维度的克伦巴赫α系数值分别为0.784、0.796、0.876，均高于0.70，表明这三个分维度各自包含题项具有较高的内部一致性，信度较好。课程目标观和课程评价观两个维度的克伦巴赫α系数值分别为0.664、0.691，接近0.70，表明这两个分维度的内部一致性信度符合要求。总体来说，教师课程观（学生问卷）信度及其分维度的信度均达到社会科学研究的要求。

二　研究的效度

（一）量化研究的效度

对于问卷的效度问题，首先须保证"理论效度"。所谓"理论效度"，指研究所依据的理论以及从研究结果中建立起来的理论是否真实地反映了研究的现象。本书依据相关理论编制出初步的问卷，以保证问卷中的题目能基于其所依据的理论基础，较客观地测查所对应的教育现象。然后，采用"专家效度"法，请导师、学者、教研员、课程管理人员和一线教师、学生对初始问卷进行认真审阅，广泛征求意见，并在正式调查之前，深入样本学校进行预测试，以预测问卷来分析小样本中个体的反应，预测被调查者如何理解问卷中的题目，并结合初步访谈和实地观察的体会，进一步完善问卷。最后，经过导师审阅和预测后多次修改的问卷再次进行信度检验，在删去与整个量表负相关以及相关性很小的问题项后，形成研究性学习课程实施调查正式问卷，以期达到基本的研究要求。

从表 4.10 可以看出，教师课程观（教师问卷）各维度之间相关系数的显著性均小于 0.01，达到显著的水平，说明教师课程观（教师问卷）内部具有相对严密的结构。

表 4.10　教师课程观（教师问卷）：各维度之间相关系数及其显著水平

	课程价值观	课程目标观	课程内容观	课程实施观	课程评价观
课程目标观	.561**				
课程内容观	.541**	.604**			
课程实施观	.524**	.715**	.647**		
课程评价观	.481**	.658**	.541**	.729**	
课程观总分	.714**	.891**	.768**	.882**	.791**

说明：此处采用肯德尔相关，** 表示相关系数在 0.01 水平上显著（2-tailed）。

从表 4.11 中可以看出，教师课程观（学生问卷）各维度之间相关系数的显著性均小于 0.01，达到显著的水平，说明教师课程观（学生问卷）内部具有相对严密的结构。

表 4.11　教师课程观（学生问卷）：各维度之间相关系数及其显著水平

	课程价值观	课程目标观	课程内容观	课程实施观	课程评价观
课程目标观	.673**				
课程内容观	.521**	.645**			
课程实施观	.629**	.657**	.685**		
课程评价观	.323**	.361**	.392**	.563**	
课程观总分	.760**	.815**	.770**	.956**	.608**

说明：此处采用肯德尔相关，** 表示相关系数在 0.01 水平上显著（2-tailed）。

（二）质性研究的效度

在质性研究中，效度即指研究的描述、解释、诠释和结论是否反映了研究对象的真实程度。本书通过以下方法确保质性研究的效度。

第一，对质性资料的整理和分析，力求客观真实地反映课程实施的实际情境。为避免由于描述不完整和不准确而引起的效度降低问题，将访谈资料录音或录像，然后逐字逐句地详细记录。将观察时的场景细节、有关人物的言语和行为也都仔细记录下来。在对由原始资料转录而来的文本进行整理和分析时，对文本的部分和整体之间加以反复循环论证，以提高对文本理解的确切性。

第二，尽量站在被研究者的角度，通过对他们的言语和行为的洞察，探析他们看待世界以及构建意义的方法，以尽可能减少"研究者效益"对描述性效度所形成的威胁。描述性效度指的是对可观察到的现象或事物进行描述的准确程度。[①] 长期的中学教师工作经历，使笔者能较为深刻地了解教师的所思所想，所以在访谈初始，笔者常常从教师关心和感兴趣的话题谈起，通过建立一种亲和信任的交流气氛，来了解教师们的真实想法。在实地观察时，曾经指导研究性学习课程的经历使笔者能充分参与到师生的活动中，感受真实的情境，这对于提高研究的效度至关重要。

第三，根据"相关检验法"的基本原则，确保研究的效度。首先，综合运用观察和深度访谈的研究方法，通过了解被研究者的语言和外在行为，推衍出他们行为背后的动机和意义。其次，将同一结论用不同的方法、在不同的情境和时间里，对样本中不同的人进行检验，目的是通过尽可能多的渠道对初步得出的结论进行检验，以求获得结论的最大真实度。最后，运用反馈法，在得出初步结论以后广泛地与自己的同行、同事、朋友等交换看法，听取他们的反馈，以为笔者提供不同的看问题的角度，从不同的层面检验研究的效度。

总之，本书建立在丰富的理论基础之上，并以前人的研究成果为基础，以科学的研究方法论为指导，通过访谈、实地观察和文件分析等方法尽可能地收集翔实、丰富和鲜活的研究材料，并根据"相关检验法"的基本原则，确保质性研究的效度。

---

① 陈向明：《教师如何作质的研究》，教育科学出版社2001年版，第243页。

第五章　教师的教育观念和教学行为现状调查研究

教师的教育观念和教学行为是影响课程实施的核心因素。在本章中，笔者主要基于问卷调查、访谈和参与性观察，对研究性学习实施中教师的教育观念和教学行为的现状与存在的问题进行描述和解释，分析问题的实质和成因，探究教师行为背后意义建构的过程。

第一节　教师的教育观念现状

本章从课程观角度研究教师的教育观念，主要从课程价值观、课程目标观、课程实施观、课程内容观以及课程评价观五个方面对普通高中研究性学习实施中教师的课程观进行问卷调查，并通过教师访谈来洞察蕴于其中的深层意义和特殊性问题。

一　课程观的相关分析及其显著性水平

为了解教师在课程价值、课程目标、课程内容、课程实施以及课程评价等方面所持观点的相关程度，笔者对课程观各维度的平均分进行了相关分析。

如表 5.1 所示，课程价值观与课程目标观、课程内容观、课程实施观以及课程评价观的相关系数分别为 0.561、0.541、0.524、0.481，相关系数的显著性均小于 0.01，达到非常显著的水平，说明教师的课程价值观分别与课程目标观、课程内容观、课程实施观以及课程评价观呈高度显著的相关，由此也证明了教师的课程观构成包括了课程目标观、课程内容观、课程实施观和课程评价观，即泰勒原理的内容，而这四个方面又综合体现了课程的价值观。即教师持有怎样的课程价值观，就会在教学实践中表现出相应的课程目标观、课程内容观、课程实施观以及课程评价观。

表5.1 教师课程观（教师问卷）：各维度之间的相关矩阵表

	课程价值观	课程目标观	课程内容观	课程实施观
课程目标观	.561**			
课程内容观	.541**	.604**		
课程实施观	.524**	.715**	.647**	
课程评价观	.481**	.658**	.541**	.729**

说明：此处采用肯德尔相关，** 表示相关系数在0.01水平上显著（2-tailed）。

从表5.1中可见，教师课程观分维度之间相关系数的显著性均小于0.01，达到非常显著的水平，说明教师的课程目标观、课程内容观、课程实施观以及课程评价观之间呈高度显著的相关。

二 课程观的差异描述

对教师的课程观进行差异描述，主要为了解教师课程观的整体现状，下面从五个维度对课程观进行分析。

（一）课程价值观

教师课程价值观主要是从课程取向角度了解教师把研究性学习的价值取向定位为拓展学科知识和训练研究方法，或提升社会适应能力，还是旨在培育融合了科学精神在内的人文精神，追求学生的完美人格与自我实现，即了解教师在知识取向、社会取向、人文取向三种类型上具有怎样的倾向性。

从表5.2中可见，教师关于人文取向两道题项（T2、T3）的平均得分为4.14，从频数分布也可以看出，86.2%的教师基本认同"开展研究性学习有助于实现学生的个性和才能的发展"（T2），81.0%的教师基本认同"研究性学习旨在培养学生的科学素养和人文素养"（T3）。从标准差的数值来看，四道题中T2的标准差（0.793）最小，表明关于研究性学习的人文价值取向，教师的看法差异最小。教师常常会把研究性学习的价值锁定在对学生学习兴趣的培养方面，认为研究性学习就是培养一种独特的学习方法。这一点从以下教师的访谈中可以得到印证。

表5.2 教师课程价值观（教师问卷）：频数分布、平均值与标准差

维度	题项	非常不同意（%）	基本不同意（%）	不确定（%）	基本同意（%）	非常同意（%）	Mean	SD
知识取向	T1	2.7	3.2	10.6	56.1	27.4	4.02	0.867
社会取向	T5	1.4	5.9	12.9	50.0	29.9	4.01	0.887
人文取向	T2	1.4	2.0	10.4	51.6	34.6	4.16	0.793
	T3	1.4	2.9	14.7	45.7	35.3	4.11	0.854

WX老师：老师们的思路还是不够开阔，禁锢着呢。中学生的研究不能和科学家搞科学研究一样，就是让他们体验研究的过程，开始就是学方法，就是简单模仿，然后才是复杂模仿，再然后才谈得上创新。学什么都是一样的，写毛笔字，先是临摹，然后体会，然后熟能生巧，才能成书法家。画画，也是先学着画轮廓，慢慢形成特色。学生的概括能力开始很低，所以接受性学习多，慢慢知识积累多了，就会思考了，研究性学习就是让学生学着思考，学着总结，动动手，动动脑，想想办法，去印证自己的设想，渐渐地就有了创新，现在是小想法，以后就是大想法，逐渐就达到目的了。有的老师们总想，研究性学习就一定要搞一个什么样的课题，其实，研究性学习就是学习一种方法，一种思路。生活中到处都是研究性问题，学生的学习时时刻刻都可能是研究性学习。

WX老师认为，开展研究性学习就是让学生"体验研究的过程"，学习一种方法，一种思路，所以中学生的研究并不等同于学者的科学研究。由一个学习者逐渐成长的历程出发，WX老师提出了简单模仿和接受性学习对学生发展的价值，从简单模仿经过不断的思考、总结，到有一定知识积累以后的创新，通过这种思考、总结和创新，学生就从接受性学习走向研究性学习。WX老师的理念来自于他在实践中的学习，同时他担任兰州市某市级示范性高中主管教学的副校长，有较高的课程管

理和领导能力，所以教育理念较新，能站在更高的角度理解教育问题，"生活中到处都是研究性问题，学生的学习时时刻刻都可能是研究性学习。"在他的领导下，学校的研究性学习开展得扎实、有效。

为进一步了解教师所信奉的课程价值观和实际倾向之间的关系，笔者对学生问卷进行了描述性统计分析（见表5.3）。调查结果表明，74.3%的学生较为"喜欢研究性学习，因为它充满乐趣和挑战"（T1），67.2%的学生基本同意"开展研究性学习提高了我的学习兴趣"（T2），63.7%的学生认为"在研究性学习中，老师较为重视发展我们的个性和才能"（T3）。由此可见，教师问卷中关于"开展研究性学习课程有助于实现学生的个性和才能的发展"的统计结果（86.2%，见表5.2，T2）与学生对这一问题的回答有一定偏差，这进一步说明，在基础教育课程改革过程中，绝大多数教师能认同"引领和帮助每个学生的健全发展和可持续发展"的课程理念，但在实际的学校课程中，学科教学中知识的学习和考核仍然是重中之重，而注重实践能力和个性发展的研究性学习课程往往不能得到有效的开展。

教师关于知识取向的平均得分为4.02，83.5%的教师基本认同"研究性学习强调学生在活动中是否学会了学习、探究及创新"（T1）。新课程以促进学生"自由而全面的发展"为目标，课程与教学应着眼于学生的未来，着眼于开发学生的潜力，而不应过多地关注学生某些细枝末节、知识掌握的多寡和某些技能掌握程度的高低。在新课程背景下，大多数教师在课程价值观方面表现出与新课程理念较为一致的特点，注重学生认知能力的提升和创新思维的培养，而不仅仅是单纯的知识传授和知能训练。

表5.3　教师课程观（学生问卷）：频数分布、平均值与标准差

维度	题号	非常不同意（%）	基本不同意（%）	不确定（%）	基本同意（%）	非常同意（%）	Mean	SD
课程价值	T1	3.7	6.3	15.7	53.2	21.1	3.81	0.962
	T2	3.3	10.3	19.2	45.9	21.3	3.72	1.017
	T3	4.7	9.6	22.1	36.3	27.4	3.72	1.107
	T10	2.8	7.5	17.8	39.1	32.8	3.92	1.027

续表

维度	题号	非常不同意（%）	基本不同意（%）	不确定（%）	基本同意（%）	非常同意（%）	Mean	SD
课程目标	T4	3.5	11.7	24.1	44.0	16.6	3.58	1.010
	T5	4.2	7.0	19.2	41.1	26.5	3.81	1.040
	T7	3.7	4.9	12.6	41.9	36.8	4.03	1.015
	T8	0.7	5.4	18.3	52.0	23.7	3.93	0.833
课程内容	T6	1.4	8.4	17.1	49.4	23.7	3.85	0.923
	T9	3.3	6.6	19.9	44.0	26.2	3.83	0.997
课程实施	T11	4.7	8.7	17.8	51.1	17.8	3.68	1.014
	T12	7.5	20.9	29.3	22.7	19.7	3.26	1.207
	T13	4.0	8.7	21.3	48.0	18.3	3.67	0.999
	T14	4.2	6.3	19.2	50.1	20.1	3.75	0.984
	T15	3.7	10.1	32.6	36.3	17.3	3.52	1.010
	T16	2.1	5.4	19.4	45.0	28.1	3.92	0.936
	T17	1.4	5.6	16.9	48.3	27.9	3.90	0.894
	T18	1.6	3.5	15.0	50.4	29.5	4.03	0.857
	T19	2.6	2.8	11.1	38.9	28.9	3.80	1.069
	T20	3.5	10.6	21.2	44.5	39.1	3.76	1.087
	T21	4.0	11.5	20.4	43.5	20.6	3.65	1.053
	T22	3.7	10.8	29.0	38.7	17.8	3.55	1.021
	T23	3.7	9.6	28.1	39.3	19.2	3.60	1.020
	T24	4.2	8.2	25.8	41.2	20.6	3.65	1.027
	T25	11.7	19.0	24.8	25.1	19.4	3.22	1.282
	T26	12.6	22.0	31.6	21.1	12.6	2.99	1.202
课程评价	T27	3.7	4.9	18.3	48.9	24.1	3.85	0.968
	T28	3.5	5.2	21.5	67.2	2.60	3.60	0.777

教师关于社会取向的平均得分为 4.01，79.9%的教师基本认同"开展研究性学习有助于加强学生对社会的了解"（T5），对研究性学习需关注社会现实问题，培养学生分析社会问题的能力有一定的认识，而 20.4%的教师虽然认同学生能力发展的重要性，但并不认为学校教育，尤其是基础教育阶段的学校教育与社会的改革和发展之间有密切的、直

接的联系。对学生问卷的调查结果（见表5.3）也表明同样的事实，71.9%的学生基本同意"老师鼓励我们调查和分析社会问题，以加强我们的社会责任感"（T10），但仍有28.0%的学生并未感受到开展研究性学习有助于加强其对社会的了解。新课改强调学生的全面发展，多指在学生实际操作能力、创新思维、表达能力以及自信心、个性发展方面有所体现，而教师们更多地将其理解为学生个体的发展，而不认为这些和社会变革之间有什么关系。研究性学习注重对学生社会适应性的培养，让学生在亲身探究中养成对社会负责的态度，在自我体验中感悟社会角色对自己的要求和肯定。因此，一些教师对研究性学习关于培养学生适应社会和改革社会能力的价值的认识，与当前基础教育课程改革的目标之间还有一定的距离。

调查发现，教师关于三种课程的取向的平均得分都在4以上，且比较接近，表明教师对三种课程取向都是较为认同的，多数教师对研究性学习价值的认识与新课程所倡导的理念基本吻合，即认为研究性学习课程主要以获取关于探究学习的直接经验，发展创新精神和解决问题的能力为直接目的；关注社会现实问题，注重培养学生分析社会问题的能力；以追求人文精神为课程实施的基本价值取向，其要旨在于通过课程实施体现完善、健全的人格和以人的发展为目的的课程价值观。

（二）课程目标观

课程目标观主要是从课程目标取向和目标凸显角度了解教师的观念，概括为教学性—表现性维度和认知训练—全面发展维度。

从表5.4中可以看出，对于课程目标取向，76.2%教师基本不认同"开展研究性学习就是为获得现成的答案"（T6），78.8%的教师基本认同"研究性学习重在学习过程的体验，而不是具体知识和技能的传授"（T36），可见，多数教师认为，研究性学习重在学习过程的体验和活动中的表现，而不是为提高学科成绩，获取研究成果。这种特征与学生问卷在相关题项上的统计分析结果基本吻合（见表5.3），60.6%的学生认为"老师较看重我在活动过程中的表现"（学生问卷T4）。同时我们也发现，有21.2%的教师基本不认同"研究性学习重在学习过程的体验，而不是具体知识和技能的传授"（T36），23.8%的教师基本认同"开展研究性学习就是为获得现成的答案"（T6），可见，在新课程背景下，仍有一部分教师持有传统分科教学中重知识轻能力，重结果轻过程的课程目标取向。从标准差的数据来看，T6 的标准差最大，达到 1.167，说明对于研究性学习的目标，在教学性取向方面教师的观点差异较大。

表 5.4 　　教师课程目标观（教师问卷）：频数分布、平均值与标准差

维度	题项	非常不同意（%）	基本不同意（%）	不确定（%）	基本同意（%）	非常同意（%）	Mean	SD
目标取向	T6*	5.2	10.0	8.6	35.5	40.7	3.97	1.167
	T36	2.7	7.2	11.3	42.1	36.7	4.03	1.008
目标凸显	T4	7.7	12.4	6.3	31.7	41.9	3.88	1.288
	T13	1.6	5.4	19.0	45.3	28.7	3.94	0.914
	T14	1.1	2.3	11.1	46.7	36.9	4.16	0.818
	T16	1.1	0.9	6.8	39.2	52.0	4.40	0.753
	T17	0.5	2.3	10.6	41.6	45.0	4.29	0.780
	T21	0.9	1.4	5.0	43.0	49.8	4.40	0.727
	T22	1.1	1.8	4.3	45.4	47.4	4.36	0.749
	T32	0.7	0.7	7.0	52.7	37.3	4.24	0.734

说明：标 * 的是反向题。

从课程目标的凸显方式来看，教师在对应题项的得分基本上集中在 4—5 分的区域，说明教师在课程目标的凸显方式上具有一定的倾向性。多数教师基本不认同"教师的主要职责是传授知识、培养技能，而培养学生道德感等是家长的事"（T4），而对于研究性学习课程可以"拓展学科知识并进行创新和综合运用"（T32），培养学生"获取、分析与处理信息的能力"（T22），"培养学生的科学态度、科学道德和科学方法"（T17），以及"学生的社会责任感"（T13），"团队精神和合作意识"（T21），"重视学生的情感体验、意志品质等方面的发展"（T14）等方面，多数教师的看法比较符合新课程的要求，认为研究性学习课程作为新课程设置中的一个新的领域，旨在追求学生的认知、态度、情意的统一，培养其能力，最终促进学生的全面发展。

在教学实践中，一些教师从开始不理解研究性学习，应付研究性学

习逐渐过渡到理解研究性学习，并通过研究性学习拓展学生的学科知识，进行创新和综合运用，取得了一定的效果。

WZ老师：虽然以前一直喊课堂教学的转变，但实际上我们注重了教，没有重视学生的学。反过来一想，如果学生不学，老师怎么教都教不好，学生的成绩也不会提高。刚开始认识研究性学习，只是把它理解成一种形式，后来通过学习和思考，我认为它就是教学思维和理念的转变，也是行为的转变，通过开展研究性学习，学生在方法和思维方面更加开阔，对学科知识的理解也更丰富和深入。如果只是在形式上搞一个活动，对学生发展的意义不会很大。开始（化学）新教材上出现研究性学习，影响很深的有关于三氧化硫的教学，师生共同设计开展了一个关于"酸雨形成"的主题活动，搞了一个模拟法庭，取得了很好的效果，在拓展学生化学学科知识的同时，学生综合地运用了所学知识，开阔了思维。

WZ老师认为，开展研究性学习就是拓展学生学科知识的一种途径。他根据自己的亲身体会，认识到研究性学习在提高学生的学习兴趣方面的价值，并通过不断的学习和实践，注重对学生学习方法的指导，从而扩展了学生的学科知识，开阔了思维。WZ老师所在学校的校长是一位富有创新意识和实干精神的领导，他对开展研究性学习非常重视，WZ老师指导学生开展关于"酸雨形成"的模拟法庭，得到了校长的很大支持。

教师实际上在课程实施中怎样凸显课程目标，可以从学生对于研究性学习的体会里看出。在学生问卷相应的三道题项——"课题研究中，老师较重视培养我们的创新意识和实践能力"（T5），"通过开展活动，我们小组充分体现出了团结合作精神"（T7），"我已经初步掌握了资料的收集、分类与整理方法"（T8）上，学生的得分分别为3.81、4.03、3.93（见表5.3），可见，多数教师在指导研究性学习的实践中，能注意凸显其多维的课程目标。需要关注的是，26.4%的教师基本同意"教师的主要职责是传授知识、培养技能，而培养学生道德感等是家长的事"（T4），关于这一题项的标准差达到1.288，教师在这个问题上的看法差异较大，说明有一些教师对新课程关于知识与技能、过程与方法、情感态度与价值观的三维目标并没有充分理解和认同,由于新课程培训未取得应有的实效,以及有些学校以考评教的传统做法,致使教师自我专业成长滞后,教育理念亟须更新。

从以上呈现的教师问卷和学生问卷的数据来看,教师和学生对同一问题的看法不尽相同,即学生的感受与教师信奉的观点有一定的差异。由于教师问卷呈现的结果是教师自述的观念现状,实际上是教师所信奉的理论,而学生的观点更多地基于对教师行为的观察和感受,这就涉及教师的观念和教学行为之间的关系。

调查发现,教师在课程目标观两个维度对应题项的得分基本集中在4—5分的区域,说明教师对课程目标的认识具有一定的倾向性。多数教师的看法比较符合新课程的要求,认为研究性学习旨在追求学生的认知、态度、情意的统一,培养其能力,最终促进学生的全面发展。

(三) 课程内容观

课程内容观主要是从课程内容的选择原则和内容取向上了解教师的观念,分别将其概括为封闭—开放维度和预设—生成维度。

表5.5 教师课程内容观(教师问卷):频数分布、平均值与标准差

维度	题项	非常不同意(%)	基本不同意(%)	不确定(%)	基本同意(%)	非常同意(%)	Mean	SD
选择原则	T7	0.70	6.80	18.10	60.40	14.00	3.80	0.785
	T8	0.50	5.20	15.40	53.90	25.10	3.98	0.809
	T9	0.90	4.80	10.60	54.00	29.60	4.07	0.819
	T10	0.70	3.20	17.40	38.70	40.00	4.14	0.862
	T11	1.60	1.80	10.60	45.50	40.50	4.22	0.825
内容取向	T12	1.10	2.50	6.80	47.50	42.10	4.27	0.786
	T15	0.70	1.80	9.70	52.70	35.10	4.20	0.737

从表5.5中可以看出,对于课程内容的选择原则,79.0%的教师基本认同"国家对研究性学习的内容不做统一规定,有利于发挥师生的主观能动性"(T8),说明多数教师具有开放的课程内容观,而21.0%的教师不认同这一观点,说明少数教师仍然持有"教教材"的传统观

念。74.4%的教师基本认同"研究性学习以获取直接经验为主,间接经验也很重要"(T7),83.6%的教师指导学生选题通常"从其关心的自然现象、社会问题及自我生活中选择和确定"(T9),78.7%的教师基本认为"课题内容应向学生的整体生活开放,使学生感兴趣"(T10),86.0%的教师基本认为"调查和分析社会问题,有助于加强学生的社会责任感"(T11)。以上统计结果表明,多数教师在研究性学习的内容选择方面,比较注意与学生的生活经验相联系,指导学生从生活中取材,具有新课程倡导的理念。学生对于"老师引导我们要从自然、社会及自我生活中选择和确定研究课题"这一观点基本同意的占70.2%(学生问卷T9,见表5.3),稍低于持相似观点的教师比例83.6%(教师问卷T9)。可见,教师所信奉的观念和实际所遵从的理论之间还有一定的距离。少数教师囿于传统分科课程教学的观念,认为研究性学习的内容要由课程标准和统一的教材作出规定,在课题选择中忽视那些与学生生活相关的具有开放性、趣味性和综合性的问题,教育观念显示出封闭、狭窄的课程内容观。

从表5.5中可以看出,对于课程内容选择取向,89.6%的教师基本认同"课题开展前对活动精心设计,同时也要注重活动中新目标、新主题的价值"(T12),87.8%的教师基本认为"研究性学习以活动为主,注重活动中的体验和感悟"(T15),可见教师的倾向性比较集中,多数教师在开展过程中以学生的经验作为课程内容的主导取向,既重视课题开展前的精心设计,又重视课题开展过程中新目标、新主题的价值。少数教师将研究性学习的内容固定在预先精心设计好的活动范围以内,忽视了课程内容来自于生活实践的特征,不利于学生形成有价值的个体性知识。

在就课程内容选择取向对教师进行访谈时,同样发现,一些教师十分注重在开展研究性学习活动时以学生的经验作为课程内容的主导取向,并把它作为学生学习学科知识的基础,促进学生学习成绩的提高。

LY老师:现在有些老师开展研究性学习总是有所顾虑,担心会影响学生的学习成绩,但我认为,开展得好,不但不会影响学生的学习成绩,反而会促进学习成绩的提高。研究性学习要以学生的学习经验为基础，增强学生综合应用知识的机会，学生的学习兴趣增强了，势必会促进对其他学科的学习。开展研究性学习将使学生终身受益。

CJ老师：开展研究性学习和学科教学应该是相辅相成，互相补充的，开展得好的话，可以改善学习方法，提高学习成绩。

LY老师和CJ老师认为，以学生的学习经验为基础开展研究性学习课程，可以增强学生的学习兴趣，进而促进对其他学科的学习，提高学习成绩。但访谈中也发现，有些教师认为，如果不能有效地开展，就有可能影响学习成绩。

G老师：中学开展研究性学习对学生探索未来有意义，可以培养探索精神。但学生的研究能力有限，如果简单地以学生的学习经验为基础，学生的探究就太浅了，还有可能会影响学习成绩。

G老师的观点说明有些教师对开展研究性学习存在着一定的顾虑，对研究性学习如何以学生的学习经验为基础来确定内容还需要在实践中深入研究。

调查表明，关于研究性学习内容的选择原则，多数教师认为，课程内容应与学生的生活经验相联系，指导学生从生活中取材。关于研究性学习的内容选择取向，多数教师以学生的经验作为课程内容的主导取向，既重视课题开展前的精心设计，又重视课题开展过程中新目标、新主题的价值。

（四）课程实施观

课程改革成功与否取决于课程实施的程度，因此，教师的课程实施观成为本书的重点。问卷调查从课程实施取向、教学方式、学习本质以及教师角色四个角度设计问题，全面了解教师对课程实施的理解。四个维度分别概括为忠实取向—调适取向—创生取向维度、单向灌输—交往互动维度、被动接受—自主建构维度以及控制者—促进者维度。

表5.6 教师课程实施观（教师问卷）：频数分布、平均值与标准差

维度	题项	非常不同意（%）	基本不同意（%）	不确定（%）	基本同意（%）	非常同意（%）	Mean	SD
实施取向	T18	10.9	1.8	8.4	58.0	31.0	4.16	0.723
教学方式	T19	0.5	1.8	7.7	53.4	36.7	4.24	0.707
	T20	0.7	2.5	6.1	42.1	48.6	4.36	0.763
学习本质	T23	0.7	1.6	8.4	43.7	45.7	4.32	0.750
	T26	1.4	2.5	8.8	42.7	44.8	4.27	0.829
	T28	1.6	1.8	12.7	49.3	34.6	4.14	0.819
教师角色	T24	0.9	1.8	6.8	46.8	43.7	4.31	0.752
	T25	0.7	2.5	7.2	43.9	45.7	4.32	0.769
	T29	0.9	3.8	21.9	40.2	33.0	4.01	0.887
	T30	1.4	0.9	5.7	43.5	48.6	4.37	0.751

从表5.6中可以看出，对于课程实施取向，89.0%的教师基本认同"课题开展中当情况变化时，可以对预先设计好的方案进行调整"（T18），可见，多数教师持有调适的课程实施观，认为在开展研究性学习的过程中要按照实际的情况，不断调和各种影响因素，对研究内容、研究方法以及实施策略等进行调整。这部分教师具有"表现性"课程目标取向，重视课题开展过程中新主题、新内容对学生发展的价值，在指导学生开展课题研究的实践活动中能与学生平等对话、相互交流，师生共同创建新的课程意义。教师对研究性学习追求人文精神的基本价值取向的认同，必然导致教师具有调试以及创生的课程实施观。另外，还有12.7%的教师不认同"课题开展中当情况变化时，可以对预先设计好的方案进行调整"（T18），认为课程实施就是忠实地执行课程计划的过程，开展研究性学习课程就是忠实地执行已经设计好的课程方案。这部分教师不能有效地对影响课题开展的因素进行分析，从而积极地调整课题方案，这种"忠实"取向的课程实施观不利于有效地开展研究性学习课程。

对于教师的教学方式，90.1%的教师对"课题开展中，要重视研究方法的指导，帮助学生解决困难"（T19）这一做法基本认同，仅有9.9%的教师不认可。在这一题项上教师得分的平均值达到4.24，表明绝大多数教师不认同单向灌输式的教学方式，而更倾向于互动发展的教学观念。90.7%的教师在课题开展中，能"与学生共同探讨问题，共同发展"（T20），教师对研究性学习的价值和目标的理解，导致了教师积极的交往互动的教学方式，课题开展成为师生交往、积极互动、共同发展的过程。少数教师仍以单向灌输的方式开展指导工作，使研究性学习活动成为机械单纯地训练研究方法和习题的过程，而不注意与学生共同探讨问题，互动交往，帮助学生解决困难。这种做法与传统的基础教育遵从国家统一的课程管理，以及教师权威意识有关。

对于学习本质的理解，在教师问卷中设计了三个题项来了解教师对学习本质的理解是被动接受还是自主建构。调查显示，对"研究性学习就是在'做''实验''调查'等活动中发现和解决问题"（T23），"要尽量帮助学生选择课题和设计方案，而不是代替学生选择设计"（T26），"学生在充满了爱和情感支持的环境中，会学得更好"（T28）等方面的认识，教师的得分分别为4.32、4.27、4.14，可见，绝大多数教师基本认同学生的学习是自主建构知识的过程，重视学生的观点与看法，能与学生共同探究解决问题，鼓励学生利用已有知识进行思考，并形成学生自己的个体性知识。这些教师注意在活动中增进学生学习探究的动机，教师乐于探讨如何激发学生探究问题的主动性。有少部分教师仍以权威者的身份掌控学生的学习过程，代替学生设计学习过程，不相信学生的学习能力，也不善于激发学生的创新潜能。这部分教师缺乏学生主体意识，不能有效地为学生创建一个充满爱和情感支持的学习环境。

教师对课程价值的理解导致不同的教师角色意识。对教师角色是控制者还是促进者的调查，教师的得分集中在4—5分的区域。绝大多数的教师基本认同课题开展中，"要尽量为学生的个性发展创造条件"（T25），"要重视学生提出的问题和想法"（T24），并"将学生的需要、动机与兴趣置于核心地位"（T29）。他们能积极地提高自身"研究问题的素养和能力"（T30），以有效地激发学生的自主选择意识，提高学生的自主探究能力，为其个性发展创造空间。教师群体自述的观点与新课程所倡导的"促进者"的教师角色基本吻合，但有少数教师不能从传统教学的"控制者"角色向"促进者"角色转变，以权威者的身份掌控学生的学习过程。"控制者"的角色意识势必会在教学中忽视学生的主体地位，导致学生被动地按教师选择和设计好的课题开展探究活动，研究过程最终被引向教师事先规定好的结论。而学生那些在探究活动中"不确定的语言，探索地进行着的行为"[①] 所隐含的创造性的价值终将消弭于教师"控制者"的角色意识。

以上分析来自对教师问卷的描述性统计结果，因为课程实施的本质在于实践中师生怎样积极地实现课程价值，所以学生的感受更能说明课程实施的现状，从而了解教师的观念与实际主导倾向之间的关系。从表5.3可以看出，从学生问卷 T11 到 T26 有 11 个题项分别从课程实施取向、教学方式、学习本质和教师角色四个方面全面了解教师的课程实施观。调查显示，学生在这 11 个题项上的得分基本集中在 3—4 分的区域，而教师问卷相应题项的得分集中于 4—5 分的区域。如对于"课题开展中当情况变化时，可以对预先设计好的方案进行调整"（教师问卷 T18）这一观点，89.0%的教师基本认同（见表 5.6），而学生基本认同"如果条件变化，老师会帮助我们根据实际情况对方案进行调整（学生问卷 T11）"的比例是 68.9%（见表 5.3），明显低于持相似观点的教师比例 89.0%。学生问卷大多题项的标准差 >1，显示学生认识具有一定的差异性。以上分析说明，教师信奉的课程实施观与实际倾向之间有一定的距离。在新课程背景下，大多数教师能更新教育理念，持有调适、创生的课程实施取向，认识到在指导课题开展时，要尽量与学生交往互动，引导学生摒弃被动接受的学习方式，自主建构知识，以促进者的教师角色建构新型的师生关系。由于课程变革的复杂性，教师先进的教育理念要转变为积极的教学行为，最终促进学生的发展，还需要一个过程。

调查表明，多数教师对课程实施持有调适的观念，教师重视研究方法的指导，基本认同学生的学习是自主建构知识的过程，重视学生自己的个体性知识，教师群体自述的观点与新课程所倡导的"促进者"的教师角色基本吻合。教师信奉的课程实施观与实际倾向之间有一定的距离。

（五）课程评价观

课程评价观主要是从课程评价取向、评价方式以及评价主体三个角

[①] 佐藤学：《静悄悄的革命——创造活动的、合作的、反思的综合学习课程》，李季湄译，长春出版社 2003 年版，第 21 页。

度了解教师的观念，分别概括为终结性—发展性维度、单一—多元维度以及师评—多主体评价维度。

表5.7 教师课程评价观（教师问卷）：频数分布、平均值与标准差

维度	题项	非常不同意（%）	基本不同意（%）	不确定（%）	基本同意（%）	非常同意（%）	Mean	SD
评价取向	T33	0.9	2.4	6.1	45.4	45.5	4.33	0.757
	T34	0.5	2.9	7.7	50.4	38.5	4.24	0.752
评价方式	T35	1.4	2.0	8.1	50.7	37.8	4.22	0.786
评价主体	T27	10.2	18.1	14.2	27.1	30.3	3.49	1.354
	T31	0.5	2.7	6.1	49.8	41.0	4.28	0.736

从表5.7中可见，对于课程评价取向，90.9%的教师基本认同"除成果外，学生的自信心、学习态度等也是评价重点"（T33），88.9%的教师基本认同"研究性学习强调学生的亲身经历，所以要重视过程评价"（T34），这说明绝大多数教师持有"发展性"的课程评价取向，重视学生的体验和感受，课程评价以课题研究过程中学生的实际表现和个性化反应为重点。而少数教师不同意上述观点，认为学生研究课题的成果是课程评价的重点，忽视过程中学生的表现和感受，持有"终结性"的课程评价取向。这些注重结果轻视过程的教师常常认为，"中学生的研究难以获得有价值的成果"，开展研究性学习没多大意义。

G老师：现在开展研究性学习不被看好，主要是因为中学生的知识积累及研究能力尚未达到一定的水平，方法也缺乏科学性，所以往往浪费时间，难以获得什么有价值的成果，开展这个课程没多大意义。

YG老师：学校这几年就没有怎么开展，主要是学生不会研究。学生交上的成果，如"研究汽车驾驶原理"，只是从网上下载一些资料。学生没有条件研究汽车驾驶原理。所以中学生的研究根本不可能有什么成果，也没什么意义。

教师如果认为中学生的研究能力较低，难以获得有价值的研究成果，他就不会积极地组织和开展研究性学习，更不会掌握和钻研研究性学习的理论。所以，在教师培训中，有意识地更新教师的评价理念具有十分重要的现实意义。

学生问卷的调查结果表明（见表5.3），对于"除成果外，老师也注重评价我们的态度、自信心和创新意识"（学生问卷T27）这一题项，73.0%的学生基本认同，与基本认同"除成果外，学生的自信心、学习态度等也是评价重点"的教师比例90.9%有一定偏差（教师问卷T33，见表5.7）。虽然教师的信奉观念和实际倾向之间有一定的距离，但总的来说，多数教师的课程评价取向与新课程所倡导的发展性评价理念基本吻合。

对于课程评价方式，88.5%的教师对"采取学习档案评价和活动表现评价等多元评价方式"（T35）评价研究性学习比较认同，仅有少数教师的评价方式比较单一。教师采取什么样的评价方式与其持有的课程评价取向有关。持有"发展性"课程评价取向的教师比较重视学生在研究过程中的表现，注重将学生在研究过程中的收获、点点滴滴的想法和感受适时记录下来，他们会以记录袋管理、活动表现等多元形式记录学生的进步，以激励学生。少数教师更倾向于采取单一的评价方式，或只重视研究成果，这其中一些教师是因为持有"终结性"评价取向，评价理念落后，但也与表现性评价难以操作，学校课程评价体系不健全有关。

对于课程评价主体，90.8%的教师基本认同"研究性学习评价是生评、师评相结合的多主体评价"（T31），而对于"研究性学习的评价学生不应参与"（T27）的观点有42.5%的教师基本不认同。对学生的调查显示，69.8%（见表5.3）的学生基本认同"除学校评价外，老师也鼓励我们通过记录研究过程和心得进行总结和自我评价"（T28），可见，总体看来，对师生共议，生评、师评等相结合的多主体评价方式，多数教师比较认同，而少部分教师不相信学生可以通过自我评价，进行更好的总结和反思，因此课程评价以师评为主。教师对于评价主体的认识，一方面与其持有的教育理念有关，另一方面，新课程所倡导的成长记录袋、表现性评价等因为难以操作，费时费力，教师很难有太多的精力有效地对学生的自我评价进行指导，而师生共议的方式在学校课程评价体系不健全的情况下,也容易流于形式。

调查表明,多数教师持有发展性的课程评价取向,认同课程评价应以课题研究过程中学生的实际表现和个性化反应为重点的理念。多数教师能认识到以记录袋管理、活动表现等多元形式记录学生的进步,激励学生的重要性,以及采取师生共议,生评、师评等相结合的多主体评价方式对学生发展的意义。

三　课程观的差异检验

教师的教龄、职称、学历水平等不同,他们在教育实践中就有可能形成不同的教育教学观念、行为和习惯,对研究性学习课程的认识也就可能存在一定的差异,因此有必要对不同情况教师的课程观进行差异性检验,以了解他们对研究性学习课程的认识是否具有不同的特点。

(一) 不同性别教师的课程观差异分析

分别以教师在课程价值观、课程目标观、课程内容观、课程实施观和课程评价观五个维度的平均分为因变量,以教师的性别为自变量进行独立样本T检验(见表5.8)。

表5.8　　　教师课程观性别差异的独立样本T检验结果

维度	性别	平均分	标准差	T值	显著水平
课程价值观	男	4.07	0.652	-0.275	0.784
	女	4.08	0.625		
课程目标观	男	4.09	0.508	-2.650	0.008**
	女	4.23	0.494		
课程内容观	男	4.08	0.526	-0.695	0.488
	女	4.11	0.510		
课程实施观	男	4.14	0.583	-3.376	0.001**
	女	4.32	0.519		
课程评价观	男	4.05	0.570	-1.819	0.070
	女	4.15	0.551		

说明: ** 表示 $P<0.01$。

从表5.8中可以看出,在课程目标观和课程实施观维度检验的T统计量均达到显著水平,显著性概率值P分别为0.008和0.001,均小于0.05,表明男女教师在对研究性学习的目标和实施的认识上存在着显著的差异,女教师在这两个维度上得分的平均值更高一些(4.23＞4.09;4.32＞4.14)。

进一步对课程目标观和课程实施观二者各自所包含的二级维度进行性别差异分析(见表5.9)。

表5.9　教师课程目标观、实施观性别差异的独立样本T检验结果

维度	性别	平均分	标准差	T值	显著水平
目标取向	男	3.85	0.769	-3.438	0.001*
	女	4.10	0.667		
实施取向	男	4.06	0.741	-2.465	0.014*
	女	4.23	0.702		
教学方式	男	4.21	0.688	-2.296	0.022*
	女	4.39	0.613		
学习本质	男	4.11	0.660	-3.759	0.000**
	女	4.33	0.577		
教师角色	男	4.15	0.679	-2.711	0.007**
	女	4.32	0.586		

说明：*表示P＜0.05,**表示P＜0.01。

从表5.9中可以看出,第一,不同性别教师在课程目标取向、课程实施取向以及教学方式维度检验的T统计量均达到显著水平,显著性概率值P分别为0.001、0.014和0.022,均小于0.05,表明男女教师在对研究性学习课程的目标取向是教学性还是表现性,对课程实施主要采取忠实取向还是调适与创生取向,以及教学方式主要采取单向灌输还是与学生交往互动,在认识上存在着显著的差异。第二,教师在学习本质、教师角色维度检验的显著性概率值P分别为0.000和0.007,均小于0.01,表明男女教师在对学生的学习本质是被动接受还是在教师的引导下自主建构,教师角色是"控制者"还是"促进者",在认识上存

在着非常显著的性别差异。综合以上分析结果，同时考察平均分，可以看出，女教师在这五个维度上得分的平均值更高一些，表明女教师思想活跃，容易接受新事物，教育观念与新课程所倡导的理念更为符合，而男教师的课程观总体上显得相对保守、落后，滞后于时代、教育的发展水平和趋势。

（二）不同任教年级教师的课程观差异分析

由于本书发放调查问卷的时间集中在2011年的6—7月，正值高考期间，高三年级教师未参加本书的问卷调查。下面分别以教师在课程价值观、课程目标观、课程内容观、课程实施观和课程评价观五个维度的平均分为因变量，以教师任教年级（高一、高二）为自变量进行独立样本T检验（见表5.10）。

表5.10　　教师课程观任教年级差异的独立样本T检验结果

维度	年级	平均分	标准差	T值	显著水平
课程价值观	高一	4.11	0.653	1.724	0.085
	高二	4.00	0.596		
课程目标观	高一	4.18	0.518	1.130	0.259
	高二	4.12	0.525		
课程内容观	高一	4.11	0.509	0.850	0.396
	高二	4.02	0.518		
课程实施观	高一	4.29	0.565	2.099	0.036*
	高二	4.17	0.518		
课程评价观	高一	4.13	0.558	0.821	0.412
	高二	4.08	0.565		

说明：*表示$P<0.05$。

从表5.10中可以看出，在课程实施观维度检验的T统计量达到显著水平，显著性概率值P为0.036，小于0.05，表明不同任教年级教师在对研究性学习课程实施的认识上存在着显著的差异，高一年级教师在课程实施观维度上得分的平均值更高一些（4.29＞4.17）。

进一步对课程实施观所包含的二级维度——课程实施取向、教学方式、学习本质、教师角色进行任教年级差异分析（见表5.11）。

表5.11　教师课程实施观任教年级差异的独立样本T检验结果

维度	性别	平均分	标准差	T值	显著水平
实施取向	高一	4.18	0.714	0.514	0.607
	高二	4.14	0.740		
教学方式	高一	4.34	0.656	1.847	0.065
	高二	4.22	0.625		
学习本质	高一	4.30	0.628	2.505	0.013*
	高二	4.14	0.597		
教师角色	高一	4.29	0.616	1.648	0.100
	高二	4.18	0.654		

说明：*表示P<0.05。

从表5.11可以看出，不同任教年级教师在学习本质维度检验的T统计量达到显著水平，显著性概率值P为0.013，小于0.05，表明高一、高二年级教师对学生学习本质是被动接受还是在教师引导下的自主建构，在认识上存在着显著的差异。高一年级教师比高二年级教师在学习本质维度上得分的平均值更高一些（4.30＞4.14），表明高一年级教师对学习本质的认识更符合现代学习观的变革趋势。即学生的学习过程是在教师的引导下，学生不断质疑、不断探索、不断表达个人见解，从而建构知识的历程，而研究性学习课程的学习就是建立在学生自主探究基础上的建构学习，它以学习方式的变革为肇始，追求把学习变成人的主体性、能动性、独立性不断生成、张扬、发展、提升的过程。

（三）不同教龄、职称、学历水平以及任教学校类型的教师课程观差异分析

分别以教师在课程价值观、课程目标观、课程内容观、课程实施观和课程评价观五个维度的平均分为因变量，针对教师的教龄、职称、学历水平以及任教学校类型为自变量进行方差分析，表5.12是教师课程观职称因素的方差分析表。结果显示，教师在课程观各维度上的基本认识均无显著差异。

由于教师的教育理念更多地取决于教育实践中的思考和学习，而教师的受教育程度只是提供了教师进一步成长和发展的基础，教师的职称和教龄在一定程度上可以说明其教育教学能力，但这种能力往往受传统评价制度的制约。甘肃省普通高中新课程改革起步较晚，新课程所倡导的评价制度在各个学校的建立健全还需要一个过程。而研究性学习要求教师树立现代的课程观念，在这一点上，无论教师的教龄、职称、学历水平如何，他们都面对着一样的挑战，都需要认真研读教育理论，并在实践中不断反思和总结，更新理念，提高自己的专业能力。总体上看，教师的课程观在性别、教龄、职称、学历、任教年级等方面的差异在统计学上不够明显。

表 5.12　　　　　教师课程观职称因素的方差分析

维度		平方和	自由度	平均平方和	F 检验	显著性
课程价值观	组间	0.504	3	0.168	0.414	0.743
	组内	177.016	436	0.406		
课程目标观	组间	0.492	3	0.164	0.639	0.590
	组内	111.912	436	0.257		
课程内容观	组间	0.208	3	0.069	0.257	0.856
	组内	117.514	436	0.270		
课程实施观	组间	0.824	3	0.275	0.900	0.441
	组内	131.101	436	0.305		
课程评价观	组间	0.504	3	0.168	0.535	0.659
	组内	137.107	436	0.314		

四　教师教育观念（课程观的视角）现状反思

本节对教师教育观念（课程观的视角）的现状、问题进行问卷调查和访谈调查，对问题成因进行分析，得出如下结论。

第一，教师整体所持的课程观与新课程所倡导的理念基本吻合。

从总体倾向可以看出，教师整体所持的课程观与新课程所倡导的理念接近。随着时代的发展和基础教育课程改革的深入，多数教师能够认同研究性学习追求科学精神和人文精神融合的课程价值观，认为开展研究性学习可以转变学生的学习方式，培养创新意识和实践能力；通过课程的实施，使学生体验研究的过程，从而增加综合应用知识的机会，开阔思维；关注社会现实问题，注重培养学生分析社会问题的能力，并在活动中激发生命感、价值感，充分体现以人为本的理念，促进学生的个性发展。多数教师能够注重凸显研究性学习的表现性目标和生成性目标，重视学生在活动中的体验和表现，而不仅仅是单纯的知识传授和智能训练。在课程内容方面，能够以学生的经验作为选择课程内容的主导取向，既重视课题开展前的精心设计，又重视课题开展过程中新目标、新主题的价值。多数教师具有调适与创生并举的课程实施观，不认同单向灌输式的教学方式，而更倾向于互动发展的教学观念，将学生的学习看成是自主建构知识的过程，体现出教师作为学生学习和发展的"促进者"的角色。在课程评价方面，多数教师持有发展性的课程评价理念，并认同过程取向和主体取向并举的课程评价观。

第二，少数教师对研究性学习课程的认识与新课程所倡导的理念有一定的距离。

对教师问卷中的35道题项进行的描述性统计显示，教师在一些题项上的平均得分比较低，如"教师的主要职责是传授知识、培养技能，而培养学生道德感等是家长的事"（T4）的平均分为3.88（反向题反向计分），26.4%的教师基本认同上述观点，关于这一题项的标准差达到1.288，教师在这个问题上的看法差异较大，说明一些教师对新课程关于知识与技能、过程与方法、情感态度与价值观的三维目标并没有充分理解和认同。教师在"研究性学习以获取直接经验为主，间接经验也很重要"（T7）这一题项上的平均得分为3.80，25.6%的教师基本不认同上述观点，说明一些教师在课程内容选择方面，过分强调学生对"直接经验"的体悟而忽视对"间接经验"的获取，对研究性学习以"间接经验"为知识基础和认知背景才能得以深入有效地开展这一点认识不足。另外，对于"研究性学习的评价学生不应参与"（T27）这一题项，教师的平均分为3.49，是所有题项中得分最低的，57.4%的教师基本认同这一观点，可见，有相当一部分教师对于评价主体的认识，仍以师评为主，不相信学生有自我评价能力，可以在教师的指导下，通过自我评价，进行更好的总结和反思。这说明，教师的评价理念需要更新，同时，学校的课程评价体系也亟须健全，保证教师能有效地对学生的自我评价进行指导。总之，一些教师持有单纯以知识为本位的课程价值观和重知识轻能力，重结果轻过程的课程目标取向，对研究性学习这种新型的课程还没有正确的认识。

第三，一些教师所信奉的课程观与实际倾向并不完全符合，教师在课程实施中实际遵从的理论与新课程所倡导的理念有一定的距离。

从教师问卷和学生问卷呈现的数据来看，学生对教师观念的感受与教师信奉的观念有一定的差异，从分值上看，学生对教师课程观认识的评价一般低于教师自身所信奉的观念。教育变革的复杂性和教师的现实处境，导致教师在课程实施中实际遵从的理论与其所信奉的理论不相吻合。富兰指出："教育变革的成败取决于教师的所思所为，这个问题既简单也复杂。"[1] 这种复杂性就是教师的现实处境，即"绩效责任压力，在日常管理方面及要求所有学生达到所期待的学业成就方面对教师要求甚多，但几乎没有给教师留出必要的时间去做计划、进行建设性的讨论以及思考，只有为了平息怨气的平淡的奖赏和时间"[2]。对大多数教师而言，日常要求挤占了真正的可持续性改进的空间，缺乏必要的课程支持条件，教师间也缺乏有效的合作，这些问题都会导致教师所信奉的课程观与实际倾向并不完全符合。

第四，不同性别和不同任教年级教师的课程观有一定的差异，其他不同情况的教师课程观总体上说无显著差异。

对不同情况教师的课程观进行差异性检验表明，不同教龄、职称、学历水平以及任教学校类型的教师在课程观各维度上的认识均无显著差异，而不同性别和不同任教年级教师的课程观则有一定的差异。

就性别而言，男女教师在对研究性学习课程的目标和实施的认识上存在着显著的差异（P 分别为 0.008 和 0.001，均小于 0.05），女教师在这两个维度上得分的平均值更高一些（4.23＞4.09；4.32＞4.14）。女教师思想活跃，容易接受新事物，职业认同感强，所以在

---

[1] ［加］迈克尔·富兰：《教育变革新意义》，赵中健、陈霞、李敏译，教育科学出版社 2005 年版，第 99 页。

[2] 同上书，第 101 页。

教育变革的大环境下，能够主动地更新教育观念，而中学教师工作细碎、繁杂的特点使男教师的职业认同感较低，教育观念总体上比女教师保守和落后。

就任教年级而言，教师在对研究性学习课程实施的认识上存在着显著的差异（P=0.036<0.05），高一年级教师在课程实施观维度上得分的平均值更高一些（4.29>4.17）。具体表现在不同任教年级教师对学习本质的认识上存在着显著的差异（P=0.013<0.05），高一年级教师比高二年级教师在学习本质维度上得分的平均值更高一些（4.30>4.14），表明高一年级教师对学习本质的认识更符合现代学习观的变革趋势。由于甘肃省普通高中在2010年秋季开始新课程的改革，高一年级教师经过暑期20天的集中培训，对新课程理念有了深刻的认识，并在一年的新课程实施中，能积极地思考教学实践中的问题，促成学习观的变革。而在笔者发放问卷的时候，高二教师还未进入新课程，虽然学校教育不断地进行着变革，但教师的教育观念与新课程所倡导的理念还有一定的距离。

第五，教师课程观各维度之间呈高度显著相关。

对教师课程观内部各维度之间进行相关分析表明，教师的课程价值观、课程目标观、课程内容观、课程实施观以及课程评价观之间呈高度显著相关（α=0.498—0.796>0.4，P值均为0.000<0.01），即教师持有怎样的课程价值观，就会在教学实践中表现出相应的课程目标观、课程内容观、课程实施观以及课程评价观，也就是说，教师在课程决策中凸显怎样的课程目标、选择何种课程内容、应用怎样的教学方式以及怎样进行课程评价等，在一定程度上是由其所持有的课程价值观决定的。

总之，教师对研究性学习课程价值的认识不同，将会导致不同的课程目标观、课程内容观、课程实施观以及课程评价观。尽管学生对教师课程观的认识和评价与教师自身所信奉的观念有一定的距离，但多数教师的课程观与新课程所倡导的理念基本吻合，有少数教师对研究性学习这种新型的课程还没有正确的认识，急需通过有的放矢的课程培训和教学实践进行更新。

第二节 教师的教学行为现状

研究性学习课程实施能否真正取得成果，一方面取决于教师能否对研究性学习课程的价值和目标有深刻的认识，另一方面取决于教师能否把新课程的理念和目标转化为教师最终的教学行为。新课程呼唤教师教学行为从控制型向生成型转变，研究性学习课程实施过程中教师的教学行为，主要体现在教师指导的三个阶段：问题情境阶段、实践体验阶段、评价反思阶段，具体包括教师对研究性课题的内容选择；学生选题指导策略；学生撰写开题报告的指导策略；课程目标的凸显策略；学生学习方法和技能的指导策略；研究课题的评价策略及学生自评、总结反思的方法指导等方面。

一 问题情境阶段

（一）课程内容选择策略

Z老师：研究性学习没有统一教材，这就增加了课程内容以及实施方案等的灵活性，可根据学生的自身知识和能力，以及学校提供的硬件设施确定具体的教学研究内容。教师如果能跳出课本，就能很好地拓展教学，从而让学生学会读书，查找资料，独立研究。少一些条条框框的束缚，才能创新嘛。

LY老师：我认为研究性学习没有统一教材，这对于体现研究性学习的开放性、探究性和实践性的特点十分有利。在过程中，可以使用广泛的教材以及各种资源来拓展学生的视野，并对课内教学进行补充，也会给学生的思维创造提供空间。

E老师：没有教材，开始的时候很不适应，尝试开展一段时间以后感觉是既有利也有弊，有利处在于学生和教师可以不拘泥于教材，大胆地进行研究创造；弊处则在于很大程度上依赖教师水平，如果教师的能力有限，就可能导致学习内容混乱，又没有标准的评价体系，难以保证学习效果。

Z老师和LY老师都认为，研究性学习的内容比较开放和灵活，没有统一的教材限制教学，可以发挥师生的创造性和主动性，充分利用各种资源和条件，确定研究内容，拓展视野。E老师认为，没有教材，师生可以大胆地进行研究创造，但又认为，课程内容的选择和教师的能力有关，教师在指导学生选题的时候如果把握不好原则，又没有建立标准的评价体系，就可能导致学习内容混乱，学习效果低下。所以，研究性学习开展的起始阶段需要一定的专业引领，让相关教师逐渐适应研究性学习这种特殊的课程类型与学习方式。如果从一开始就让教师自己探索研究性学习活动，往往会遇到很多的挫折，从而影响教师深入开展研究性学习课程的积极性。没有教材固然使教师有了更广阔的创造空间，但接踵而来的迷茫与困惑会浇灭教师内心刚刚燃起的热情之火。可见，研究性学习课程内容的选择原则包括两个方面：成熟的案例研究与灵活的研究素材相结合；专业的引领与教师的独立探索相结合。这样，教师通过通识培训或自主学习所获得的新课程理念与他的教学行为才能一致起来。

LY老师：研究性学习以获取直接经验为主是对的，但我认为，间接经验也很重要。研究性学习所涉及的范围很广泛，既可能偏重于实践方面，也可能偏重于理论研究方面，如果课题和生活联系紧密，学生观察了，思考了，有了体会，有了收获，就达到了目的。但有一些喜欢理科的学生，他们喜欢研究一些解题方法或实验原理等，这就要用书上的基础知识，所以直接经验很重要，间接经验也很重要。在很多时候，直接经验比间接经验更难获取，因为获取直接经验，常常受教学条件的制约，而获取间接经验往往是得到直接经验的必经途径。中学生实际的动手能力很有限，应在一定程度上从间接经验中汲取资源和方法。间接经验是前人总结出来的，对于直接经验起着补充的作用，而且在研究性学习中要用到很多平时学的知识，所以基础差的学生，研究性学习开展的质量相对也比较低。

E老师：让学生多接触一些生活中的知识，或者把课堂上学的东西用一用，如果开展内容、讨论范围都规定好了，学生就会缺乏兴趣。开始有老师让学生研究用数学思维解化学计算题,学生的积极性较低,因为和生活联系很少。学生喜欢研究性学习,是觉得其内容和生活有关,他们有兴趣,可以开阔视野,开展研究性学习,一定是获取直接经验的,而间接经验是学科课程的特点。

关于研究性学习的内容选择原则,还涉及直接经验和间接经验的关系问题。研究者在预调查中发现,有的老师对这个问题的认识和研究性学习的理念有差距,因此在正式访谈中设计了一个针对性的访谈提纲:"有些教师认为,研究性学习以获取直接经验为主,间接经验不重要,您对此怎么看?"通过正式访谈,发现教师中存在两种有差异的观点,LY老师和E老师的叙述就分别代表了这两种观点。他们的共同点是,都认为研究性学习的内容主要是和学生生活有关的直接经验,学生通过观察、思考、体验、感悟获取生活中的知识,升华情感。不同处在于,LY老师认为,间接经验也很重要,获取间接经验往往是得到直接经验的必经途径。中学生应从间接经验中汲取资源和方法,综合运用平时所学的知识,才能使研究性学习课程更有收获。而E老师认为,开展研究性学习就是让学生多接触一些生活中的知识,或者把课堂上学的东西用一用,所以主要就是以获取直接经验为主,间接经验不太重要。可见E老师将直接经验与间接经验割裂开来,这种理解背离了研究性学习课程内容选择的开放性原则。

调查表明,关于研究性学习内容的选择原则,教师们在实践中有不同的体会。有的老师认为,研究性学习没有统一的教材,意味着增加了课程内容以及实施方案的灵活性,教师要引导学生从其关心的自然现象、社会问题和自我生活中选择和确定,课题内容要使学生感兴趣。有的老师认为,研究性学习以获取直接经验为主,间接经验不重要,这样就有可能在指导学生选题时,违背开放性和生成性原则,使课程内容窄化为只是了解一些浅显的知识,而忽视学生探索未知世界的潜力,不能深入地观察和分析问题,从而弱化研究性学习对于学生发展的价值。研究性学习的内容十分丰富,既有传统的较为成熟的研究课题让学生去研究,在研究过程中验证前人的研究结论,又有日常生活世界和学科教学相结合的研究内容,让学生创造性地展开探究,生成新的结论。不管哪一种研究内容，都需要指导教师在研究性学习课程的实施过程中，根据当地的情况、学生的情况以及教师的情况组织和开展生动活泼的活动，既要因地制宜，又要因材施教，让学生理解研究性学习的内容与学科教学内容之间的差异，在研究性学习开展过程中学会研究性学习方法。

（二）学生选题指导策略

F老师：老师总是希望学生做自己学科方面的，这样指导起来省心容易，比如这一学期，有些学生想研究"地沟油的危害"问题，但是这个课题要做实验，和我的学科差距太大了，和教学内容离得太远，所以只能让学生重新选择。

WZ老师：研究性学习的内容综合性很强，刚开始老师就希望学生搞和自己的学科相关的，但很多课题涉及跨学科的知识，老师的任务一是指导学习方式，让学生重视过程；二是提高自己的能力。学生的课题可能和老师的学科无关，老师要指导好，就要提升各方面的素养。

J老师：我们的经验是先选题再配指导老师，老师指导和自己学科相关的课题，他就比较得心应手，比如理科老师擅长指导学生做实验，文科老师对社会问题调查比较拿手。学生选好题，学校教研室根据题目主题、范围、目标以及开展条件进行筛选，和学生共同讨论，最后确定具有可操作性的选题，导师在选题中可以结合自己的学科特点和研究性问题的价值进行指导。

以上几位老师对研究性学习内容和学生的兴趣、学生生活的关系有不同的理解。WZ老师参与了几年前最早开展的研究性学习，他对这种新型课程的理解是在实践中不断摸索，不断总结反思的基础上得出的。在担任了所在学校的教务主任后，他结合自己的经验和学习中的思考，亲自给本校的教师做培训，更新教师的理念。他认为，教师的任务就是指导学习方式，重视过程而不仅仅是结果。J老师所在的学校是一所主要以招收培养音乐特长生为主的特色学校，通过几年的探索，摸索出他们特有的开展研究性学习的模式，在选题方面注重学生培训，并采取"先选题再配指导老师"的策略，保证了研究性学习的顺利开展。相比较而言，F老师是从个人的学科背景出发，指导学生选题考虑更多的是自己指导的方便，而不是学生的兴趣，因此在指导学生选题方面显示出单纯知识本位的课程价值取向。

由此可以看出，教师对研究性学习内容选择的原则理解不同，指导学生选题的策略也有一定的差异。

（三）开题报告撰写指导策略

Z老师：学生书写开题报告还是不太规范，像我上学期指导的一个课题，"唐诗的山水情怀"，学生只是罗列一些关于唐诗产生的历史背景，以及诗人的经历，而不明白应该怎样写课题研究的背景材料。研究任何问题，都要有一定的目的，有的学生很盲目，不清楚他们真正想有什么样的收获，学生确定的目标大而空泛，远离现实。

J老师：我们的经验是，首先印发手册，然后以手册为依据对学生进行培训，为学生普及研究性学习的特点和开展方式，以及对他们成长的意义。学生每人一本手册，手册上面有流程说明，选题的原则，书写开题报告和结题报告的方法，并提供很多实践案例以供其参考。具体的方法还需在开展过程中老师慢慢指导，学生自己摸索体会。

Z老师虽然对学生在撰写开题报告方面的问题非常了解，但对如何引导学生从问题产生的情境中感知他们对研究课题的理解，确定合理的研究目标缺乏指导的经验。J老师作为课程领导和管理人员，在组织和宣传上做了先期准备，印发了关于开展研究性学习课程的宣传册，引导学生理解研究性学习的课程目标、选题方法、开题报告的写法，还有案例可供借鉴。可见，这两位老师都能认识到指导学生书写开题报告对课题开展的重要性，但在指导策略上还需结合学生的实际课题有针对性地提出改进的建议，帮助学生掌握撰写开题报告的步骤和方法。

二 实践体验阶段

（一）课程目标凸显策略

J老师：我比较关注学生情感方面、意志方面的变化。学生有变化和进步，要适时表扬和鼓励。这门课是激励他们的，不是打击他们的。学生做了，还是比不做好。学生有了一种意识，学习就是培养创新能力的，关键是中间过程，只要踏踏实实地参与探究性的活动，就会有体验，体验了就达到目标了，研究本身就是学习的体验。

YG老师：学校这几年开展研究性学习活动，目的很明确，就是送出去参赛，拿了奖，高考会加分。所以主要是个别老师带着极少数学生去做，学校提供一些条件，而多数学生参与的机会很少。我们学校的条件较差，学生整体程度也低，所以一般都做不出什么成果，能得奖的也是极少数，一个课题从准备到完成要半年多时间，结果评奖拿不上好名次，既浪费时间又浪费精力。

J老师在课题指导中，比较关注学生情感、意志方面的变化，对学生在活动中的表现能够适时地进行鼓励和赞赏，重视活动过程中学生的体验和感悟："关键是中间过程"，是否"踏踏实实地参与探究性的活动""体验了就达到目标了，研究本身就是学习的体验"。可见，J老师能将对研究性学习目标的正确认识转化为积极的教学行为，在指导学生进行课题研究的过程中，重视凸显研究性学习的过程目标和情意目标。其教学行为显示出与新课程要求相符合的特征。相比较而言，YG老师对研究性学习的目标缺乏正确的认识，从研究成果是否能够得奖来看待这门课程的价值，所以不重视学生研究过程中的体验和感悟，将不能得奖的学生课题研究，视为"浪费时间"，可见，YG老师由于对研究性学习的目标缺乏正确的理解，其教学行为也显示出消极的因素。

研究性学习的目标不同于学科课程的目标，它更加注重学生的学习过程与方法以及感悟与体验，所以应当属于对新课程三维目标中的"过程与方法"目标以及"情感态度与价值观"目标的落实课程。教师在实践中针对不同主题的研究性学习课题，确定相应的目标，让学生在达成目标的过程中体验过程本身并形成一定的学习方法。教师不仅把研究性学习课程的结果作为该门课程的考核评价指标，而且应把学习过程中的参与体验与方法形成作为该门课程的考核内容。调查显示，由于教师对研究性学习价值的理解不同，在指导学生进行课题研究时，对课程目标的凸显方式和策略呈现出不同的特点。

(二) 研究方法的指导策略

Z 老师：新课程倡导要改变学习方式，让学生多动手动脑，在此过程中学会方法，发展能力。理念肯定是好的，但在现实中要实现，确实有一定的难度。老师肯定是鼓励学生动手、动脑的，但学生的课业负担很重，如果考虑多给学生时间思考，让他们展开讨论，那么教学任务就有可能完不成。研究性学习主张放手让学生自己设计，自己动手，老师进行方法上的指导，但事实上学生的很多想法实现起来有难度，一是开展时间有限；二是缺乏开展的条件。

LH 老师：研究性学习重动手、动脑，贵在体验学习的过程，这在开展的时候能得到一点提升，但还会受到一定的制约，主要是由于高中阶段学生学习压力大，学习时间紧张，在现实中，开展研究性学习的时间常常被挤掉。我们的经验是把研究性学习活动和学科课程结合起来，课前下很大的功夫设计教学，尽量在学科教学中体现研究性学习的理念，让学生多接触和体验。研究性学习一般都是学生自己研究，老师告诉他们大概的思路，设计和学科有关系的问题，给学生一定的解答，但活动方式缺乏实验探究和社会调查等，主要是网上查阅、整理文献，对提升创新意识和实践能力的作用比较有限。

调查发现，多数教师的教育理念和新课程所倡导的基本吻合，认为新课程倡导学习方式的变革，让学生多动手、动脑，在此过程中学会方法，发展能力，这种理念是好的，在实践中，教师们也尽可能地践行着这种理念，但迫于现实中学生的课业压力，这种理念落实得并不好。

三 评价反思阶段

(一) 研究课题评价策略

LH 老师：成果不一定有多显著，但主要在于开展过程和对方式方法的掌握，过程强调的本来就是思路和解决问题的方法，这些是评价的时候最关键的。对最后的成果学校以板报的形式进行展览，这对学生是一种很好的激励。

WZ老师：我们制定了研究性学习评价方案，结果占30%，开题报告占30%，学生的体验和收获占40%。通过评价对过程的重视，鼓励学生发挥他们的特长，激励他们的兴趣和积极性。

研究性学习课程倡导发展性评价，就是遵循过程取向和主体取向。调查显示，一些教师能够按照新课程倡导的理念对学生的研究过程和结果进行较为客观的评价。LH老师充分认识到激励对于学生发展的价值，比较关注学生在过程中的收获。WZ老师亲自制定学校的研究性学习课程评价方案，从课题报告、过程记录和收获、结题答辩各方面分配对学生进行评价的权重，期末组织师生进行成果展览，评奖鼓励，极大地调动了师生的积极性。

同时，调查也发现，有很多学校和教师对研究性学习的过程评价虽然在思想上比较认同，但对学生在研究过程中的表现，普遍感觉缺乏客观科学的评价依据，在实际操作中怎样体现研究性学习评价的过程取向和主体取向，这是许多学校和教师所面临的实际问题。教师们普遍感觉过程评价"无章可循"，难以操作，以下教师的看法代表了许多教师对过程评价的实际感受。

YG老师：过程评价是研究性学习实施的一个难点，因为没有一定的标准和依据，无章可循，所以学校最后实际上应用的还是结果评价。新课程倡导的成长记录袋在实践中的应用存在很多问题，对这方面学校整体的评价制度也需要改革，要健全学校的评价体系，为老师实施和进行过程评价提供一定的理念和方法的支持。

（二）学生自评指导策略

LH老师：自评主要是让学生对自己的研究结果与预期的目标做比较，以及将自己的研究结果与其他同学的进行比较。自评的时候，多让学生关注学习态度有没有一定的转变？方法有没有掌握。还有是不是愿意和同学交流，也可以讲一些心灵小故事。另外自评要和同学互评、老师评价结合起来，这样，结果就会更客观。

YG老师：整个过程都比较松散，学生评价只是一种形式，实际上就是没有，主要原因是对开展研究性学习不重视，学生评价就没有必要了，评价也就没有意义。

LH老师重视对学生的自评进行指导，从学习态度的变化、方法掌握以及交流能力的提高等方面引导学生进行自我反思和总结，显示出与新课程要求相符合的教学行为。相反，YG老师由于所在学校不重视研究性学习的大环境，所以其自身也没有认真开展研究性学习活动的动力，缺乏对学生进行自评的指导，从观念到行为，都与新课程的理念存在一定的差距。

四　教师教学行为的现状反思

综合访谈调查与实地观察，可以得出研究性学习在实施中教师的教学行为呈现出以下特点。

第一，就课程目标的凸显来说，由于对研究性学习的价值理解不同，教师在开展活动时对课程目标的凸显方式和策略也有所不同。

研究性学习的课程目标与学科课程目标相比，更加注重学生学习的过程与方法以及感悟与体验。一些教师在课程实施中，能够针对研究性学习活动的主题特点，确定相应的目标，让学生在体验过程中达成目标，形成一定的学习方法。这些教师一方面比较关注学生情感、意志方面的变化，对学生在活动中的表现能够适时地进行鼓励和赞赏，重视活动过程中学生的体验和感悟；另一方面注重通过开放性的实验等探究活动，培养学生的创新意识，激发潜能。这些教师能将对研究性学习目标的合理认识转化为积极的教学行为，在指导学生进行课题研究的过程中，重视凸显研究性学习的过程目标和情意目标，促进学生的个性发展。还有一些教师从研究成果是否得奖来看待研究性学习的价值，对学生的课题研究没有进行实质性的指导，其教学行为与新课程的要求不相符合。教师的观念和教学行为往往与所在学校是否重视开展研究性学习有关，个别学校将开展研究性学习看成是为参赛得奖，最终争取高考加分的手段，这种对研究性学习价值和目标的曲解对教师和学生开展研究性学习产生了一种错误的导向，致使教师产生消极的教学行为，影响了研究性学习的有效开展。

第二，就课程内容的选择来说，教师对于研究性学习内容的选择原则和学生选题的指导策略，一方面取决于教师的课程内容观和课程资源观，另一方面取决于教师的指导能力。

研究性学习的内容选择原则包括两个方面：成熟的案例研究与灵活的研究素材相结合；专业的引领与教师的独立探索相结合。调查显示，一些教师能够充分利用各种课程资源和条件，并借鉴其他教师较为成熟的案例来确定研究内容，拓展学生的视野。他们能将为学生学习提供便利的一切条件和元素变成可利用的课程资源，创造性、灵活性地选择课程内容。一些教师由于缺乏有效的课程培训，在课程实施的初始阶段，把握不好课程内容选择的基本原则，学校又没有建立标准的评价体系，所以导致学生的课题研究内容比较混乱，学习效果低下。同时，这些教师对课程资源往往采取一种狭义的理解，认为自己所在学校硬件条件不好，研究性学习难以开展，所以不能主动灵活地选择开放性的课程内容。可见，研究性学习内容的选择和教师的指导能力有关。研究性学习没有统一教材的限制，课程内容比较开放和灵活，可以发挥师生的创造性和主动性，但在开展的起始阶段需要一定的专业引领，对教师进行关于课程资源观和课程内容观的培训，并以成熟的案例研究给教师提供一定的借鉴和参考，使相关教师逐渐适应研究性学习这种特殊的学习课程与学习方式。没有教材，固然使教师有了更广阔的创造空间，但如果从一开始就让教师自己探索开展方式，则往往会遇到很多的挫折，这会影响教师深入开展研究性学习活动的积极性。

对于学生选题指导策略，一些教师能够引导学生从其关心的自然现象、社会问题和自我生活中选择和确定研究课题，课题内容主要以学生感兴趣为原则，课程实施方案和研究内容也会随着课题开展的条件而做出灵活调整。这些教师往往能够正确认识研究性学习开展中直接经验和间接经验的关系，认为研究性学习以获取与学生生活有关的直接经验为主，学生通过观察、思考、体验、感悟获取生活中的知识，升华情感。同时间接经验也很重要，获取间接经验往往是得到直接经验的必经途径。中学生应从间接经验中汲取资源和方法，综合运用平时所学的知识，才能在研究性学习活动中获得更大的收获。有的老师认为，开展研究性学习只是让学生通过接触生活中的知识获取直接经验，间接经验不重要。这些教师将直接经验与间接经验割裂开来，所以在指导学生规划选题时，有可能违背开放性和生成性原则，使课程内容窄化为只是了解一些浅显的知识，而忽视学生探索未知世界的潜力，不能深入地观察和分析问题，从而弱化研究性学习对于学生发展的价值。由此可见，教师对研究性学习内容选择原则的理解不同，指导学生选题的策略也就会有一定的差异。研究性学习的内容十分丰富，既有传统的较为成熟的研究课题让学生去钻研，去验证前人的研究结论，又有与日常生活世界和学科教学相结合的研究内容，让学生创造性地展开分析，生成新的结论。不管哪一种研究内容，都要求指导教师在研究性学习课程实施过程中，根据当地的情况、学生的情况以及教师的情况组织和开展生动活泼的活动，既要因地制宜，又要因材施教，让学生理解研究性学习的内容与学科教学内容之间的差异，在研究性学习开展过程中学会研究性学习方法。

第三，就教学方式的应用来说，多数教师实际的教学行为和其所持有的理念有一定的差距，新课程倡导通过启发诱导，引导学生进行探究，自我建构知识，在此过程中训练研究方法，发展能力，这种理念在现实中实现的难度很大。

调查发现，多数教师认同新课程倡导的教学方式和学习方式，但在实践中要践行这种理念会遭遇很多困境。教师们担心，开展研究性学习会影响学生的学科成绩，进而影响学校的升学率，所以把主要的时间花在教授本学科的知识上，而对于学生研究过程的具体指导总是浮光掠影，对学生的研究方法也无暇顾及，没有有的放矢地进行引导和训练，致使学生对完成研究性学习所应掌握的研究方法不甚了了，教师对学生行为听之任之，失去了开展研究性学习课程的意义。

第四，就课程评价的策略来说，教师们普遍认为，课程的过程评价和主体评价缺乏客观的标准和依据，由于难以操作，往往流于形式，所以主导的评价方式仍然是成果评价。

很多学校尽管有着各自的研究性学习评价方案，在实践中也探索着研究性学习课程评价的策略,然而,困惑与迷茫常常影响着教师与学生。在一些课程评价体系建构较为完善的学校里,教师对学生的研究过程和结果,相对来说能进行较为客观的评价。但许多学校没有建立起较为完善的课程评价体系,致使多数教师虽然认同新课程所倡导的课程评价理念,但由于缺乏客观科学的评价依据,致使最能体现学生表现和感受的过程评价以及培养学生学习反思能力的自我评价,在实际操作中流于形式或成为空白。教师们更多地采取终结性评价方式,主要以课题研究的成果作为评价的标准。评价成为实施研究性学习课程难以克服的"瓶颈",这既有教师观念的因素,又有教育管理部门和学校的课程支持以及学校课程评价体系建立和管理的问题。研究性学习评价将"过程取向"和"主体取向"相结合,主张凡是具有教育价值的结果都应当受到支持与肯定,重视教师与学生共同建构意义的过程。教师不仅要把研究性学习的结果作为该门课程的考核评价指标,而且应把学习过程中的参与体验与方法形成作为该门课程的考核内容。这种评价理念在课程实施中完全转化为教师的教学行为,还需要更深入的实践和探索。

研究发现,研究性学习指导教师的教学行为总体上呈现出多元和复杂的特征。教师对课程目标的凸显、课程内容的选择、教学方法的变革以及课程评价的策略等方面显示出,一些教师的教学行为与其所信奉的教育观念有一定的偏差,与新课程所倡导的教学行为不相吻合。

【小结】

本章综合应用问卷调查法、观察法以及访谈法等,对研究性学习课程实施中教师的观念和教学行为方面的表现特征和变化历程进行了调查分析。

对教师课程观现状的研究表明:

第一,教师整体所持的课程观与新课程所倡导的理念基本吻合。多数教师能够认同研究性学习追求科学精神和人文精神融合的课程价值观;认为研究性学习课程重在通过转变学习方式,培养学生的创新意识和实践能力;通过课程实施,增加综合应用知识的机会,开阔思维;关注社会现实问题,注重培养学生的社会责任感;在活动中,激发生命感、价值感,充分体现以人为本的理念,促进学生的个性发展。

第二，一些教师所信奉的课程观与实际倾向并不完全符合，教师在课程实施中实际遵从的理论与新课程所倡导的理念有一定的距离。

第三，不同性别和不同任教年级教师的课程观有一定的差异，而不同教龄、职称、学历水平以及任教学校类型的教师课程观总体来说无显著差异。

第四，教师课程观各维度之间呈高度显著相关。

对教师教学行为现状的研究表明：

教师的教学行为总体上呈现多元和复杂的特征。

第一，教师对研究性学习课程价值的理解不同，在指导实践中凸显课程目标的方式和策略有很大的差异。

第二，教师对课程内容的选择既取决于教师的课程内容观和课程资源观，又取决于教师的指导能力。

第三，一些教师实际应用的教学方式和所持有的理念有一定的差距，多数教师认为，新课程倡导的教学方式在现实中难以实现。

第四，教师普遍认为，过程评价和主体评价缺乏客观的标准和依据，因难以操作而流于形式，成果评价仍然占主导地位。

教师普遍认同课程改革的理念是先进的，是符合时代发展趋势的，但在课程实施过程中，由于缺乏必要的课程支持条件，或囿于守旧求稳的教学思维，很多教师宁愿固守自己熟悉的一套做法，也不敢冒险，害怕积极开展研究性学习会影响学生的学科成绩，影响升学率，不能给自己带来更好的教学业绩。因此，多数教师的教学行为呈现出控制型的特征。调查同时显示，一些研究性学习开展得较为扎实的学校，其教师的教学行为普遍呈现出与新课程理念基本吻合的特征，这些教师能在实施研究性学习的过程中，重视学生学习方式的转变和对学习方法的指导，引导学生主动探究，培养学生提出问题与解决问题的能力以及创新精神，有效地促进了研究性学习的课程实施，并进而促进了学生的发展。新课程改革呼唤教师的教学行为由控制型向生成型转变，这一方面需要教师勇于打破陈旧的思维模式，积极变革教学方式；另一方面，教育管理部门和学校要改革教育管理制度，为教师的教学行为转变创造良好的支持条件。只有教师的教学行为转变了，才会引起学生学习方式的转变，学生的创新能力才会得到更好的培养。

第六章　教师观念和教学行为对研究性学习实施的影响研究

在第五章里，笔者对教师的教育观念和教学行为现状、问题以及成因进行了总结和分析。那么，造成教师信奉理论和使用理论不统一的原因是什么？教师教学行为背后潜藏的原因是什么？影响教师解决课程实践问题的因素有哪些？这些都促使我们思考研究性学习课程实施的影响因素问题，这对相互调适取向与创生取向的课程实施研究来说是一个核心问题。

课程实施是一个非常复杂的过程，一方面，受诸多因素的影响与制约，在考虑影响课程实施的因素时，要从具体课程的特征以及这个课程在具体环境下的发展历史等方面加以综合考虑，以分析哪些因素可能对课程实施产生较大的影响。① 另一方面，课程实施的各个影响因素之间并非相互独立的，在课程改革过程中，它们总是相互交织、相互影响，综合发挥着作用，因此很难分清彼此之间的界限。② 由于教师处于课程实施的核心，影响课程实施的诸多因素往往要通过教师反映在具体的教学实践中。鉴于此，在对普通高中研究性学习课程实施的现状进行整体性分析以后，本章笔者将结合研究性学习的特征和实施取向，以尊重教育情境为原则，参考课程实施影响因素分析的理论框架，主要从教师观念和教学行为变革方面分析对研究性学习实施质量的影响机制，重点探寻教师信奉理论和使用理论达成一致的内生力，即教师变革动力的构成

---

① 马云鹏：《课程实施及其在课程改革中的作用》，《课程·教材·教法》2001年第9期。

② 尹弘飚、李子建：《课程变革理论与实践》，高等教育文化事业有限公司2008年版，第193页。

要素及对课程实施的影响。

第一节 教师观念和教学行为的关系

一 信奉理论和使用理论：建构行为世界的依据

本书第五章对教师的教育观念和教学行为的现状调查表明，教师所信奉的课程观与实际倾向并不完全符合，这就涉及教师的信奉理论和实际使用理论之间的关系问题。而对教师整体教学行为的考察也说明这样一个事实，即一部分教师的教学行为符合新课程所倡导的行为特征，而另一部分教师在研究性学习的组织和实施中以得过且过的心态扮演了旁观者的角色。另一个我们要呈现的信息是教师整体对研究性学习课程实施效果的认识。研究性学习课程实施调查（教师问卷）第二部分第一题，主要了解学校开展研究性学习的效果。

表6.1　　　　　　教师对研究性学习开展效果的看法　　　　　　（%）

题项	没有什么效果，纯粹走形式	有一点效果，但存在很多问题	有一定成效，但也存在一些问题	开展得扎实有效
您认为本校开展研究性学习的效果如何	15.8	63.5	18.7	2.1

调查数据显示（见表6.1），对"您认为本校开展研究性学习的效果如何"这个问题，15.8%的教师认为"没有什么效果，纯粹走形式"，63.5%的教师认为"有一点效果，但存在很多问题"，只有2.1%的教师认为本校的研究性学习"开展得扎实有效"。这个调查结果说明，只有极少数教师对开展研究性学习的效果总体上持肯定态度，绝大多数教师认为所在学校开展研究性学习存在很多的问题。综合对教师课程观和教学行为现状以及学校开展研究性学习实际效果的调查结果，其中反映的问题是：教师所信奉的理论和其在教学实践中实际遵从的理论不尽相同，教师的教学行为并不必然反映其所持有的教育观念，从而影响了研究性学习课程实施的效果。那么，影响教师教学行为的深层原因是什么？教师的教育观念和教学行为之间是怎样的关系？二者又是怎样影响

研究性学习课程实施的质量的？长期以来，人们认为教师的教学行为和实践是由观念、态度等内部心理过程决定的，因而更新教师的思想观念是改变其教学实践，进而促进课程改革的前提条件。然而在现实中，"人们言行不一致，这是个老掉牙的现象"①。认识人们的观念和行为之间的关系，需要我们分析行为的本质。行动理论是认识行动及改变行动的理论，通过行动理论可以认识行动的本质，进一步厘清观念和行动之间的关系。行动理论认为，人们同时拥有信奉理论（espoused theory）和使用理论（theouy-in-use），信奉理论是个体信奉他所遵行的理论，使用理论则是指那些从实际行动中推论出来的理论。信奉理论常常是人们所相信的，认为比较理想或在某个特定环境中应该是正确的理论，而真正决定人们行为的理论是隐含在人们行动之中的使用理论。行动者能意识到的是自己的信奉理论，因为他是行动者自己所奉行的理论，而决定行动者行为的使用理论却处于日用而不知的层面，很多时候人们对它可能并未觉察，事实上，人们所做的一定和他所具有的使用理论一致，但却不一定和他的信奉理论一致。如果说信奉理论独立于行动之外，使用理论则融合于行动之中。因此，信奉理论和使用理论可能一致，也可能不一致，而行动者可能意识到了，也可能意识不到，当不一致的时候，就会导致人们的思想和行动的不统一。② 换句话说，使用理论本身就是关于行动的理论，正如阿吉里斯（C. Argyris）与肖恩（Schon）所言，我们建构使用理论的过程和建构行为世界的过程是相同的，我们审视自己的使用理论就是在审视自己的行为世界。使用理论不能通过言语清晰地表达出来，需要观察人的实践来建构，它直接地、持续地影响人的行为。③

在本书中，通过问卷调查和访谈所了解到的教师的课程观实际上就是教师的信奉理论。由于我国新课程改革的推进基本上采取的是自上而下的"中心—周边"模式，改革决策通过行政手段上传下达，这种模式强调国家或地区等上层机构要创设条件使学校管理者与教师充分认识

---

① 克里斯·阿吉里斯、罗伯特·帕特南、戴安娜·麦克莱恩·史密斯：《行动科学：探究与介入的概念、方法与技能》，夏林清译，教育科学出版社2012年版，第59页。
② 同上书，第59—60页。
③ Argyris, C., Schon, D., *A Theory in Practice*: *Increasing Professional Effectiveness*, San Francisco: Jossey-Boss, 1974, p. 18.

改革的价值,并提供相应的教师培训,具有很强的技术性。① 为加大课程改革的力度,有效的教师培训是必不可少的。这些由教育管理部门或政府组织的教师培训,通过向广大教师灌输新课程改革所倡导的教育理念、对课程标准的解读以及关于教学方式变革和学习方式指导等方面的技能,为教师提供了参与课程改革最基本的知识基础和理念上的更新可能,使教师对新课程改革产生更高的认同感,提高了教师参与课程改革的信心和能力。在这样的"中心—周边"课程改革推进模式下,所采取的新课程培训方式,使教师专业发展强烈地受到政策的影响,许多教师面对教育改革的挑战,教育观念自觉不自觉地发生了变化,而教师通过新课程培训所学习到的理论,逐渐形成教师的信奉理论。如果教师的信奉理论与新课程所倡导的理念基本吻合,将有助于学校顺利地启动研究性学习的开展。调查结果显示,教师整体的课程观是符合新课程的理念的,这说明新课程培训在更新教师的教育理念方面,其效果是显而易见的。然而,当教师真正进入实践情境以后,一些教师的使用理论与其信奉理论并不一致,导致其产生保守的教学行为,影响了研究性学习课程实施的质量。

二 行动理论:对使用理论的检视

行动理论认为,人的行动总是与人的使用理论一致,而使用理论深受其所处的文化、习惯以及实践情境的影响。信奉理论是人主观上所信奉的理论,但因为它来自于外来信息的影响,所以有时是脱离了实践情境的。如由教育管理部门或政府组织的新课程培训,培训内容通常由教师以外的人或机构主导,由于远离教师的日常工作实际,当教师面对复杂的、不确定的实践情境时,在行动上往往遵循的是能够直接应对复杂现实的使用理论。使用理论潜藏于教师的无意识层面,却决定了教师的教学行为。人们总是期望言行一致,教师在专业生活中能够做到思想和行动的统一。因为信奉理论代表着"应然"的追求,是希望达到的目标,使用理论则代表着"实然"的状况,所以信奉理论和使用理论的

---

① 尹弘飚、李子建:《课程变革理论与实践》,高等教育文化事业有限公司2008年版,第25页。

一致性，表明的是教师实践的改善程度。[①] 那么怎样才能减小教师信奉理论和使用理论之间的落差，使教师的使用理论能与其信奉理论吻合，从而产生积极的教学行为呢？

行动理论起源于这样一个认识：人们是自己行为的设计者。人类的行为都是由人们的意图所建构形成的，人们会设计某种行动以达成所希望的结果，并在行动的过程中进行检视，以查看他们的行动是否反映了他们的意图。人们在对自己行动的有效性进行检视的同时，也在检视自己对实践情境的意义建构是否恰当。[②] 教师的教学行为受到其所在环境和自身专业背景的影响，学校文化、教师考评制度等直接影响着教师对自己行为进行检视的有效性，而教师持续的学习和反思有助于调整教师观念和行动策略的关系，从而逐渐达成信奉理论和使用理论的一致，以改善课程实践。

富兰指出，教育变革中的实施涉及"实践中的变革"，当特定的教育变革需要贯彻，我们也因而问及当前实践中的哪些方面需要改变时，界定和实现特定变革的复杂性开始浮出水面。他认为，实施任何一种新的项目或者政策至少涉及以下三个方面或者维度：第一，使用新的或修订后的材料的可能性；第二，使用新的教学方法的可能性；第三，改变信念的可能性。而真正的变革涉及观念和行为的变化，这也就是它难以实现的原因。[③] 富兰对"实践中的变革"的认识涉及教师改变这个关乎课程变革最核心的问题，从教师改变的过程来看，这三个维度，即课程材料、教学实践以及教师对变革的信念与理解，通过动态互惠、共同作用从而引起了教师的改变。同时，对行动理论的认识也使我们确认，"真正的变革涉及观念和行为的变化"之"难以实现的原因"，这里的观念改变并不是教师所信奉的理论，而是教师在实践中真正使用的理论，是教师的使用理论决定了教师的教学行为。通过对学校开展的研究

[①] 赵明仁：《教学反思与教师专业发展——新课程改革中的案例研究》，北京师范大学出版社2009年版，第31—33页。

[②] 克里斯·阿吉里斯、罗伯特·帕特南、戴安娜·麦克莱恩·史密斯：《行动科学：探究与介入的概念、方法与技能》，夏林清译，教育科学出版社2012年版，第58页。

[③] [加] 迈克尔·富兰：《教育变革的新意义》，武云斐译，华东师范大学出版社2010年版，第24—25页。

性学习进行深入细致的田野研究,我们发现,对一些教师而言,虽有新课程所倡导的教育理念,但基于教育变革的复杂性和教师的现实处境,他们在实际的教学实践中往往并不践行这些理念,其所持有的教育观念即他们的信奉理论,往往与其实际使用的理论并不吻合,进而导致消极的教学行为,在课程改革中成为观望者或失败者。但同时我们看到,另有一些教师能全身心投入课程改革的实践,通过不断总结和反思实践中的问题,学习和践行新的理念,以积极的教学行为参与课程改革,这不但促进了教师个人专业化的发展,也使其成为引领变革的人。那么这些具有持续变革动力的教师是怎样达成使用理论与信奉理论的一致性,进而以新课程的理念引发相应的教学行为,促使研究性学习课程的有效实施?为此,笔者在对兰州市普通高中实施研究性学习课程的现状进行广泛调查研究的同时,进一步深入学校情境,对一所研究性学习开展得较好的学校——H中学的教师实施研究性学习的过程进行追踪和回溯,通过深入持久的实地观察和访谈,并阅读分析大量文件资料,从而更深层次地揭示研究性学习实施中教师的观念和教学行为之间的关系,以及二者对研究性学习实施质量的影响。

第二节 教师观念和教学行为对课程实施影响的个案分析

一 H中学的课程实施历程:回溯与反思

在研究性学习课程实施中,教师的教学行为主要体现在教师的指导过程中,即体现在怎样帮助学生选择研究课题、确定和凸显课程目标、组织和优化课程内容、改善教学方式、训练研究方法、重塑教师角色以及怎样进行课程评价等方面。教师外显的教学行为由其使用理论决定,隐含着教师内隐的真正的教育价值观。以下将对H中学部分教师开展研究性学习的过程进行追踪和回溯,以此探寻影响教师使用理论和信奉理论达成一致的可能原因,以及与教学行为之间的依存关系。

(一)课程内容选择和聚焦:课程内容注重智慧养成和思维发展,充分利用地域特点和资源状况,形成了有地区和学校特色的研究性学习内容体系

研究性学习的内容不是特定的知识体系,而是来源于学生的学习生

活和社会生活，立足于研究、解决学生关注和感兴趣的社会问题或自己的学习生活问题。H 中学 2011 年学生完成的课题内容分三种情况：第一，与学生的学习和生活紧密相关，如"中学生攀比心理透析""高中生对流行音乐的喜爱""中学生上网情况调查"以及"高一学生语文厌学现状成因分析及对策研究"等。第二，对学生所关心的社会问题的研究，如"对白色污染的研究""对榆中县夏菜尾菜的处理研究"以及"对榆中县建筑房屋的走向采光研究"等。第三，学生对感兴趣的历史文化现象的研究，如"唐诗的山水情怀""中国各朝服饰的特点和发展""浅谈儒家'修身齐家治国平天下'的理念""古代宫廷建筑的演变与发展""神秘的陶器——马家窑彩陶文化再认识"以及"汉字与智慧""《论语》之学习法则研究"等。由此可见，H 中学教师在帮助学生选择课题方面，具有非常广阔的思维。对于这些课题，学生的反应和感受又是怎样的呢？在 H 中学"研究性课题开题报告评价表"中，各课题组同学在"课题立项过程中的感受"一栏中表达了他们参与课题研究的感受和心声。

"古代宫廷建筑的演变与发展"课题组的 S 同学的感受如下。

本组通过讨论研究，最终确立了"古代宫廷建筑的演变与发展"这个课题，在讨论研究的过程中，许许多多的课题都让我们眼前一亮。但最吸引人的还是"古代宫廷建筑的演变与发展"，通过对古代宫廷的初步了解，我们深深地体会到了中华民族历史的悠久和璀璨以及中华儿女的智慧，我们为我们的民族而骄傲，为我们的国家而骄傲。

S 同学选择参与"古代宫廷建筑的演变与发展"课题的研究，是因为"通过对古代宫廷的初步了解，深深地体会到了中华民族历史的悠久和璀璨以及中华儿女的智慧"，一种民族自豪感油然而生，从而产生探究的兴趣。

"《论语》之学习法则研究"课题组的 H 同学对课题的理解如下。

记得在初中时学习的第一篇文言文就是《论语》十则，在那时，是为学而学，重视翻译和朗诵，而没有用心去体会其中的真正含义，现在，我们读了《论语》中有关学习方面的法则，虽然有些翻译还没有完全弄懂，但我们体会到了孔子的崇高思想，现在的我们心浮气躁，老师教过的知识好像都懂了，没有静下心来思考，实际上就是什么都不懂，但是，如果我们都能做到"默而识之，学而不厌"，就可以成功。《论语》是一部经典著作，对于我们来说，《论语》中的学习法则是我们一生都能用的，那么，就让我们一起去感悟孔子的深远思想吧。

从 H 同学的感受来看，她对自己参与的课题有一定的理解，从以前"为学而学"，到现在通过初步对《论语》中学习法则的认识，体会到"默而识之，学而不厌"的深意，得出"《论语》是一本经典著作，对于我们来说，《论语》中的学习法则是我们一生都能用的"这样的理解，从而产生探究的兴趣，也对自己即将参与研究的课题充满了信心。

在"《论语》之学习法则研究"开题报告评价表中，指导教师 B 老师对课题立项进行了以下评价。

学习《论语》，首先要走进经典，通过反复诵读，体会其中意旨，抓住核心，反复品味。其次要择其所需，为我所用，观一知十，领会运用。没有诵读，就没有学习乐趣；没有品味，就没有进步。立项之初，就要将感性认识上升到理性认识。

B 老师是语文老师，他在教学中体会到，高一学生在面对高中科目增加、学科内容和任务繁重的情况时，学习方式和学习习惯很不适应，所以在帮助学生选择研究课题时，他便结合自己所教的学科，为学生推荐了"《论语》之学习法则研究"，希冀学生通过"反复诵读，体会其中意旨"，从而达到"择其所需，为我所用，观一知十，领会运用"的目的，进而促进学生的学习。同时，我们从 B 老师的字里行间可以看出，他对指导学生完成这个课题似乎还有更深的思考："没有诵读，就没有学习乐趣；没有品味，就没有进步。"那么 B 老师希望通过指导学生"诵读"和"品味"，使学生感受什么样的学习乐趣？取得什么样的进步？简洁的语言背后又隐含着 B 老师怎样的教育观念？从这些疑问开始，笔者把对教师观念和教学行为关系的探寻逐渐锁定到 B 老师指导的研究课题上。首先从 B 老师指导课题的选择来源说起。

B 老师指导的课题有两个，除了"《论语》之学习法则研究"以外，还有一个是"汉字与智慧"。显而易见，B 老师指导的课题都与他教授的学科紧密相关。通过调查得知，这两个课题都是 B 老师直接向学生推荐的。对于学生选择研究课题的方式，不同的学校和教师有各自不同的方式，有学生自选式、教师推荐式和师生双向选择式等，课程专家和学者一般不建议学校采用教师推荐式，因为这种方式虽然可以使教师对学生研究的问题做到心中有数，指导容易，但却具有不容易引发学生兴趣，不利于调动学生积极性的弊端。B 老师是 H 中学语文教研组的组长，是语文组研究性学习的最直接管理者，他本人也具有多年的指导经验。那么在课题题目的选择方式上，B 老师为什么选择向学生推荐这两个课题呢？

以下是笔者对"汉字与智慧"课题组的学生就课题题目所做的访谈。

笔者：你们组的研究课题是老师帮你们推荐的，你们对这个课题感兴趣吗？

E 同学：老师对我们说这个课题名称的时候，我开始是抱着玩的态度，后来感觉就越来越有意思了。

笔者：为什么开始会抱着玩的态度，后来又觉得有意思了呢？

E 同学：就是老师在课堂上给我们讲了汉字的发展历史，还有一些繁体汉字的结构和其中的含义，我就对这个课题产生了浓厚的兴趣。

F 同学：研究汉字的智慧，我现在真的感觉我们中国的文字很美的，我现在写字就有那种美的感觉。

笔者：咱们班有些同学的课题是自己选的，那你们有没有想过到高二的时候自己选一个课题去探究？

E 同学：我们刚上高中，对选什么题目真的好陌生，不过，我现在知道什么样的题目有意思了，老师让我们留意生活中的问题，我们写的开题报告老师最后也很满意。

第六章 教师观念和教学行为对研究性学习实施的影响研究 / 177

笔者：那明年老师让你们自己选题的话，你们会有信心吗？

E同学：应该还是有信心的，因为做这个课题的时候就知道了什么样的课题做起来有意思，当然如果是老师推荐的课题，肯定也很不错的。

从以上对学生的访谈中可以看出，F同学对B老师推荐的课题自始至终都很感兴趣，而E同学产生兴趣经过了一个过程，是经过老师对汉字的发展历史、结构、内涵等进行初步的讲解之后，加上自己的思考，才逐渐产生兴趣的。

下面是"《论语》之学习法则研究"课题组的学生关于该问题的看法。

G同学：我们刚开学，老师就让我们背《论语》，每天早读的时候，老师会先把当天要背的部分讲一下，我们通过诵读对其中的含义有了很深的理解。

H同学：研究这个课题，我的收获是对一些《论语》中学习方法有了自己的理解，有些表达我会在作文中有意识地运用，比如"德之不修，学之不讲，闻之不能徙，不善不能改，是吾忧也"等。

G同学和H同学对"《论语》之学习法则研究"这个课题有浓厚的探究兴趣，经过老师的指导，并和本组的其他同学积极配合，最后很好地完成了课题。

调查发现，B老师在向学生推荐课题以前，多次利用早读和上课时间，给学生讲解有关孔子及《论语》的思想等问题，为学生做好背景知识的铺垫。为带领学生顺利地开始课题研究，他让学生进行经典诵读，从而诱发学生探究的动机。由学生的反应和最后完成的情况来看，这两个课题基本符合科学性、需要性、兴趣性和可行性的原则，对于中学生的知识视野拓展和能力提高都很有意义。那么B老师向学生推荐这两个课题，是基于怎样的一种思考和理解？请看笔者就选题问题对B老师进行的访谈。

笔者：请问您为什么会给学生推荐这两个课题？

B老师：我向学生们推荐这两个课题，目的就是想让学生对中国的汉字有更进一步的认识，而《论语》是中国儒家学说的经典之作，我自己对中国的传统文化很感兴趣，很喜欢的，原来我还想推广《道德经》呢，但这个在大众层面上太难了，所以作罢。但为了使学生对传统文化有一定的认识和传承，我就帮他们选了这两个课题。以前有人提出过让汉字拼音化或简化的主张，两会上又有代表提出用10年时间恢复繁体字的建议。这个网络上也有讨论。我让学生发表意见，学生的态度基本上认为简体字简约、方便。可为什么有人又提出要恢复繁体字呢？因为繁体字蕴藏着智慧，而简体字在这方面就稍逊一些。如这个"信"字，就是"信誉"的"信"字，其实就是繁体，意思就是说讲信誉靠人言，这个字曾经被简化为"伩"（B老师顺手写在一张纸上，同时给笔者看），这样信誉就变成靠一张纸，靠协议，靠写在纸上的文字起作用了，这就是说人们说话已经不算话了，人们的道德在下滑。可见繁体字，是有智慧在里头的。还有，使用汉字是可以开发大脑的……

笔者：请问您以前指导学生研究的课题，有没有学生自己确定的？

B老师：那当然也有的，我们以前，最开始的时候，都是孩子们自己选。比如选择茶文化、酒文化的居多，这些也都不错。这次选题，我就想和目前的语文课程改革更接近一些，也可以更多地涉及一些社会讨论话题，有利于传统文化的传承。

从以上B老师对选题原则的思考中，我们可以洞悉他深层次的教育观念。一方面，B老师本身对中国的传统文化有着浓厚的兴趣和深刻的理解，基于想通过自己的力量在学生中传承优秀的传统文化的信念，他为学生推荐了和传统文化有关的两个课题；另一方面，选择和自己所教学科紧密相关的课题，可以在进行语文教学的同时适时地对学生进行研究内容和方法方面的指导，以进一步提高学生的探究兴趣并加深对传统文化的认识。

以上通过对H中学2011级高一学生完成课题的内容分析，可以看出H中学教师整体在指导学生课题研究中所持的课程内容观，这些课题注重智慧养成和思维发展，内容范围能够向学生整体的生活世界开放，并充分利用 H 中学已有的课程资源以及所在地区所具有的地域特点的课程资源，形成了有地区和学校特色的研究性学习内容体系。

（二）课程目标凸显和生成：体现人文精神的发展取向，重视学生的感受、体会和点滴进步

《指南》对研究性学习的培养目标，从知识目标、能力目标和情感目标三个方面进行了规定。研究性学习强调对所学知识、技能的实际应用，更注重学习的过程和学生的实践与体验，但研究性学习的内容和形式具有多样性，要求每一项探究活动都能面面俱到地落实《指南》所述目标的每一个方面、每一个层次是不现实的，而教师根据课程实施的具体条件和可能有所侧重才是必然与合理的。

H 中学的教师对研究性学习目标有着怎样的理解？在课程实施中，根据不同课题的内容和学生的特点，他们又是通过怎样的指导策略凸显这些目标的？对这些问题的洞察，有助于我们探析教师的教学行为和深层观念之间的关系。

下面仍然以"《论语》之学习法则研究"和"汉字与智慧"这两个课题的开展情况为例来分析。对于 B 老师指导的这两个课题，学生根据自己的理解和老师的引导，对研究的具体目的心里逐渐有了清晰的认识，这在开题报告中也呈现了出来。而教师对指导学生完成课题更多的是从学生发展的更深远的角度理解其意义，从而确定指导目标的，那么 B 老师对他指导的课题有怎样的目标愿景呢？

B 老师：我的预期目标开始时比较高，希望学生对汉字的认识很充分，有很深的体会。现在我感觉他们对字形、字义的智慧能体会出来，但对更深层次的东西还是体会不出来。汉字是咱们中国文化的瑰宝，不仅是用来表情达意的符号，而且是中华文明、中国人智慧的结晶。像《论语》，你不断地诵读、体会，就会感受到其中的意旨，这就是中国国学的博大精深。研究这个课题，是希望能开启学生的智慧，远离一些浮躁。

显然，B 老师对指导学生进行课题研究更偏重情感目标，希望学生对汉字的认识，"有很深的体会"，而不仅仅停留在对字形和字义的浅

层了解上,对字形和字义的了解是知识层面的,虽然开展研究性学习对学生的知识视野有扩展,但从 B 老师常常给学生讲汉字的发展历史,引导学生分析一些汉字的结构和内涵来看,他并非不注重知识目标,但他更深远的追求是希望学生通过对汉字的发展历史的认识,对《论语》等国学经典的诵读,体会中国优秀的传统文化的精髓,达到"开启学生的智慧,远离一些浮躁"的"更深层次"的目的。

那么 B 老师在指导过程中是通过怎样的凸显策略来逐渐接近他所期望的这些目标的?我们来听听学生的体会。

笔者:刚开始做课题,B 老师对你们抱着什么希望?

F 同学:我觉得 B 老师特别重视研究性学习,很希望我们能从中得到收获。

笔者:B 老师为什么特别重视研究性课题?他希望你们得到什么收获?

F 同学:他不会像一些老师那样特别注重分数,他说,如果只是为了提高成绩,就太功利了,通过诵读经典、研究经典,他希望净化我们的灵魂,让我们的心灵变得美好。

E 同学:B 老师比较喜欢我们国家的传统文化,他很希望我们对传统文化的认识加深一些。

笔者:在研究过程中你们的老师还关注你们哪些方面的表现?

I 同学:同学之间的团结合作。刚开始时老师讲了分工合作的重要性,要求小组同学明白自己的任务和目标。老师说不分工的话,有些人便没有责任心,不知道自己的任务,也体现不出自己的价值,所以老师希望我们有合理的分工。

J 同学:老师特别强调的不是只做出最后的书面报告,而是更注重在过程中真正体会到汉字的智慧,要真正热爱我们自己的语言。

从以上学生的访谈记录里可以看出,B 老师对课程目标的凸显策略显现出这样几个特征:第一,以自己对传统文化的兴趣和认识,去感染和影响学生,从而期许学生"对传统文化的认识加深一些";第二,以塑造学生美好心灵的教育价值观引领自己的教学行为,把语文教学和指导学生进行课题研究结合起来,从而希望达成"开启学生的智慧"的研究目的;第三,B老师在注重情感目标的同时,也注重研究过程中学生的能力培养。除了合作交流能力,在后面的内容中,我们还将谈到他在指导学生整理和分析资料以及提高学生发现问题和解决问题的能力等方面的策略。

以上对B老师凸显课题研究目的的策略考察,彰显出他对研究性学习目标的深层理解。在指导学生进行课题研究中,根据课程实施的具体条件和可能,以及课题内容和学生的特点对课程目标有所侧重,既重视研究成果,又重视学生的感受、体会和点滴进步,以达成研究性学习"表现性目标"和"生成性目标"的实现。

(三)研究方法选择和指导:根据研究内容的特点和研究目的指导学生合理选择研究方法,重视研究方法指导,提升学生自我学习的能力

在研究性学习实施中,有效的研究方法指导对学生顺利地完成研究课题、实现研究目的、变革学生学习方式至关重要。学生课题的研究方法,根据课题的特点及条件,主要有文献法、史料研究法、问卷调查法、观察法、访谈法及实验法等。那么,在研究方法指导方面,H中学教师又是怎么做的呢?

仍以"汉字与智慧"课题的研究为例。经过学生讨论,课题组最后确定的研究方法是文献法、史料研究法及访谈法。从以下就研究方法问题对学生进行的访谈里,我们来了解B老师对学生的具体指导情况。

笔者:对于完成你们这个课题所用的研究方法,如"文献法""访谈法"等你们有什么认识?

I同学:一开始我们以为文献法太简单了,就是下载网上的资料而已。

J同学:一开始我们下载了好多资料,有20多页,资料比较杂乱,因为是第一次做文献分析,不懂搜集资料和梳理方法,请教了老师后,按照老师讲的修改意见和方法对初步的文献整理做了修改。

J同学:老师给我们讲了梳理的思路和方法,就是从汉字的起源、发展、含义、智慧体现以及与中华传统文化的关系等方面,整理消化这些资料,根据这个线索,学习、思考、总结自己的体会和感受。

I 同学：老师向我们推荐了两个课题报告，通过阅读学者的研究成果，我们获得一些启发，形成了自己的观点，在结题报告的最后一部分，我们用"汉字的奇迹"作为总结，得到了老师的肯定和赞扬。

"文献法"是进行科学研究的基本方法，没有搞过科学研究的人，大多会认为文献法就是上网随便下载资料，动动鼠标而已，所以一开始学生同样以为"这个最简单了"。但当纷繁庞杂的资料堆积到面前的时候，学生大概就会被困在网中央，而迷失真正的研究目的了。当学生有困惑的时候，B 老师给予学生及时和有针对性的指导，一方面帮助学生理清思路和明确研究目标，从汉字的起源、发展、智慧体现以及与中华传统文化的关系等方面分析和整合资料，加深学生的理解。另一方面，为学生提供了两个课题报告，分别是熊春锦的《慧性图文思维教育》和周有光的《语文闲谈》，给学生的思维以很大的启迪。"《论语》之学习法则研究"课题组的同学同样在访谈中提到 B 老师对他们研究方法的指导。B 老师向他们介绍了"《论语》全选全译"等相关书籍，推荐学生上中国国学网等较权威的网站搜集资料，还建议学生到他的一个朋友的博客空间看看。学生在他朋友的博客空间，看到历朝历代的书法大家书写的各类国学经典作品，受到深深的震撼，开始对中国的国学经典和传统文化产生兴趣。由此可见，B 老师在研究方法指导方面，特别注重培养学生有针对性的搜集、分析和整合资料的能力，他自己的学养、他拥有的资料、他的朋友都成为学生可以利用的有价值的课程资源。

"文献法"是学生完成研究性学习课题首先需要掌握的研究方法，教师可以通过指导学生充分利用网络资源，获取主要的相关文献，培养学生搜集、整理和分析信息资料的能力，提升学生的信息素养。本章对研究性学习课程资源方面的问题调查显示，从教师和学生对网络资源的利用来说，仍然存在着一些问题，如一些教师搜集和分析应用网络信息的能力欠缺，不能对学生利用和整合网络信息的能力进行有效的指导；教师的工作负担沉重，没有充裕的时间对学生进行指导，致使很多课题研究成为网络资料的堆砌，学生整合分析资料的能力难以提升，同时也容易引发抄袭的陋习等。相对来说，H 中学教师结合课题的具体特点指导学生进行网络信息资料的整理、分析，对学生掌握基本的研究方法进

第六章 教师观念和教学行为对研究性学习实施的影响研究

行有的放矢的指导，提升了学生对研究问题的深层认识。

（四）开题和结题报告（论文）撰写的指导：教师作为促进者和帮助者，为学生提供方法和策略指导

B老师指导的两组课题都是学生上高一后第一次接触的研究性学习课程，虽然经过老师对研究内容的讲解，他们对课题有了一定的兴趣，但对课题研究的目的和意义还很模糊，更不会设计研究方案，也不会写开题报告。经过B老师的指导和小组成员的共同努力，学生完成了开题报告，并得到了老师的肯定。那么在这个环节里，B老师又是怎么做的呢？请看"汉字与智慧"课题组同学的说法。

E同学：在确定题目的时候，老师对研究内容的价值和意义做了讲解，但是具体的研究目标和步骤，老师让我们自己讨论，自己确定，要求尽量具体可行，符合我们的能力。经过讨论，我们按照对文献初步的阅读理解，确定出具体可行的目标。

"汉字与智慧"课题组同学最后写出的开题报告较为规范，其中课题背景部分如下。

在世界的文字"百花园"中，各国文字争奇斗艳，五光十色，多姿多彩，它们都分别体现、承载着本国的传统文化。在这"百花园"中，中国的汉字是极其富于智慧的。因此，我们决定研究"汉字与智慧"。

课题的目的和意义如下。

学习汉字文化可以使我们从圣贤先辈那里汲取无穷的智慧，以及了解它们的形成过程与发展；汉字见证了远古到现代中国文化发展的点点滴滴，它凝聚了中国人民的智慧；身为华夏儿女，作为学习汉字长大的我们，有责任和义务去了解和开发汉字与智慧的关系，更要有信心去推广和发扬汉字的智慧。

由学生的访谈和他们所书写的开题报告的部分内容里可以看出，学生起初对书写开题报告感觉困难直到最后顺利完成，并得到老师的肯定，经过了一个逐渐学习和不断思考的过程。在这个过程中，B老师在可能的范围里为学生创设课题研究的问题情境，并讲解研究的内容，给学生思考的空间，在宏观上给予学生一定的指导。虽然学生最终确定的目标还不够聚焦，但已有的思考和对这些问题理解的背后，一方面显示了高中生逐渐走向成熟的思维和语言，另一方面B老师的指导策略也显示出他作为学生课题研究的促进者和帮助者的角色意识。

学生书写开题报告对他们有效的开展课题研究是一个挑战，但这还不是最艰难的。当学生搜集到较为充实的资料，对研究的问题有了初步的认识和结论的时候，最后需把研究结果整理为一定的结题报告或论文，这时候真正的挑战就来了。研究性学习强调培养学生搜集、分析和整合信息的能力，教师指导学生书写结题报告，也就是培养学生分析和整合信息的能力。

分析"汉字与智慧"课题组同学书写的结题报告，发现学生对问题的表述清晰，结构层次紧凑，行文格式规范，对于学生的课题研究来说，算得上是一份较为成功的结题报告。在学生完成这份结题报告的过程中，老师起了怎样的作用呢？

F同学：我们开始以为写的越多越好，显得我们研究成果多。

E同学：老师对我们初稿提出的意见是，材料搜集堆砌得太多，缺乏提炼和组织。老师和我们一起梳理、整理资料，形成了一个比较清楚的线索，最后我们的结题报告基本按照汉字的起源和发展脉络、结构和内涵、蕴藏的智慧以及与传统文化的关系这样一个思路组织材料。

E同学：老师要求我们表达时前后关系要有照应，注意用重要的材料进行观点的印证，材料要有典型性和代表性。表达自己理解的、有价值的东西。对每个问题都要用自己的话总结，体现自己的想法和思考，只有这样，研究才有价值。

F同学：老师还对格式做了要求，推荐了以前学姐学哥们完成的课题报告，通过参考，进一步清晰了各段落之间的层次关系。

第六章　教师观念和教学行为对研究性学习实施的影响研究　/　185

在B老师接受访谈的时候，他也谈到对于学生结题报告书写中材料组织和行文格式的指导问题。

B老师：学生开始写的开题报告和结题报告，往往就是各种材料的大拼盘。学生的研究很认真，搜集的材料也很好，就是没有组织好，结构比较松散。他们的结论都是自己的理解，很有价值，但这些结论基本混在材料中间，看不出来。这就需要一个训练过程，训练不是帮他们修改而是和他们一起修改，或者先给他们讲方法，提供一些范例。学生完成结题报告的过程，就是学习的过程。

书写结题报告，对学生来说，意味着怎样总结他们的研究体会，呈现他们的研究成果，这对激励他们进步至关重要。B老师对学生初步写成的报告，从材料组织的方法、行文格式的规范，还有内容之间的逻辑关系，都给予了有的放矢的指导，学生修改之后所呈现的结题报告，内容生动，层次清楚，在学期末的学校研究性学习成果展示中获得优秀奖，这是对学生所付出的汗水的最好奖励。

从以上B老师指导学生书写开题报告和结题报告的相关策略中，可以看出，对学生研究过程的重视和具体指导，有助于学生学习能力的提高，并促使学生学习方式的真正变革。

（五）问题意识和能力的培养：凸显学生主体地位，帮助学生在解决问题中获得进步和发展

学生在研究课题中总会遇到各种各样的问题和困惑，这些问题和困惑如果不能得到及时和有效的解决，势必会挫伤学生的积极性，进而影响课题开展的效果。B老师指导的学生也遇到了问题，那么这些问题是否得到了有效解决？B老师在帮助学生解决问题的过程中起到了哪些作用？

在分析学生的研究性课题记录袋资料时，笔者发现在一份"汉字与智慧"课题组的小组讨论记录中，记载了学生对活动中出现问题的探讨。针对其中的某些问题，笔者对学生进行了深度访谈。

笔者：在小组讨论记录中，记载了对活动中出现问题的探讨情况，

如第三个问题:"在研究问题之前小组成员对汉字智慧没有深层次了解,致使探讨过程中出现争执,花了大量的时间。"能具体谈一谈你们探讨这个问题的情形吗?

F同学:在课题研究之前,很多同学对汉字只有简单的理解,对汉字中所蕴含的智慧体会不出来,因为认识上有差异,所以讨论了很长时间。

笔者:大家理解有差异,那么这时候你们是不是心里有点焦虑?怎么解决这个问题?

I同学:有些同学认为繁体字书写麻烦,学起来也比较费时间,他们对其中的含义没有深层次的理解,所以只是觉得书写麻烦。有些同学认为繁体字蕴藏着智慧,大家意见不统一,最后我们请教老师。老师比较有权威,他让我们多看资料,要拿出证据,最后我们通过查阅资料,搜集证据,老师组织我们进行主题辩论,我们查了很多东西,在辩论的时候大家把对方都说得心服口服的,我们对汉字的认识更进了一步。

从以上的访谈记录里可以看出,B老师帮助学生解决问题的策略并不是直接告诉学生答案,而是给学生指出可能的解决方法或思路,虽然B老师在学生心目中"比较有权威",但他并不滥用这种权威,而是将其转化为对学生能力的信任,通过适当的引导和合理的建议,使学生的分歧和困惑,通过进一步的学习和交流得到解决。"我们查了很多东西,在辩论的时候大家把对方都说得心服口服的",意见的交汇、思想的碰撞、理性的批判,升华了学生的认识,也增强了同学之间的感情。这种收获和成长正是研究性学习所追求的价值所在。在就这一问题对B老师进行访谈时,他谈了如下观点,从中我们可以看出B老师对研究性学习价值的理解。

B老师:学生争论繁体字和简化字,比较各自的优缺点,他们的意见肯定不会统一。对这个问题目前学术界也在讨论,所谓智者见智仁者见仁,每个人都有自己的看法,这个世界才是多元的。但要说服别人,就得有充分的证据。我就让学生各自多找材料和论据进行论证,通过充分的讨论和辩论,进一步加深认识,同时也要求他们有宽容的态度,要能接纳不同的观点。在互相交流的时候,知识在丰富,思想在碰撞,这正是我想要的结果。

从 B 老师的言谈中可以体会出,他"想要的结果"是什么。在学生的意见出现分歧的时候,他教给学生用一种宽广的心胸和思维对待生活中不同的意见,同时又鼓舞学生,只有更深入地学习和思考,交流和讨论,才能加深认识,扩展知识视野,更好地进步和成长。学生也许并不能体会 B 老师对他们的期许,但他们一定会逐渐接近一种虚怀若谷的境界,而这种境界既是学习做学问的境界,更是学习做人的境界。

研究性学习强调培养学生发现问题和解决问题的能力;培养收集、分析和利用信息的能力;使学生学会分享和合作,并获得亲身参与研究探索的体验。[①] 这些培养目标并不是大而宽泛、难以实现的课程专家的理论愿景,而是处于课程实施核心的教师正在践行和最终将会达成的现实。B 老师把学生作为学习探究和解决问题的主体,重视学习方式的培养,体现了他引领和帮助每个学生健全发展的教育价值观。

(六)评价方式选择和学生自评指导:过程评价和主体评价相结合,注重对学生参与、收获以及反思总结能力的培养

评价是研究性学习课程实施中的重要环节。评价的内容和方式必须充分关注学习态度,重视学习的过程与方法,重视交流与合作,重视动手实践。[②] 那么 H 中学的教师对学生的课题体现的是什么样的评价理念呢?

在每组学生课题的档案资料袋里,都有几份形式不同的评价表,如开题报告评价表、活动记录与自我评价表、社会家庭反馈评价表、指导教师(或学校)评价表等,涵盖了课题开展的各个阶段,评价主体包括学生、课题小组、指导教师与学校以及社会和家庭等多个层面,从评价内容来看,学生的感受和体会、研究方法和态度、学习习惯和价值观、成果报告等占到一定的权重。这些评价表的设计表明了 H 中学课程管理者先进的评价理念,那么对学生的发展起到了什么作用呢?以下

---

① 教育部编制:《普通高中"研究性学习"实施指南(试行)》,2001 年 4 月。
② 同上。

记录来自于"《论语》之学习法则研究"课题组的学生自我评价表，从中可以了解学生的体会。

  这次活动使我们感触很多，我们体会到了《论语》的博大精深，认识到了孔老夫子的崇高思想，了解了孔老夫子的学习方法，我们深深地被《论语》所吸引，《论语》中的学习法则，对我们有很大的帮助，尽管我们还不能完全体会。本次活动充实丰富，但开展过程有些杂乱，有些同学不积极主动参与，希望我们都能参与进来，一同体会《论语》的学习法则。

  在同一张自我评价表上学生做了活动内容的记录，活动的主题是："探究《论语》中关于学习方法、态度等的论述"，活动方式和过程包括"诵读、品味和分析"。从学生的自评中可以看到，她能较为客观地记录自己的收获和体会，即使"不能完全体会"，但仍然"深深地被《论语》所吸引，《论语》中的学习法则，对我们有很大的帮助"，同时有同学对同组的个别同学没有主动积极地参与这次活动而感到遗憾。这种对参与小组活动的自评，客观、具体、真实，表明了学生一定的自我总结和反思能力。

  除了自评外还有互评，请看"神秘的陶器"课题组的同学在活动结束以后，对小组同学的表现所做的评价。

  李天山在课题研究的过程中，积极主动地投入进来，能够发挥自己的写作能力，为本组的文字性结论做了完美的收笔。石哲铭在社会调查中能够利用自己的优势，走访多位专业人士，认真积极地组织材料，查阅资料，工作量大，完成良好。

  因为李天山和石哲铭利用自己的特长，在小组课题研究中做了更多的工作，为小组顺利完成课题起到了较为关键的作用，所以小组同学对他们的表现给予较高的评价，在小组评价表中，他俩得了最高分。

  通过和"神秘的陶器"课题组的同学进行深入交流，研究者了解到教师指导学生进行自评、互评的具体情况。

笔者：我看到你们的小组评议表中，有些同学的分数高，有些较低，你们在互相打分时有依据吗？

J同学：老师提前讲过，一个是积极的态度，这个最重要，另外就是参与的程度。因为有学分要求，那些开始时参与不太积极的同学，要给予他们一定的帮助。比如我们最后做展板呈现时，有绘画特长的同学负责展板的设计。

由此可见，学生在进行互评时，需协调各种关系，对那些表现不积极的同学，要给予他们具体的帮助，要让他们感觉到自己的努力对集体的价值。学生在这样的氛围中，能够感觉到学习做研究的乐趣，同时提高了合作交流的能力。在这个过程中，指导教师——CH老师注意调动每个人的积极性，并给予适时的建议。

CH老师：学生的能力其实是很强的，我们要相信学生，你只要提醒一下他们，就是给他们一个方向、一个建议，怎样如实客观地评价自己，评价别人，他们就会一起讨论，一起发表意见，根据各自的表现和实际参与的程度给出一个大家认可的结论。

分析H中学各种不同课题的评价表，可以看出，学生对研究过程中小组的每次活动都进行了详细真实的记录，包括活动的内容、形式、遗憾和不足，以及小组同学发表的意见、收获和体会等。同时，老师也为学生的每次活动进行总结，对学生的自评进行点评，给学生一定的鼓励和适时的建议。多数教师对学生的评价主要不是关注结果，而是注重过程中学生的参与和收获，教师适时的鼓励和建议为学生后续的活动提供了改进的依据，而学生的自评成为学生成长和进步的见证，也隐含着指导教师的理念和智慧。

二 教学行为变革的核心因素：教师变革动力

以上是笔者对H中学实施研究性学习的过程所进行的追踪和回溯，在这里，学生完成的课题题目具体是什么并不重要，重要的是当我们把它放在新课程改革这个脉络里,放在每个教师专业发展过程中来看的时候,其意义就会浮现出来。正如现象学大师胡塞尔所说,即使你在海边随意拣一枚贝壳,你也是有理论的,你为什么拣这枚,不拣那枚呢?是因为你对什么是好的贝壳有自己的理论。[1] 教师指导学生完成的课题题目和指导过程显现着教师的教育行为,而在深层次上往往承载着教师实际的教育观念,以及他们的认识水平及变革动力。下面我们以 H 中学 B 老师的指导实践为例,探析教师的教育观念转化为教学行为的核心影响因素,即教师变革动力。

(一)教育观念:启迪性灵、陶冶性情、激发生命感和价值感

B 老师是有近 20 年教龄的语文老师,长期的教育教学实践和担任研究性学习指导教师的经历,使他对自己的教学和当前的课程改革,以及研究性学习的价值有深入的理解,当问到对其教育教学的理解时,B 老师谈了以下认识。

B 老师:语文教育的价值在于它是心灵的教育,是阳光的教育,而不只是让学生记住几个字词。在传统的语文教学里,学生体验到的往往不是生活的乐趣,大自然的美妙,而是支离破碎的文字,永远写不完的作业。语文学习哪有什么乐趣与美感可言?教学的改革,就是回归语文的本真和朴实状态。我们的语文应该是丰富学生心灵,让学生体会美的,语文教学要训练字词、教授语法,但语文难的不是字词,而是对人生的感悟。最近学生学郁达夫的《故都的秋》,我的目的就是通过文本的阅读,让学生体会到自然之美和作者爱国爱家的情怀之美,而文字的作用就是作为一种表象,作为一种传情达意的工具体现它的魅力。所以语文教学的价值,一定要立足于学生活泼生动的生活,要在学生的心灵上引起震撼,激发生命感和价值感,要达到心灵的层次,进行性灵的启迪,性情的陶冶,甚至改变气质和形象,达到古人所说的"腹有诗书气自华"的境界。

---

[1] 转引自赵明仁《教学反思与教师专业发展——新课程改革中的案例研究》,北京师范大学出版社 2009 年版,第 127 页。

B老师基于多年的教学体会，对传统的语文教学进行了深度反思，认为语文教学要从分析"支离破碎的文字"和"永远写不完的作业"中解放出来，融汇和体现"心灵的教育"和"阳光的教育"的真谛，重构"启迪性灵、陶冶性情、激发生命感和价值感"的语文教学价值观。这种对教育价值的深层理解体现在其教育实践中，生发出积极的教学行为。

（二）教学行为：重视价值观引领、培植高尚情趣、注重引导探究、彰显主体精神

B老师在教育实践中追求"启迪性灵、陶冶性情、激发生命感和价值感"的教育价值观，反映到他的教学行为中，就实施研究性学习来看，主要体现在以下几方面。

第一，从研究目的来说，注重感受和鉴赏能力的培养及价值观的引领。学生通过课题研究，对汉字的发展历史和所蕴含的智慧有了深层认识，通过对《论语》等国学经典的诵读和理解，体会到中国优秀传统文化的博大精深、源远流长。教师的有效指导陶冶了学生性情，提高了道德修养水平，达到了追求高尚情趣、"开启学生的智慧，远离一些浮躁"的目的。

第二，从课题内容选择来说，注重引导学生的学习兴趣，开阔知识视野。B老师本身对中国的传统文化有深刻的理解，因此基于想通过自己的力量在学生中传承优秀传统文化的信念，为学生推荐相关的探究课题，培养学生对传统文化的浓厚兴趣，开阔知识视野。

第三，从教学方式来说，注重引导探究。为接近和达到研究目的，B老师从帮助学生扩展知识视野出发，常常给学生讲汉字的发展历史，帮学生分析一些汉字的结构和内涵来提升学生的认识。通过细致的过程指导，提供相关的参考书籍，指导研究方法和论文书写等环节帮助学生顺利完成了课题研究。

第四，从课程评价来说，彰显学生主体精神，关注过程评价和主体评价的意义。重视对学生的自评、互评等方面的指导。

在整个指导过程中，不仅使学生的合作能力、解决问题的能力以及搜集资料和整合资料的能力等得到了一定的发展，而且学生通过课题研究，体会到中国优秀传统文化的精髓，增强了民族自信心。虽然B老

师坦言，课题开展的实际效果与他最初希望"开启学生的智慧，远离一些浮躁"的"更深层次"的目标愿景还有一定的距离，但这样的研究性学习之旅，毋庸讳言，在启迪学生性灵方面，意义更为深远。B 老师对学生课题的指导过程，折射出其对研究性学习价值的理解，这种理解所蕴含的教育理念，和他对语文教育价值的理解是一致的。

B 老师：老师的作用就是要帮助学生打开思路和建构知识，就是激发他们的兴趣，激发其生命感、价值感。新课程以人为本，人是什么？人是有生命感和价值感的，所以要欣赏鼓励学生，好孩子是夸出来的。他们的课题做得好有好的夸法，做得简单有简单的夸法。学生的表现得到欣赏和鼓励，他们创新的潜能慢慢就会被激发出来。现在的学生缺乏的就是创新，整个中国的教育都缺乏创新，所以新课程就是要倡导创新，研究性学习倡导创新，必须通过课堂教学改革来培养学生的创新意识，体现创新教育的意义。

B 老师认为，关于开展研究性学习就是"帮助学生打开思路和建构知识，就是激发他们的兴趣，激发其生命感、价值感"；要利用各种机会欣赏鼓励学生，无论支持条件好坏，都要通过优化课程资源取得成效。"研究性学习倡导创新"就是"新课程以人为本"的体现，他通过不断的思考和积极的践行，将这种理念内化为自己的教育信念，不但成就了学生，也成就了自己。

在以上的分析中我们看到，B 老师指导学生进行课题研究的具体教学行为所反映出的教育观念，和 B 老师所信奉的观念是基本吻合的，即 B 老师的使用理论与其信奉理论具有一定的一致性，由此引发了积极的教学行为，促进了研究性学习的有效实施。那么面对课程改革的复杂性和缺乏课程支持的现实情境，B 老师是怎样达成这种一致性的呢？要讨论这个问题，我们必然会思考影响教师教学行为，继而影响课程实施的一个核心因素，那就是教师的变革动力。

（三）教师的变革动力：秉持教育理想、用理论引领实践和学习反思的专业自主发展

"教师是教育变革和社会进步的动力。"富兰认为，变革的动力就

第六章 教师观念和教学行为对研究性学习实施的影响研究 / 193

是"对变革的本质和变革的过程具有自觉的认识,那些善于变革的人对于变革的部分不可预测和变化无常的特点颇具慧眼,而且他们明确地关注找寻想法和能力,以应对和影响走向某种理想目标模式过程中的更多的方面。而且一旦开始行程,他们容易发现新的目标。"① 从 B 老师实施研究性学习过程中显现出的教学行为和深层次上所承载的教育观念里,我们可以探寻其在新课程改革中所具有的变革动力之源。

1. 教育的理想:人类生存的终极关怀

对教师变革的动力之源,我们将从"理想"这个话题说起,这个对多数人而言,已经渐渐尘封或湮没于繁复生活的词语,在 B 老师的视野中,却是他持续保有工作激情的精神支柱。

> B 老师:作为老师,我认为要有理想,这个理想我说得大一点,就是要关心人类生存的终极命运,在现在这样一个经济社会里,一些老师也开始随波逐流,但是,如果老师不去思考这个问题,那么这个社会究竟是在进步还是在倒退?所以老师在心里要悄悄地想这些问题。以前的文人,像范仲淹、欧阳修等,"先天下之忧而忧,后天下之乐而乐",心里想的是家国天下和老百姓。他们都有宽广的胸怀,思考这些问题是一种责任、一种担当。现代社会人心浮躁,现代的文人,我们现在叫学者,包括老师,都不想这些问题了,老师的劳动,在内心深处最让人崇敬的一面,就是想家国天下。老师要提升自身心灵的高度,发现自己的不足,不断地学习,谦虚地学习,谦虚就是不固执,如果固执了,就难以开拓和进取,难以接受不同的思想,就是朱熹所说的,"虚心涵泳,切己体察",找寻各种想法和做法,实现教育的价值。所以我常对孩子们讲,学习是一个人一生的习惯,要不断谦虚地学习,提升精神境界。

"教育具有一种道德上的目标",这就是"使各种背景的学生的一生发生变化"。事实上,在许许多多的教师那里,都存在着为什么而工作的目标问题,许多处于萌芽时期的目标在"不可预测和变化无常"

---

① [加]迈克尔·富兰:《变革的力量——透视教育改革》,中央教育科学研究所、加拿大多伦多国际学院组织翻译,教育科学出版社 2004 年版,第 18—19 页。

的变革中得不到发展，那些具有明确的目标观念的人则会遭受挫折。因为我们所处的现实是，"一方面，教育创新和改革的不断出现与不断扩大，而另一方面，我们有一个从根本上说是保守的教育系统，教师的培训方式，学校的组织形式，教育层级的运作方式以及政治决策者对待教育的方式都容易导致维持现状和难以变革的制度"①。教师被裹挟在一个不断要求更新理念同时又缺乏必要支持的现实处境里，因而，在许多为着"学生的一生发生变化"的目标，抑或说是一种愿景渐渐被压抑和埋没的情况下，教师们开始随波逐流。"我个人努力有什么意义？""我没有办法"，所以，理想湮没，目标迷失，愿景夭折，教师的工作只为达到校长的愿景，就是为提高学生分数而呕心沥血。然而，在具有变革动力的教师那里，"理想"一词代表了生命中最生动、对人生最美好的向往和最深刻的眷恋，以强劲的生命力照耀着教师的教学生活，引导教师在面对新课程改革的要求和缺乏课程支持的现实处境中，去"寻找想法和做法"，以接近其心目中的目标和愿景。这一点在 B 老师那里得到了印证："老师的劳动，在内心深处最让人崇敬的一面，就是想家国天下。老师要提升自身心灵的高度，发现自己的不足，不断地学习"。B 老师就是通过"谦虚地学习""寻找想法和做法"来逐渐实现一些更为现实的目标，从而很好地诠释了"理想"之于教师工作的意义。

让我们来看这些具体的目标是什么。

B 老师：我们传统的基础教育比较重视现代科学知识，而人文教育比较缺乏，这几年国家的经济实力有了很大的发展，但人的文化素养、道德水平有所滑坡，因此，我认为，解决的途径就是通过教育传承和弘扬自己优秀的传统文化，以进一步加固中华民族赖以生存发展的根基。所以我就一直强调让孩子们多读经典。中华经典，有无穷的含义，很多论述和思想直探人性本源，多读一些，可以增长智慧。新课程改革，最好的一点是可以激发出老师的创造性，所以现在我通过课堂教学改革，

---

① ［加］迈克尔·富兰：《变革的力量——透视教育改革》，中央教育科学研究所、加拿大多伦多国际学院组织翻译，教育科学出版社 2004 年版，第 9—10 页。

在课堂上逐渐进行尝试,慢慢渗透优秀的传统文化的思想,这就算我为学生做了一点点事情。研究性学习对课堂教学是很好的补充,孩子们可以系统地集中一个主题自己做探究,比如研究《论语》,探讨汉字的智慧等,学生通过讨论,查资料,整理总结,提高认识。在常规课堂教学中,我们把经典诵读也常规化了。当然,诵读不是目的,重要的是,通过对这些经典的学习能够逐渐地领悟传统文化的精髓,像"爱国""孝亲""诚信""谦逊""自律""勤奋""节俭"等,并能够把这些有价值的思想创造性地应用到当下的学习和生活中去。有的学生说,读《论语》读着就感觉孔子真是伟大,其中很多道理是他们一生都能用的。

在 B 老师眼里,通过指导学生完成与传统文化有关的探究课题,或进行课堂教学改革,使他一直想弘扬优秀中华传统文化的愿望得以更好地实现,虽然实际效果与他的期望有一定的差距,但已经取得的一些成绩已足以激励其心志,在通往理想的教育之路上前行。教育之"道德上的目标"在 B 老师那里,是他在心里"悄悄想"的"要关心人类生存的终极命运",在行动上,就是"找寻想法和做法",在学生中弘扬中华优秀的传统文化,感受中华国学经典的博大精深,开启学生的智慧,从而在更深的层次上培育"爱国、孝亲、诚信、谦逊、自律、勤奋、节俭"等优秀的品质。

"创造一种愿景可以促使我们赞成理想的未来",它表明我们对现实的失望,把我们与未来的愿景联系起来。正如富兰所言:"我们不应该认为愿景是只有领导者才有的东西,这不是一个不着边际的概念,它的产生使我们认清作为教育工作者什么才是重要的。"[1] 事实上,有许许多多像 B 老师这样以启迪学生性灵和开启学生智慧为愿景,为学生的发展做了"一点点事情"的一线教师,他们的努力表明了这种直达学生心灵的"道德目标"对今天正在进行的课程改革的价值和意义。

---

[1] [加]迈克尔·富兰:《变革的力量——透视教育改革》,中央教育科学研究所、加拿大多伦多国际学院组织翻译,教育科学出版社 2004 年版,第 20 页。

2. 理论的引领：只有操作才有提升

和大多数教师一样，B 老师对研究性学习的理解事实上也经历了一个试误、困惑的阶段。在来 H 中学之前，B 老师一直在县小学和中学工作，2003 年来到 H 中学后，才真正接触了研究性学习。初来乍到，B 老师以前没有任何指导经验，又错过了学校培训的机会，所以刚开始很生疏，才开始找书看，观察别人的实践。第一次指导学生做课题的体会，用他自己的话说，就是"捣糨糊而已，自己都糊涂着呢，算是无疾而终吧"。对这一次失败的体会 B 老师归结为"缺乏学习，别人的做法毕竟是别人的，学科不一样，题目不一样，你自己得有想法，才能借鉴别人的"。为此 B 老师翻阅了大量的相关书籍，对研究性学习的基本理论有了一定的了解，也看了很多的案例。B 老师在以后的指导过程中，通过逐步尝试，不断地反思和总结，不但在指导学生课题研究方面的能力持续提升，而且这种指导能力同时又迁移到其学科教学中，使其学科教学能力也发生了积极的变化。这种变化，B 老师把他归结为理论的引领。

B 老师：理论的学习很重要，理论是前瞻性的，但是只有操作才有提升。理论是一般性的原理，有普遍的道理在里边，所以在实践中，你就要多反思和总结，对照理论去总结，理论是引领你的思考方向的，是帮助你形成思想的东西。以前我把教学技巧看得很重，总是琢磨怎么操作，观摩别人的课也是看别人的教学设计怎么新颖，怎么引入才生动，但现在，我对教学问题思考更多的是其现象背后的理论方法，然后对照着去反思自己的行为。通过思考理论问题，你就不会固守着一些陈旧的模式。所以，理论有时候看上去好像不能直接有效地帮助我们的教学，但它是引领实践的；如果老师不从理论上思考现实的问题，那视野肯定是受制约的。

在 B 老师看来，一方面，理论是引领实践，"引领你的思考方向""帮助你形成思想的东西"，所以，在教学技巧逐渐成熟之后，他"思考更多的是其现象背后的理论方法，然后对照着去反思自己的行为"，以提升自己改善教学实践的能力。另一方面，理论是自我发展的动力之源。B老师通过反思和总结，寻找自己行为背后的使用理论，并根据教学情境，调适和改善教学行为，以形成新的信奉理论，使其成为自己赖以发展的根基和动力之源。可见，B老师对教师职业价值的认识和"做一点点事情"的道德目标，使他不会满足于已经拥有的经验和一些教学技巧，通过理论学习进行自我专业提升的需求便产生了。

3. 反思学习的能力：教师专业自主性的核心

课程改革依赖于教师的所思所为，面对急剧变革的社会，教育变革的挑战和日益增加的教学复杂性，教师需要通过不断的学习来促进学生的学习。恩驰勒（K. Zeichner）根据教师学习的方式是接受的还是反思的，学习的内容是问题的还是确定的两个维度，把教师的专业发展分为以下四种：[1] 第一，行为主义取向，着重于发展和学生学习有关的、特殊的和可观察的教学技能；第二，传统、技艺取向，教学的知识主要通过试误取得，由有经验的实践者发现；第三，个人取向，教师专业发展是主动的，需要教师通过反思从经验中学习；第四，探究取向，教师需要从看似理所当然的日常教学实践中提出问题，细致地检验他们行动的缘由和结果。在这四种教师专业发展取向中，行为主义取向和传统、技艺取向是教师在既定的社会结构和文化环境中，被动地接受关于教学的知识和技能，而探究取向和个人取向是教师在适宜的文化环境中，个人主导学习内容和方式并主动进行学习的过程。新课程的有效实施需要教师靠自己的力量，通过对自身观念及教学行为的深层反思进行学习。因此，教师的学习需以个人取向和探究取向为主导，自己决定学习的内容和方式，以促进自身的专业发展，并最终影响学生的发展。可见，学习反思的能力，决定着教师专业发展的程度，是教师专业发展的核心。

教师的工作在多数人眼里，就是日复一日、年复一年单调的重复，新增的绩效责任和要求所有学生达到所期待的学业成就的压力，常常使教师的工作成为疲于奔命的应战，学习时间和优质学习资源的缺乏，使教师在繁累的工作中往往不善于或不习惯于对实践进行质疑，去细心观察教学实践中的问题，思考自己或别人行为背后所存在的依据，这些依

---

[1] Zeichner, K., "Alternative Paradigms of Teacher Education," *Journal of Teacher Education*, No. 3, 1983.

据就是看待教育和学习的一些假设。在多数人看来,这些假设往往是理所当然的因而是无须辩驳的,而"善于反思的教师则能够不断地检验实践中这些'理所当然'的假设,他知道自己为什么要做所做的事情,知道为什么要思考所思考的事情"[1],并以检讨、开放的心态真诚地面对实践中的问题和实际效果以及他人的观点,从而调节和改善自己的行为,有助于达成所期望的结果。

B老师是2003年甘肃省的教学新秀,这是甘肃省中小学教育教学方面很高的荣誉,在H中学B老师也是领导和同事公认、学生欢迎的优秀教师。在访谈中,我深深地感觉到,B老师是一个非常善于思考和学习的老师,因为这一点,他对自己的教育教学比其他老师有着更为清晰的认识。"老师要提升自身心灵的高度,发现自己的不足,不断地学习,谦虚地学习,谦虚就是不固执,如果固执了,就难以开拓和进取,难以接受不同的思想"。对于新课程的理念,他认为,那是他早就在践行的东西,他是在有限的课程支持条件下尽力而为的,当无法达到和实现愿景时,他"不去纠结",但他会一直"找寻想法和机会"。以下是B老师由其实践中的困惑而引发的对其教育观念和教学行为的反思,我们从中可以看到他学习反思的动力之源。

B老师:中学老师的压力很大,长期的忙累使我们渐渐对职业产生倦怠感。教育的价值是什么?教学的意义是什么?有时候我想,我一辈子带那么多学生,就是抓了他们的分数,如果我现在不思考这个问题,那么我的工作就太缺乏价值感了。语文教学应该是最有灵性的,最有人文关怀的,但是长期以来我们的语文教学常常把思想深刻、语言优美的生动美文,分析得支离破碎。工作我不怕累,但我怕工作没有意义,所以我就希望能对学生思想上、能力上有更深入的影响,能促使他们真正的进步。

新课程改革是时代趋势,但改变的目的是什么?新课程的理念是很好接受的,那么多专家设计论证,肯定是好的;但是具体到课程实践

---

[1] Brookfield, S. D., *Becoming a Critically Reflective Teacher*, San Francisco, Jossey-Bass Publishers, 1995, pp. 22-26.

上，我们感觉如果只是变一变形式，比如合作学习，把学生桌子摆成会议室的样子，但学生讨论的、探究的问题仍然是琢磨高考出题人的意图，或者答题技巧，那不是实质性的改革。作为老师，在专业发展方面一定要有自己独到的东西。我自己一直想在学生中弘扬我们优秀的传统文化，我作为语文老师，通过推广经典诵读，发现我自己的境界也提高得很快。当老师就一定要自己看得起自己，把自己的能力发挥出来，多琢磨，新课程就是重视学生们的想法，也让老师在学生们那儿有自己的思想，有自己的主见，还要引导他们的价值观。

对B老师实施研究性学习的追踪和回溯，以及对其进行的深度访谈，可以看出B老师的教育观念更新和教学行为变革是在更宽广的层面上不断地通过深层的教学反思和持续学习进行的。

第一，B老师所进行的教学反思，是一种指向课程目标等价值型的命题，触及对教师所持有的教育价值观的深度反思。存在主义哲学家海德格尔把人类的思考分为功利性思考和沉思性思考。功利性思考通常在于根据专业技能与既定的原理原则，以及各种情境因素以获得达成特定目标、解决问题且经济有效的途径和策略。沉思性思考认为人不只是观察与思考客观世界的理性者，还应该是积极参与世界的主体；并不认为有什么外在的目标，而是以存在的本质、意义为主体，如关于人的本质、良好社会的理想、事物的可转变性等。[1] 显然，B老师的教学反思已经超越了外在功利性目标的束缚，回归到人的主体性上来，反思的取向不在于追求我应该如何做才能达到外在于我的目标，而在于沉思"教育的价值"是什么。

第二，B老师所进行的教学反思，是具有真正的专业自主性的深度反思。B老师通过长期对自己教学行为的深度反思，使其在既定的社会结构和传统规范中，能超越"为考而学，为考而教"的教育现实，而获得真正的专业自主性。在这里，B老师的专业自主性就是，为"发挥自己的能力"而坚持"自己的东西"的行动能力。从恩驰勒根据教师学习的方式和内容对教师专业发展的分析来看，B老师的反思以个人取

---

[1] 陈惠邦：《教育行动研究》，台湾师大书苑1998年版，第180—181页。

向和探究取向为主导，反思内容不是集中于教学技巧、班级管理等技术性的问题，而是超越了技能，从传统规训中"正确地做事情"的教学行为转向"做正确的事情"，从而使其拥有了真正的专业自主性。这种专业自主性是教师专业发展的基本内涵。

第三，B老师学习反思的习惯和能力，来自于他改善行动的强烈愿望，作为终身学习者的内在动机是促进教师反思的主要力量。教师意识到发展的责任感时，才会细心体察专业实践中的得失，在复杂的实践情境中分辨出行为是什么，所导致的后果是什么，引起这些行为和后果的使用理论是什么，并在与其信奉理论的比较中，根据行为及其后果来判断是改变还是坚持所信奉理论。B老师的教学反思开始于对"一辈子带那么多学生，就是抓了他们的分数"的质疑，在教学行为上的表现譬如把思想深刻、语言优美的美文分析得"支离破碎"，从而背离语文教学"美化心灵，启迪性灵"的主旨，这种行为背后的使用理论显然是以分数的高低为标准衡量学生的进步和发展，是一些教师信奉的"为考而学，为考而教"的信条。而B老师基于对语文教学的理解和对新课程理念的内化，他所持有的信奉理论是通过教学发展学生对美的鉴赏力，体会"生活的乐趣"和"大自然的美妙"，这与语文新课程发展"学生对美的感受和鉴赏能力，让学生通过阅读和鉴赏，深化热爱祖国语文的感情，体会中华文化的博大精深、源远流长"[①]的课程目标，以及由此实现"促进学生全面发展"的课程价值是吻合的。B老师通过对自己教学行为背后所承载的实际使用理论和自己所信奉与持有的教育愿景和目标，即自己的信奉理论的比较，不断辨析教育实践中各种现象之间所存在的不合理之处，使原来的教育问题或现象所涉及的本质，如教育的理想、价值等能更清楚地呈现出来，从而产生改善原有教学行为的行动，这种经过深刻反思后由教师真正持有的教育观念所引发的行动，将为达成教师"为学生的一生发生变化"的道德目标而产生积极的作用。

由此可见，以"秉持教育理想、理论引领实践、学习反思能力"构成教师持续的变革动力，将达成教师的信奉理论和使用理论的一致，

---

① 教育部编制：《普通高中语文课程标准（实验）》，人民教育出版社2003年版。

从而完成向积极的教学行为的转变。

【小结】

以上对 B 老师实施研究性学习课程的特征所做的分析，进一步深化了我们对教师观念和教学行为的关系以及二者对课程实施影响的认识。

第一，教师改变从教育观念到教学行为需要一个过程。长期以来，人们认为，教师的观念决定着教师的教学行为，进而影响课程实施的效果，这种线性逻辑关系实际上是对复杂的教育问题的简单理解。研究性学习在很多学校形同虚设或流于形式，这与指导教师整体所持有的教育观念形成鲜明的对比，说明研究性学习的开展在促进学生发展和教师发展方面并没有起到应有的作用。事实上，教师改变从教育观念到教学行为是需要一个过程的，教育变革的挑战和新课程改革的趋势，促使教师能较好地更新教育理念，但面对复杂的教育现实，教师通过培训和自学所习得的理论，往往并不能直接帮助教师解决教育实践中的问题，导致教师的教学行为并不必然反映其所持有的教育观念。

第二，教师观念是否会转化为教学行为，与教师对实践情境和教育经验的持续探索有关。由于新课程是由中央教育部门采用自上而下的模式推向学校和教师的，国家在改革推行过程中，为提高改革的执行力，对实施新课程的全体教师进行培训，以加强实施者的能力建设。这种教师培训在很大程度上不是基于教师经验的"纵向"生长，而是通过教育理论的"横向"移植，试图使教师的理念发生根本性的转变，进而使其行为也发生相应的变化。在理想上，新课程要求绝大多数教师无论在理念上，还是在行为上都要发生根本性的改变，但在这种改革氛围中，教师主要通过课程培训所获得的理论，在应对复杂多变的教育情境时，往往会产生力不从心的感觉。这是因为"教师是通过经验对理论赋予意义的，教师的发展需要理论，但教师所学习的理论只有在经验中才能产生意义，教师专业发展不能脱离自己的经验基础和实践环境"。从行动理论的视野来看，通过课程培训所获得的理论事实上是教师的信奉理论。信奉理论是为教师所相信的，是在行动中可能会遵从的理论，它存在于教师的意识层面，而支配教师行为的是存在于教师无意识层面的使用理论。使用理论的形成深受文化浸润的影响，是在教师的实践中通过日积月累的沉淀而逐渐形成的，常常用缄默知识来表达。在课程实施中，当教师获得了一定的信奉理论之后，他们需要的是能够结合实践情境进一步理解理论，通过对实践问题的不断分析和探索，进行信奉理论和使用理论的持续对话，从而逐渐改变原来的使用理论，进而改善行为。由于理论追求的是一般性，而实践情境则是特殊的、复杂的和动态的，这使得理论的运用过程并不容易，导致教师行为上的守旧和滞后。

第三，教师观念是否会转化为教学行为，其核心因素是教师的变革动力。教师自身的变革动力是影响教师对实践情境和教育经验进行持续探索的重要因素。对具有不同教育经历和实践体验的教师而言，构成其变革动力的要素不同，但卓越的教师通常在"秉持教育理想、理论引领实践、学习反思能力"方面，往往具有更深的思考和更突出的成绩。首先，这些教师能够"秉持教育理想"，从更宽广的意义上理解课程改革和自身发展的关系，从而能够更深入主动地参与课程改革。对于不同实践经验的教师而言，他们对课程改革的回应深刻地受到自己独特的教育背景的影响。有的教师能够对教育价值和教师的工作从学生发展的角度，秉持"使各种背景学生的一生发生变化"的教育理想来认识和思考，正如富兰所言："教师从事的是一种最合乎自然规律的具有目标和远见的职业"。教师的目标和见解将赋予教师的工作以意义，从而促使教师更为积极主动地参与课程变革。其次，教师改变是个缓慢的渐进过程，是由多因素互动的结果，当教师面对这次理念全面更新，教学方式彻底转型的课程改革时，他们需要在教学情境中的、持续的专家与教师互动的理论引领。教师通过课程培训和自学所习得的教育理论，需要在教育实践中通过教师的学习和探索过程，对教学实践进行深入反思，结合学生的表现，在他们对实践有深切的体会和了解以后，教师的信奉理论才会内化为深层的使用理论，从而使教师的教学行为发生真正有意义的改变，进而有效的课程实施才会发生。因此，教师在实践中学习，是一个教育理论和具体实践相结合的过程。教师通过实践经验对理论赋予意义，以发现、分析和解决现实中的问题。再次，要使教育理论更好地作为实践精神"充实、照亮、引导、激励"教师的课程实践，教师需对自己的教学行为进行持续的反思和探究。今天，许多行业都鼓励个人增进他们对所从事工作的理解,通过工作而成为有创造性的实践者。教学反思能够帮助教师更好地理解他们所持有的观念和实际行为之间的关系,从而对新课程改革和教师专业发展以及学生发展的关系产生新的理解。反思性学习能力增强了教师参与新课程改革的动力,帮助教师保持专业的健康美好,提升专业能力和进行专业判断。

综上,我们从教师改变的视角分析、讨论了教师观念和教学行为之间的关系以及二者对课程实施质量的影响。教师通过持续的反思和探索,获得了变革的动力,促使其信奉理论内化为使用理论,促使其改善教学行为,进而影响课程实施的质量和效果,而课程实施会改变学生学习方面的效果,反过来又会促使教师反思自己的教学行为,进而影响教师对教育理论的理解。在教师的教育观念、教学行为和课程实施质量三者的互动关系中,教师逐渐对课程变革和自己的专业发展有了新的理解,从而提升了教师的变革动力和自身的专业自主性。

第七章　研究性学习实施的问题调查研究

研究性学习的价值取向和特点，需要教师以相互调适和创生的取向来实施课程，因此，教师在教学实践中往往会遇到各种各样不可避免的问题和困难，这些问题充满着矛盾、冲突和异议，由于教师的发展植根于所生活和工作的环境，如时间、资源、教学文化、学校领导、组织结构和社会环境等，同时教师的知识背景、实践经验和课程实施能力都有一定的差异，因此，不同的教师在研究性学习课程实施中所遇到的问题和解决的程度各有不同。研究课程实施中教师遇到的问题，探析影响研究性学习课程实施质量的主要因素，对于进一步深化研究性学习的课程实施有着十分重要的意义。本章主要从课程支持条件、课程资源、课程评价以及教师交流与培训等方面对教师遇到的问题进行调查分析，探查问题产生的成因，以寻求解决问题的有效对策。

第一节　课程支持

研究性学习课程实施调查（教师问卷）的第二部分是考察教师在指导中所遇到的困惑和问题。其中第6、7、8、9四个题目就是对有关课程支持方面的考察，第6、7题主要是了解学生所处家庭和社会环境给予支持和配合的情况，第8题了解课程专家和学者提供专业支持的情况，第9题了解当地教育管理部门和学校领导对研究性学习的支持情况。另外，学生问卷第二部分设计了三个题目，分别是第4、5、6题，以从学生角度了解课程支持方面的实际情况。对课程支持问题，笔者还进行了访谈，对问卷未涉及的某些问题，如学校硬件条件、资金等方面的支持情况做了了解。更重要的是,通过深度访谈可以洞察造成这些问题和困难难以解决的原因,为进一步改善现状提供对策。

一 社会力量的资源支持

研究性学习活动的开展离不开外出活动,来自学生家长以及所在社区或单位的支持对于活动的顺利开展具有重要影响。表7.1是关于社区或受访单位以及家长支持情况的问卷调查结果。

从表7.1中可以看到,在问及教师"对于学生的调查或访问,社区或受访单位给予理解并配合的情况"时,37.8%的教师和44.0%的学生回答"只要不妨碍正常工作,一般会给予配合",48.2%的教师和43.6%的学生回答"给出种种理由婉言谢绝",14.0%的教师和12.4%的学生回答会"一口回绝"。由此可见,社区或受访单位对研究性学习课程的支持程度总体上不高,没有形成良好的社会文化氛围。

表7.1　　社区、受访单位及家长对研究性学习的支持情况　　(%)

题项		只要不妨碍正常工作,一般会给予配合	给出种种理由婉言谢绝	一口回绝	
对于学生的调查或访问,社区或受访单位给予理解并配合的情况	教师问卷	37.8	48.2	14.0	
	学生问卷	44.0	43.6	12.4	
		只要不影响他们的工作和生活,一般会支持	只要不影响学生的学科成绩,一般会支持	只要有条件,一般会提供支持和帮助	担心影响学生高考,一般不会支持
对于学生的课题研究,家长给予支持与配合的情况	教师问卷	22.4	49.8	15.6	12.2
	学生问卷	25.3	45.2	23.0	6.5

通过深度访谈，我们对社会支持方面有了更客观的认识。请看以下被访老师的观点。

LH 老师：在社会上开展调查，人家单位会觉得浪费他们的时间，有时候我们想让某些家长帮忙介绍一些路子，但是这样一来，人家以为我们老师在利用他们。

WX 老师：现在的人都怕麻烦得很，都怕浪费时间，现在经济社会，哪有免费让学生参观的，咱们的国情你也知道的，大家都忙着赚钱，像人家国外那样，企业家有责任感的根本就没有，联系单位，不好弄。

LH 老师和 WX 老师的观点都表明，在开展研究性学习活动时，社会支持力量比较薄弱，受访单位或社区面对学生的社会调查，担心浪费时间，影响生产，不予积极配合。这与问卷调查的结果基本吻合，由于我国的社会经济发展水平较低，整个社会还没有形成良好的文化氛围，很多企业基于经济利益的驱动，缺乏社会责任感，更不会意识到自己的发展和国家进步的关系，对教育事业缺乏支持，导致对研究性学习的支持程度总体上不高。

研究性学习的特征决定了家长资源和支持的重要性，中学生的家长从年龄来说正好处于事业的黄金期，如果他们能对自己孩子的学习提供专业和经验方面的帮助和指导，这对学生的成长无疑具有重要的意义。

由表 7.1 可以看到，教师和学生对相关问题的看法基本一致，在问及教师和学生"对于学生的课题研究，家长给予支持与配合的情况"时，分别有 22.4% 的教师和 25.3% 的学生认为"只要不影响他们的工作和生活，一般会支持"；49.8% 的教师和 45.2% 的学生认为"只要不影响学生的学科成绩，一般会支持"；只有 12.2% 的教师和 6.5% 的学生认为"担心影响学生高考，一般不会支持"。不难看出，大部分家长对孩子的研究性学习需求总体上持支持态度，但调查也表明，多数家长对学生进行课题研究的最大可能的支持仍然要以"不影响学生的学科成绩"为前提和条件。以下来自学生的声音，可以使我们了解家长对学生参与研究性学习课题研究的真正态度。

C 同学：参加研究性学习要记学分，我也很喜欢。但我父母担心我（学科）作业写不完，考试考不好。他们说研究性学习是高考不考的东西，应付一下就可以了。

B 同学：我爸妈觉得我参与这个活动能力有限，搞不出什么研究，不能提高高考成绩，纯粹浪费时间，所以对我的外出参观或调查都不太支持。

以上学生的叙述代表了多数家长的实际态度，从中可以看出，那些家长不能有效配合支持学生参与研究性学习，主要有两方面的原因：第一，对研究性学习的价值没有正确的认识，用是否可以帮助学生提高考试成绩来衡量课程的价值，由于担心影响学生考试成绩，对非高考科目的研究性学习支持不够。第二，对学生进行研究性学习课题研究的能力没有客观的认识，认为学生能力不足，条件有限，浪费时间。

在调查中，我们也发现，一些具有良好的课程资源开发能力的教师，能充分认识到利用家长资源对有效实施课程的重要性：

J 老师：好好利用家长资源可以给我们开展活动提供很大的支持。其实，很多学生的家长都比较热情，只要对家长们讲明，开展研究性学习对学生只有好处没有坏处，他们是会支持的。一些家长怕麻烦，但更多的家长会给我们提供很多帮助。比如，去年学生开展的一个牛肉面的课题获得兰州市青少年科技创新大奖，因为一个学生的家长正好是开牛肉面馆的，他们在了解牛肉面中加蓬灰的情况时，家长就提供了帮助。学生通过调查、走访，拿面团亲自做实验，体验整个过程，取得了较大的收获。研究性学习就是体验、学习、思考、关注生活问题，开展的核心在于过程的体验。

教师在指导实践中亲身体验到家长支持对开展课题研究的作用，事实证明，家长只要认识到研究性学习对学生发展的价值，他们就会打消对这门课程有可能影响学生高考的顾虑，从而积极配合支持学生的活动，提供专业、经验、资金以及社会关系方面的支持，这对研究性学习活动的有效开展具有很重要的作用。有的教师担心争取家长的支持会引起家长的误解，这是一种较狭隘的认识。

总体来说，多数家长的支持主要是以不影响学生的学科成绩为前提的，但由于学生繁重的课业负担，学生在家与父母相处的时光被更多地用于完成学科作业，所以家长在态度上的支持并不能转化为对学生有帮助的实际行为。

二 课程学者的专业支持

研究性学习课程的有效实施，无论是在理论上还是在实践上都需要课程专家和学者们的指导，指导教师的培训离不开高校尤其是师范院校的支持。

表7.2 课程专家、教育管理部门和学校领导对研究性学习的支持情况 （%）

题项		较多帮助	有一定帮助	很少帮助	从来没有	不清楚
师范院校及课程专家、学者有没有对贵校开展研究性学习课程提供帮助	教师问卷	13.6	22.4	39.1	24.0	0.9
	学生问卷	5.7	27.6	21.2	24.5	21.0
教育管理部门和学校领导对研究性学习课程的态度		给予大力支持	有一定支持	只是态度上支持，实际无任何举措	不太支持	反对开设
	教师问卷	7.0	26.6	32.3	24.8	9.3

由表7.2可见，对"师范院校及课程专家、学者有没有对贵校开展研究性学习课程提供帮助"这一问题，认为有"较多帮助"和"有一定帮助"的教师和学生分别为36%和33.3%，所占比例连四成都不到，而认为"从来没有"或"不清楚"的教师和学生的比例分别占到24.9%和45.5%。从以下两位教师（均为主管教学的副校长）的叙述中，我们可以看出，学校的课程管理者对师范院校及课程专家、学者的专业支持相对有较深入的感受。

J老师：在新课程实施以后，我们主要是参加厅里、局里组织的课程培训，学校在组织校本教研时，和省市的教科所合作联系比较多，但和高校的合作联系很少，主要原因是高校组织的培训理论内容太多，远离教师的课程实践，不能帮助我们解决实际问题。

WZ老师：我们学校所得到的高校课程专家和学者的支持比其他学校要多一些，我们的校长前几年上了师大的教育硕士，从此常常有师大的老师来我们学校听课，和老师们一起做课题，给我们的课程改革提供了很多的指导。

J老师和WZ老师均在学校担任课程管理工作，他们在主动争取社会力量的支持，包括高校的专业支持方面，已有一定的意识，并已在积极努力地探索。但总体来说，普通高中与高校的联系和合作比较少，高校的课程专家和学者对学校的专业扶持还很有限，绝大多数教师在被问及"师范院校及课程专家、学者有没有对贵校开展研究性学习课程提供帮助"这个问题时，基本上持否定态度。通过实地考察发现，被访教师所在学校周围有一所在西部甚至全国久负盛名的师范院校，但绝大多数学校没有建立起与这所师范院校长期有效的合作制度，如何加强普通高中与师范院校的联系，进行深度合作，充分发挥高校的作用还有待进一步改进。

三 课程领导的动力支持

研究性学习课程的有效开展，离不开教育管理部门和学校领导的支持。由表7.2可见，在问及"教育管理部门和学校领导对研究性学习课程的态度"时，只有7.0%的教师回答"给予大力支持"，26.6%的教师认为"有一定支持"，32.3%的教师回答"只是态度上支持，实际无任何举措"，甚至还有9.3%的教师回答"反对开设"研究性学习课程。请看以下教师的认识。

J老师：我们学校的研究性学习的开展即使有些重点学校也不一定能比得上，重点学校的校长和老师的理念不一定比我们强。在新课程动员会上，一个省级示范性高中的校长讲："新课程也是要成绩的，升学率整不上去，改革就不成功。"他们到我们学校来检查工作，看见我们学生做的研究性学习的成果展板，只是点点头，没有说一句肯定的话。其实根本就不重视，那些重点学校抓成绩抓得最厉害，上面要的就是成绩，校长顾了成绩，其他的就是应付检查。

J老师的观点具有一定的代表性，在访谈中，当问及"教育管理部门和学校领导对研究性学习课程的态度"时，绝大多数教师认为，教育管理部门只是态度上支持，而实际上并没有采取有效的举措，还有一些领导对研究性学习课程对学生发展的价值缺乏正确的认识，以"课堂教学是课改的主阵地"为借口减少或完全取消研究性学习课程的课时，主观上反对开设研究性学习课程。由此可见，教育管理部门和学校领导对于实施研究性学习课程缺乏充分的支持，影响了研究性学习课程的有效实施。

四　课程支持的问题及成因

研究性学习是一门全新的课程，其独有的特点决定着它的实施不能仅仅局限于学校的狭小范围内，它要走出学校，走向广阔的社会，让学生在广阔的空间中自主探索，获得体验，提升情感。因此，它的实施离不开家长、社区、师范院校等社会力量的支持。问卷调查和深度访谈的结果表明，整个社会力量对研究性学习的支持程度总体上不高。

第一，就社会支持来说，社区或受访单位对研究性学习课程的支持程度较低（37.8%，表7.1）。由于整个社会没有形成良好的社会文化氛围，很多企业家缺乏社会责任感，造福社会意识薄弱，对教育事业缺乏支持，对学生的访问、调查不予积极配合。长期以来，我们的基础教育关门办学，与社会及周围环境隔绝，一方面，使得学校内部不重视重在体验的研究性学习课程，另一方面，也使社会各个领域缺乏与学校合作的意识与习惯，没有形成家庭、学校、社会的教育合力。

第二，就家长支持来看，对研究性学习课程的认识不同，支持和配合的情况有差异。那些对研究性学习有正确认识的家长，能够较为积极地支持学生的研究性学习需求（22.4%的教师和25.3%的学生，见表7.1），有些家长担心影响学生的高考成绩，更重视学生的学科作业，所以他们态度上的支持并不能转化为对学生有帮助的实际行为。是否能获得家长的有效支持，也取决于教师有效利用家长资源的能力，教师要和家长积极地交流沟通，宣传研究性学习对学生发展的价值，增进家长对研究性学习的认识，争取他们对学校工作的支持。家长在专业、经验、资金及社会关系等方面的支持，有助于学校各项工作的开展，对研究性学习课程的有效实施无疑具有非常重要的作用。

第三，在课程专家和学者的专业支持方面，师范院校对学校的专业支持是比较有限的（36.0%的教师和33.3%的学生，见表7.2）。普通高中与师范院校的联系和合作比较少，有个别担任一定课程管理工作的教师，能较为积极主动地争取与师范院校的联系和合作，以加强学校的工作，推动研究性学习的开展，但这种努力在教师那儿却看不到成效，绝大多数教师对"师范院校及课程专家、学者有没有对贵校开展研究性学习课程提供帮助"这个问题表示"很少帮助""从来没有"或"不清楚"（64.0%，见表7.2）。课程专家和学者走在理论研究的前沿，却不能有效地指导基础教育课程改革的实践，师范院校的功能还有待通过建立与中小学的有效合作制度加以加强和改进，以为基础教育课程改革提供有效的专业支持。

第四，教育管理部门和学校领导对研究性学习课程的支持力度还很不够（7.0%，见表7.2）。由于研究性学习对学生发展的价值不可能立竿见影的体现出来，也难以通过等级分数来评价学生真正的学习效果，所以一些教育管理部门的领导对这门课程采取表里不一的态度，表面上有安排、有动员、有培训、有布置，但实际上则缺乏实质性的检查、落实和考核奖励，致使这门课程在许多学校有名无实，变成了学生课程表上的点缀。

第二节 课程资源

所谓课程资源，是指富有教育价值、能够转化为学校课程或服务于学校课程的各种条件的总和。从形态上划分，可以分为物质形态的课程资源和精神形态的课程资源，像社区的文化教育机构（如图书馆、博物馆、文化宫等）、风景名胜、文物古迹、广播电视、网络、现代化教学设备等，就属于物质形态的课程资源，而像社会生活方式、价值规范、行为准则、人际关系、校风、学风、社会风气等就属于精神形态的课程资源。① 可见，课程资源绝不仅仅是教材，也不仅仅是可以利用的硬件环境。研究性学习课程是一门生成性的课程，没有统一的模式或内容要求，强调的是结合学生的生活和社会实际来选题，充分利用本地、本校的各种资源，如社区环境资源、人力资源、文化资源等，使其成为学生的学习资源。在教师遇到的问题（教师问卷）中，第10、11、12、13四道题目主要考察教师对研究性学习课程资源的认识和开发利用情况，其中第10、11、12题主要了解学校利用校内和校外资源的途径，第13题了解学校在课程资源开发方面需解决的问题。对课程资源问题，研究者同样进行了深入访谈，以对问卷调查的结果有更客观的分析和认识。

一　课程资源开发和利用现状

从课程资源的获取途径划分，研究性学习的课程资源可分为校内资源和校外资源。

从图7.1中可见，可供教师利用的校内资源主要有四项，分别是校园网络（68.3%）、学科实验室（56.9%）、图书馆（65.3%）及多媒体教室（63.6%），其中教师最常利用的两项是多媒体教室（48.2%）及校园网络（39.9%）。

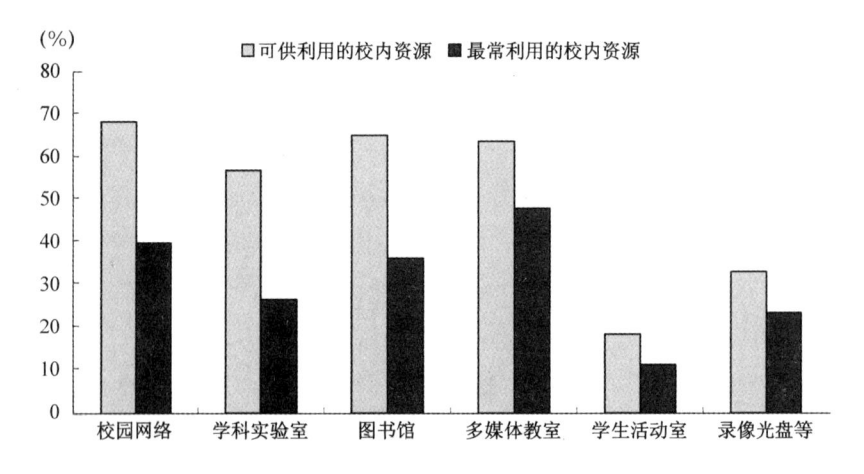

图7.1　教师对校内课程资源的利用情况

---

① 钱旭昇：《高中研究性学习实施问题的研究》，《课程·教材·教法》2004年第7期。

从图 7.2 中可见，可供教师利用的校外课程资源主要有三项，分别是互联网（73.3%）、自然资源（57.4%）及家长（46.4%），其中教师最常利用的两项是互联网（64.8%）及家长（36.2%）。

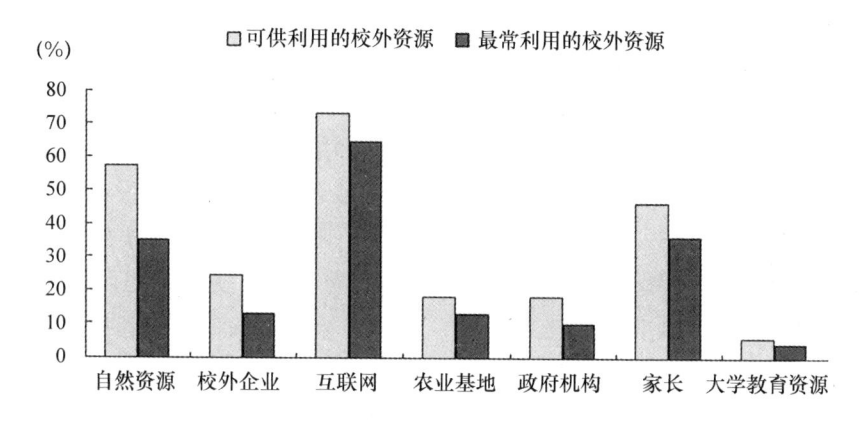

图 7.2　教师对校外课程资源的利用情况

由此可以看出，无论是校内资源还是校外资源，在研究性学习课程实施中，教师最常利用的课程资源都是网络信息资源，如校园网络、互联网、多媒体教室等。以下对网络信息资源和其他课程资源的开发和利用现状分别进行分析。

（一）网络信息资源的利用现状

相对于其他课程资源，网络信息资源的便利为教师和学生获取信息提供了丰富的学习资源，网络信息资源的充分利用对促进课程实施起到了很重要的作用。通过进一步的访谈表明，教师和学生对网络信息资源的利用仍然存在很多问题。

第一，一些教师搜集和分析应用网络信息的能力欠缺，不能对学生利用和整合网络信息的能力进行有效培养。调查发现，一些教师自身适应信息时代的能力滞后，在工作和生活中不能充分利用网络资源丰富思想、改善生活方式和提高工作效率，甚至对上网查阅资料和浏览各类资讯有抵触情绪，教师搜集和分析应用网络信息的能力欠缺，不懂新的电脑硬、软件的操作和运用，教师的信息素养偏低，势必影响其对学生的有效指导。如有的教师这样说："信息时代什么东西都在网上，但网上的信息太乱、错误太多。学生上网影响功课,影响成绩,学生也不会辨识各种鱼龙混杂的信息。我就很少上网,学生成绩照样带出来。"(YG老师)网络信息浩如烟海,真伪、优劣难以辨别,这是网络资源的缺点,但正因为这样,教师的指导就显得尤为重要。如果教师对网络信息有一定的偏见,或自己就缺乏搜集和分析应用网络信息的能力,那么对学生也就不可能提供实质性的帮助和指导。

第二,教师的工作负担沉重,课题小组人数过多,没有充裕的时间对学生进行指导,致使很多课题研究成为网络资料的堆砌,学生整合分析资料的能力难以提升,同时也容易引发抄袭的陋习。教师没有时间和精力指导学生是一个甚为普遍的问题,如一些教师所言:"学生整合资料的能力较差,我没有时间辅导。他们浏览网络,更多的是玩游戏。"(E老师)"学生都是网上抄一抄,应付一下,信息中心的老师对学生也疏于管理。"(G老师)因为教师没有时间和精力指导,加上信息中心的教师管理失职,学生对他们搜集的资料不会整理,也不会写结题报告,研究性学习成了简单的资料下载和堆砌,失去了开展的意义。

第三,一些学校的电脑等硬件设施建设还不完善或对学生信息中心的管理缺乏灵活性,影响了教师和学生对网络资源的利用。调查发现,有一些学校受到客观经济条件的制约,电脑等硬件设施建设亟须完善。同时,我们也发现,有些硬件设备很完善的学校,对学生信息中心的管理缺乏灵活性,不能为教师和学生上网提供时间和空间上的便利,影响了学生对网络资源的充分利用。如一些教师所言:"学生查资料很不方便,上网不具备条件,学校管理缺乏灵活性,学生上课的时候,信息中心老师上班,学生下课了,他们也下班了。"(B老师)

总体来说,学校硬件设备不完善的情况已经得到了改善,所以现在很多学校更突出的问题已经不是缺乏这些必要的硬件设施了,而是怎么加强灵活管理,提高硬件设施的开放程度和师生对它们的利用率。

在知识经济时代,网络已成为人们工作、学习生活的一部分,网络为我们获取信息提供了极大的便利和丰富的学习资源。而研究性学习重视培养学生获取、整理和应用信息的能力,教师就要增强对网络资源合理、有效的利用,以期拓展研究性学习活动的范围,增强课题内容的丰富性。

(二)其他资源的开发和利用现状

除了网络资源外,调查显示,教师和学生对学科实验室、图书馆等校内资源以及各种校外自然资源、文化资源等的利用很少。

第一，可供教师和学生开展课题研究的资源量较少。从表7.3中可以看出，在可供教师和学生开展课题研究的资源量上，分别有24.1%的教师和16.0%的学生认为非常缺乏，仅有11.7%的教师和22.0%的学生认为能够获取和利用的课程资源较为丰富。

表7.3　　　　可供教师和学生开展研究性学习的资源量情况　　　　（%）

题　项		较为丰富	一般	非常缺乏
您认为，您能获取和利用的研究性学习课程资源量	教师问卷	11.7	64.3	24.1
	学生问卷	22.0	60.0	16.0

以下教师的看法具有一定的代表性。

G老师：主要还是网络资源，但地域化和校本化的资源比较少。和理科有关的活动往往因为要开展实验，在培养创新方面有特色，有利于激发学生的潜能，但学校的实验室条件缺乏，管理也不灵活，所以影响了学生开展活动的效果。

第二，学校硬件设备的开放程度较低，管理缺乏灵活性。课程资源的开发和利用作为研究性学习课程有效实施的一个重要条件，其中学校的硬件设施如实验室、图书馆及信息中心的条件和开放程度，是首先需要解决的问题。通过实地调查学校硬件设施的开放程度，发现所调查的学校基本上均拥有图书馆、实验室、电脑房等设备，但当问及这些设施对学生的开放程度时，只有一部分教师承认所在学校的设施常对学生开放，而大部分学校的设备和设施利用率低，这也正说明了学生在开展研究性学习活动时所遇到的最大困难是"可利用的资料、设备等有限"的原因。

第三，教师对各种校外自然资源、文化资源等的利用程度很低。研究性学习课程的开展具有鲜明的地方性和地域性，因此，充分利用和开发校外课程资源非常重要。调查显示，教师对校外企业、农业基地、政府机构、本地大学教育资源的利用，分别只有13.2%、11.1%、10.1%、4.4%（见

图7.2)。可见,教师对于各种校外资源的利用很少。

CL老师：学生的活动只能在校内开展,难以走出校门。因为社会资源我们能利用得很少,所以学生的课题对文献研究就多一些,而社会调查,如走访、参观则缺乏社会机构的配合。

由此可见,教师对课外课程资源的利用范围较为狭窄,仍然局限于从互联网上获取间接信息,和社会或社区的联系也仅限于利用一些家长资源,与社会或社区没有建立起广泛有效的联系。

（三）课程资源开发和利用需解决的问题

表7.4　学校在研究性学习课程资源开发和利用方面需解决的问题　　（%）

题　项		建立课程资源库	开辟课程实验基地	获得案例集	加强课程资源开发意识培训	利用家长资源
在研究性学习课程资源的开发和利用上,您觉得贵校最需解决的问题主要是	教师问卷	38.9	27.9	7.8	24.0	1.4
	学生问卷	38.5	30.0	5.3	24.0	1.7

由表7.4可见,对课程资源的开发和利用方面需解决的问题,教师和学生持基本一致的看法,即学校最需要解决的问题主要是"建立课程资源库"（38.9%、38.5%）、"开辟课程实验基地"（27.9%、30.0%）以及"加强课程资源开发意识培训"（24.0%、24.0%）。这说明学校在开发和利用课程资源方面还面临不少困难。另外,教师和学生普遍认为,对于"获得案例集"（7.8%、5.3%）和充分"利用家长资源"（1.4%、1.7%）,并非学校亟须解决的问题,可见,教师和学生对各种研究性学习课程的案例有理性的认识,能基于学校和学生的实际进行科学利用和有效参考。而家长资源是教师和学生最常利用的课程资源之一,所以相对于其他方面,学校更应该在课程培训、开辟实验基地、建立课程资源库方面提供更有利的支持和帮助。

教师对课程资源的开发和利用,最终体现在学生有效利用资源的能力上。那么，学生是怎样看待这个问题的？他们对争取和利用校外课程资源的支持方面又有怎样的期待？

A同学：在研究性课题的学习中，收获良多，但我发现，在研究过程中，也有许多困难：第一，在研究专业性较强的课题时，身为学生的我们不能够去一些研究机构实地参观，许多内容就只能从网上下载。第二，没有时间。平时学习紧张，假期又有大量的作业并要上各种补习班，根本没有时间出去做调查，许多同学就从网上下载现成的应付了事。第三，平时对课本外知识重视不够，多数同学很少去图书馆、博物馆，更有甚者都不知道它们在什么地方，对历史等知识的了解更是少得可怜。所以，我希望以后学校可以多组织一些外出参观活动，提供实地学习的机会，每学期能分出专门的时间来做课题。相信以后的研究性课题，同学们会越做越好！另外还有一些建议：在研究性课题中，老师应该多给学生一些帮助；对于某些专业性较强的问题，如果老师可以给学生提前做一下讲解或是给学生提供一些资料，那么学生在研究过程中就会有一定的方向，就不会像无头苍蝇一样了。如果学校可以在大课间开放学校机房供学生上网查资料的话，一定会对同学有很大的帮助。最后，我希望学校每年可以组织学生出去做一些社会实践，为学生做研究性课题提供题材。

A同学陈述的研究过程中的困难，绝大多数是有关课程资源的有效利用问题的，由于学校缺乏和社会或社区之间建立广泛有效的联系，教师对于社会教育资源的利用很少，因此导致学生"不能够去一些研究机构实地参观""很少去图书馆、博物馆""许多内容就只能从网上下载"。A同学建议学校能提供更多的"外出参观，实地学习的机会"；学校"可以在大课间开放学校机房供学生上网查资料"，并"组织学生出去做一些社会实践"，这种需求反映了学校和教师在研究性学习课程资源开发和利用方面的问题，学校应在"建立研究性学习课程资源库""开辟研究性学习课程实验基地"以及"加强对教师研究性学习课程资源开发与利用的指导与培训"方面做出努力。

B 同学：上了高一，我们有了一个新的学习任务，做研究性课题。关于研究性课题，起初我有些茫然，因为是以小论文的形式呈交的。但对于论文，我们并不懂得怎么规范书写。不过，因为才是高一，对于课题的要求并不是非常严格，只是更加注重同学们团结协作的精神。研究性课题应注重"研究"二字，对于我们来说可以转换为"探究"。但是我们做的课题资料全部是从网上下载的，再由自己整理形成。这样，我知道失去了"探究"二字的意义，但却确实存在着令人无奈的客观原因。因为大家还是以学业正常课业为主，周末也忙于补课、写作业或复习，对于课题的"探究"便很少，而是由合作的同学们各自找资料，由其中一人汇总，只体现了"合作"精神。关于这一点，我想，我们或许可以改变一下组织形式，把重点放到"探究"上。学校可以提供相关资料，组织同学们去参观，获取真实的感受。这样做的课题也会更丰富，更有活力，更真实。

B 同学的总结道出了这样一个普遍的现实，学生要"以学生正常课业为主，周末也忙于补课、写作业或复习"，没有时间探究，所以"对于课题的'探究'便很少"，虽然有分工有合作，但更多的是一种形式上的合作，而没有真正的思想交流和观点的碰撞。B 同学希望学校能"提供相关资料，组织同学们去参观"，通过"真实的感受"使课题研究"更丰富，更有活力，更真实"，这种建议说明学校确实应该在"与社会或社区之间建立广泛的联系"方面做出努力。

来自学生的声音进一步印证了这样一个事实，即学校在研究性学习课程资源开发和利用方面缺乏和社会或社区的有效联系，教师开发和利用课程资源的能力也有待通过有效的培训进行提升。

关于教师的课程资源开发意识和开发能力，一位课程管理者谈了以下观点。

WZ 老师：虽然学校的条件不太好，但老师如果负责一些，他就会调动一切力量去开展活动，帮学生出点子，找资料，找书，联系一些家长，提供一些便利，他自己也会不断地学习、请教，这样效果就会好一些。也有一些老师不积极想办法，影响了课程开展的效果。

可见，如果要使这门课程真正贯彻实施并发挥它的作用，学校需将研究性学习课程的管理纳入学校整个课程管理的体系和范畴，加强对教师课程资源开发与利用的培训。学校建立的课程资源库要能反映本地区、本学校的特色，既要有时代感，又要有历史感。而学校与社会各界的广泛联系将有助于"开辟研究性学习课程实验基地"，促进这门课程的有效开展。

二　课程资源开发和利用的问题及成因

任何课程改革政策的推行必须有课程资源的支持。课程资源是研究性学习课程实施的基础，如果没有丰富的课程资源的支持，再美好的课程设想也很难变成现实。研究性学习课程资源条件主要通过硬件设施的开放程度及学校自身课程资源的开发情况体现出来。学校和教师应该成为课程资源开发的重要力量，从调查结果来看，教师在开发和利用课程资源方面存在以下几个问题。

第一，教师和学生最常利用的课程资源范围比较狭窄，主要局限于从互联网上获取间接信息，和社会或社区的联系也仅限于利用一些家长资源，多数学校对社会或社区广泛的人力资源、自然资源、人文资源及物力资源利用得很少。研究性学习课程的目标和内容应致力于加强学校与社会或社区发展的联系，如果不能充分利用社会或社区的人力资源、自然资源、教育资源及物力资源，就难以使学生确立有利于了解社区、接触社区、关注社会以及为促进社会发展及人类自身发展的内容主题，难以使学生探究的主题与地方或社区的历史、地理、经济、文化、社会结构、风俗、生活方式等发生联系。

第二，相对于其他课程资源，网络资源的充分利用对促进课程实施起到了很重要的作用。但从教师和学生对网络资源的利用来说，仍然存在着一些有待改进的地方，主要表现在：首先，一些教师搜集和分析应用网络信息的能力欠缺，不能对学生利用和整合网络信息的能力进行有效的培养；其次，教师的工作负担沉重，没有充裕的时间对学生进行指导，致使很多课题研究成为网络资料的堆砌，学生整合分析资料的能力难以提升，同时也容易引发抄袭的陋习；最后，一些学校的电脑等硬件设施建设还不完善或对学生信息中心的管理缺乏灵活性，影响了教师和学生对网络资源的充分利用。

第三，教师和学生普遍认为，学校在开发研究性学习课程资源方面最需要解决的问题依次为"建立课程资源库""开辟课程实验基地"以及"加强课程资源意识培训"。另外，对于"获得案例集"和充分"利用家长资源"，并非学校亟须解决的问题，可见，教师和学生对各种研究性学习课程的案例有理性的认识，能基于学校和学生的实际进行科学利用和有效参考。而家长资源是教师和学生最常利用的课程资源之一，所以相对于其他方面，学校更应该在课程培训、开辟实验基地、建立课程资源库方面提供有力的支持和帮助。

第三节 课程评价

教师问卷第14、15两题是对有关课程评价方面问题的考察，第14题主要了解教师对于终结性评价和过程性评价的认识情况，第15题了解学校主要采取的评价方式。另外，学生问卷第二部分的第12题，是从学生角度了解课程评价方面的情况。对课程评价问题，仍然通过深入访谈展开，以进一步了解教师进行课程评价的具体举措、难以落实的问题及其背后的原因等。另外，笔者查阅了大量文件资料，以深入了解学校评价体系的制度建设和操作情况。

一 课程评价内容

多数教师在理念上能够认同新课程所倡导的评价理念，对于研究性学习课程评价，不仅要关注研究成果，而且要关注研究过程中学生的个性化表现。但在具体实践中，教师面临着很多实际操作方面的困难。

表7.5　　教师对研究性学习课程过程评价的落实情况　　（％）

题项	完全赞同	基本赞同	不确定	有点不赞同	完全不赞同
对研究课题成果的评价容易进行，但对研究过程的评价难以落实，您的看法是	16.5	51.0	20.1	11.2	1.1

从表 7.5 中可以看出，67.5% 的教师基本认同"对研究课题成果的评价容易进行，但对研究过程的评价难以落实"，而只有 12.3% 的教师基本不认同。如有的教师说："没有时间关注过程，也没有场地，没有依据，总是虎头蛇尾，一些没有认真参与的学生存在搭便车的现象。"（CH 老师）还有教师谈到这样的情况："过程评价目前还是个空白，学校的评价制度、原则、措施等要目制定得看似很细致、很全面，但都是些很笼统的理念性的话，很难操作。"（YG 老师）

可见，研究性学习的过程评价难以落实，这和课程实施缺乏一定的空间和时间有关，同时也和教师缺乏客观科学的评价依据有关。怎样对学生在研究过程中的表现进行评价，是"过程取向"评价和"主体取向"评价在实际操作中所面临的问题。

二 课程评价方式

研究性学习课程重视"过程评价"和"主体评价"，在评价方式上，采取多元评价。图 7.3 呈现的是对学校和教师通常所用评价方式的调查结果。

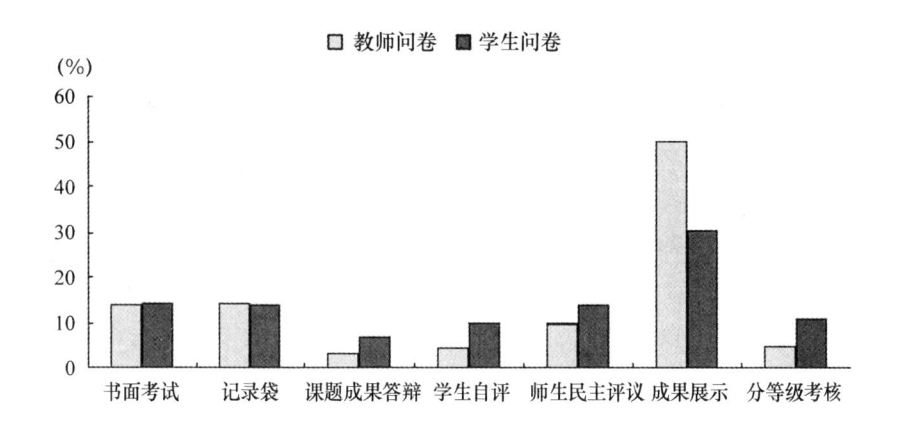

图 7.3 学校和教师采取的研究性学习评价方式

从图 7.3 中可见，教师主要采取的评价方式为"成果展示"法（50.1%），而对其他各种评价方式均很少采用。"成果展示"法是一种终结性评价方式，不容易体现学生在活动过程中的体验和表现。而多数教师对于能够体现研究过程中学生个性化表现和收获的"记录袋评价"以及体现主体评价"价值多元""平等参与"特征的"师生民主评议"及"学生自评"方式则较少采用；对于能够从成果汇报中了解学生真正所思所想、体现学生进步和思考的"课题成果答辩"方式，教师采用得更是微乎其微（3.0%）。而这一情况在学生问卷相应题目的调查中得到了印证。学生认为，学校和教师主要采取的评价方式是"成果展示"法，而较少采用"记录袋评价""师生民主评议""学生自评"等体现过程评价和主体评价取向的发展性评价方式，采取"课题成果答辩"方式的也是微乎其微（6.9%）。以上对来自教师和学生的调查充分印证了多数教师（67.5%，见表7.5）所认为的"对研究课题成果的评价容易进行，但对研究过程的评价难以落实"这一现实问题。

以下是研究者对一位课程管理者所做的访谈，反映出学校课程管理者在研究性学习课程评价方面所遇到的现实问题和困惑。

SZ老师：我们学校开展研究性学习的这几年，因为举办课题培训会，所以老师们的理念和认识都能跟上时代的变化，但是开展过程中最难突破的就是评价问题。新课程倡导的过程评价，事实上很难操作。我们也印发了很多表格，有开题报告表、会议记录表等，但是从反馈检查的情况看，只有少数学生是认认真真做过实际调查，有自己的分析说明和体会，甚至能提出自己的见解，而其他更多的则看不出学生思考的痕迹。大多数学生都是应付的态度，还有互相抄袭的，或在小组合作过程中，少数人做，其他人坐享其成的现象也很普遍。

因为老师难以对开展过程进行监督，能做好的主要是最后的评价，就是对于学生的结题报告，根据态度和成果，对一些比较认真的、学生真正付出心血的东西，做出评价及获奖等级。以前学校也曾经请来教科所相关学科的专家及指导教师作为评委，对学生的研究性学习成果做出面评，并且采用答辩的方式对其课题所涉及的基础知识、研究方法、过程进行考察，最后做出综合评定，效果较好。但是这几年受到高考的压力，研究性学习的效果难以短期内看出学生的变化，所以渐渐地不被重视，评价的功能也难以体现。

SZ老师是所在学校的教研室主任，起草编写了所在学校的研究性学习实施手册，充分遵循教育部《普通高中研究性学习实施指南》的精神和新课程的理念，其中关于评价方面，对手段、方法、操作过程等都做了详细说明和要求。但谈到学校的真正实施情况，SZ老师在接受采访时，不断摇头，言谈中充满无奈。在他看来，主要是教师们没法对学生的表现进行跟踪了解，负责任的教师仅仅是问一下进度，督促完成而已。而多数教师则是不闻不问，对学生缺乏自评和互评的指导。但是根据我们在调查中对教师整体工作态度的了解，绝大多数教师都能敬业爱岗，工作态度积极，而且对学生充满爱心。同时对教师课程评价观的调查表明，多数教师持有"发展性"的课程评价取向，能够认识到课程评价应以课题研究过程中学生的实际表现和个性化反应为重点，基本认同记录袋管理、活动表现等多元评价方式对激励学生进步的作用，教师所信奉的课程评价观与新课程倡导的理念基本吻合。但实际情况是，教师们繁重的学科教学工作占了绝大多数教学时间，学校对学生考试成绩的绩效考核决定了多数教师对研究性学习在思想上不够重视，因为学校和老师"没有余力"重视，所以研究性学习的过程评价和主体评价往往流于形式，影响了研究性学习的有效实施。

三 课程评价的问题及成因

研究性学习强调对真实性与探索性问题的解决，所以研究性学习评价采取发展性评价方式，即以学生的实际表现为基础，注重学生个性化反应，强调每一个主体对自身行为的反省意识和反思能力。然而调查显示，研究性学习的评价普遍存在以下问题。

第一，评价标准和依据缺乏操作性。教师们普遍认为，课程的过程评价缺乏客观的标准和操作依据，由于难以操作，往往流于形式。很多学校尽管有各自的研究性学习评价方案，实践中也在探索研究性学习评价的策略，然而困惑与迷茫常常影响着教师与学生，教育管理部门和学校以考评教的考核方式，使许多教师固守着传统的教育评价思维模式，在课程实施中难有突破和创新,加上理论的困惑、认识的模糊,又导致实践中评价功能的紊乱。

第二,评价主体单一,主要以师评为主。教师普遍缺乏对学生课题研究中自评和互评的指导,学生自评缺失。评价是研究性学习课程实施中最难的部分,由于过程评价缺乏客观的标准和依据,难以操作,导致教师忽视对学生自评和互评的指导,也很少通过师生互议客观地评价学生的进步。

第三,评价方式单一,主要采用成果展示法。教师主要采取"成果展示"法这种终结性评价方式,而对于能够体现研究过程中学生个性化表现和收获的"成长记录袋"以及体现主体评价"价值多元""平等参与"特征的"师生民主评议"及"学生自评"方式,只有极少数教师采用;对于能够从成果汇报中了解学生真正所思所想、体现学生进步和思考的"课题成果答辩"方式,教师更是极少采用。

调查表明,评价成为实施研究性学习难以克服的"瓶颈",这既有教师观念的因素,又有教育管理部门和学校的课程支持以及学校课程评价体系建立和管理的问题,当然也和过程评价难以进行客观和科学的操作有关。多年来,学校传统的学科课程评价取向主要是"目标取向",即把评价视为将课程计划或教学结果和预定课程目标相对照的过程,追求评价的客观性和科学化,因此应用于"目标取向"评价的量化课程评价模式一直占主流地位,这种传统的评价模式,使研究性学习评价践行新课程所倡导的评价理念,在实施中面临很大的阻力。研究性学习评价将"过程取向"和"主体取向"相结合,主张凡是具有教育价值的结果都应当受到支持与肯定,重视教师与学生共同建构意义的过程。这种评价理念在课程实施中完全转化为教师的教学行为,还需要更深入的实践和探索。

第四节　教师的合作交流与培训

教育现象的千变万化和教师工作的复杂性,使教师对研究性学习这门新型的课程,无论教龄长短,在具体实施中都会遇到很多问题,因此,适时和有的放矢的教师培训以及教师之间的合作交流就显得尤为重要。对于指导教师的合作交流和培训问题，主要包含培训形式、培训内容、教师合作交流的频率、交流形式等方面，教师遇到的问题（教师问卷）第 16、17、18、19、20 五个题目就是对有关教师合作交流与培训方面的考察，其中第 16、17 题主要了解教师之间合作交流的频率和形式，第 18、19、20 题了解教师培训的形式和内容。对于指导教师的合作交流与培训问题，研究者同样进行了深入访谈，并在当地教育管理部门组织的培训现场进行了实地观察。通过深度访谈和实地观察，进一步了解教师在合作交流与培训方面所遇到的问题，以及问题背后的深层原因。

一 教师的合作交流

（一）合作交流的频率

表 7.6　　　　　　研究性学习指导教师的合作交流情况　　　　　（%）

题项	选项			
在研究性学习开展过程中，您跟同事的合作交流	经常进行 35.1	有时候进行 44.6	很少进行 16.6	
您认为有助于提升研究性学习指导能力的合作交流方式为	开展校本教研活动，进行跨学科的同伴互助和案例研究 41.7	教研组确定研究专题，集体备课研讨 34.7	能者为教师，开设讲座 21.4	个别交流 3.5

从表 7.6 中可见，关于"在研究性学习开展过程中，您跟同事的合作交流"这个问题，35.1% 的教师认为自己与同事的合作交流会经常进行，16.6% 的教师很少与同事进行交流。经常进行交流的教师只占到三成，这说明新课程改革和研究性学习并没有引起教师们的普遍关注和重视。那么，是什么原因导致教师之间很少探讨课程实践中的经验和体会？在进一步调查中，一些教师谈了以下的看法。

YG 老师：老师们在校本教研或听评课活动中，交流的主要是关于如何提高学习成绩的教学经验，如何管理学生的纪律等问题。学校主要按学生成绩评价老师，研究性学习因为高考不考，所以从领导到老师都不重视。

LY老师：我们每天的教学任务很重，教研组开会时老师们都是在批作业，开展研究性学习也会遇到很多问题，主要是自己琢磨。

F老师：老师交流讨论考题多一些，经验分享比较少，听评课讨论，老师们的发言，常常不能深入问题的实质。

进一步调查发现，教师之间很少探讨课程实践中的经验和体会，主要原因有以下几方面。首先，许多农村学校的教师严重缺编，许多教师所承担的学科教学的压力较大，有一些学校是寄宿制，学生在校时间长，这使教师的工作更加繁杂忙累。多数教师只是出于自己的经验和教训去处理课堂上时刻变化的情况，没有更多时间和精力去反思自己的教育理念和教学实践问题，或与同事交流他们对教育问题的看法和体会。其次，一些农村教师长期以自我为中心进行教学，他们往往迷信自己的教学经验的价值，对学习和接受新思想、新观念存在消极抵制情绪，因而没有养成向自己的同事主动请教和探讨问题的习惯，缺乏团队合作意识。最后，一些教师虽有合作交流意识，但由于学校对课程改革不重视，导致教师交流的内容较多局限于探讨学科教学经验或提升学生学科成绩的方法和技能方面，而关于教师在新课程改革中所遇到的问题和困惑，甚至关于课程价值等更深层次的内容在教师交流的话题中都极少涉及。可见，教师之间的合作交流即使能达到形式上的开放和互信，但若缺乏共有的价值观和教育信念的支撑，也难以在更深层次的交流内容方面达到教师智慧的共享。

（二）合作交流的方式

从表7.6中可见，教师认为，对有助于提升研究性学习指导能力的合作交流方式，主要为"开展校本教研活动，进行跨学科的同伴互助和案例研究"（41.7%）和"教研组确定研究专题，集体备课研讨"（34.7%）。在访谈中，我们了解到教师们对合作交流方式有以下的感受。

CL老师：关于培训的讲座，介绍经验和阐述理念的效果肯定是有的，但最好能够结合课程实施的具体问题进行专题讨论，各学科的老师们坐在一起，事先布置、通知讨论的内容，大家都做准备，交流跨学科的知识和经验，如果是同一学科的老师一起讨论，思想上能碰撞的东西会比较少。

F老师：一些老师指导学生做的课题拿了奖（指全省青少年科技创新大赛），兰大的教授亲自指导，提供了很多帮助，他讲的一些经验我觉得根本就没法借鉴，不能反映普遍性的问题。

由此可见，一方面，教师们普遍认同校本教研对提升课程实施能力的作用，而就校本教研的具体形式和内容而言，教师们更注重不同学科之间"进行跨学科的同伴互助和案例研究"。由于中学教师基本上是单一学科背景，而现代课程知识具有逐渐趋于整合和综合的特征，使教师在课程实践中要帮助学生解决很多跨学科、综合性的问题，所以与教研组"集体备课研讨"更多关注同一学科的教学问题不同，在不同学科教师之间"进行跨学科的同伴互助和案例研究"，更有利于扩展知识视野，实现教师经验和智慧的共享，而这正是多数农村学校在新课程改革中容易忽视的。另一方面，多数教师不认同"能者为师，开设讲座"的效果，由于课程实践的复杂性和学生情况的不断变化，新课程的实施需要教师广博的知识视野和灵活多样的教学方式，而不是统一固定的模式和所谓放之四海而皆准的技巧，因此，"能者讲座"的一家之言没有跨学科的教师学习共同体的广泛研讨以及教师之间自然开放、各抒己见的"个别交流"更有利于打开教师思路，提升教师的教育教学能力。

二 教师的培训

（一）培训形式

从表7.7可见，就研究性学习课程培训而言，教师认为对自己帮助最大的培训形式是"参加校内外教研交流活动"（55.9%），而"自学有关资料"（16.2%）、"参加教育管理部门组织的课程培训"（14.8%）、"听专家讲座"（12.7%）等培训形式在教师们看来意义不大。

LH老师：远程培训有点流于形式，理论太多，让人眼花缭乱，培训提供的案例和经验都是上海或北京的，因为条件差距太大，所以能借鉴的价值很少，这种培训对我们没有多大帮助。

表7.7　　　　　　　研究性学习指导教师的培训情况　　　　　　　(％)

题　项	选　项			
就研究性学习实施而言，您认为最有效的培训形式是	听专家讲座 12.7	参加校内外教研交流活动 55.9	参加教育管理部门组织的课程培训 14.8	自学有关资料 16.2
您是否研读过《普通高中研究性学习实施指南（试行）》	认真研读过 14.1	粗略看过 33.9	只是知道，但从来没见过 35.0	从来没有听说过 17.1
为了更好地实施研究性学习，您最希望获得的信息是	研究性学习的指导技能 43.3	国内外研究性学习动态 26.1	其他学校的优秀经验 17.0	研究性学习的实施理论 13.5

由此可见，对于不同培训形式的效果，多数教师的看法呈现出以下特点：一方面，参加各种校外或校内的教研交流活动，可以使教师们很好地借鉴、学习和交流其他指导教师的经验和策略，帮他们打开思路，借鉴学习方法，提升指导能力。而由于专家讲座形式这一课程培训，太多理论的灌输而缺乏对实践的关照，在老师们看来，对提升研究性学习指导能力帮助不大。另一方面，多数教师忽视"自学有关资料"和"听专家讲座"对提升自己指导水平的作用，这一点需引起一定的重视，因为在教师整个的职业生涯中，自我学习在任何时候都应该是重要的自我提升手段，甚至是生活习惯。而"听专家讲座"在一定程度上可以帮助我们在一个更高的层次上理解和思考教育问题。结合前面对课程支持和课程资源的调查结果，在课程专家和学者的支持方面，师范院校对学校的研究性学习课程的支持较为有限（13.6％，见表7.2），学校对本地大学的教育资源的利用微乎其微（5.81％，见图7.2），加上很多教育管理部门组织的培训不能有的放矢地解决教师在实际教育实践

中所遇到的问题，所以，绝大多数教师对于"参加教育管理部门组织的课程培训"及"听专家讲座"对于自己发展的价值体会不深。

（二）培训内容

教师培训的效果在很大程度上取决于培训内容，为了更好地实施研究性学习课程，教师培训的内容就一定要满足教师的需求，真正帮助教师解决教育实践中所遇到的问题，为处于困惑中的教师指点迷津。那么教师在培训中最希望获得什么信息？

从表7.7中可见，教师最希望获得的信息为"研究性学习的指导技能"（43.4%），而对"国内外研究性学习动态""其他学校的优秀经验"以及有关"研究性学习的实施理论"，多数教师并不关注（26.1%、17.0%、13.5%）。调查显示，教师们并不缺乏对研究性学习理论的认知，真正需要提高和改进的是课程开展的实际指导技能，这与本书第五章对教师课程观的调查结果相吻合。目前很多教育培训总是对相关课程理论进行重复，而不关心教师的实际指导能力的提升，导致教师培训效果低下。

G老师：不可否认，专家、学者理论知识扎实，如一位起草过《纲要》的教育专家讲课程改革的政策和课程实施现状，拓宽了我的眼界。但多数学者只是灌输理论，不能结合实际问题，对我们的帮助有限。

可见，很多教育培训收效甚微，得不到广大教师的欢迎，问题往往就在于培训内容重理论、轻实际，与教师的实践相差太远，不能帮助教师解决教育实践中的问题，真正提升教师的专业能力。

学校是否给教师提供必要的教学参考资料，如《普通高中研究性学习实施指南（试行）》，可以表明课程管理和培训工作的实效性，教师是否熟悉该指南中关于这门课程的指导意见，是判断教师是否以该指南为施教依据来更新教育观念、改善教学策略的一个重要指标。由表7.7可见，在被调查样本中，只有14.1%的教师"认真研读过"这本指导手册，33.9%的教师"粗略看过"，17.1%的教师坦诚"从来没有听说过"这个文件。可见，在被调查学校中，研读过教育部制定的这一指南的教师还不到一半，有超过一半的教师从来没有见过这个文件或干脆就没有听说过，这在一定程度上说明学校课程管理和培训工作没有实效，没有给老师提供必要的教学参考资料，一门新型的课程没有得到应有的关注。

三 教师交流与培训的问题及成因

教师有效的合作交流和教育管理部门或学校组织的课程培训对研究性学习的有效实施具有重要作用，调查显示，教师在合作交流和培训方面主要存在以下问题。

第一，教师之间合作交流的现状，在一定程度上表明教师之间的关系呈现出孤立保守和技术取向的教师文化特征。基础教育课程改革要求教师在教学中践行现代教育理念，改善教学行为，而西部教师的学历普遍偏低，知识结构单一，接受职后课程培训的机会比城市教师要少。一些教师没有机会更新自己的知识结构，因此无论是在认知方面还是在心理方面都需要花费相当多的时间和精力来适应时代发展和教育变革的需要。孤立保守和技术取向的教师文化特征，使多数教师缺乏问题意识和自主发展的专业精神，对新课程改革的理念和实践问题缺乏应有的关注，因此重建开放合作的教师文化，培育教师良好的合作交流意识，鼓励教师之间开展广泛和充分的合作交流，可以有效地帮助教师突破单一学科背景所带来的知识视野狭窄和知识结构老化的现状。教师之间通过互相探讨课程实践中所遇到的困惑和问题，分享经验和智慧，促使教师文化从孤立保守的个人文化向合作开放的教师文化转型，将带来教师教育反思和教学研究能力的持续提升。

第二，教师培训理论灌输过多，指导能力培养欠缺，教师的主体性体现和发挥得不够。

就培训内容来说，缺乏针对性和操作性。理论灌输过多，指导能力培养欠缺。培训者过度关注培训内容的前沿性、理论性及深度，却导致课程内容远离了教师的需求及课程实践，甚至远离了他们的知识经验背景。多数教师并不缺乏对研究性学习课程理论的认知，教师的整体课程观与新课程倡导的理念基本吻合，教师培训真正需要提高和改进的是通过提升课程开展的实际指导技能，达成教师的使用理论和信奉理论的一致性，从而转变其教学行为，改进其教学实践。而教师培训内容往往从理论到理论，缺乏与课程实施过程的有机结合，虽然培训时灌输了很多新理念、新思想，但对提高教师的指导能力帮助不大，绝大多数教师对于"参加教育管理部门组织的课程培训"及"听专家讲座"（14.8%、12.7%，见表7-7）对于自己发展的价值体会不深。

就培训形式来说，体现和发挥教师的主体性不够。培训双方的社会交往和互助活动缺乏，没有通过多样化的培训形式，赋予教师更多主动选择、参与、实践、体验和创新的权利，使培训过程成为拓展新教育理念，增强课程实施能力，改善教学行为的教师专业发展过程。

【小结】

本章内容立足于课程实践问题，对教师在研究性学习实施中所遇到的困惑和问题进行了全面深入的调查分析，揭示了产生这些困惑和问题的原因。对于不同的学校和教师，这些问题所呈现的特征形式和复杂程度各异，总体而言，教师在研究性学习实施中所遇到的问题主要表现在以下四个方面。

第一，在课程支持方面。一是社会力量的资源支持问题。整个社会没有形成良好的社会文化氛围，社会各个行业领域缺乏与学校合作的意识与习惯，学校自身也缺乏主动获取家长和社会力量支持学校发展的意识。二是课程专家的专业支持问题。课程专家对学校的专业引领较为有限，课程专家和学者走在理论研究的前沿，却不能有效地指导基础教育课程改革的实践，师范院校的功能还有待通过建立与中小学的有效合作制度来加强和改进，以为基础教育课程改革提供有效的专业支持。三是课程领导的动力支持问题。教育管理部门和学校领导对研究性学习的价值和地位缺乏从学生发展的角度进行思考，对于研究性学习的支持力度还很不够，致使这门课程在许多学校有名无实，只是学生课程表的点缀。

第二，在课程资源的开发和利用方面。一是课程资源范围比较狭窄，主要局限于从互联网上获取间接信息，多数学校对社会或社区广泛的人力资源、自然资源、人文资源及物力资源利用很少。二是教师的信息素养薄弱，搜集、分析和整合应用网络信息的能力欠缺，不能对学生进行有效的培养。三是很多学校的电脑等硬件设施建设还不完善，对学生信息中心的管理缺乏灵活性，影响了教师和学生对网络资源的充分利用。四是学校缺乏在课程培训、开辟实验基地、建立课程资源库方面为教师实施课程提供更有利的支持和帮助。

第三，在课程评价方面。一是过程评价缺乏客观的标准和操作依据，由于难以操作，课程评价往往流于形式；二是评价主体单一，教师忽视对学生自评和互评的指导，也很少通过师生互议来客观地评价学生的进步；三是评价方式单一，主要采用成果展示法。评价成为实施研究性学习课程难以克服的"瓶颈"，这其中既有教师观念的因素，也有教育管理部门和学校的课程支持以及学校课程评价体系建立和管理的问题，当然也和过程评价难以进行客观和科学的操作有关。很多学校尽管有各自的研究性学习课程评价方案，实践中也在探索研究性学习课程评价的策略，然而困惑与迷茫常常影响着教师与学生，教育管理部门和学校以考评教的考核方式，使许多教师固守传统的教育评价思维模式，在课程实施中难以突破和创新，加上理论的困惑、认识的模糊，又导致实践中评价功能的紊乱。

第四，在教师的合作交流和培训方面。一是教师合作交流的问题。教师文化呈现出孤立保守和技术取向的特征。西部教师的学历普遍偏低，知识结构单一，接受职后课程培训的机会比城市教师要少。一些教师没有机会更新自己的知识结构，缺乏问题意识和自主发展的专业精神，对新课程改革的理念和实践问题缺乏应有的关注。二是教师培训的问题。就培训内容来说，缺乏与课程实施过程的有机结合，缺乏针对性和操作性。培训者过度关注培训内容的前沿性、理论性及深度，却导致课程内容远离了教师的需求及课程实践，甚至远离了他们的知识经验背景。就培训形式来说，体现和发挥教师的主体性不够。培训双方的社会交往和互助活动缺乏，没有通过多样化的培训形式，赋予教师更多主动选择、参与、实践、体验和创新的权利。

第八章 问题的解决对研究性学习实施的影响研究

"教师是教育变革和社会进步的动力。"① 教师要成为教育变革和社会进步的动力,需自己具有变革的动力。在对研究性学习实施现状进行田野调查的过程中,我们接触到很多这样具有一定变革动力的教师,他们能积极主动地参与课程改革,通过更新观念和对实践问题的反思和探索,改善教学行为,成为课程改革的生力军和引领者。同时我们也发现,课程改革的复杂性和教师的现实处境,往往持续地削减着教师的变革动力,从而影响了研究性学习的有效实施。这些持续削减教师的变革动力,进而影响研究性学习实施质量的因素,来自于教师在实施中所遇到的各种各样的问题。正如富兰所言,"问题不可避免要出现,但是好的一面是如果没有问题,你就学不到东西,也不能成功""回避真正的问题是有成效的变革的敌人",因此,我们需要以坦率和探索的态度,对问题采取行动,从而使"问题成为我们的朋友"②。

本书第七章对于研究性学习实施的难点以及问题成因进行了总结分析。分析表明,研究性学习实施较好的学校并不是没有问题,或比其他学校问题少,而是它们能够从学校和教师的实际出发,深入分析问题产生的可能原因,通过一些有的放矢的实质性工作,找寻解决问题的办法,从而逐渐生成新的见解和策略,提升了课程实施的质量。由此可见,不同的学校和教师在研究性学习实施中所呈现出的解决问题的意识

---

① [加]迈克尔·富兰:《变革的力量——透视教育改革》,中央教育科学研究所、加拿大多伦多国际学院组织翻译,教育科学出版社2004年版,第18页。
② 同上书,第35—37页。

和能力有很大的差异。本章我们通过分析一些学校和教师在解决问题方面的举措和策略，来了解课程实施条件的创设和问题的解决对研究性学习实施质量的影响。

第一节　课程支持的条件创设

调查显示，整个社会力量对研究性学习课程的支持程度总体上不高。研究性学习课程实施较好的学校在争取社会力量的支持方面，比开展薄弱的学校，更为主动，他们的举措和效果虽然基于学校自身的环境和教师的实际情况，但对其他学校研究性学习课程的实施，仍具有一定的借鉴作用。

一　社会力量：资源支持

研究性学习课程实施的实践表明，家长作为重要的社会力量对有效地开展研究性学习可以起到非常重要的支持作用。然而调查显示，多数家长对研究性学习的价值缺乏正确的认识，他们更多的是从能否提高学生考试成绩方面看待课程价值的；对学生完成课题研究的潜力和能力没有信心，认为中学生搞研究，只是浪费时间，不会有什么成果，因此对学校开展研究性学习产生误解、怀疑甚至反对的情绪等，这些态度和认识代表了多数家长的状态。中国千百年来的封建科举考试制度，使整个社会存在着一种注重考试、分数与次第的社会文化心理，加上市场化的压力，学生和家长关心的是通过教育这个筛选机制以后学生的前途。因此，多数家长对于学校的各种举措和改革行为，包括研究性学习课程在内的社会实践活动的开展，他们的检验标准和尺度就是是否能够帮助学生提高考试成绩，他们对学校工作的支持和配合也是以此为前提的。因此，完全靠学校的力量来纠正和转变国人的这种分数等级心理，是不太可能的，并且这种努力也超出了学校的实际功能。事实上，很多学校和教师为了能在教育市场上占据一定的份额，对整个社会的这种分数等级心理往往起到了推波助澜的作用，因此，"应试教育"传统积弊久革不除的根源在社会，但也有学校的原因。为此，很多学校在开展研究性学习课程中，在争取家长的支持和配合这一方面难有作为或几乎没有作为。

在调查中，我们也发现，研究性学习实施较好的学校，在争取家长支持和配合方面所做出的努力对有效的课程实施起到了很好的作用。

（一）加强家校交流，提升家长对课程价值的合理认识和对学校工作的认同，争取家长的配合和支持

H中学的研究性学习课程实施情况在整个兰州市是走在前面的，从2001年教育部颁发《基础教育课程改革纲要（试行）》和印发《普通高中"研究性学习"实施指南（试行）》开始，它在开展研究性学习方面已经走过了十年的历程，通过不断总结经验，探索适合自己学校教师和学生的实施模式，H中学取得了很好的成绩。谈到家长的配合，H中学教导主任WZ老师是这样谈到他们的做法的。

WZ老师：我们走了两步棋。第一步就是思想动员，从新高一开展研究性学习开始，就对学生和老师做培训，学生和老师人手一本实施手册，培训研究性学习的理念、实施流程和方法，让学生对研究性学习产生兴趣。同时在家长会上，向家长汇报学校在学生素质养成方面的举措和成绩，把学校开展素质教育，包括综合实践活动、研究性学习的情况制作成专题片放给家长看，家长看到学生优秀的表现，对学校的理念就会产生认同感。给学生发的手册，学生拿回家也会给家长看，让家长了解学校课程改革的举措和方式。现在家长素质都很高了，所以在配合学校工作方面，只要学校和老师、学生需要什么帮助，家长一般都会提供支持。

通过展示以开展研究性学习为主取得的素质教育成果，以及印发培训手册，提高学生家长对研究性学习价值的认识，从而取得学生家长对学校各项工作的支持。H中学实施研究性学习的实践表明，这种思想动员策略是有效的，在帮助学生获得一些可能的条件和资源方面，家长往往起到了很重要的作用。

对于WZ老师说到的争取家长支持的另一步棋，是指什么呢？

WZ老师：这个第二步棋，就是在每年学校组织课题成果汇报会的

时候，除了请市教科所的领导和教研员来做指导外，我们同时也请家长委员会的家长做组织答辩的评审员。家长参与学校的活动，对学生有很大的激励，家长看到学生的优秀表现，会对教师的工作给予很大的赞赏，这样的互相交流对于学校的各项工作都会起到积极的推动作用。在组织结题答辩的同时，学生研究的成果都会被做成展板在小操场边展示，并拉上横幅，通常安排在期中或期末开家长会的时候。家长们通过参观了解，十分认同学校的工作和成绩，对学校的工作一般都很支持。学校有很多工作需要依靠家长的支持，研究性学习只是一部分。

从上面的叙述可以看出，H中学除了通过家长会进行宣传以外，还在课程评价的关键环节，向家长展示学生课题研究的成果，或在课题答辩的时候邀请家长委员会的成员来参与课题评审或观摩。H中学每年在高一年级开展研究性学习课题成果汇报会和成果展示，已经形成了常规，这个活动对学生和教师都起到了很好的激励作用，也得到了家长的肯定和称赞。家长通过参与学校的这些活动，对学生的进步和表现有了深切的感受，实际上就是通过向家长展示学校在学生发展和进步方面所做出的成绩，使家长对研究性学习的价值产生正确合理的认识，从而在思想上提高家长对学校各项工作的认同度，对研究性学习的开展就会给予积极的配合和支持。

（二）组成家长委员会，争取家长在专业、经验以及社会关系方面的资源支持

H中学的家长委员会由那些关心学校发展的家长自愿组成，每个班一个，家长人数不限，他们的作用主要是沟通学校和家长，加强家校交流。就研究性学习而言，他们主要是在专业、经验、开展条件以及社会关系等方面提供支持。

WZ老师：今年有两个学生课题：一是"宛川河的治理"；二是"兴隆山水土保持"。我们联系了学生家长，有在环保部门工作的，提供了区里进行环保工作的年报数据和资料。还有一个是摄影家，我们进行实地观察时，他带着单反帮学生拍了很多照片，充实了调查的材料。

YZ老师：我指导学生研究榆中一个小乡镇的蔬菜产业。像榆中县

的蔬菜产业规模有多少万亩这类资料，学生可以从网上查到，但学生关心的是他们所在小乡镇的情况，这个就需要去乡政府的有关部门调查了解。我联系了一个家长，讲清了我们开展这个活动的目的，他就带学生到乡政府查阅了这几年的相关资料。学生通过比较分析蔬菜产业和其他产业的发展数据，又走访了市场和农户，数据资料和实地观察相结合，使学生的认识加深了很多。

另一个课题是"榆中县高原夏菜尾菜的处理"，学生对此非常感兴趣。榆中县高原夏菜尾菜在中央一台"记者走基层"节目报道以后，学生就想去记者采访过的现场看一看。对于课堂上学过的沤肥法，也是中央台这个节目提到的处理尾菜的方法，其中的原理学生是明白的，但是在实践中的具体做法如何，学生希望通过研究性学习做一探究。我们联系了一个家长，他就是三角城高营村种植高原菜的村民，他带着学生到他的菜地和处理夏菜的地方进行了实地考察，也带着学生到记者采访过的地方看了一下，给学生现场讲了沤肥法的原理和尾菜处理发酵过程，这个活动让学生取得了很大的收获，学生通过自己查资料、自己现场观察、访问，认识得到了很大的扩展。沤肥法就是改善土壤的盐碱化，是有机肥……

关于这一方面的例子还有很多，如由家长联系中科院兰州分院和兰大化工院的有关老师，组织学生参观他们的实验室，并对一些专家进行访问；利用兰州电视台拍摄《傩文化》专题片的机会，由家长带几个学生到现场访问民间艺人，等等。在此，我们列举这些例子，用以说明家长作为重要的课程资源，在学校开展研究性学习中起着非常重要的作用。以上家长多数都是各个班级家长委员会的成员，在学生完成课题过程中，他们主要是在硬件条件、社会人力资源和专业上提供了一定的支持。H中学在长期的办学过程中，深刻体会到学校要发展，离不开家长对学校工作的大力支持，所以利用家长委员会做好家校合作和联系，对其成功办学起到了十分积极的作用。

以上我们了解到H中学在研究性学习实施过程中利用家长和社会资源的一些举措和具体做法。H中学在研究性学习课程实施方面赢得了较高的赞誉，学生的研究课题开展得有声有色，这些成绩与家长的支持和配合是分不开的。而在其他一些学校，也不乏在这方面做得较好的例子，但更多的情况是，很多学校在家长和社会资源利用方面几乎毫无作为。究其原因，在主观上，一些学校和教师不重视研究性学习课程的开展，对学校现有的课程资源如实验室、图书馆的利用程度很低，更不用说让学生走出学校，走向田野了，这样的情况在一些重视升学率的省级或市级示范性高中更为普遍。客观上，现在学生的安全也是整个社会从上到下都比较敏感和重视的一个问题，所以很多学校和教师在争取家长配合方面，仅仅停留在偶尔帮忙打印资料等小事情上，而对组织学生外出参观或访问这样一些真正能够开阔学生视野、增长见识的活动，他们不是没有条件，而是考虑到安全因素，根本就不予考虑。由此可见，要利用好家长和社会资源，使研究性学习开展得有声有色，对许多学校而言，需要先从重视研究性学习开始，认清研究性学习对学生发展的价值，同时在确保学生安全的情况下，有效地利用家长所提供的硬件条件、专业支持以及参观、访问和实地考察等活动方式，指导学生开展课题研究，从而使学生在知识视野和探究能力等方面得到提高。

二　课程学者的专业支持

大学在课程改革中的作用是毋庸讳言的。大学与中小学之间建立合作伙伴关系的意义，从本质上说，就是实现文化的共同创造。大学的专家、教授与中小学教师的生活背景不同，实际上处在两种不同的文化中，大学文化以知识创新和思想批判为基调，本质上是一种学术文化，而中小学文化则以实践为基调，更多地表现出实践性文化的特点。[1] 大学与中小学的合作伙伴关系使这两种文化有了碰撞、交流和对话的机会，有助于实现文化的互动和创生，[2] 并在文化的传承中共同实现培育人的重任。从促进中小学的发展来说，大学主要是将社会发展的新信息、教育发展的新理念带给中小学，为第一线教师提供新的思想、新的知识和新的视角。教师通过教育理论学习和参与教育应用研究，养成分

---

[1] 汪霞：《研究性学习的外部援助策略》，《课程·教材·教法》2005年第9期。
[2] 转引自刘启迪《新世纪基础教育课程改革：理论建构与实践进展》，《课程·教材·教法》2012年第1期。

析和反思自己教学实践的习惯和能力，因而在课程实践中就能够开阔视野、了解前沿、掌握方法，不断超越个人的经验。可见，大学和中小学的交流和合作关系对推动课程改革的顺利进行是必不可少的。国家在《纲要》中也强调要加强大学和中小学的联系，发挥大学（尤其是师范大学）在课程改革中的作用，教育部为此在各重点师范大学的教育学院专门成立了"基础教育课程研究中心"，同时组织各学科和领域的课程专家组成"课程改革专家指导小组"对各地区的课程改革情况进行评估。这些举措都说明大学的课程专家和学者对课程改革实践的理论引领作用。而对遵循调适和创生取向的研究性学习课程，来自大学主要是师范院校的理论引领和方法引导，就显得更为重要了。

然而，调查显示，师范院校对普通高中的课程改革所提供的专业支持主要限于教育管理部门组织的课程培训，而多数学校在主动争取课程专家、学者对课程改革的专业支持和帮助方面，还缺乏实质性的举措。在对研究性学习实施较好的 H 中学进行调查时，我们也发现，在与师范院校建立联系和合作方面，H 中学也正处于探索阶段。然而，已有的成绩足以说明他们基于行动探索的价值——一些做法已经在教师和学生中产生影响，这一点相对于许多其他学校而言，H 中学已经走在了前面。

下面我们对 H 中学与本地的师范院校建立联系和合作的情况做一了解，一方面是总结经验，改善实践状况；另一方面也是对其他学校的课程改革提供一定的启示。

（一）迎进来——开放课堂，接纳高校的研究人员深入学校实际和课堂教学情境，共同讨论解决课程实践问题

H 中学与本地师范院校的联系与合作，可以分为两个阶段。在 2008 年以前，它们的合作仅限于每年接受本地师范院校的毕业生来 H 中学参加教育实习。H 中学是本地师范院校学生毕业实习的基地之一，大学生通过参加近一个学期的教育教学实践，提高了教学能力，也给实习学校的教师带来先进的教育理念。当代大学生知识视野开阔，教学思维灵活，敢于创新，在整体相对比较保守和沉闷的中学课堂上，他们给学生带来了清新活泼和阳光的气息。在每届毕业生实习结束以后，H 中学的学生常常还会和他们保持较长时间的联系。在调查中，有些学生谈

到，他们在完成研究课题的过程中得到了实习教师的帮助，实习教师帮他们找寻资料，并且在书写结题报告方面给予一定的指导。实习生通常由在课程教学论方面有较高理论素养的教师带队，这样的实习团队与H中学的领导和教师可以就教育实践中的各种问题讨论交流意见，互相得到促进和提升。

作为实习基地，与本地师范院校建立联系与合作，这种形式虽然有助于帮助学校改进教育教学工作，但从真正意义上讲，还不能说是一种更为有效的合作伙伴关系。毕竟，通过承担师范院校的教育实习任务，对中学的课堂产生一定影响和促进教育教学的作用是比较有限的。

2008年以后，H中学和师范院校的联系与合作有了新的方式和内容。在前一年，H中学调来一个新的校长——WY校长。WY校长年轻有为，创新意识很强，具有先进的教育理念。他倡导并身体力行的学校核心文化是"学习"，认为教师具有持续不断的学习和反思的意识与能力，是变革时代学校发展和进步的源泉，建构"学习型共同体"的学校文化是WY校长努力实践着的理想。2009年，WY校长利用在本地师范院校研修教育硕士学位的机会，通过不懈的努力，有效地建立了与本地师范院校更深入和广泛的伙伴合作关系。从这两项工作推动的力度上我们可以看出，这种伙伴合作关系已经为H中学的课程改革和发展产生了积极的作用。

第一，接纳本地师范院校的教育研究人员，深入学校实际和课堂教学情境，与本校教师共同完成教育研究课题。这些教育研究人员在H中学进行调查研究的过程，就是就学校发展和课程改革的许多重要问题与教师和学生进行深入交流和讨论的过程。这个过程，从促进教师专业发展来说，有助于教师将教育理论和实践情境结合起来，理论在实践中得到发展，实践因为理论的引领而生发出更深远的意义；从学校发展来说，这种旨在改善实践的课题研究，可以帮助H中学对有关学校发展中的各种问题进行总结和反思，升华经验，澄清认识，对学校的教育教学工作起到一定的推动作用。无论是教师发展还是学校发展，最终都将促进学生的发展。

第二，由H中学的一线教师和本地师范院校的课程专家、学者组成课程行动研究小组，通过聚焦课堂的校本教研形式，共同对学校和教师在学校发展和课程实施中所取得的经验和存在的问题进行深入细致的讨论和交流。这是为更加有效地促进课堂教学，推动学校发展，H中学正在探索的另一种模式，这种模式通过一线教师、校长、课程专家和学者、课程管理者等广泛参与的课程行动研究，旨在建立真正意义上的院校合作伙伴关系。具体来说，这种行动研究小组在成员组成和活动方式方面有以下几个特点。

成员组成。包括理论和实践领域的专家，为促进课堂教学和推动学校发展，形成一种合力。师范院校的课程专家、学者包括教授、教育学博士和教育博士。H中学的教师主要是学科骨干教师和主管课程管理的领导。教授、教育学博士主要是在理论和方法上可以对中学的教育教学提供一些指导；而学科骨干教师是课程实施中的专家，他们对新课程改革的认识代表了实践中的声音；在这个行动研究小组中，还有教育博士，这些从教育实践中成长起来的专家，往往对教育理论和教育实践的关系有独到的认识，对教育理论在实践中的应用有更深入的思考。从行动研究小组的成员组成我们就可以看出，这种院校合作伙伴关系的建立，必然对学校和教师的发展起到很重要的作用。

活动方式。主要采取"课程行动研究"方式，进行校本教研。"课程行动研究"是一种基于问题解决的研究过程；研究主题源于学校环境的脉络；实施过程兼具研究与行动两大方面，参与者兼具研究者与行动者的角色；研究结果要体现在具体的教学实践之中。[1]"课程行动研究"是作为课程实践主体的教师在自然的教育情境中直接"参与"的一种探究活动。教师在"课程行动研究"中检讨教学过程的实际问题，加以回应，改变自己的教材、教法，加以反思、评价，改变对问题的先前理解，改进教学品质，也提高课程品质。这种研究并不追求精确的研究结果和理论建构，而是在于解决具体情境中教师直面的问题，以求得教学品质的"改进"。也就是说，它并不是要将研究结果推进到其他情境之中，而是要改善教师自身的教学品质与效率。教师以批判的眼光对既有的课程进行重新审视和考察，然后，通过公开发表自己的思考心

---

[1] 刘良华：《校本行动研究》，四川教育出版社2002年版，第148页。

得，进入公众对话，求得集思广益。① 可见"课程行动研究"这种基于评判性探讨的特征有别于一般的经验总结。

活动内容。课程行动研究小组对课程实施的研究，主要以课堂教学实践中的各种问题为教研内容。这些问题来自于一线教师的教学情境，研讨中可以基于本学科选取一个单元或一个活动，遵从集体备课—公开教学—评课的基本教研程序，就某个主题展开深入的讨论和交流。这种以问题解决为研讨内容的主题可以涵盖课堂教学实践的各个方面，如教学方式、学习方式、师生互动、教师语言、教师角色、课程评价、情境教学等。在这个过程中，理念、方法、策略通过一定的课程内容和教师教学行为交汇，学科教师反思自己的教学行为，澄清一些模糊的认识，寻找存在于行动背后的理论依据，确立新的观念或强化已有的认识，从而使教师的信奉理论与新课程所倡导的理念相吻合，并与其使用理论达成一致，最终通过在教育实践中践行新课程的理念，促进学生的发展。

迎进来，开放课堂，接纳师范院校的研究人员深入学校实际和课堂教学实践情境，与一线教师深入交流、互利合作，走在理论研究前沿的课程专家和学者对基础教育课程改革的实践进行有效的指导，同时也从教育实践的土壤中发展和完善教育理论。教师在这样的专业支持中所学习的理论在经验中产生意义，帮助教师改善教学行为，从而促进课堂教学。学校逐渐从课程实施内容、目标和结构上的表层变革转向有关学校文化、角色行为和教学观念方面的深层变革。研究性学习课程的实施对教师的专业能力提出了严峻的挑战，教师的研究能力受到一定的质疑。因此，教师需要以革新的行动来落实研究性学习课程的要求，H中学在建立院校合作伙伴关系方面的探索和努力，也一定会促进研究性学习课程的有效实施。

（二）送出去——支持教师走出校门，与其他学校教师就课程实施问题，从理论依据和实践情境、学生实际等方面，进行广泛、深入的讨论、交流

H中学与师范院校建立联系的另一项工作是，分批分次送本校教师走出自己的课堂、自己的校门，到全国各地的师范院校和其他中学与课

---

① 钟启泉：《现代课程论》，上海教育出版社2006年版，第495页。

程专家、学者以及其他学校的教师，就课程改革中的各种问题进行理论探讨和广泛深入的讨论、学习。这种学习与教育管理部门组织的一般课程培训相比，主要在于学习内容和形式上教师有了更大的自主权。从学习内容来说，H中学教师和课程专家主要围绕教师在教育实践中所遇到的各种问题，从课程改革的背景、学校发展的实际、问题产生的情境、学生学习的特点等方面展开研讨，以寻求理论依据和课程实践之间良好的契合点，使教育理论通过与教师实践经验的结合，从而产生实质性的意义。从学习形式上说，除了传统的专家讲座和报告以外，还有案例教学、现场观摩、问题研讨、情境体验、参观活动等多种形式。这样一场理论和实践交汇、思想和意见交流的学习活动，其效果和意义远远超过了任何一种由教育管理部门组织的课程培训。在笔者对H中学教师的访谈中，一些参加过这种学习的教师都会情不自禁地谈起他们的经历和收获，言谈中充满对WY校长办学理念的由衷赞叹。

YZ老师：我们以前参加的培训，都是满堂灌，每次讲的都是相同的理论，但是我们的课堂是什么样子，没有人关心。这一次我们学校和师大的老师开展交流活动，校长让我们带着问题去，主要就是把问题集中起来，大家坐在一起，讨论，争得很激烈。师大的教授就说："先请各位老师谈，你们是真正的专家，教学实践中的问题，你们最清楚。"我感觉真的是不一样，形式很灵活，我们把困惑的问题提出来，大家一起讨论，给我很大启发。

CH老师：我上这个教育硕士，是受我们校长的影响。开始跟着WY校长出去感受了一下外面各个学校改革的氛围，回来就想趁着还年轻，去进一步深造长长见识，提升自己。WY校长是学者型领导，他说，要让学习成为人一生的习惯，成为生活方式。这几次他组织我们去外地学习，他的目的是让我们的思想去真正地触碰一下理论的门，然后用理论来思考实践问题，而不是从实践到实践。他自己的理论素养是很高的，又务实，有这样的领导，我们干着有奔头儿。

在WY校长的带动下，H中学教师在思想和行为方面发生了很大的变化。教师们走出校门，去和课程学者以及各学校的同行深入地探讨实践中的问题，借鉴新的策略和方法，推广自己学校的新举措，听取专家和同行们的意见，进一步改进教育教学实践。这种主动走出去，通过和师范院校以及其他学校的合作和交流，促进教师专业发展的举措，无疑对学校的发展具有深远的意义。

目前我国中小学教师的教育培训，除了通常由教育管理部门或教师进修学校组织的职称培训以及其他职后培训以外，这几年逐渐转向以教研组为重点的校本培训。教育管理部门或教师进修学校组织的教师职后培训模式很难照顾到教育实践的有效性，容易造成理论和实践的脱节。教师培训是基于实践教学需要的活动，是基于解决课堂问题的实践活动，因此，这几年以学校教研组为重点的校本培训模式日渐兴盛起来。校本培训的优点是能够根据本校的特点和问题，充分结合学校的实际教学情境进行培训，针对性强，每个教师都可以主动参与，将个人自主的实践反思与教研组同行的诊断、指导及经验共享相结合，让教育理论和教育实践共同发展。但是，由于中小学教师对于实践问题的关注，往往更倾向于获得解决和应用方案，而对问题背后的深层理论并不关注，因此局限于学校内部的这种校本教研培训模式，在提升教师的理论素养方面，作用有限，也阻碍了教师更深层次的专业发展。相比较而言，对于H中学主动将教师送去师范院校和其他学校，与课程专家和其他学校教师进行充分互动交流，进行教师专业提升的做法，是H中学在注重理论引领的教学实践培训模式方面所进行的积极探索。它将教师培训从教育管理部门大规模地统一组织转变为学校及教研组的主动自觉行为，合作、互动、交流成为培训的主题。在开放的探究氛围中，实践中的问题通过理论的诠释和策略方法等方面的经验分享，使课程领导者以及教师对教育愿景、课程改革、学校发展与教师改变的关系，有了新的理解和认识。可见，主动"送出去"的教师学习，可以充分利用师范院校所提供的技术和专业支持条件，有效地提升教师对课程改革的认同性，增加教师对课程改革的投入。

无论是把师范院校的课程专家和学者"迎进来"，直接指导课程改革实践，还是把教师和课程管理人员"送出去"主动学习和探究教学实践情境中的问题，都在于争取课程专家和学者为本校的新课程实施和教师发展提供全方位的支持，有助于教师更新教育观念，改善教学行为，从而促进教师的专业成长。研究性学习实施对于教师的指导能力有更高的要求，而院校合作伙伴关系的建立，在提升教师的专业能力方面的作用，也必将促进研究性学习的有效实施。

三 课程领导的动力支持

在新课程设置中，研究性学习属于综合社会实践活动的一个领域，虽然它的教学价值和实施特点决定了其对学生发展具有重要的意义，但在目前高考的内容中，研究性学习的意义并不能明确地显现出来。由于我国教育长期注重基础知识掌握与基本技能训练的传统，这种现实状况使一些教育管理部门和学校对于包括研究性学习在内的综合社会实践活动不太重视。调查显示，认为教育管理部门和学校领导对研究性学习不重视，甚至不支持开设的教师比例达到被调查样本总体的66.4%，"上面要的就是成绩，校长顾了成绩，其他的就是应付检查"这种情况在一些升学率较高的省级或示范性高中很普遍。调查同时说明，学校对于开展研究性学习课程的态度和行为往往和教育管理部门的支持情况有很大的关系。教育管理部门对于学校开展研究性学习课程虽然有一定的要求，却缺乏真正的检查和落实，这说明一些领导对于研究性学习课程在培养学生能力和促进全面发展方面的价值没有正确的认识，主观上对从事教育管理工作所蕴含的教育道德力量缺乏深层思考。

事实上，甘肃省开展研究性学习的情况，从2001年秋季甘肃省第二批加入《全日制普通高级中学课程计划（试验修订稿）》试验起步，开始阶段开展得很有成效。2001年秋季，甘肃省市教育管理部门对全省各校高一新生开展研究性学习进行了统一部署，各校做了充分准备，包括编制各校《研究性学习综合实践活动课程指导手册》，对课程实施具体问题做出规定；培训教师，召开研究性学习专题辅导报告会、课程实施动员大会及开题报告会等；个别学校还邀请华东师范大学霍益萍教授等专家来校进行具体培训和指导。通过一年多的实践，大部分学校取得了较好的成绩，有的还成立省市立项课题，探索适合本校实际的开展模式，总结经验，为下一轮课程实施提供借鉴。总体来说，甘肃省首届研究性学习课程的实施开端良好，扎实规范。但是，甘肃省普通高中新课程改革2010年才正式实施，进入新课程以前，教育部2000年的新课程方案和 2003 年课程计划对研究性学习课程的学分与课时的规定无法得到落实，教育管理部门对学校发展和校长的评价考核以学生高考成绩为主要依据，因此对学校的其他活动只有布置但缺乏实质性的检查和考核，大部分学校在高考和其他学科教学的压力下，逐渐对研究性学习的开展放松了要求，有的甚至束之高阁，成为明日黄花。[1] 这些问题使甘肃省新课程实施以后研究性学习在很多学校的开展受到了一定阻力，这些阻力显然与新课程实施以前教育管理部门和学校领导对研究性学习重视和支持不够有很大关系。

在影响研究性学习实施的众多因素中，学校领导和管理的作用是非常关键的。在调查中，我们发现在同样的办学环境下，在很多学校的研究性学习课程实施几乎处于停滞状态的情况下，有些学校却能够一直坚持不懈地开展，并形成了自己的特色，取得了较好的成绩。究其原因，主要与教育管理部门和学校领导的课程领导能力有很大的关系。新课程实施以后，研究性学习课程作为必修课被纳入学校整体的课程管理范围，虽然多数教师认为，教育管理部门和学校对这门课程的支持和重视程度还很不够，但从有些举措来看，教育管理部门已开始积极地面对这些阻力，并寻求解决这些问题的办法。比如，2009 年底，甘肃省和兰州市分别编选和出版了近几年来本省和本市的研究性学习案例集，其目的在于为新课程实施以后各个学校开展研究性学习课程提供一定的借鉴和参考。案例集汇集了论文、调查报告，以及展板设计和制作、工艺设计、照片和音像等实物资料，还有学生的心得体会和教师的总结评价等内容。另外，2010 年 10 月，当地教育管理部门组织了新课改实施调研活动，实地了解了全市普通高中开展新课改的情况，从中发现了研究性学习实施中所存在的问题。调研报告对多数学校"采取等待观望的态度，没有做出合理的计划安排，使研究性学习课程成为'空无课程'"[2] 的现状进行了总结分析。这些举措说明，虽然来自社会市场化的压力，使"应试教育"积弊久革不除，整个社会和教育系统对研究性学习的

---

[1] 孙志刚：《研究性学习——国家课程校本化的实践和思考》，《当代教育与文化》2011 年第 5 期。

[2] 同上。

重视还远远不够，但如果能意识到课程实施中存在的问题，对问题能够积极回应，就是我们力求解决问题所应采取的姿态。正如富兰所说，只有我们积极地寻求和面对那些实际上难以解决的真正问题，我们才有可能对复杂的情况做出有效的反应。解决问题是通向更深入的变革和达到更为满意的途径。在这个意义上，有效率的组织机构"抓住问题"而不是回避问题。[①] 有效的课程领导对于课程实施、教师专业发展以及教学质量的全面提高，都具有重要的动力作用。教育改革的趋势势必会促使所有参与者的观念和行为逐渐发生变化，这也使我们坚信，研究性学习课程的未来是充满希望的。

第二节 课程资源的开发利用

教师的参与与支持，并不能保证课程改革的成功，我们还应该给教师提供充足的资源，以确保教师能够规划和实施课程改革方案。[②] 课程资源的开发和利用，是保证新课程实施的根本。学校和教师应该成为课程资源开发的重要力量，但从调查结果来看，教师在开发和利用课程资源方面存在着诸多问题。以下我们从课程资源的开发现状出发，认识一些学校和教师在开发和利用课程资源方面所做的探索和努力对课程实施质量的影响。

一 学生信息素养：终身学习的需求

相对于其他课程资源，网络资源的便利为教师和学生获取信息提供了丰富的学习资源。从一些学校在研究性学习课程实施方面已经取得的成绩来看，网络资源的充分利用对促进课程实施起到了很重要的作用，如本书第七章我们对 H 中学一些教师指导学生完成课题的跟踪调查说明，学生学习掌握通过网络搜集、整理信息资料的方法对提高学习能力、变革学习方式起到了很重要的作用。在课题研究中，教师要指导学

---

① ［加］迈克尔·富兰：《变革的力量——透视教育改革》，中央教育科学研究所、加拿大多伦多国际学院组织翻译，教育科学出版社 2004 年版，第 35 页。

② 尹弘飚、李子建：《课程变革理论与实践》，高等教育文化事业有限公司 2008 年版，第 200 页。

生判断网络信息的优劣、真伪,识别对本课题研究具有重要价值的资料;要让学生有条理、有逻辑地整理与归纳资料,理清信息资料之间的关系;综合整理信息以得出相应的结论,反思所得结论是否充分地回答了要研究的问题,是否有必要获取其他证据以支持所得结论,最后从信息资料中归纳出解决问题的重要思路或观点等,[①] 指导学生掌握这些思路和方法,提高他们搜集、整理和应用信息的能力,不仅可以加深学生对相关问题的认识,开阔知识视野,同时也为将来学生成为信息时代具有终身学习能力的公民打下重要的基础。

由此可知,网络资源的充分利用对研究性学习的实施具有重要的作用。要使学生成为终身学习者,就必须把他们培养成为一个有信息素养的人,即能熟练地掌握和运用计算机等技能传递和利用信息的能力。调查发现,学校和教师在通过指导学生搜集、整理和应用网络资源,培养学生的信息素养方面还存在一些问题,这促使我们思考进一步改进的策略。

一方面,从教育管理部门和学校方面来说,应在研究性学习实施过程中,为教师和学生提供必要的硬件条件支持,增加基础设施的开放度,并建立电子数据库及其他计算机辅助资源等,尤其是一个核心的知识库对于学生开展研究性学习而言是必要的。例如,本地教育管理部门在相关网上建立的"研究性学习课程资源库"和"多媒体数字阅览室",对教师和学生进行课题研究提供了很充分的支持。其中"研究性学习课程资源库"是集大部分常规研究主题于一体的基础资源库,可为教师和学生解决研究性学习课程基础资源方面的难题提供一定的帮助。资源库结合中小学教育的特点,特别精选自然、科技、社会、生活四大领域的主题知识,针对研究性学习课程中的实施特点进行分类排列,涵盖研究性学习课程的方方面面。而"多媒体数字阅览室"更是包罗万象,相当于20万册图书,1万幅各类图片,上千段各种视频片段,主题遍布军事、科技、书法、集邮、摄影、文学、戏曲、音乐、影视、天文、旅游、建筑、交通、医药保健、生活常识、风土人情、世界礼仪、幽默笑话、禁毒教育、心理教育、环境教育、安全教育、法律法

---

① 汪霞:《研究性学习的外部援助策略》,《课程·教材·教法》2005年第9期。

规、高校建设等各个领域。为学校开展素质教育和研究性学习课程，提供了丰富的课程资源和学科知识背景材料。H中学也在校园网上建立了"研究性学习课程网"，包括"课程概述""课程管理""学习资源""课题案例""成果评价"等栏目，为教师和学生的课题研究提供了一个切实可行的操作平台。这些举措无疑对研究性学习课程的实施起到了很大的促进作用。

另一方面，从教师来说，需要在提高自身信息素养的基础上，加强对学生搜集和整理分析信息资料的能力培养。教师的现实处境，繁重的工作压力，使教师没有时间对学生进行有效的指导，这个问题虽然在短期内难以得到根本性的解决，但随着时代的发展，整个社会对人才的要求发生着转变，教育改革的步伐最终会使教师的工作环境得到逐步改善。

二 教师的课程资源能力：专业发展的需求

学校对社会资源、自然资源和人文资源的利用相对较少，是制约研究性学习课程有效实施的一个重要因素。在这方面，除了一些教师通过家长这个媒介对校外课程资源有一定的利用以外，多数学校没有和社会或社区就学校发展建立有效的联系，这在一定程度上限制了研究性学习课程开展的空间。教师普遍认为，学校在开发和利用研究性学习课程资源方面亟须解决的问题为"建立研究性学习课程资源库""开辟研究性学习实验基地"以及"加强对教师研究性学习课程资源开发与利用的指导与培训"等方面。显然这些问题，涉及学校和教师两方面。从学校来说，很多学校对"开辟研究性学习实验基地"几乎还是空白，究其根源，主要和我国传统的学校办学模式有关。多年来，我们的学校始终坚持关门办学，学校成了与世隔绝的孤岛，高高的围墙隔开的不仅是地域上学校与社会的联系，而且是思想观念上的封闭。[1] 教育的发展和新课程改革的趋势要求学校打开围墙，与社会建立广泛的联系，动员社会的力量为课程实施提供各种资源，共同促进研究性学习课程的有效实施。但从学校现有的办学模式、规划和管理来看，由学校单方面争取社会力量来支持

---

[1] 汪霞：《研究性学习的外部援助策略》，《课程·教材·教法》2005年第9期。

课程改革，开发和利用课程资源，还有很长的路要走。从教师来说，开发和利用课程资源的能力会影响其对学生进行课程指导的深度和广度，教师不能有效地开发和利用当地各种丰富的社会资源、自然资源和人文资源，就难以指导学生对有关社会发展及人类自身发展的主题内容展开有意义的探究，学生的目光和视野难以触及更深入和更广泛的领域，境界势必难以提升。教师开发和利用课程资源的能力除了自身因素以外，和学校对教师没有提供充分的资源支持有关，学校缺乏与社会广泛的联系，这在一定程度上制约了教师开发和利用课程资源的能力。

在充分利用校外课程资源方面，开辟研究性学习课程实验基地对研究性学习课程实施的作用是不言而喻的。调查表明，少数在这方面有一定举措的学校，主要是一些科研院所、高校和企业的附属中学，如中科院兰州分院中学、兰大附中、西北师大附中、兰炼和兰化校、兰铁子校等，它们利用在办学机制方面得天独厚的条件，每年都组织学生到对应的相关研究机构和科研院所的学科实验室进行参观和学习，并就学生感兴趣和疑惑的问题向一些专家和研究人员请教。在争取相关机构的课程资源支持方面，学校主要是聘请一些学科领域的专家对学生的研究性学习课题进行指导。这种来自校外学科专家的指导比本校的教师有更多的时间和条件对学生进行有效的帮助，在知识广度和深度上也更胜一筹。所以从课题完成的质量和效果来说自然比较突出。每年在全省的青少年科技创新大赛中，那些从学校的研究性学习课题中脱颖而出的作品，多数都得到了一些学科领域专家的指导。如在第 26 届 "风电杯" 全省青少年科技创新大赛（2011 年）中取得优异成绩并被确定参加第 26 届全国青少年科技创新大赛的四个科学竞赛项目，"对风力发电机叶片的改进""祁连山有多少雪水可融化""甘肃傩文化研究" 以及 "花盆种出蕨菜来"，在这四个项目中，有三个是企业子弟校和附属中学的作品，它们分别得到了各个领域专家的精心指导和帮助。这些专家的指导拓宽了学生对课程资源的利用范围，从他们完成的课题题目就可以看出，研究内容涉及社会资源、自然资源和人文资源的很多方面，通过查阅资料、走访学者专家和民间艺人、参观博物馆、实地调查以及进行科学实验，提高了创新能力和实践能力，学生的科学素养和人文素养得到了很大提升。

以上这些学校在研究性学习课程实施方面所取得的骄人成绩，和一些社会企业及学术机构为教师和学生提供丰富的课程资源有关，而其他绝大多数学校并没有这样的便利条件，加上长期封闭的传统办学模式，制约其和社会的广泛联系，因此，对这些学校而言，教师自身开发课程资源的意识和能力，对有效的课程实施就至关重要了。在调查中，我们发现，一些开展研究性学习较好的教师，能够指导学生对当地的各种课程资源进行充分的利用。比如，H中学的LH老师在指导学生完成"对联文化探究"的过程中，一方面指导学生从网络和书籍中获取资料，另一方面建议学生对本地的公共场所和居民住所的各种对联进行实地的观察和研究。学生通过老师的指引，足迹遍及当地的名胜古迹、寺庙、政府机构、企事业单位、学校、广场、公园及普通居民之家，用眼睛和心灵感悟对联中所蕴含的传统文化、社会价值、宗教思想、百姓生活及民间智慧。对当地这些课程资源的利用，使学生一方面对对联这种独立于诗词曲赋的文学形态所承载的传统文化有了深入的认识，另一方面加深了对家乡的风土人情、生活习俗的了解，感受到民间智慧的纯朴和深远，并生发出对家乡父老乡亲深沉的眷恋之情。这样的课题研究正好印证了罗丹的那句名言："生活中从来就不缺少美，而是缺少发现美的眼睛。"事实上，学生生活的环境有很多可以利用的课程资源，学生的研究能够将触角深入更广泛的领域，就如那些获得科技创新大赛奖的项目，取得卓越的成绩，激励自己也鼓舞别人，但对多数学校而言，如果暂时不能拥有那样的条件，那么从实际出发，基于教师和学生自身的生活环境，开发和利用有限的课程资源，在对身边景象的感悟和体验中，也会增强对社会和自身的认识。如一位教师在谈到研究性学习课程时，表达了他深刻的体会。

WX老师：有些老师们总想，研究性学习就一定要搞一个什么样的课题，其实研究性学习就是学习一种方法，一种思路。生活中到处都是研究性问题，学生的学习时时刻刻都可能是研究性学习。在我们广大的农村学校，天地广阔，开展研究性学习的资源很丰富。学生在自家的田园里观察庄稼生长，或自己种花种草，可以好好去观察，植物的种子多少天发芽，水多水少，肥多肥少，有怎样的不同。田野里长着庄稼，什么时候拔节，什么时候抽穗，学习大自然这个课题，能获得很多书上学不到的东西。学生不能只是背书上死的东西，要学活的学问。课堂上更多的是前人的间接经验，怎样提升对这些间接经验的体会和感受，除了把生活引入课堂外，最好的就是走出课堂，走向真实的生活。学生自己好好观察了，就会获得不一样的感受。观察动物的习性，植物的生长规律，千变万化的自然现象，看云识天气，还有一些环境问题，如金属腐蚀，塑料老化，铁生锈，等等，日常生活中就可以观察。研究性学习有非常好的理念，应该开展，条件好有好的开展方式，条件不好有不好的方式，只要学校和老师重视，即使开始只有几个学生参与，还有一些学生糊里糊涂，另一些学生根本就没做，只是跟着转一下，慢慢地，老师们重视了，师生交流一起动手，学生们也就慢慢有了兴趣，逐渐摸索着就有了经验，就可以进入实际操作，很系统地开展。所以要放手让学生去做。

WX 老师原来在兰州市教科所工作，参与过关于针对全市中学开展研究性学习活动状况的调查研究，所以也最早接触到研究性学习的理念。他认为，在生活中，学生的研究课题比比皆是，植物的生长、动物的繁衍和各种自然现象，只要学生感兴趣的问题都可以成为研究课题。他对课程资源的认识是一种广义的理解，即只要能为学生的发展提供便利的一切条件和元素，都是可以利用的资源。有些老师认为自己所在学校硬件条件不好，研究性学习难以开展，显然这是对课程资源的狭义理解。

总之，要提高教师开发和利用课程资源的能力，一方面学校需为教师提供可能的支持条件，如建立课程资源库，并通过加强和社会的联系，建立一定的课程实验基地等；另一方面，加强教师培训的实效性，重视对教师开发和利用课程资源的意识与能力的培训，促使教师的专业发展。

第三节 课程评价的体系构建

新一轮基础教育课程改革把课程评价观的转变作为重要枢纽。《纲要》指出，要建立"促进学生素质全面发展的评价体系""促进教师不断提高的评价体系""促进课程不断发展的评价体系"[1]，由这三方面构

---

[1] 教育部编制：《基础教育课程改革纲要（试行）》，2001年6月。

成的发展性课程评价，成为建构素质教育课程评价体系的核心。而从研究性学习评价的现状调查结果来看，正是由于课程评价制度改革滞后，发展性课程评价体系建构不健全，从而导致研究性学习评价显现出很多的问题，影响了其有效实施。由此，从体现研究性学习的价值取向和有利于达成研究性学习的目标出发，按照新课程倡导的评价理念来构建有利于研究性学习有效实施的发展性评价体系，包括其评价的内容与评价的方式、方法等，将为研究性学习的有效实施提供充分的保障。

一　构建取向：发展性课程评价

但凡评价活动，都表现为人们对价值客体的态度。人是文化的产物，客体能否满足主体需要及主体能否意识到客体的某种价值属性都具有一定的社会历史性。作为文化存在的课程评价必然要受到一定文化价值观的导向与制约。从文化价值观的背景来看，课程评价的价值取向，对应于农耕时代、工业时代、后工业时代三个时期不同文化价值观的历史演进，主要经历了从知识本位到能力本位，再到人格和谐发展的三次转折。首先，农耕时代以知识本位为其核心文化价值观，课程评价在价值取向上指向知识的传承，而不是教学主体的发展。其次，工业时代以能力本位为其核心文化价值观，课程评价在价值取向上关注的是可以定量化、技术特征明显的理性能力，而像情感、个性等难以被量化的部分则被拒之于课程评价的视野之外。诸如泰勒模式、教学目标分类等课程评价理论就代表了这一时期典型的课程评价特征。最后，后工业时代也叫信息社会或知识经济时代，以人格的和谐发展为其核心文化价值观，课程评价在价值取向上指向学生人格的和谐发展，关注学生人文精神的养成。后工业时代建立在工业经济充分发展的基础上，主导的经济活动已不再是单纯的物质资料的生产，而是信息的制造、获取、转化和传递等活动。于是，能够通过高科技手段获取信息，并能对其进行创造性的整理、加工即成为人应该具有的基本素质。为此，它对主体的全部心智活动提出了更高的要求，主体性有了进一步展现的机会和可能，以人格和谐发展为核心理念的文化价值观逐步确立，而以知识本位和能力本位为核心理念的文化价值观的课程评价渐渐失去其存在的合理性。随着以人格和谐发展为核心理念的文化价值观的确立，课程的主流精神已从单纯地关注知识、能力等问题转向对个性发展、个性教育的关注,时代需要与以人格和谐发展为核心理念的文化价值观相一致的、反映时代精神的课程评价。①

课程评价的价值取向受到一定文化价值观的导向与制约,并由课程的价值取向所决定。体现素质教育思想的研究性学习课程,将融合了科学精神的人文精神作为其基本的价值取向。人文精神是在一定历史条件下,通过长期的文化实践活动的积淀和升华而形成的、反映人的文化观念及主体性的社会意识,是对于社会生活和生产活动有重大影响的主体意识,展现的是人的实践活动本质。② 传统的课程评价是在把教育作为手段的旨趣下展开的,与人格和谐发展本身相去甚远。由于人文精神指向对人的终极命运的关怀,以人格和谐发展为终极目的,因此,在扬弃以知识本位和以能力本位为核心理念的文化价值观基础上,以人格和谐发展为核心理念的文化价值观在研究性学习课程中被逐渐确立。以人文精神为基本价值取向的研究性学习,其评价的价值取向自然指向学生人格的和谐发展,关注学生人文精神的养成。

在以人格和谐发展为核心的文化价值观引导下,研究性学习评价主要在以下三个方面体现了现代课程以人格和谐发展为核心理念的时代精神:一是评价应体现以人为本的思想,构建个体的发展。评价要关注个体的处境和需要,激发个体的主体精神,以促使每个个体最大可能地实现其自身价值。二是评价是与教学过程同等重要的过程。评价贯穿于教学活动的每一个环节,是教学过程主要的、本质的、综合的一个组成部分。③ 三是评价要为人的终身发展服务。评价提供的信息和洞察力,旨在为学生学习提供动力和源泉,而不仅仅是检查学生的表现。研究性学习课程旨在学习方式的变革,以人格和谐发展为评价的核心理念,这将为学生具备自我发展能力,促进其一生的全面发展起到重要作用。

发展性课程评价是随着人们对教育和自身关系的认识不断发展起来

---

① 李定仁、刘旭东:《教学评价的世纪反思与前瞻》,《教育研究》2001年第2期。
② 同上。
③ 钟启泉、崔允漷、张华:《为了中华民族的复兴 为了每位学生的发展——基础教育课程改革纲要(试行)解读》,华东师范大学出版社2001年版,第303页。

的，以人格和谐发展为核心理念构建的发展性课程评价，反映了当前课程评价思想的最新进展，体现的是社会和人类自身发展的需要，也是科学技术和教育自身发展的需要。

二 实施框架：标准、工具、方式、功能

本书对研究性课程评价现状的调查显示，教师在课程评价方面普遍遇到的问题，如课程的过程评价缺乏依据，难以操作，学生评价缺失，成果评价没有标准等，主要和学校没有建立科学的发展性课程评价体系有关。以下我们对 H 中学建构课程评价体系的策略做一了解，其实践探索对其他学校建立发展性课程评价体系亦有良好的借鉴作用。

研究性学习课程评价应通过具体的评价活动来展现其终极的人文关怀，并把课程评价的手段属性置于一定的价值规范之下。H 中学的研究性学习评价体系从有利于达成研究性学习的课程目标出发，按照新课程所倡导的评价理念来构建。从实施程序来说，遵从了科学的评价体系所应具有的建构框架，分别是明确评价内容和评价标准；设计评价工具；收集和分析数据与证据；明确改进要点并指定改进计划。[1]

（一）评价标准：以课程培养目标为主要依据，确立灵活动态的评价内容和科学合理的评价标准

研究性学习课程评价的内容和标准是以研究性学习课程的培养目标为主要依据的。普通高中研究性学习课程目标主要有：[2] 第一，获得亲身参与探索的体验；第二，培养发现问题和解决问题的能力；第三，培养搜集、分析和利用信息的能力；第四，学会分享与合作；第五，培养科学的态度和科学道德；第六，培养对社会的责任心和使命感。研究性学习课程没有国家课程标准，其开放性和实践性的特点以及培养目标决定了在研究性学习课程评价的内容上，应从学生的认知、情感、能力、态度、行为等方面多视角出发进行综合评价，着重对学生个性化的表现进行评定和鉴赏。

---

[1] 钟启泉、崔允漷、张华：《为了中华民族的复兴 为了每位学生的发展——基础教育课程改革纲要（试行）解读》，华东师范大学出版社2001年版，第307页。
[2] 教育部编制：《普通高中"研究性学习"实施指南（试行）》，2001年4月。

表 8.1 是 H 中学的研究性学习课题评价标准。从表 8.1 中可以看出，这个标准体系的建立涵盖了学生完成课题研究的全过程，从开题报告书写、研究过程到结题报告（或论文）的完成，评价内容主要涉及以下几个方面：其一，态度和体验；其二，合作精神；其三，创新精神和实践能力的发展情况；其四，对学习方法和研究方法、技能的掌握情况等，体现了新课程对学生在知识与技能、过程与方法、情感态度与价值观方面的基本要求。如对研究过程的评价，主要从科学精神、研究态度、学习习惯、价值观以及研究方法五个方面进行评价。在每一个方面，又有具体的内容指标，如在学习习惯方面，学生可以在动脑探究的习惯、及时记录的习惯、爱护自然和社会环境的习惯三方面进行反思自评；在研究方法方面，主要考虑方法选择的合理性和方法使用的得当性。每一项具体的评价内容设计了一定的评价标准，使教师在评价学生的表现时有可参考的依据。在具体使用评价内容和标准时，教师并不是完全固守限定的程式化框架，面面俱到地要求学生，而是根据学生的特殊情况，亦有一些弹性化的举措。如在学生的成长记录袋中，教师这样描述评价一个学生的表现："XXX 同学因为参加物理竞赛集训，未能充分参与本课题的研究过程，但在课题结束阶段，对本小组的研究成果进行了全面整理，其精心设计制作的研究性成果展板，内容丰富，图文并茂，科学性和艺术性并存，获得师生好评。"最后经师生互议，该学生获得"良好"这个他自己比较满意的成绩。

表 8.1　　　　　　　　H 中学研究性学习课题评价标准

项　目	评价要点	评价标准
开题报告	1. 课题来源	①自选；②科普报告；③前期研究启发；④导师推荐；⑤其他
	2. 选题原则	①需要性；②科学性；③新颖性；④可行性
	3. 研究方案	①环节清楚；②安排合理；③方法明确；④适应性强

续表

项　目	评价要点	评价标准
研究过程	1. 科学精神	①实事求是；②探索精神；③质疑习惯；④合作意识
	2. 研究态度	①对课题的兴趣；②研究动机；③研究过程中的行为表现
	3. 学习习惯	①动脑探究的习惯；②及时记录的习惯；③爱护自然和社会环境的习惯
	4. 价值观	①有所作为；②自尊；③责任心；④自我调控；⑤其他
	5. 研究方法	①方法的选择正确；②方法的使用准确、得当
课题报告（论文）	1. 论文结构	符合科研论文的基本要求
	2. 论文内容	①结构严谨，逻辑性强；②研究有新意，有创意
	3. 论文拓展	①有对研究的反思；②有可进一步拓展延伸的方向

发展性课程评价追求的不是给学生一个精确的结论，更不是给学生等级或分数，而是要通过对学生过去和现在状态的了解，分析学生的优势和不足，并在此基础上提出具体的改进建议，促进学生在原有水平上的提高，逐步达到基础教育培养目标的要求。以课程培养目标为主要依据确立评价标准时，需对评价内容从学生活动过程的各方面进行全面科学的规定，为教师评定学生的表现提供可操作的依据，同时在具体使用时教师需采取一些灵活弹性的举措，以更好地体现发展性课程评价促进学生进步的功能。

（二）评价工具：以评价程序的规范性和可操作性为根本，设计科学合理的评价工具

有了对学生学习和表现的评价标准，还要设计和制作相应的评价工具。评价工具的设计反映了课程管理者对研究性学习课程价值的认识和评价理念。调查发现，很多学校虽然在本校的《研究性学习课程实施方案》中列出了开展这门课程的指导思想和目标，以及组织实施过程等内容，但却没有开发出有效的评价工具。学校和教师因缺乏科学合理的评价工具，致使对学生的态度和体验以及合作精神等方面的评价，倍

感难以操作,从而使真正能够为学生提供激励和改进建议,为课程实施者提供修订方案依据的过程评价流于形式。

评价工具通常以评价表的形式来体现。H中学的研究性学习课程评价体系的主要特色就体现在评价表的设计中。每个课题共有6份评价表,其中由学生填写的有2份,分别是"研究性学习活动记录与自我评价表""课题报告(论文)个人、课题小组评价表";由其他评价者填写的有4份,分别是"研究性学习课题开题报告评价表""指导教师量化评价表""社会、家庭反馈评价表""学校对学生的评价表"。这些评价表从不同角度体现了研究性学习课程的评价取向,并渗透着课程管理者的评价理念。从评价内容来说,涵盖了认知、情感、能力、态度、方法、行为等各方面;从评价方法来说,采取量化评价和质性评价相结合,并以质性评价为主的方法;从评价主体来说,采取以学生自评为主,学校、教师、家长、社区共议的多主体互动评价;从评价标准来说,不仅注重研究成果,而且注重研究过程中学生自己的体验和感受。总体来说,评价表的设计体现了研究性学习课程的评价不仅关注结果,也注重学生成长发展的过程取向,有机地将终结性评价和形成性评价结合起来,使评价贯穿于学生课题研究的全过程,并且给予多次评价机会,其目的在于促进学生的自我转变和发展。

下面我们试举两例来对这些评价表的特点和作用做一分析。

评价表一:研究性学习课题开题报告评价表(见表8.2)。

表8.2　　　　　　H中学研究性学习课题开题报告评价表

课题名称		填表日期	
课题组成员		课题组组长	
本校指导教师姓名、学科		外校指导教师姓名、单位	
立项过程感受		签名:	
导师意见		签名:	

这份评价表由学生填写课题立项感受，由教师对学生的开题报告进行评价。表中由学生填写的课题"立项过程感受"一栏，用以表明学生对准备研究课题的知识背景储备、探究兴趣和对研究课题的基本看法。如"神秘的陶器——马家窑彩陶文化再认识"课题组的同学陈述了如下课题立项的感受。

马家窑彩陶艺术属于仰韶文化庙底沟类型，是人类远古先民创造的灿烂文化。通过对马家窑彩陶的进一步了解，我们觉得它们的器型十分丰富，图案绚丽多彩并极富于变化，是世界彩陶发展史上无与伦比的奇观，是人类远古先民创造的灿烂文化，是彩陶艺术的顶峰。马家窑彩陶艺术不仅是工业文明、农业文明的源头，它还孕育了中国的文化艺术，它神奇辉煌的艺术魅力至今还震撼着我们的心灵。

在本次课题立项过程中，我们组内成员明确分工，互相协助，不仅确立了可以操作的课题名称，而且制定了详细的研究过程及分工，加深了同学和老师的交流与合作。这些对我们今后的学习和生活大有裨益。

由以上叙述可以看出，学生主要对课题的研究内容、研究意义和研究过程设计等提出了自己的感受和认识，虽然这些描述比较笼统，也略显空泛，但对于中学生的研究来说，这种感受说明他们对即将研究的课题有一定的认识，对研究成果和自己发展的价值充满期待，同时也表明学生浓厚的探究兴趣。

那么指导教师对学生的开题报告持什么样的看法，下面我们来看"导师意见"。

"神秘的陶器"课题立项可操作性强，具有一定的探究价值。学生通过课题研究，一方面能够详细地了解马家窑文化的辉煌历史，学习先民们的创造性文化对中华民族做出的贡献；另一方面通过对马家窑文化彩陶的纹饰特征和艺术风格的探究，把握中国原始艺术所取得的辉煌成就，从而提升学生的民族自豪感。最后，通过课题的研究，学生认识到保护原始文化遗址及出土文物的重要意义。

"导师意见"主要从研究价值方面对"神秘的陶器"这一课题的立项进行了评价，这些价值体现在"了解马家窑文化的辉煌历史""提升学生的民族自豪感"及"认识到保护原始文化遗址及出土文物的重要意义"方面。尽管指导教师对课题研究的可行性、研究内容、研究方法以及方案设计等没有展开逐一评价，但就课题研究在拓宽学生知识视野、提升对艺术和美的鉴赏力、增强民族自豪感方面对学生发展的意义所作的陈述，事实上就充分肯定了学生所选课题的价值，这种肯定将给予学生情感上很大的支持和鼓励，增强了学生对研究课题的探究欲望。而对于课题研究的可行性以及方案设计等，我们在"神秘的陶器——马家窑彩陶文化再认识"开题报告中看到了学生的详细陈述，那么指导教师是怎样的看法呢？就这个问题，我们对"神秘的陶器——马家窑彩陶文化再认识"课题的指导教师进行了访谈，他充满激情地谈了自己的体会。

　　CH老师：我们这个课题当时是学生自己选的，他们提出来，我觉得很好。因为马家窑文化主要分布在咱们甘肃，应该是中南部地区，其重要的二十多处遗址就包括我们兰州的白道沟坪、青岗岔等地，我们的省博物馆、市博物馆，还有彩陶艺术博物馆就陈列着大量的马家窑彩陶，那些展品全是实物，我去看过，感到非常震撼。所以对于学生来说，研究马家窑文化，研究彩陶，课程资源就太丰富了。在方法方面，学生可以采用多种方法，上网查、去马家窑文化遗址和博物馆实地考察、请博物馆的专家进行解读等，参观是利用国庆长假去的，到最后做出来的东西非常好，你不让学生去锻炼一下，你真想象不出他们有多能干。他们写的开题报告，包括后面结题时候的论文，都不错。

　　关于这个课题的可行性，虽然"导师意见"没有具体指出，而学生在课题"立项过程感受"部分也只是简单地提到"确立了可以操作的课题名称"，但由对指导教师的访谈可以看出，关于这个课题在开题环节需要学生明确的很多问题，事实上教师和学生都已经通过充分的讨论和交流，达成了共识，这些共识形成了学生较为规范的开题报告。
　　由此可见，从开题报告书写开始，"导师意见"就对学生的课题研究产生了激励和督促作用，体现出发展性评价以人为本的思想及激发学生个体的主体精神的价值。

评价表二：H中学研究性学习活动记录与自我评价表（见表8.3）。

表8.3　　　　H中学研究性学习活动记录与自我评价表

课题名称			
活动时间及次序		地点	
参加活动人员			
活动内容	（记录本次活动的主题、活动方式和过程、活动得到的结果等） 记录人：		
自我评价	（记录本次活动的感想、收获，对本次活动的意见、建议等） 记录人：		

这份评价表的设计，为学生小结课题开展过程中的每一次活动列出了非常清晰的提纲，也为学生进行自我评价提供了思路和方法。如"《论语》之学习法则"课题组的同学对其中一次活动情况所进行的总结如下。

1. 本次活动的主题：讨论分析《论语》中有关学习方法、态度等的"论述"。

2. 活动方式和过程：（1）诵读。诵读经典是必修课，尤其是《论语》中有关学习的那些法则，诵读它们可以使我们悟得学习的真谛。（2）品味。如"默而识之，学而不厌，诲人不倦，何有与我哉?"从字面意思看为"默默记住所学知识，学习永不满足，教导别人不厌倦"。但深入理解，便觉别有洞天，其意思是领会和运用所学知识。（3）分析。学习《论语》能让我们从中领悟学习的真谛，从中感悟学习的快乐，从更深的理解中掌握良好的学习方法。

3. 活动得到的结果：本次活动，使我们感受到学习的乐趣，懂得了许多关于学习的奥妙法则，使我们对学习产生了浓厚的兴趣。

显然，以上学生的活动记载是完全按照评价表中的提纲，从活动主题、活动方式和过程及活动结果三个方面展开陈述。当然，评价表对各部分内容的设计，一般只是一种思路或建议，教师和学生完全可以按照自己的理解，根据实际的研究过程和情境，写出富有个性的自我认识和体会，而不必拘泥于固定的格式。因此，这种设计一方面是为学生进行自我总结提供一种可参考的模式，另一方面在于帮助学校和教师对学生参与课题研究的实际过程和学生的收获有更深入的了解，为他们对学生的进步和不足进行评价提供较为客观的依据，使教师和学校对学生的评价更加有的放矢和切中肯綮，以激励学生并提出改进和努力的方向。

除了以上评价表以外，其他评价表的设计也是各有千秋，使学生能够对自己的进步和收获及时进行总结，以了解自己的不足，明确努力的方向，培养学生的自我反思意识；使教师能把握课题开展的全过程，并在课题开展的任何一个阶段对学生进行有效的指导和合理的评价，真正体现研究性学习课程评价的过程取向和主体取向，关注学生的个性发展和人格的完善，提升能力，对研究性学习课程的有效实施产生积极的意义。

调查表明，多数学校在建立发展性的研究性学习课程评价体系方面，最薄弱的环节就是对评价工具的设计不够重视，一些学校甚至根本就没有评价工具，只是开学时做出布置，学期末收结题报告，对中间过程则不闻不问，很多时候教师和学生甚至忘了还有这一门课程，到期末的时候，学校突然通知交成果，学生只能上网抄一抄，拼凑一下。对这门课程的评价也只是看看最后学生应付上来的东西，随便划个合格，这就完全失去了课程开展的意义，所谓的评价因为没有合理的依据，所以消弭了其应有的功能。一些学校虽然有评价工具，但多数设计没有理论依据，较为粗糙，对教师不能提供有价值的帮助，也不能起到应有的激励和督促作用。

（三）评价方式：以学生行为表现评价、成长记录袋等方式，搜集和分析反映学生学习情况的数据和证据

采用不同的评价和测量的方法，可以搜集到不同类型的数据和证

据。研究性学习课程评价常用的方法有学生行为表现评价、成长记录袋等。其中成长记录袋因为反映学生的学习情况更为全面和客观,所以得到了广泛的应用,一些学校将学生的行为表现通过成长记录袋搜集起来,最后进行集中分析和反馈。下面我们对成长记录袋评价的特点和H中学在使用成长记录袋评价方面的做法做一分析。

成长记录袋,也叫档案,就是有关学生学习情况的、有目的地汇集起来的东西,它表明了学生在一段较长的时间里,在课程的一个或多个领域中所做出的全部努力、进步、学业成就。这种评价方式能有效考查学生在真实、复杂情境中自主思考、积极建构、分析问题和解决问题的能力,因此能够较好地体现通过评价促进学生进步和发展的功能。瓦伦基(S. W. Valencia)把档案归纳为四类:第一,展示类,由学生自主思考、自行负责决定选择哪些材料证明自己学习的过程和收获,加以陈列和展示;第二,文件类,由教师和学生依时间顺序,按统一设计的框架收集或填写学生学业进程中的各项学习成果;第三,过程类,主要与具体的课堂教学情境相结合,显示学生的学习活动过程;第四,评鉴类,由不同评价主体依据一定内容和既定标准评价学习成果。[①] 这四种成长记录袋不是截然分立的,在应用到班级课堂教学时,可以合并使用。H中学应用于研究性学习评价的成长记录袋,主要是显示学生参与课题研究过程中的收获和进步的作品,以及学生自评、互评和教师等对学生表现和研究成果的评价,即属于过程类和评鉴类。为使成长记录袋对评价学生的活动表现能提供充分的信息,同时也使教师应用这种方法更有操作性,H中学对其材料组成做了基本的要求,见以下"H中学研究性学习课题记录袋材料装订清单及要求"。

H中学研究性学习课题记录袋材料装订清单及要求
一　封面:课题名称,课题组成员,指导教师
二　研究性学习课题开题报告
三　研究性学习课题结题报告(论文)
四　附表

[①] 转引自钟启泉《现代课程论》,上海教育出版社2006年版,第396页。

表一　研究性学习课题开题报告评价表
表二　研究性学习活动记录
表三　学生个人、课题小组评价表
表四　指导教师量化评价表
表五　社会、家庭反馈评价表
表六　学校对学生的评价
五　其他表现研究过程和成果的材料，如照片、光盘、作品等

从这份清单中可以看出，这些成长记录袋的构成有三个显著的特点：其一，学校对成长记录袋的内容按照课程目标做了基本的要求，如前所述的各类评价表，是对学生进行评价的重要依据，也是学校评价教师指导能力的主要依据。其二，成长记录袋注重搜集学生表现的个性化作品，如能够说明和展示学生的创新意识和实践能力的照片、视频、调查报告、手工制作以及反思总结等。学生对学习活动中自然形成的作品进行自主选择、收集和整理的过程，也是学生的体验和感受加深的学习过程，但需避免刻意装饰以免引起耗时耗力和厌烦情绪。其三，为使成长记录袋更好地发挥评价的功能，指导教师根据学生具体研究课题的特征对学生作品的特点和内容提供了引导性的呈现框架，为评价学生在研究性学习活动中的表现提供充分的信息，同时也使教师应用这种方法更有操作性。总体来说，以上特点能够使课程实施的所有主体参与到课程评价中，提升学生的自主性和学习反思意识，有助于教师全面了解学生的收获和进步，并通过协商使评价更好地促进学生的发展。

成长记录袋作为发展性评价的一种主要方法，可以为师生呈现出丰富和生动的信息，使教师对学生学习进展的实际状况有较为全面的把握，帮助教师关注生成性目标，以便为继续开展课题研究进行合理的调整，这是调适和创生取向的课程实施所必需的。制作成长记录袋的过程"是学生发现自我、确立自我动机、展开自我创造的过程，因此，比起传统的评价（测验），需要学生更多的批判性、创造性思考"。理想的成长记录袋主要包含三部分内容：[①] 第一，作品产生过程的说明——编

[①] 钟启泉：《现代课程论》，上海教育出版社2006年版，第397页。

制学习计划的文件记录；第二，系列作品——学生在完成某一学习计划过程中创作的各种类型的作品集；第三，学生的反思记录。对照 H 中学的成长记录袋评价策略，我们可以看出其做法虽然离理想的状态还有一定距离，但它基于学校的实际教学情境而进行的探索，已然对学生的发展起到了一定的作用，对其他西部普通高中的课程实施亦有一定的借鉴参考价值。

（四）评价功能：从每个学生所关注的问题、兴趣出发，充分考虑学生的感受和体会，真正体现评价的激励和发展功能

对学生的表现进行全面和客观的评价，并明确促进学生发展的改进要点时，评价者需对自身的评价理念进行反思。我们知道，研究性学习实施的意义就在于其对促进学生发展所具有的独特价值，这些价值不一定由其结果直接显现出来。正如斯太克（G. F. Stake）所说："教育的价值有时是扩散的、潜伏的，有时又是内在的，是长期起作用的。"这样的价值显然不可能由即时的评价反映出来。由于研究性学习的开放性和实践性的特点，需要学生小组通过团结协作、各取其长的合作方式参与课题研究，在这个过程中，学生的兴趣不同，能力不同，很可能对同一课题有不同的探究旨趣，对所达到的目标也会有不同的方向和预期。如一个课题研究小组这样描述组员的表现："X 同学在课题研究的过程中，积极主动地投入进来，能够发挥自己的写作能力，为本组的文字性结论做了完美的收笔。Y 同学在问题调查中能够利用自己的优势，走访多位专业人士，认真积极地组织材料，查阅资料，工作量大，完成良好。"这样的课程评价从每个学生所关注的问题、兴趣和焦点出发，充分考虑学生的感受和体会，高度重视学生的自评和互评，使评价的激励和导向功能真正体现出来，这是发展性课程评价追求学生人格和谐发展的价值取向对实践的合理诉求。

以上我们结合 H 中学的举措，分析了发展性课程评价体系的建构框架。发展性课程评价体系建构的重点在于根据搜集到的反映学生学习情况的各种数据和证据，包括在课题开展过程中对学生表现的各种了解，综合运用质性评价和量化评价的方法，对学生在课题研究中的进步和不足进行全面和客观的评价。评价过程要"关注评价结果的认同问

题，即如何使评价对象最大限度地接受评价结果"[1]，并"强调被评价者通过自我分析和自我认识达到自我提高，以及评价者和被评价者的不断对话，互相修正自己的观点，使评价结论尽可能取得一致"[2]，从而使学生对评价结果产生最大限度的认同，可以较为充分地体现发展性课程评价关注学生人格和谐发展的基本取向。由于甘肃省进入新课程改革较晚，研究性学习课程的开展相对于其他地区也比较落后，教师对开展这门新型课程缺乏经验，在这样的形势下，建立科学合理的发展性课程评价体系，可为教师提供具有一定操作性的评价方法和策略，对提升教师的指导能力和课程实施的效果具有重要作用。

三 理论支撑：现代教育评价理论的发展

调查显示，一些学校经过多年对研究性学习课程评价的实践探索，已经取得了良好的效果，进一步的探索和努力必将使研究性学习课程评价体系逐渐趋于发展性的架构而更加完善和科学。在这个过程中，现代教育评价理论的发展将为研究性学习课程评价体系的构建提供坚实的理论支撑。自从19世纪末20世纪初教育评价成为一个独立的研究领域以来，它的发展大约经历了四个时期：测验时期、评价时期、描述和判断时期、建构时期，在各个不同的时期，存在着不同的评价理念和价值取向，适应于当时的时代特征。其中"建构时期"是美国评价专家古巴和林肯（E. G. Guba & Y. S. Lincoln）在批判前三个时期评价理念的基础上提出来的，他们把前三个时期的评价均归为传统模式的评价，包括评价时期泰勒的"目标"模式和描述与判断时期的斯克瑞文的"目标游离"模式等。而古巴和林肯提出的第四代评价，以斯太克的"回应模式"思想作为评价的出发点，认为"评价在本质上是一种通过'协商'而形成的'心理建构'，因此，评价应坚持'价值多元性'的信念，反对'管理主义倾向'"。传统的评价模式尤其是泰勒的"目标"模式是先陈述目标，再依据目标搜集资料，通过对目标愿景和学生实际表现进

---

[1] 钟启泉、崔允漷、张华：《为了中华民族的复兴 为了每位学生的发展——基础教育课程改革纲要（试行）解读》，华东师范大学出版社2001年版，第304页。
[2] 金娣、王刚：《教育评价与测量》，教育科学出版社2002年版，第56页。

行比较，做出结论。这种评价的缺陷是，难以反映课程方案本身的合理程度和学生在目标之外的感受等变化。而第四代评价把评价视为评价者和被评价者"协商"进行的"共同心理建构"过程；评价是一种民主协商、主体参与的过程，而非评价者对被评价者的控制过程，学生也是评价的参与者、评价的主体，评价者在协商过程中是一个条件提供者和建议者；强调在自然环境中，用质性研究方法使课程参与者通过各种形式的对话达成共识。可见，以"回应模式"思想作为核心理念的第四代评价，所倡导的"协商"式的"共同心理建构"实质上是尊重每一个个体的主体性，这反映了深刻的民主意识，极富时代精神。[①]

研究性学习以发展性课程评价为其基本取向，以学生人格的和谐发展为核心，关注生成性目标对学生发展的价值，其所遵循的评价取向与第四代评价所倡导的"协商"式"共同心理建构"的思想有着相同的追求和理念，或者说作为一种新型课程形态的研究性学习，在评价理念上就反映和折射着具有时代精神的课程评价发展方向。以符合时代发展精神的现代教育评价理论为基础，在以人格和谐发展为核心的文化价值观引导下，研究性学习评价一定会在实践中充分体现出其独有的价值和功能，从而有效地促进学生的发展。

第四节 教师培训的模式创新

我国正经历着一个社会转型和教育改革的特殊时期，在此形势下，我国教师教育尤其是教师培训面临着新的挑战。教育部师范司管培俊司长认为，在我国经济、社会和教育发展的宏观背景下，教师培训具有重要的意义。他指出，第一，进一步加强中小学教师培训关系到教育发展的全局，并进而关系到国家、社会经济发展的全局，是建设创新型国家的迫切要求；第二，把教师群体建立成为全国最大的职业性学习型组织，是我国建设学习型社会的重要基础；第三，进一步提高教师素质是我国全面推进素质教育的关键；第四，教育均衡发展是整个社会和谐的基础；第五，实施教育信息化的关键在于教师如何更有效地应用远程教

---

① 张华：《课程与教学论》，上海教育出版社2000年版，第390—391页。

育手段进行教学。①

基于以上的政策语境，新课程改革在推进过程中，非常重视教师的发展和培训问题。《纲要》将"教师的培养和培训"单独列出，要求师范院校、地方教育管理部门、教师进修机构等共同承担这一任务，确保培训工作与新课程改革同步进行。同时，教育部在各实验区改革前期，又以部属师范大学为基地组织了"国家级中小学骨干教师培训"，为新课程实施起到了十分积极的作用。② 在各地新课程实施过程中，地方教育管理部门与学校也组织了多种教师培训项目，为教师补充学科知识，了解课程改革的动态与主导理念起到了很好的作用，形成了以课程培训引领师资队伍建设的新格局。

对于教育管理部门和学校组织的各种课程培训，其意义和作用是不言而喻的，同时，通过对教师培训现状的调查，我们发现，通行的培训模式仍然存在一些较为突出的问题，就研究性学习的培训而言，教师们更希望培训内容有一定的针对性，教育理论能和实践情境相结合，能关注实践中的问题；对于培训形式，教师们希望能有更多主动选择、参与、实践、体验和创新的权利，通过广泛的讨论、互动和交流，在问题解决中提高理论素养和教学能力，促进专业发展。我们的培训机构花大量的人力和财力去培训教师，结果教师得到的仅仅是一些稳定、明确、可储存的知识，③ 这说明通行的教师培训还有待从形式和内容方面进行改进和加强。

提高教师培训的有效性，需要从教师培训的理论和指导教师培训的根本理念出发，分析产生以上问题的根源，通过找寻有的放矢的改进策略，使教师培训在教师发展和课程改革中发挥更为积极的作用。

一 传递立场的教师培训特征：规训多于赋权

所谓教师培训，就是根据教师成长的内在规律和教育改革的需求，

---

① 管培俊：《当前我国教师培训的新趋势》，首届"中国教师培训论坛"论文，北京，2006年10月。
② 尹弘飚、李子建：《课程变革理论与实践》，高等教育文化事业有限公司2008年版，第201页。
③ 黄文浩：《从教师实践智慧看我国的教师培训》，《教育导刊》2007年第5期。

基于特定的内容,通过有效的组织和活动方式促进教师专业发展。由此来看,教师培训需要以相关的理论知识为基础。管培俊司长在首届"中国教师培训论坛"上,阐述了我国教师培训的新趋势,从教师培训的目标、教师专业发展的动因、教师培训的内容与方式,以及制度与环境等方面提出了指导我国教师培训的根本理念。这些理念包括:第一,培训目的专业化与终身化;第二,培训机构一体化;第三,培训课程自主化;第四,培训模式多元化;第五,培训手段信息化;第六,培训管理制度化。[①] 从中可以看出,要使教师培训过程融合这些理念,最关键的是培训者对教师专业发展动因的理解,也就是说,教师专业发展理论是教师培训的理论基础,也决定了组织教师培训工作的根本理念。

教师培训的目的在于促进教师达到专业化水平,而教师专业化是个渐进的过程。在很长一段时间里,我国教育所遵循的教师专业发展的主导模式是:"教师在职培训—教师知识和信念的改变—教师课堂实践的变化—学生表现的变化"。这个模式中的教师专业发展过程为:通过在职培训改变教师的知识和信念,以教师知识和信念的改变为基础,教师的课堂教学实践就会发生相应改变,学生的学习也就会发生改变。这种模式可以使教师在很短的时间内获得大量的知识和信息,尤其是在进行大规模教育与课程改革的初期,对于补充教师所必需的学科知识、了解改革动态与主导理念很有效,[②] 但是由于教师的课堂教学情境的复杂性,大部分教师在接受这种在职培训以后,很难将培训时所学到的知识和技能直接运用到日常的教学实践中,培训时所学到的先进的思想、理论及好的技能、方法要扎根于教师的教学实践,还需要一个较长的过程,教师培训的实效性有待提高。

要探究这种教师培训实效性低下的原因,我们需对教师专业发展的过程进行深入的分析。许多研究表明,教师专业发展过程具有以下特征:其一,教师专业发展是一个困难、缓慢和逐渐改变的过程。因为教学的改变并不是教学理论的简单应用,学生的变化也受各种复杂因素的

---

① 管培俊:《当前我国教师培训的新趋势》,首届"中国教师培训论坛"论文,北京,2006年10月。

② 赵明仁:《教学反思与教师专业发展——新课程改革中的案例研究》,北京师范大学出版社2009年版,第89—92页。

影响。其二，教师专业发展是一个循环往复的过程。教师通过在职培训获得了一些新的教育理论和知识上的扩充以后，教师有可能在教学实践中尝试性地践行新的理念，若这种尝试带来学生学习的积极变化，教师就会增强对这种教育理念的认同，自己原有的观念和态度才会发生实质性的改变。① 第三，在实践情境中，通过主动探索，并从经验中不断反思学习，是教师专业发展的核心动因。教师在实践中的学习，是一个理论与实践结合的过程，教师在用理论解决实践中的问题时，反思和修正自己的使用理论，逐渐拓展自己对信奉理论的深层理解，增强自己对课程改革的认同性，最终形成自己的信念和知识。

显然，早期的教师专业发展模式认为，教师知识和信念的改变与教师课堂实践的变化之间是简单的线性逻辑关系，这种对教师的专业发展过程的简单理解，存在以下四方面的问题：其一，认为通过给教师灌输一定的理论和知识就可以使教师转变观念，错误地将教师的信奉理论看成是教师的信念或教师的使用理论，因而缺乏对教师的信奉理论向教师信念或使用理论转变的成因分析。其二，忽视教师在实践中学习的重要性。教师的学习需要理论，但是教师所学习的理论只有在经验中才能产生意义，教师是在自己的经验基础和实践环境中，逐渐将习得的理论内化并形成自己的实践知识，成为创造知识和建构理论的主体，因此，教师的专业发展不能离开实践这个中心环节。其三，将复杂的教师实践情境简单化。肖恩认为，教师在专业实践过程中存在两类问题情境，分别是"高且硬的地"和"沼泽地"。② 前者的实践情境清晰可见，教师可以直接运用研究产生的理论和技术有效率地解决问题。而后者的实践情境是复杂的，理论不能作为通用方案解决教学实践中的具体问题，而是需要教师的实践知识来解决。由于教学的复杂性和不确定性，教师的实践情境绝大多数属于"沼泽地"，因此加强对教师在实践中学习的引导，增强教师的实践知识，提高教师的课程实施能力应是教师教育的重中之重。

---

① 尹弘飚、李子建：《课程变革理论与实践》，高等教育文化事业有限公司2008年版，第63页。

② 参见赵明仁《教学反思与教师专业发展——新课程改革中的案例研究》，北京师范大学出版社2009年版，第93页。

由于早期的教师专业发展模式存在以上不容忽视的问题,基于此前提展开的教师培训工作自然就体现出"规训多于赋权"的特征:首先从培训内容来说,教师培训就是转变观念,而要转变观念就需学习新的理论。于是,应接不暇的专家学术报告、高深莫测的理论流派介绍就成为教师培训工作的主要内容。培训重视的是教育理想世界的构建而不是对教育现实世界的探寻。其次从培训方式来看,人们普遍认为转变观念纯粹是一个认识过程,转变观念就是要给教师更多的教育教学理论知识,因此,这种培训经常采取的方式就是奉行"传递立场",认为只要把知识和信念传递给教师后,就自然会使教师产生新观念,从而引起教学行为的改变。[1] 由此可见,早期的教师专业发展模式对教师专业发展过程缺乏实质性的认识,导致了以此为依据的教师培训的低效性。

二 实践取向的教师培训路径:知行合一

在课程改革的新形势下,教师教育要以教师专业发展理论为指导,探索有助于促进教师专业发展的多种培训模式。

(一)理论依据:开放的教师专业发展模式

对传统教师培训的问题探析,促使我们思考改进教师培训工作的方式和策略。在课程改革的新形势下,教师教育要以教师专业发展理论为指导,在教师培训中践行我国教师培训的根本理念。早期的教师专业发展模式存在很多问题,导致了以此为依据的教师培训的低效性。为此,有学者在继承和批判传统教师专业发展模式的基础上,提出了有助于促进教师发展的新型模式。这种模式认为,[2] 教师专业发展由教师的信念、外界知识、教学实践和学生表现四个要素组成。教师的专业发展可以从任何一个要素开始。例如,从教师的信念开始,有利于使外界的知识顺利地与教师已有的信念发生联系,造成认知冲突,通过同化和顺应来实现自己认知结构的改变。从教学实践开始,则有利于关注实践中的问题,通过问题的解决来促进教师专业的发展。从学生表现出发,能够

---

[1] 刘丽群:《教师的教育观念是如何转变的——兼论教师培训的应然取向》,《教育科学研究》2007年第4期。

[2] 赵明仁:《教学反思与教师专业发展——新课程改革中的案例研究》,北京师范大学出版社2009年版,第97页。

帮助我们从根本上认识教学活动的性质和效果。从外界知识出发，意味着教师可以通过参加在职培训来获得新的知识和信息，通过校内同事的分享和交流以获得新的启发和感受，通过自己的阅读和思考来获得新的认识和理解，这些活动都可以成为促进教师成长的动因。而在这种开放的教师专业发展模式中，合作的教师文化是其主要特征。

教师教育以教师专业发展理论为指导，遵从开放合作的教师专业发展模式，践行我国教师培训的根本理念，探索改进教师培训工作的方式和策略，已然成为课程改革新形势下促进教师发展的重中之重。正如在首届"中国教师培训论坛"上，各位专家和代表在研讨中普遍达成的共识："教师培训的改革与发展首先是培训制度与活动背后的支配理念的变革，当前推进教师培训进一步深入开展的关键在于完善教师培训的制度保障。"[①] 对新课程培训，国家教育部在新课程改革伊始，就对教师培训工作进行了总体规划和部署，并明确指出，实施教师培训的指导性原则是"因地制宜、分类指导、按需施教、学用结合，采取多种形式，注重质量和实效"[②]。显然，教师培训工作对这些指导性原则的遵从，即意味着培训理念的深层变革。在国家教育部的总体规划下，地方教育管理部门、师范院校以及教师进修学校对改进教师培训工作从制度、模式、内容、形式、手段等方面进行了积极探索，为促进教师专业发展和推进新课程改革起到了重要作用。

（二）实践路径：理论引领与经验分享相结合

所有的教师培训理念更新、机构改革等只有落实到具体的培训模式和策略上才能促进教师的专业发展。由教师专业发展理论出发，我们知道，教师能力的显著提高是在教学实践中，离开了具体的教学实践，教师是不可能很好地成长起来的，只有把研究、在职培训与教学实践融为一体，才能持续有效地促进教师的专业成长。在改进教师培训工作的模式和策略方面，各地教育管理部门和学校正在积极探索和稳步推进的以下几种培训模式都是非常有益的探索。

---

① 赵明仁、周钧：《教师培训的理念更新与制度保障——首届"中国教师培训论坛"综述》，《教师教育研究》2007 年第 5 期。

② 米久奇：《改进教师培训的五项原则课程》，《课程·教材·教法》2002 年第 9 期。

第一，由学校自行组织和管理，立足于教师实践问题解决的校本培训模式。

校本培训是在对院校培训模式的批评与反思中逐渐发展起来的。相对于院校培训，校本培训的活动由学校和教师自主组织，直接面向教学实际，以问题解决的形式展开，[①] 因此从更深层次的角度看，教师培训从院校走向校本，是教师培训模式发生的根本性变革。具体来说，校本培训在促进教师发展方面的意义体现在以下三方面：第一，校本培训架设了理论联系实际的桥梁。大部分教师在接受院校培训后，很难将培训时所学到的知识和技能直接运用到日常的教学情景中，而校本培训的内容直接来源于教师的教育教学实践，并直接指向实践问题的解决，教师的专业自主性可以得到真正的张扬和激发。第二，校本培训方式多样化，有助于教师教育教学个性的发展。教师教育教学个性来源于教师个人对教育理论的理解，形成于教育教学理论的主体实践，同样的教育教学思想在不同的教师个人身上会得到不同的展现，"和而不同"的教育教学个性又产生了教育教学的新思维，推动教育教学的新发展。追求教师的教育教学个性开始成为教师培训的新路向。校本培训通过教师的互帮互助、优秀教师的"帮教"活动、以问题为中心的研究性学习、反思性的教学实践活动、专题培训等提供给教师专业选择的机会。多样化是校本培训有别于院校培训单一化的优势所在。第三，校本培训策略的互动性、参与性和合作性，有助于教师重塑自己的观念和实践。校本培训搭建了对话的平台，在互动的对话中教师了解自己，认识他人，解决教育教学实践过程中的困惑，理解教育教学的真正意义，从而有机会进行教学反思，重塑自己的观念和实践。可见，教师全身心参与的校本培训较之缺乏教师热情的院校培训更有助于提高培训的成效。

然而，在我们对早期的教师专业发展模式进行批评的同时，也应该注意到基于此模式而开展的教师培训工作，如通行的院校培训对促进教师专业发展亦有一定的积极意义：一是通过院校培训，教师可以在短时间内获得大量的知识和信息，对新课程的理念和改革动态有充分的认

[①] 尹弘飚、李子建：《课程变革理论与实践》，高等教育文化事业有限公司2008年版，第202页。

识，这对营造良好的课程改革氛围，使广大教师积极主动地投入课程改革实践，可以起到良好的导向作用。二是承担院校培训工作的教师往往是教育研究或课程改革领域的专家和学者，他们通常都有深厚的理论素养和丰富的思想内涵，可以根据自己所享有的资源和专长领域对教师进行培训，对教师的专业发展起到一定的理论引领作用。从这些意义出发，我们再来观照校本培训的特征，就会发现，校本培训在增强教师的理论素养方面存在先天不足的问题。"由学校自行组织和管理，直接面向教学实际，以问题解决的形式展开"的校本培训，由于更多关注教师目前所从事的教育实践，太过重视解决眼前的教学实际问题，因而对教师的持续发展缺乏长远眼光，在操作中表现为教师工作需要什么就培训什么，缺什么就补什么，为用而学。诚然，教师培训要关注工作改进，注重实践，但是，如果只注重当前问题的解决而忽视教师的终身学习与成长，那么其对促进教师专业发展与学生成长的意义就会减弱很多。因此，我们要在探索教师培训的模式和策略方面，将院校培训与校本培训结合起来，二者各取其长，各补其短，使教师的理论素养和实践能力得到充分的发展，这也就是新型的教师专业发展模式所追求的应然取向。

以教师的专业发展来推动基础教育和教师教育改革之路，充分利用院校培训与校本培训各自在促进教师专业方面的优势，寻求二者有机结合的策略路径，在这样的实践诉求下，教师培训"将理论引领与经验分享相结合，知行合一"[①] 的教师发展学校应运而生。

第二，大学、教育科研机构、教育学术团体、教研培训部门和中小学合作建立以教学教育实践为基础，旨在促进教师专业发展的教师发展学校。

教师发展学校源于美国，在近几年里被引入中国。首都师范大学王长纯教授带领的学术团队借鉴美国教师教育经验建立教师发展学校的思想，对建立适合于我国本土教育实践的教师发展学校进行了最早的理论和实践探索，并已取得显著的成效。教师发展学校的建立基于对教师专

---

① 王长纯：《教师发展学校——在职教师培训的一种探索》，首届"中国教师培训论坛"论文，北京，2006年10月。

业发展理论的深层把握,其核心理念包括:其一,中小学不只是培养学生的地方,还是教师发展的场所,大学要与中小学合作开展教师教育,共同担负起教师教育的历史责任。其二,教师专业发展要以人文本,以人的一般发展为基础,植根于教育教学实践,以教学相长为意义取向。其三,学校是教育发生的地方,脱离学校实际的培训或不了解学校实际的培训解决不了教师专业发展的问题。[1] 其四,教师持续、有效的发展是学生发展的基础,教师持续不断的研究是教师专业发展的有效途径。[2] 由此,我们可以看到,教师发展学校是在重新理解教育的过程中,对教师教育改革与基础教育发展在思想与实践上的新探索,是教育专业化、终身化和一体化的新途径,是建立在大学与中小学平等合作基础上的新的教师培训模式。这种新的教师培训模式在践行以上理念的过程中,形成了大学与中小学平等互助的伙伴合作关系。合作中不是大学搞试验,中小学做被试;双方都是学习者,在教育教学实践中相互学习,实现理论文化和实践文化的相互沟通和融合。

第三,本地教育管理部门通过培训引领师资队伍建设,探索多种培训模式和策略,促进教师的专业发展。

甘肃省虽然进入新课程改革较晚,但教育管理部门、本地师范院校及中小学也在努力探索适应新形势和本地教师发展需要的教师培训模式和策略。如兰州市教育管理部门的许多举措,有效地推动了基础教育课程改革的进程,对其他地区的教师培训工作亦有一定的借鉴作用。这些举措主要包括以下方面。

精心设计路径,明确发展方向。为提高师资队伍建设的针对性,增强教师发展的方向感,兰州市教育管理部门制定了《兰州市师资素质提升工程实施方案》,提出了对教师的"三格"培养要求,即对新教师进行"入格"培训,对青年教师进行"升格"培训,对中年教师进行"风格"培养。

着力搭建平台,拓宽培训渠道。如举办"全国校长发展学校",截

---

[1] 王长纯:《教师发展学校——在职教师培训的一种探索》,首届"中国教师培训论坛"论文,北京,2006年10月。

[2] 傅树京:《教师发展学校:理念及特点》,《首都师范大学学报》(社会科学版) 2003年第5期。

至2011年底，兰州市共有181名校长参加了培训。《中国教育报》2011年11月21日以"实现思想的最大增值"为题报道了兰州市实施校长立体式培训的情况。另外，创建了教师发展学校和"名师工作室"，已创建20个"名师工作室"，每个工作室由一名教学名师领衔，由若干名骨干教师组成，在课堂教学、课题研究、合作交流、青年教师培养等方面发挥着示范引领作用。

创新培养模式，提高培训效能。具体策略有：一是突出重点，分级培训。除参加国家和省级各类培训之外，市级培训将着力点放在培养路径设计、平台搭建、名师培养上，突出校本培训作用的发挥。二是突出课堂，关注成长。将骨干教师由直接评选调整为先选拔骨干教师培养对象，进行定向培养，经考核合格后最终确定为骨干教师。三是突出引领、评训结合。通过优化评优过程，增强名师竞争引领意识，真正发挥激励作用。四是开展全市大集体备课和个人课题研究活动。截至2011年底，开展大集体备课活动60余次，参加人数达6000余人。大集体备课活动正在成为兰州市各个学科推进课程改革实验，开展校本培训的重要载体。举办教师"个人课题培训会"，促进教师的专业发展。

不论是教师培训模式的重建或具体培训策略的实施，如由院校培训向校本培训的转变，教师发展学校的建立，对教师培养的"三格"要求，举办"全国校长发展学校"以提升校长课程领导力的立体式培训，"名师工作室"的创建，"个人课题培训会"的举办以及大集体备课等，均一再向我们表达着同样的主题：教师培训要以教师专业发展为宗旨，教师发展是教师自己积极主动的发展，有效能的教师培训离不开教师的积极态度、丰富的体验、主动的认知投入以及实践知识的形成与表达。亚太教育学会会长、香港教育学院研究与发展中心总监郑燕祥教授，在新世纪教育改革的形势下，提出理解及发展学校教育的全球化、本地化和个别化的三重化学校教育新范式，[1] 在三重化的框架下，教师培训模式和策略的改革既要考虑全球化的教师专业发展趋势，也要考虑本土化的教师专业发展模式，更要考虑个别化的教师专业发展计划，在全球化的视野中，根据自己所在地区的历史、文化、社会环境、现实基础进行

---

[1] 郑燕祥：《新世纪教育改革的三重化》，《教学与管理》2001年第1期。

改革,[①] 结合本土的情境与教师实际需求探索培训策略,并努力搭建教师个别化发展的平台,教师培训机构和学校合作,共同探究解决课程改革中的问题,促进教师的专业发展和基础教育课程改革。

【小结】

本章通过深入个案学校进行实证研究,透过学校和教师为解决课程实施问题所作的探索和思考,对问题的实质进行进一步的深入剖析,总结研究性学习课程实施的经验,结合具体的课程实践情境,对解决策略进行理论阐释和实践应用效果分析,由此透视学校和教师面对课程实施问题的态度以及课程改革意识,考量问题解决对策的针对性和可操作性。

研究表明,教育改革的复杂性,使得课程实施的影响因素呈现出多样而复杂的特征,这种特征主要表现为教师观念、教学行为、问题解决和学生学习之间的互动关系。教师自身的变革动力是影响教师观念向积极的教学行为转变的核心因素。教师对实践问题的持续探索改变了学生的学习效果,反过来促使教师反思自己的教学行为,进而影响教师对教育理论的理解,并在实践中改善和调整教学行为。教师的教育观念能否转变为积极的教学行为,还和教师的现实处境和问题的解决程度有关。一些学校和教师能从自身条件和学生实际出发,深入分析问题成因,逐渐生成新的见解和策略;整个社会和教育管理部门所提供的课程支持条件亦有助于学校发生实质性的课程变革。这些支持性策略包括课程管理者持久有效的动力支持、课程专家的理论引领和专业支持、家长在专业经验以及社会关系等方面的资源支持和积极配合、教育管理部门组织有的放矢的课程培训等;从学校来说,能够重视学校文化建设、重构开放合作的教师专业文化、构建以人格和谐发展为核心理念的发展性评价体系,等等,这些探索和努力都会帮助教师及时有效地解决课程实施中所遇到的困惑和问题,使教师真正获得课程变革的动力,促使其信奉理论内化为使用理论,进而改善其教学行为,研究性学习的实施质量就会因教师教学行为的改变而真正得到提升。

---

① 赵明仁、周钧:《教师培训的理念更新与制度保障——首届"中国教师培训论坛"综述》,《教师教育研究》2007 年第 5 期。

第九章　研究性学习中的教师因素

　　你可以树立使每个教室都能有一位拥有文凭的教师这样的目标，但是，如果你不同时重视校园文化的建设和工作条件的创造，其结果将会大打折扣。

　　　　　　　　　　　　　　　——［加］迈克尔·富兰

　　研究性学习的理论与实践探索表明：研究性学习实施的难点和焦点在教师，任何时候教师都是课程实施过程中最直接的参与者，教师的教育教学观念、教学方法和自身知识体系是研究性学习课程实施的关键因素。本书围绕着"研究性学习课程实施中的问题"这个核心主题，对我国西部普通高中研究性学习实施中教师的观念和教学行为的现状以及教师所遇到的问题进行了全面深入的考察。研究表明，教师整体所持课程观与新课程所倡导的理念基本吻合。多数教师能够认同研究性学习旨在变革学习方式，促进学生个性发展的价值取向；认为通过开展研究性学习，可以使学生体验研究的过程，增加综合应用知识的机会，开阔学生的思维；通过引导学生关注社会现实问题，增强学生分析社会问题的能力，并在活动中激发生命感、价值感。教师对这些现代课程观念的普遍认同，反映了课程改革在更新教师教育观念方面所取得的良好效果，为课程改革的顺利推进奠定了良好的基础。

　　由于课程的实施过程不是一个简单地遵循课程方案进行的过程，而是一个再创造的过程，因此，研究性学习的实施能否真正取得效果，一方面取决于教师能否对研究性学习的课程价值和目标有深刻的认识，另一方面是教师能否把新课程的理念和目标转化为教师最终的教学行为。新课程呼唤教师教学行为从控制型向生成型转变，生成型的教学行为秉持生成性思维方式,将教学的生成与预设统一起来,强调教学既是师生生活的建构过程,也是课程创生的过程,更是师生自我价值实现的过程。研究表明,多数教师在课程实施中更倾向于以知识为本位的课程价值观,并持有重知识轻能力,重结果轻过程的课程目标取向,仅从提高学习成绩和获取研究成果的角度认识研究性学习的价值。很多教师虽然认为课程改革的理念是先进的,是符合时代发展趋势的,但在真正的教学实践中,教育改革的复杂性和教师的现实处境,以及缺乏必要的课程支持条件,都可能使教师囿于守旧求稳的教学思维,宁愿固守自己熟悉的一套做法,不敢冒险,使教师所信奉的教育观念与实际倾向并不完全符合,导致教师的使用理论与其信奉理论不一致。教师害怕积极开展研究性学习会影响学生的其他学科成绩,影响升学率,不能给自己带来更好的教学业绩,因此,多数教师在课程实践中并没有积极主动地践行新课程的理念,教学行为呈现出控制型的特征。新课程倡导要通过启发诱导,引导学生进行探究,自我建构知识,在此过程中改善学习方法、增强体验、发展能力,这种理念在现实中实现的难度很大。

可见,如何使教师的信奉理论和使用理论一致,使教师先进的教育观念转变为积极的教学行为,是当前基础教育课程改革中亟待解决的问题。本章将基于文献梳理、理论探讨和实证研究,对促使教师观念转变为教学行为的核心因素,即教师变革动力和教师文化的内涵进行分析,探讨教师变革动力与课程改革、教师文化与教师专业发展的关系,洞察教师行为背后的实际使用理论和信奉理论之间达成一致的条件,进而分析学习方式变革和主体性教育的关系,最后提出促进研究性学习有效实施的策略和建议。

第一节 教师变革动力与课程改革

一 课程改革的推进模式:有效地实现教师教育观念的转向

多数教师在观念上认同"引领和帮助每个学生健全发展和可持续发展"的课程理念,而在教学行为方面守旧求稳、不思变革的现状,和我国课程改革的模式有一定的关系。由于我国课程改革的推进基本上采取了自上而下的"中心—周边"模式,改革决策通过行政手段上传下达,这种模式强调"国家或地区等上层机构要创设条件使学校管理者与教师充分认识改革的价值,并提供相应的教师培训,具有很强的技术性"①。为加大课程改革的力度,政府或教育管理部门组织了不同层次的教师培训。这些培训通过向广大教师灌输新课程改革所倡导的教育理念,如对课程标准的解读以及关于教学方式变革和学习方式指导等方面的技能,为教师提供了参与课程改革最基本的知识基础和理念上的更新可能,使教师的专业发展强烈地受到政策的影响,提高了教师参与课程改革的信心和能力。可见,在"中心—周边"课程改革模式推进下所采取的课程培训方式,可以使教师面对教育改革的挑战,在较短的时间内对课程改革的意义和实质产生更高的认同感,教育观念自觉或不自觉地发生着变化。教师整体的教育观念与课程改革的要求基本吻合,说明新课程培训在更新教师的教育理念方面,其效果是显而易见的。然而,自上而下的"中心—周边"改革模式在推进过程中会产生各种各样的阻力和问题,这些阻力和问题常常使教师对课程实施的理想计划与实践情境的关系产生一定的困惑,教师通过培训和自学所习得的理论在帮助教师解决课程实践的问题和困惑时往往面临诸多的困境,致使一些教师在实践中所使用的理论与其所持有的教育观念并不吻合,由此导致消极的教学行为,在课程改革中成为观望者或失败者。同时,在调查中我们也看到,另有一些教师能全身心地投入课程改革的实践,通过不断总结和反思实践中的问题,学习和践行新的理念,以积极的教学行为参与课程变革,不但促进了教师个人专业的发展,同时也使其获得真正的变革动力,成为引领课程改革的人。那么这些教师面对实践中的问题,是怎样获得变革动力,以积极的教学行为,促使课程改革有效推进的呢?

二 教师变革动力:信奉理论和使用理论达成一致的内生力

影响教师观念转变为教学行为的核心因素,即是教师自身的变革动力。教师变革动力是信奉理论和使用理论达成一致的内生力,是"对

---

① 尹弘飚、李子建:《课程变革理论与实践》,高等教育文化事业有限公司2008年版,第25页。

变革的本质和变革的过程具有自觉的认识，那些善于变革的人对于变革的部分不可预测和变化无常的特点颇具慧眼，而且他们明确地关注找寻想法和能力，以应对和影响走向某种理想目标模式过程中的更多的方面。而且一旦开始行程，他们容易发现新的目标"。[1] 研究显示，对具有不同教育经历和实践体验的教师，构成其变革动力的要素不同，而卓越的教师在"秉持教育愿景、理论引领实践、学习反思能力"方面，往往有更深入的思考和更突出的成绩。

第一，秉持"使各种背景的学生一生发生变化"的教育愿景，是教师变革动力的核心。

从学生发展的角度认识教育的价值，是提升教师变革动力的核心。教育的价值体现在教育在道德上能够实现的目标，即"不论学生背景如何，要使他们的一生有变化，并在充满活力且日趋复杂的社会中有助于造就出能够生存和有工作成果的公民"[2]。当我们面向21世纪的时候，就越来越希望它的公民在他们的一生中，在一个充满活力的多元文化的全球变革的背景下，能够独立地、相互协调地、积极主动地对待变革。在社会的所有机构中，教育是唯一具有潜力从根本上达成这一目标的机构。因此，教师必须把自己看作变革动力的专家，为了成为变革动力的专家，教师必须成为熟练的变革力量。变革力量体现出教育的道德目标，将使各种背景的学生的一生发生变化。[3] 对于具有不同实践经验的教师而言，他们对课程改革的回应深刻地受到自己独特的教育背景的影响，有些教师对教育价值和教师的工作能够从学生发展的角度，秉持"使各种背景的学生一生发生变化"的教育愿景来认识和思考。教师只有意识到职业的责任感时，才会细心体察专业实践中的得失，在复杂的实践情境中分辨自己的教学行为与学生发展的关系，反思引发自己行为的实际观念，并在与教师所持有理念的比较中，根据自己行为的意义来判断是改变还是坚持所持有的理念。这种通过对自己教学行为背后所承载的实际观念和自己所信奉和持有的教育愿景与目标的比较，能够帮助

---

[1] ［加］迈克尔·富兰：《变革的力量——透视教育改革》，中央教育科学研究所、加拿大多伦多国际学院组织翻译，教育科学出版社2004年版，第19页。
[2] 同上书，第9页。
[3] 同上书，第10页。

教师不断辨析教育实践中各种现象之间所存在的不合理之处，使原来的教育问题或现象所涉及的本质，如教育的理想、价值等更清楚地呈现出来，从而产生改善教学行为的行动，进而为达成教师"使学生的一生发生变化"的教育目标而产生积极的作用。正如富兰所言："教师从事的是一种最合乎自然规律的具有目标和远见的职业。"教师的目标和见解就在于从更宽广的意义上理解课程改革和自身发展以及学生发展的关系，从而赋予教师的工作以意义，促使教师更深入主动地参与课程改革。

第二，教师对理论的学习和内化，是提升教师变革动力的根本。

教师变革是多因素互动的结果，是缓慢的渐进过程，在这个过程中，持续的专家与教师互动的理论引领是帮助教师全面更新理念，促使教学行为转变的必由之路。教育管理部门对教师进行的课程培训，在很大程度上不是基于教师经验的"纵向"生长，而是通过教育理论的"横向"移植，试图使教师的理念发生根本性的转变，进而使行为也发生相应的变化。然而，由于教师的实践情境是复杂和动态的，这使得理论的运用并不容易，导致一些教师行为上的守旧和滞后。可见，课程专家的理论引领，需通过与教师的实践情境进行持续互动，以使教师能够结合实践问题在更深层次上理解理论，并通过对课程实践的不断分析和探索，对理论赋予意义，以发现、分析和解决教育情境中的问题。当教师对教育理论和教育实践的关系有深切的体会和了解以后，其通过课程培训或自学所习得的新课程理念才会转化为教师在课程实践中所遵从和使用的理论，进而教师的教学行为才会发生有意义的改变。"真正的教育理论不只是实践的操作行为指南，而是提供精神的引导，是一种实践的精神。教育理论应更多地作为实践精神走向实际，充实、照亮、引导、激励实践的走向，这或许就是教育理论与实践结合的真谛。"[①] 因此，教师通过对实践问题的思考达到对理论的学习和内化，体现教育理论"充实、照亮、引导、激励"的实践精神，是提升教师变革动力的根本。

第三，教师所持续进行的教学深度反思，是有效提升教师变革动力

---

① 胡德海：《教育学原理》，甘肃教育出版社 2006 年版，前言第 4 页。

的实践路径。

要达到教育理论更好地作为实践精神引导和激励教师的课程实践，教师需对自己的教学行为进行持续不断的深入反思。教师的工作在多数人眼里，就是日复一日、年复一年单调的重复，新增的绩效责任和要求所有学生达到所期望的学业成就的压力，常常使教师的工作成为疲于奔命的应战，教师在繁累的工作中往往没有时间或不习惯对实践进行质疑，去细心观察教学实践中的问题，思考自己或别人的行为背后所存在的依据，这些依据就是看待教育和学习的一些假设。在多数人看来，这些假设往往是理所当然的，因而是无须辩驳的，而"善于反思的教师则能够不断地检验实践中这些'理所当然'的假设，他知道自己为什么要做所做的事情，知道为什么要思考所思考的事情"[1]，从而以检讨的开放的心态真诚地面对实践中的问题，借鉴和吸纳他人的观点，以调节和改善自己的行为，最终达成所期望的结果。通常，具有变革动力的教师所进行的教学反思具有两个突出的特点：一方面，他们的教学反思是一种指向课程目标等价值型命题，触及教育价值观的深度反思。存在主义哲学家海德格尔（M. Heidegger）把人类的思考分为功利性思考和沉思性思考。功利性思考通常根据专业技能考量各种情境因素，以获得经济有效的、有助于解决问题并达成特定目标的途径和策略。沉思性思考并不认为人的行为由什么外在的目标来驱动，而是以存在的本质、意义为主体，如关于人的本质、良好社会的理想等，认为人作为观察与思考客观世界的理性者，关键在于体现积极参与世界的主体。[2] 显然，教师反思的意义应体现在能够超越外在功利性目标的束缚，回归到人的主体上，反思的目的不在追求我应该如何做才能达到外在于我的目标，而在于沉思教育的理想是什么。另一方面，具有变革动力的教师所进行的教学反思，是具有真正的专业自主性的深度反思。按照恩驰勒关于教师专业发展的理论，课程改革需要教师的反思学习超越行为主义和传统、技艺取向，而以个人和探究取向为主导，反思内容不是让教师囿于既定

---

[1] Brookfield, S. D., *Becoming a Critically Reflective Teacher*, Francisco: Jossey-Bass Publishers, 1995, p. 22.

[2] 转引自陈惠邦《教育行动研究》，台湾师大书苑1998年版，第180—181页。

的社会结构和文化环境,刻意关注那些特殊的和可观察的教学技能、班级管理等技术性的问题,而是能够超越技能,通过个人主导学习的内容和方式,从看似理所当然的日常教学实践中提出问题,以更细致地检验他们行动的缘由和结果。[1] 教师所持续进行的教学深度反思,使教师从传统规训中"正确地做事情"的教学行为转向"做正确的事情",[2] 使自己拥有了真正的专业自主性。

由此可见,教师如果能从学生发展的角度认识教育的价值,秉持"使各种背景的学生一生发生变化"的教育愿景;通过积极的课程实践对理论赋予意义;并对自己的教学行为进行持续不断的反思探究,将有效地改善教师的教学实践,促使教师的信奉理论内化为使用理论,从而积极地参与课程改革,成为"教育变革和社会进步的真正动力"[3]。

三 有效的课程领导:信奉理论与使用理论达成一致的外驱力

研究性学习的价值取向和实施特点要求教师以相互调适和创生的取向来实施课程,由此,教师在教学实践中往往会遇到各种各样不可避免的问题和困难,这些问题中充满矛盾、冲突和异议。由于教师的发展植根于所生活和工作的环境,如社会环境、学校领导、教学文化、学习时间、课程资源等,同时教师的知识背景、实践经验和课程实施能力都有一定的差异,因此,不同的教师在教学实践中所遇到的问题和解决的程度各有不同。教师所遇到的困惑和问题如果不能得到及时有效的解决,将会持续不断地削减教师的变革动力,从而影响课程改革的深入推进。

调查显示,总体来说,教师在研究性课程实施中所遇到的问题,主要集中在课程支持条件、课程管理、课程资源、课程评价、课程培训与研讨等方面。第一,在课程支持条件方面,整个社会力量对学校开展研究性学习的支持程度总体上不高。就社区和受访单位的配合来说,我国

---

[1] Zeichner, K. M., "Alternative Paradigms of Teacher Education," *Journal of Teacher Education*, No. 3, 1983.

[2] 赵明仁:《教学反思与教师专业发展——新课程改革中的案例研究》,北京师范大学出版社2009年版,第63页。

[3] [加]迈克尔·富兰:《变革的力量——透视教育改革》,中央教育科学研究所、加拿大多伦多国际学院组织翻译,教育科学出版社2004年版,第18页。

基础教育长期以来关门办学，与社会隔绝，使得学校内部在争取社会力量支持方面少有作为；就课程学者的专业支持来说，一些课程学者缺乏在基础教育实践中发展理论，指导实践的精神，对基础教育课程改革的专业支持比较有限。就课程管理来说，教育管理部门和学校领导对于研究性学习课程虽然有布置、有培训，但往往缺乏实质性的检查和落实，研究性学习课程评价也未被有效纳入学校的教育评价体系，致使这门课程在许多学校的开展有名无实，没有取得实质性的成效。第二，在课程资源的开发和利用方面，教师不能充分利用社会或社区的人力资源、自然资源、教育资源及物力资源等开展活动，教师开发和利用课程资源的能力比较欠缺。一些教师不能有效地指导学生整合和分析信息，使学生的很多课题研究成为网络资料的堆砌，学生利用网络信息整合分析资料的能力难以提升。第三，在课程评价方面，教师们普遍认为，过程评价和主体评价缺乏客观的标准和依据，由于难以操作而基本流于形式。多数教师主要采取"成果展示"法这种终结性评价方式，评价方式较单一。教育管理部门和学校的教师评价制度不够健全，使许多教师固守传统的教育评价思维模式，在课程实施中难以突破和创新，导致实践中评价功能的紊乱。第四，在指导教师的交流与培训方面存在着一定的问题。就教师交流而言，教师之间很少就课程改革和研究性学习课程实施问题进行积极而持续的思想交流和探讨，一些学校在如何有效地开展跨学科的校本教研活动和组织指导教师集体备课及研讨等方面缺乏富有成效的实践探索，教师文化呈现出孤立保守和技术取向的特征，不利于综合性和开放性的研究性学习活动的有效开展。就教师培训而言，教育管理部门组织的一些培训，一方面，培训内容过于注重前沿性、理论性及深度，往往远离教师的课程实践和知识经验背景，缺乏针对性和操作性，对教师的指导能力训练比较欠缺；另一方面，培训形式较单一，体现和发挥教师的主体性不够，没有通过多样化的培训形式，赋予教师更多主动参与、体验和创新的权利，从而弱化了课程培训对增强课程实施能力、改善教学行为的功效。

解决课程实践问题的办法既不在于设计更好的改革方案，也不在于对教师实施课程的具体过程进行操作性的方法和策略的指导，因为影响课程实施的因素复杂而又多变，不断变化的课程实践情境也意味着不断涌现的课程实践问题。富兰在分析关于教育变革的观念时提出，一方面，我们所处的现实是教育创新和改革的不断出现与不断扩大，对待变革是后现代社会所具有的特点。另一方面，我们有一个从根本上说是保守的教育系统。教师的培训模式、学校的组织形式、教育层级的运作方式以及政治决策者对待教育的方式都容易导致出现维持现状和难以变革的制度。在一种其结构基本上难以变革的情况下期望采取一个又一个改革措施，甚至某些大的举措就取得成功是不现实的。在存在一个保守的体制的同时，人们不可能获得一个所期望的不断变革的教育环境。因此，他认为，如果不能使教育系统成为一个"学习者组织"，那么"从某些具体的革新和政策上搞再多的花样也无济于事"。"有成效的教育变革的核心并不是实施最新政策的能力，而是在教育发展过程中发生预期的或非预期的千变万化中能够生存下去的能力"，[1] 这种能力对教师来说，就是基于教师个人教育愿景的"教师变革动力"，对教育系统来说，就是具有共同教育愿景的"学习者组织"。

学校不是一般的组织，而是学习的社区和道德领导的中心，是以价值观、情操及信念为中心组成的"学习者组织"。在"学习者组织"内有一套共同的规范，以及处世的方法，共同为学生的福祉而奋斗，形成荣辱与共的学习共同体。学校的课程领导是基于道德权威的领导，道德权威是因共享专业及学习共同体的价值观、理念、理想而感到负有义务和责任的权威，是课程领导的基础。课程领导以道德权威为基础，首要的是澄清学校课程哲学。学校要落实国家与地方课程、开发校本课程、实施综合实践活动课程，必先澄清学校的课程哲学观，即探讨与人的发展有关的深层问题，例如教育真善美为何？引领课程改革的教育愿景是什么？课程实践是基于怎样的道德承诺？师生在课程发展中的处境如何？[2] 可见，基于道德权威的课程领导是价值思想和教育的引导，一所学校以何为重？以何为轻？以何为主？以何为次？这些价值判断直接决定了学校的教育愿景和发展方向。有些学校的课程改革体现的是功利性

---

[1] ［加］迈克尔·富兰：《变革的力量——透视教育改革》，中央教育科学研究所、加拿大多伦多国际学院组织翻译，教育科学出版社 2004 年版，第 9 页。
[2] 郑东辉、施莉：《课程领导理念探微》，《教师教育研究》2003 年第 3 期。

的价值取向，没有以学生发展为本，只重视形式的变革，而没有真正在价值思想上发生变革，这样的课改很可能是低效的甚至是无效的。蒋梦麟先生说，教育的真谛在于培植真心、培育爱心、培养美感、牵引灵魂，[①] 这就是学校课程领导的价值思想所在。学校的课程领导应以这样的教育愿景确定学校的价值观和教育目的，让学校所有的成员了解学校教育的使命，明确学校教育的目的，以价值观为动力，推动学校改进和发展。以追求"培植真心、培育爱心、培养美感、牵引灵魂"的教育真谛引领的教育价值观，对引导教师理解课程改革和学生发展的关系，反思自己行为的意义，具有重要的作用。正如富兰所说："只有那些集中力量搞教学改革的努力和持续地支持这种发展的外界条件，才有可能给教学的道德目标增加和再增加动力。"[②] 因此，持有先进的价值思想的课程管理者，通过引领学校的价值观，不仅使教师的教育理念得到更新，而且实现教师教学行为的积极转变，由此使教师形成持续不断的教育变革动力，促使学校课程变革真正走向深入。

第二节　教师合作文化与教师专业发展

新课程改革以"促进学生的全面发展"为核心，对教师提高专业能力提供了充分的政策支持空间。而教师专业发展的空间和限制因素，在很大程度上也蕴含于教师文化之中，如果没有教师文化的深层次支撑，任何教师专业发展都会落入临时性和表面化之中。教师文化是一种附属于学校文化的亚文化，它体现了教师群体的价值观和思想规范。[③] 哈格里夫斯（Hargreaves, A.）从内容和形式两方面对教师文化作了阐释。教师文化的内容，是指教师之间共享的态度、价值、信念、观点，其交流方式是分享和共识。教师文化的形式，是指在教师成员之间相互关系的类型和特定的联系方式。教师文化内容受到教师文化形式的影

---

① 程红兵：《价值思想引领：校长课程领导的首要任务》，《教育发展研究》2009年第4期。
② 迈克尔·富兰：《变革的力量——透视教育改革》，中央教育科学研究所、加拿大多伦多国际学院组织翻译，教育科学出版社2004年版，第73页。
③ 张华：《引导教师文化转型 促进教师专业发展》，《教师教育研究》2007年第4期。

响，也就是说，教师的关系类型和联系方式不同，教师群体的价值、信念和态度就表现出不同的特点。①

一 教师文化重建诉求：从孤立保守转向合作开放

调查显示，多数教师之间很少就课程改革和课程实施问题进行广泛深入的合作交流，教师文化普遍呈现出孤立、保守和技术取向的特征。

首先，教师的工作条件在一定程度上影响着学习共同体的建立，使教师文化呈现出一定的孤立性。一些学校的教师严重缺编，许多教师所承担的学科教学压力较大，有一些学校是寄宿制，学生在校时间长，使教师的工作更加繁杂、劳累。许多教师只是出于自己的经验和教训去处理课堂上时刻变化的情况，没有更多的时间和精力去反思自己的教育理念和教学实践问题，或与同事交流他们对教育问题的看法和体会。许多教师在彼此隔绝的课堂上课，下课后在自己的宿舍或家里备课，教师只能独自面对和处理教学上的问题。一些学校实行的教研组办公制度，也使得教师之间跨学科的合作难以进行，正如富兰所说："学校的基层组织结构意味着教师必须私下与困难和焦虑做斗争。"② 教师工作的物理环境和基层的组织结构把教师彼此分开，使得教师的工作往往是在脱离同事帮助的孤立情境中独自完成的，从而使教师文化呈现出一定的孤立性。

其次，农村教师之间未能形成一种分享、观察和讨论彼此工作的习惯和规范，教师之间的合作交流呈现出封闭、保守的教师文化特征。由于长期以来基础教育的课程设置是一种分科教学的体系，教师往往强调学科身份，在自己的学科教学中各自为政，互不干涉，缺乏团队合作意识。缺乏团队合作精神，③ 学校中也缺乏相互学习的氛围，使教师的工作通常都是典型地以个人独有的方式进行。"教学实际上是一种孤立的事业。在教学中，如此多的人在如此狭小的空间和紧凑时间内完成如此

---

① Hargreaves, A., *Changing Teachers, Changing Times: Teachers Work and Culture in the Postmodern Age*, London: Cassell, 1994, pp.163-185.

② [加]迈克尔·富兰：《教育变革新意义》，武云斐译，华东师范大学出版社2010年版，第102页。

③ 肖正德：《教师教学行为转变的文化学思考》，《课程·教材·教法》2011年第4期。

一致的使命，但它却是在自我迫使和职业认同的孤立之中进行的，这可能是个最大的讽刺——同时也是教学的最大悲剧。"[1] "自我迫使和职业认同的孤立"是教师为保有自己经验的私有性而采取的一种自我保护意识和惯性思维。一些教师长期以自我为中心进行教学，他们往往迷信自己的教学经验的价值，对学习和接受新思想、新观念存在消极抵制情绪。教师为坚守自己专业上的独创性，往往对自己的教学智慧和经验采取保守自闭的态度而不习惯与人分享，从而使教师之间的合作关系呈现出封闭保守的教师文化特征。

最后，教师之间分享和交流的内容多是学科教学经验或提升学生学科成绩的方法策略等问题，呈现出技术取向的教师文化特征。随着课程改革的深入，一些农村教师能够意识到合作交流对于提升课程实践能力、促进专业发展的重要性，在观念上对学习新知识，借鉴新经验不再表现出抵制和排斥情绪，而是在教学实践中能够积极地相互帮助和配合，寻求互动合作和共同发展的策略。但是在分享和交流的内容上，由于学校传统的学科本位主义仍然存在，教师的分享与交流以学科内容及教学经验为主，学校的校本教学研究的重点在于教师的教学内容处理与教学方法的安排。再加上受应试教育的长期影响，教师分享与交流的内容还会与提升学习成绩的经验与方法密切相关，主要包括教学重难点的确定、题海战术、课外补习以及课外作业布置等。当然教师之间也会分享与交流一些新课程的理论与方法，但更多的是从操作性的角度寻求对他自身教学的帮助或应付行政部门对于新课程实施的检查。教师之间的交流合作，难以形成一致的规范和价值体系，并创造一致共同的学校文化，因而存在着一种把教学理论转化为操作技术的倾向。教师们注重技术上的互补，而平时着重吸收的也多是别人所表现出来的技术优势，这种倾向转化成教师的语言就是"好的做法"[2]，即为提升学生学科成绩而拥有的学科教学经验或方法策略等内容。可见，教师之间的合作交流即使能达到形式上的开放和互信，但若缺乏共有的价值观和教育信念的

---

[1] 石生莉:《教师文化研究新取向：教师新专业文化的确立》，《教育理论与实践》2006年第5期。

[2] 马玉宾、熊梅:《教师文化的变革与教师合作文化的重建》，《东北师范大学学报》（哲学社会科学版）2007年第4期。

支撑,也难以在更深层次的交流内容方面达到教师智慧的共享,使教师文化呈现出一种缺乏共有的价值观和教育信念支撑的技术取向特征。

新课程改革要求教师在教学中践行现代教育理念,改善教学行为,而西部中学,尤其是农村中学教师的学历普遍偏低,知识结构单一,受职后课程培训的机会比城市教师要少。随着时代发展和教育变革的需要,一些教师没有机会更新自己的知识结构,因此无论是在认知方面还是在心理方面都需要花费相当多的时间和精力来适应"新环境"。孤立保守和技术取向的教师文化特征,使多数教师缺乏问题意识和自主发展的专业精神,对新课程改革的理念和实践问题缺乏应有的关注,因此,鼓励农村教师之间进行充分广泛的交流合作,培育农村教师的交流合作意识,重建开放合作的教师文化,可以有效地帮助教师突破单一学科背景所带来的知识视野狭窄和知识结构老化的现状。教师之间通过合作交流、互相探讨课程实践中所遇到的困惑和问题,分享经验和智慧,促使教师文化从孤立保守转向合作开放,有利于教师开展教学反思,提升教师专业能力。

二 教师文化重建价值:发展取向、专业自主、超越时空

哈格里夫斯从社会转型的角度提出了教师文化的转型,他认为,教师文化是教育变革和学校发展的关键性因素,并从"形式"的视角将教师文化划分为个人主义文化(individualism)、派别主义文化(balkanization)、自然的合作文化(collaboration)以及人为的合作文化(contrived collegiality)四种形态。哈格里夫斯由此提出了教师合作文化对于教师专业发展的深层价值。这些价值主要通过教师合作的基本要义体现出来,第一,自发性(spontaneous),即合作关系非外力诱发,而是每个教师自发形成的。第二,自愿性(voluntary),即合作关系是在一起工作过程中形成的,其实践既非义务也非强制,自然合作不是行政限制和强迫的产物,而是教师共同价值观念的必然产物。第三,发展取向性(development-based),即合作是指向教师专业发展的。教师自主地从事各种革新,或者实施自己信奉的并受到外界支持或规定的革新,这就使教师更多的是自己建立合作的任务和目标,而不是对他人的目标加以贯彻。第四,超越时空(pervasive across time and space),即教师相互交

往不受时间和场所的限制,可以充分地进行。第五,不可预测性(unpredicable),即合作的结果不一定表现为成果,因而不能简单地预期。[1] 基于哈格里夫斯关于合作文化的理解,我们可以鼓励教师跳出狭小、自我封闭的空间,在保有教师的独创精神和专业自主性的同时,消除个人主义文化中不利于教师成长的孤立保守的弊端,促使教师文化从孤立保守转向合作开放。

重建教师合作文化的价值核心,在于以教师的教学和发展需要为基础、以教师的专业自主为前提,建立发展取向、专业自主、超越时空的合作关系。[2] 首先,教师合作文化中合作的本质属性是指向教师专业发展的。教师基于提升自己专业素养的内在动力而建立合作的任务和目标,以学习借鉴的心态互相切磋问题、共同分享观点并积极参与课程决策。这种合作要求每个人都具有独立自主的意识,彼此在合作交流中共同成长,体现出合作文化的发展取向性。其次,教师之间的合作关系不是通过行政限制达成的,而是教师出于改进教学,提升自己的内在动力,在日常生活中自然而然地生成的,是体现并进而提升专业自主性的教师行为。如果教师双方的合作交流不能建立在平等对话、自主自愿、相互信赖的基础之上,就不能算是真正意义上的合作。最后,教师文化中的开放是指教师的交流合作不受时间和场所的限制,在各种工作任务和日常生活中,教师之间可以随时相互学习、交流与分享,从而建立起一种开放、信赖、支援性的同事关系,体现出自然合作文化超越时空的特征。由此可见,重建合作开放的教师文化,将使教师超越个体经验的反思或者课程专家培训的模式,转向不同学科教师之间的相互学习和支持,一起分享和交流各自的观点和智慧,以此增强教师对知识和课程的整合,在课程实践中加强课程内容与学生的生活和经验的联系,并有助于解决教师在课程实施中所遇到的困惑和问题,增强教师改进实践的勇气和能力,促进教师的专业发展。

---

[1] Hargreaves, A., *Changing Teachers, Changing Times: Teachers Work and Culture in the Postmodern Age*, London: Cassell, 1994, pp. 163-185.

[2] 石生莉:《教师文化研究新取向:教师新专业文化的确立》,《教育理论与实践》2006年第5期。

三 教师合作文化重建策略：提升专业自主性

（一）重建教师合作文化需充分发挥教师专业自主发展的积极因素

Dan Kortie 指出，无论在哪一个国家，教师都习惯于个体行动，喜欢单打独斗的工作模式，教师们也会相互交流，但这些交流并非建立在深思熟虑的基础之上，或者说并非一种深入地扎根于实践的研究。教师的工作环境日益被束缚，教学地位相对低下，以及教师在一些关键事件（如课程开发）上缺少发言权，这些都影响着教师的自我感知，同时也影响着他们如何看待进行各方面专业化发展的必要性和实效性。[1] 哈格里夫斯将个人主义文化描述为教学是一种"关起大门"的绝对个人追求，通常发生在"低智慧"的交流气氛中，而且主要局限在"那些人们不太愿意达成一致的主题和话题"上，只关注自己的课堂教学已经成为这种个人主义文化的一部分，这样就减少了教师对自己上课情况进行批评的可能性和动力，因此也不太可能有进一步的改进。[2] 在这个过程中出现的问题，使得教师们"跨学科"的学习机会大大减少。教师合作文化是对教师个人文化的超越，这种超越有两方面的内涵：一方面，重建教师合作文化需消除教师个人主义文化中孤立保守的弊端。个人主义文化表现在"教师对自己的要求持有独立的成功观，对其他教师的态度奉行不干涉主义"[3]，教师们没有合作共事的要求和习惯。教师通常基于自己在教育教学中所积累的经验教训反思和改进自己的教学，很少与同事进行关于教育改革、教育理想等深层次问题的对话。消除教师个人主义文化中孤立保守的弊端，是重建合作开放的教师文化的前提。另一方面，重建教师文化需发扬教师个人主义文化有利于培育教师独立创新的专业自主精神，促进教师专业自主发展的优势。个人主义的积极因素主要体现为个人主义文化有利于发展教师的独立创新能力，并保护教师的专业自主权。个人主义教师文化由于强调教师的独立思考

---

[1] 参见［丹麦］史蒂芬·卡尼《教师专业发展：政策、权利与表现》，赵丽、李妍编著：《中外教师专业发展研究》，华东师范大学出版社2013年版，第15—16页。

[2] Hargreaves, A., "The Cultures of Teaching: A Focus for Change," in Hargreaves, A. and Fullan, M., *Understanding Teacher Development*, London: Cassell, 1992, pp. 214-240.

[3] 肖正德：《教师教学行为转变的文化学思考》，《课程·教材·教法》2011年第4期。

和自主抉择等专业生活方式，使教师有可能在激发教育智慧、积极地创生自己独有的教育教学方式方法、形成自己的教学特色以及教学风格等方面产生卓有成效的结果，从而有利于保护教师专业的自主权利。对于农村教师来说，保护教师专业的自主权利有着更为广泛和独特的价值。农村教师的工作环境相比城市教师更为艰苦，教师所面对的问题和困难更多、更难以克服，农村的课程资源也较为贫乏，教师在这样的环境下开展工作，势必付出更多的辛苦和精力，每位教师通过自己长期不懈的努力所获得的教育教学经验都是一笔非常宝贵的精神财富，教师因这些独有的经验而开展具有个性化的教育教学工作，在学生发展上产生了良好的作用，教师以此体验到教师工作的职业价值和成就感，这将为教师之间开展平等对话和智慧共享奠定坚实的基础。哈格里夫斯曾说，教师的独处最重要的一点是能刺激创意和想象，这在一定程度上显示了智力的成熟。[①] 这种"创意和想象"的价值主要体现为"有利于培养后现代教学所需要的核心能力——如独立判断、自主抉择和创新能力"[②]。由此可见，构建合作开放的教师专业文化，需发扬教师个人主义文化有利于培育教师独立创新的专业自主精神的优势，以更好地促进教师的专业自主发展。

（二）重建教师合作文化需以多样化的教师专业发展为基础

从某种程度上说，教师合作文化虽然体现着对教师个人主义中消极因素的批判，但也并非要追求一个高度一致的共有文化。[③] 离开教师个体经验和智慧的独特性以及教师专业发展的多样化和差异性，去追求教师的交流和合作，将无助于教师的互相学习和共同发展。正如富兰所指出的："有效合作的文化氛围并非以观点相似为基础。多元化才有价值，因为他们可以获得不同的观点，并凭借这些观点去认识问题的复杂性。"[④] 可见，离开教师的个性差异和专业特色，合作也就失去了意义

[①] Hargreaves, A., *Changing Teachers, Changing Times: Teachers Work and Culture in the Postmodern age*, London: Cassell, 1994, pp. 163-185.

[②] Ibid.

[③] 饶从满、杨秀玉、邓涛：《教师专业发展》，东北师范大学出版社2005年版，第149页。

[④] ［加］迈克尔·富兰：《变革的力量》（续集），中央教育科学研究所、加拿大多伦多国际学院组织翻译，教育科学出版社2004年版，第49页。

和基础。但许多农村学校的教育管理制度，在一定程度上不利于教师之间以专业发展的多样化和差异性为基础展开广泛深入的合作交流。许多学校片面地以奖惩促教学，片面地强调教师个人之间的业绩竞争。教师往往迫于竞争的压力而实行业务封锁和经验独享，造成教师之间关系的疏离和紧张，教师在工作中互不配合，互不支持，教师的知识、经验和智慧虽有独特性和差异性，但却缺乏合作共享的环境和机制，阻碍了教师文化的健康发展。随着课程改革的推进，农村学校要结合实际，制定出科学的教师管理制度，增加制度的透明度和动态性，及时废止不利于教师发展的制度，培育积极向上、团结互助、共同发展的教师合作氛围，为重建良好的教师合作文化提供保障。在教师专业发展的多样化和差异性基础上开展的教师合作，将超越教师孤立的个人"反思"，以批判性互动和冲突性的对话营造协作学习的环境，以此促进教师学习共同体的持续更新。

（三）重建教师合作文化需培育教师群体共有的教育信念

教师专业文化的重建需以教师共有的教育信念为合作的核心，没有共有的教育信念支撑的教师合作，即使具有超越时空或多元开放诸多优势，也会因为缺乏关于教育价值和目标等实质性的交流内容而流于空泛和低效。在教师专业文化的重建过程中，需要有意识、有计划地将教师专业文化所应具备的理念、思想、目标、价值等转化为教师的职业信念和共同的愿景，以不断地激起教师参与课程改革的内在动力。沃伦·本尼斯曾指出："在人类组织中，愿景是唯一最有力的、最具激励性的因素。它可以把不同的人联结在一起。"教师合作的愿景和信念不是空泛的理想，而是需要学校和教师共同努力完成的使命。

一方面，确立教师合作的共同愿景，意味着要建构具有共同的价值观和教育理想的学校文化，为教师教学行为的改善提供价值思想的引导。我国农村中学生的人数占全国中学生总数的70%以上，农村学生是否具有科学素养，是否具有创新精神，将直接影响我国农村的发展进程，因此实施和推广素质教育的重点、难点在农村。农村学校承载着传播优秀的乡村文化、提高农村学生的创新精神的使命，然而相对于城市中学来讲，农村中学对素质教育的认识要模糊一些，学校也普遍缺乏必要的图书、仪器等教学设备，课程支持条件较差，因此课程改革的推进面临着很多困难。良好的学校文化有助于引导教师在课程实践中积极主动地践行新课程理念,并进行教育创新和教学行为的持续转变,为重建教师专业文化提供保障。培植良好的学校文化,关键是把学校建成以价值观、情操及信念为中心的学习共同体,让学校所有的成员了解学校农村教育的使命和价值,明确学校教育的目的,以价值观为动力,推动学校的课程改革真正走向深入。因此,具有共同的价值观和教育理想的学校文化为重建合作开放的教师专业文化提供了价值思想的引导。

另一方面,学校需持续不断地鼓励教师发展自己的个人愿景。"如果人们没有自己的愿景,他们所能做的就仅仅是附和别人的愿景,结果只是顺从,决不是发自内心的意愿。同时,原本各自拥有强烈目标感的人结合起来,可以创造强大的绩效,朝向个人及团体真正想要的目标迈进。"[1] 发展教师的个人愿景,意味着学校的教育目标、办学理念需要被教师充分地理解和认同,进而转化为每位教师具体的教学目标,并通过教育教学活动得以践行和实现。从教师个人来说,"我们不应该认为愿景是只有领导者才有的东西,它的产生使我们认清作为教育工作者什么才是重要的"[2]。农村教师由于教学环境较封闭,更需要及时吸收借鉴其他领域、学科的新成果、新知识,在与同事的交流互动中不断反思自己的教学实践,自觉地对课程、教学以及学校教育的本质和目的等问题进行深入思考,以提升自己对教育价值的深层认识,树立教育信念。在教师个人愿景驱动下的合作交流,不能仅仅局限于某些学科知识或教育知识上,而应根据开放、互信的原则,在知识、思想、信念和态度上充分交流,共同分享教育经验和智慧,从而培育出共同的愿景,正如富兰所说:"创造一种愿景可以促使我们赞成理想的未来"[3],它表明我们对现实的合理批判和改造的信心,在这个过程中,一种基于共有的价值观和信念的教师合作文化得以重建。

---

[1] [加]迈克尔·富兰:《变革的力量——透视教育改革》,中央教育科学研究所、加拿大多伦多国际学院译,教育科学出版社2004年版,第38页。

[2] 同上书,第20页。

[3] 同上。

（四）重建教师合作文化需建立持续有效的动力机制

教师的合作交流需要一定的外部动力机制，以保证教师参与课程开发的积极性、主动性和持久性。缺乏持续有效的动力机制的教师合作交流，往往局限于少具争议性的领域，不愿意、不敢挑战现行的教学实践，不愿意开展实质性的批评和自我批评，从而只能是一种缺乏深度的低效的交流合作，这对于教师的自我发展和学校变革的意义是很有限的。有效的动力机制包括教师评价制度、教师奖惩制度和教师工作量计算制度等。[①] 首先，新课程不仅要求把评价过程看作学生发展的过程，也看作教师发展的过程，这就意味着要给教师充分的专业权利和自由，对于教师所取得的成绩能够及时肯定和激励，使他们不断获得成就感。教师评价要克服甄别性评价的弊端，改革依考评教的制度，以是否促进学生的全面发展来评价教师的业绩，从而引导教师的合作交流建立在共有的教育价值观和信念的基础上。其次，教师的奖惩制度是促进教师发展的有效动力机制。有效的奖惩能促进教师间形成一种积极向上、互惠共进的竞争氛围，使教师的工作处于一种激情状态。再次，科学合理的教师工作量计算制度，是建立科学的教师评价制度的基础。调查表明，许多学校教师评价的内容十分单一，以学生成绩为主要评价内容，这种终结性的教师评价制度，严重影响了农村教师和谐关系的建构。在教师工作量认定上，多数学校并没有把新课程所倡导的综合实践活动的指导，以及校本课程的开展计入教师的业绩，这在一定程度上削弱了教师开展这些活动的积极性，影响了课程改革的深入推进。总之，教师评价制度、教师奖惩制度和教师工作量计算制度等的建立和完善，为教师发展提供了充分的动力支持，有助于开放合作的教师专业文化的形成。

从当前教师文化的实际状况出发，要重建合作开放的教师文化需对合作的前提、基础、核心以及保障进行深入思考。我们认为，充分尊重教师作为专业人员应该享有的自主判断和自我抉择的权利，发挥教师个人主义中的积极因素是重建教师专业文化的前提；追求多样化和差异性

[①] 马玉宾、熊梅：《教师合作文化的内涵、现状与重建》，《上海教育科研》2008年第1期。

的教师专业发展，将为重建教师专业文化奠定良好的基础。从学校来说，培育教师群体共有的教育信念，引导教师共同分享教育经验、智慧和思想，是重建教师专业文化的核心；而建立持续有效的动力机制将为重建教师专业文化提供充分的动力支持和保障。由此，追求"在教师自立和合作之间维持一种适当的张力"[1]，使教师专业文化得以走向合作开放，进而带来教师专业能力的持续提升。

第三节 主体性教育与学习方式变革

一 主体性教育的内涵

主体性教育是在对人的主体性认识的基础上发展起来的。我们已有的知识、文明和自然都是我们主体作用于世界的结果，人类最大的进步就在于对人的主体性的认识。人的存在是具有意识和能动作用的存在，我们已有的知识、文明和"人化了"的自然都是我们主体作用于世界的结果。[2] 所谓主体，是指具有社会性的从事认识和实践活动的现实的个人或社会集团。区别于哲学范畴中的分类及多重含义，在主体性教育视野中的主体，主要包括两类：一是个体主体；二是群体主体。个体主体指的是处在一定社会特定教育环境和关系中的单个人（学生、教师、学校管理者、家长等），是有目的、有意识地从事教育实践活动的主体。群体主体指的则是处在一定社会关系中的教育群体，主要指学校以及教育活动机构，是由教育目标与价值系统、教育教学业务系统、人际关系系统、办学资源系统组成的特定教育形态。无论个体主体还是群体主体，其核心要素是具有主体性的人。[3] 在新课程改革中，一个明显的特征是，主体性教育已成为改革的潮流。在教学中，学生是认识的主体，努力发挥学生的主体作用，凸显学生的主体性，是现代教育的一个突出特征。主体性是学生作为学习活动的主体所具有的独立、自觉、能动和创造的内在特性，主要原因是：一方面，"作为教育对象的学生，

---

[1] Clement, Mieke, Vandenberghe, Roland, "Teachers Professional Development: A Solitary or Collegial (Ad) venture," *Teaching and Teacher Education*, No. 16, 2000.
[2] 李玉文：《论"研究性学习"理念》，硕士学位论文，四川师范大学，2003年。
[3] 裴娣娜：《主体教育的理论探析（笔谈）》，《教育研究》2004年第6期。

是具有主观能动性的活生生的人";另一方面,"作为教育对象的学生,尤其是青少年,是正在成长和发展中的人"①。学生在学习过程中的主体性表现在两个方面:一是学生的自觉性,即在教育教学的活动与过程中,学生具有独立、自由、自觉和自主支配教学活动的权利与可能;二是表现为学生对自身行为的支配、调节和控制能力,这种能力是随着学生的年龄增长、身心发展而不断发展的。我们在讨论教学活动的主体时认为,教师和学生都是主体,但这两种主体体现的作用是不同的,为了说明教师对学生的引导作用,我们仍然强调学生的主体地位是以教师的主导作用为前提的。正如胡德海所说:"教师的主导作用在于调动学生的主动性;教师的'教'不仅仅是传授知识,更重要的是启发思考;教师在教的过程中不是代替学生活动而是引导学生活动……学生的主体作用与教师的主导作用的有机结合是教育活动顺利进行、取得成效的基本条件。"② 胡德海对学生主体性地位的理解来自于对人类文化传承意义上的总体观照,同时从教育的本质和功能出发,为我们揭示了学生主体性教育的内涵。由此可见,学生的主体性可以包含两种含义:一种是学生在自我发展中的主体性,这是处于发展和提高过程中的不成熟、不完全的,开始甚至是很微弱的主体性,是在教育过程中需要调动、培育和提高的主体性;另一种是人在历史发展中的主体性,这是在社会作用、包括教育影响下学生达到一定发展水平,能独立自主地发挥能动作用的主体性,是教育应塑造、追求和实现的在未来发展上成为社会主体的学生主体性。

主体性教育即指根据社会发展的需要和教育现代化的要求,教育者通过启发、引导受教育者内在的教育需求,创设和谐、宽松、民主的教育环境,有目的、有计划地组织、规范各种教育活动,从而把他们培养成为能够独立自主地、自觉能动地、积极创造地进行认识和实践活动的社会主体。③ 主体性教育的核心就在于:不仅把人视为社会历史、实践活动的主体,也把教育中的学生视为活动的主体,尊重学生在教育中的

---

① 胡德海:《教育学原理》,甘肃教育出版社1998年版,第429页。
② 同上书,第430页。
③ 王孝红:《关于实施主体性教育的思考》,《江西社会科学》2003年第1期。

主体地位,并以教育促进他们主体性的提高与发展,为他们将来成为社会历史的主体奠定基础。为了发展学生以主体性为核心的综合素质,教育教学的方式方法都应发生相应的变化。研究性学习课程的实施,重视学习的过程和方法,重视交流与合作,重视体验和感悟,因此,研究性学习和主体性教育的价值追求是统一的,通过实施研究性学习,可以很好地培育学生的主体精神。

由此可见,基础教育新课程的有效实施基于学生主体地位的全面确立,将使我们成功地摆脱传统教育学的教条。为此,教师应确立以主体教育为核心的现代教育主导观念,这就是:第一,理解学生。每个学生都是特殊个体,需要得到充分尊重和关怀。第二,促进发展。给每个学生提供思考、创造、表现及获得成功体验的机会。第三,区别对待。所有的学生都能学习,都会学习,不存在绝对意义上的差生,需要的是耐心与指导。第四,特色教育。实施有特色的教育,使每个学生都能主动发展自我。[①]

二 主体性教育实施的误区

长期以来,由于我国的教育深受赫尔巴特"教师中心说"和凯洛夫教育学中"教师是主体,学生是客体"观点的影响,学生在教育教学中的地位没有得到应有的重视。学生在课堂上"感受到的更多的是知识的压力,没有通过知识而积极地启发世界的意义,也启发人生的意义"。[②] 为了从根本上改变这种现状,新课程改革以"促进学生发展"为宗旨,"倡导学生主动参与,乐于探究,勤于动手",强调"注重培养学生的独立性和自主性,引导学生质疑、调查、探究,在实践中学习",正是基于这样的理念,新课程实施以来,主体性教育通过课程改革的推进模式,以学习方式的变革途径获得了教育理论根基式的支持,课改实践已取得的成果也很好地印证了学生主体性地位的确定对落实课改目标,促进学生发展所起的积极作用。我们的课堂开始焕发出生命的气息,教师和学生的角色与地位发生了中国教育史上前所未有的变化,

---

① 裴娣娜:《主体参与的教学策略》,《学科教育》2000年第1期。
② 刘铁芳:《人、世界、教育:意义的失落与追寻》,《教育研究》1997年第8期。

师生关系更加趋向民主化、平等化，教学过程正在逐渐变成一个师生共同参与创生的过程。随着课改的深入，主体性教育所取得的成绩令人欣喜和鼓舞，但同时实践中出现的一些问题也令人忧虑和引人思考。由于对主体性教育和学习方式的关系不能从各自的内涵和实质上去把握，而更多的是从形式上进行认识，由此就很容易使主体性教育在实践中流于形式，而无益于学生的发展。在调研中，我们发现有很多学校在开展研究性学习活动时，只是追求表面上的热闹和形式上的学生动手操作或体验，在看似学生积极发言和气氛活跃的课堂或活动中，其实上演的只是近乎虚假无效的学生主体性的神话。

（一）将主体性教育与自主学习，自我教育完全等同，忽视教师对整个教育活动的宏观指导

在研究性学习活动中有一种倾向，教师不研究活动内容的特点和学生的真实现状以及教学环境，对课程实施的任何环节都放开手脚，将一切交给学生去"闯"，完全依赖学生，如研究题目全部由学生自主选择，社会调查或实验探究活动全部由学生独立完成，学生完全凭借自己的知识和经验设计方案和实施过程，研究性学习活动变成了学生自我选定课题，自主探究问题，自己解决困惑，自我表达思想的过程，将研究性学习与自主学习、自我教育几乎等同起来，这种看似气氛活跃、热热闹闹的活动形式，由于缺乏教师的积极指导和有效启发，事实上学生的知识视野难以拓展，见解难以升华，思维也得不到深化，最后导致探究内容杂乱，学习体验和感受贫乏。在这种学习中，教师主观上为了培养学生的主体性，消极地迁就学生的需要、愿望和态度，教师的作用仅仅是赞许、点头、表扬，或维持纪律，在教育活动中居于学生的从属地位，从而将学生的主体性绝对化、表面化。为什么研究性学习会在实践中出现这种偏差？其主要原因是对研究性学习与主体性教育内涵的理解不够全面，对理论的误解导致了事与愿违的结果。"教师的教育对象是具有主动性的学生，这种主动性主要表现在：学生只有在他自身有目的、有意识的活动中才能获得发展，但绝不能认为，学生具有主动性而否定教师的主导作用。""认识并重视学生在学习过程中的主体地位，并没有否定或削弱教师的主导作用……相反地，是赋予教师更重要的职

责，向教师提出了更高的要求"①。可见学生作为不断发展中的还不够成熟的个体，没有足够的相关知识储备，自我教育能力还很低，如果没有教师的价值引导和思维启迪，学生的主观能动性就难以良好地体现出来，学生的潜能也就不能得到很好挖掘。正如叶圣陶先生所说："教师之主导的作用，盖在善于引导启迪，俾使学生自奋其力，自致其知……引导着，多方设法，使学生渐渐能自求得之，卒底于不待教师教授之谓也。"②而倡导"儿童中心主义"的杜威，其实也不排斥教师在儿童身心发展中必要的引导作用，"实际上，教师是一个社会团体的明智的领导者……认为自由原则使学生具有特权，而老师被划在圈外，必须放弃他所有的领导权力，这不过是一个愚蠢的念头"③。可见，把主体性教育与自主学习、自我教育完全等同起来，排斥教师对整个教育活动的宏观掌控，结果，主体性势必将变成一种无节制的自我张扬。这样培养出来的新一代就不再是具有强烈的社会责任感和主体意识，而是极端自我、崇尚个人主义、唯我独尊，显然，这并不是我们想要的健康的主体性人格。

在研究性学习活动中，由于"表现性目标"强调学生的个性发展和创造性表现，所以研究性学习中的"研究"体现的是基于学生不同特点的多元的研究性学习方式，教师可以根据研究的内容和研究条件以及学生倾向指导学生选择不同的个性化的学习方式和探究方法。但由于在研究性学习的实施中，教师的指导行为体现的是"导师"的角色，即培养学生的问题意识，指导学生制定研究计划，宏观把握学生研究的进展情况，并在活动实施后组织交流和评价，以及启发学生进一步探究，等等。因此，学生在课程选题和实施以及总结撰写报告等学习阶段，常常需要独立地解决由本人或教师提出的课题，教师在学生需要的时候提供适当帮助，学生由此获得知识技能、发展能力与人格。在研究性学习活动中，教师是学生研究性学习活动的组织者、指导者、帮助者，学生是在教师的指导下进行研究性学习的主体。强调学生的自主性

---

① 胡德海：《教育学原理》，甘肃教育出版社1998年版，第430页。
② 同上。
③ 杜威：《我们怎样思维·经验与教育》，姜文闵译，人民教育出版社1991年版，第227—228页。

和主体性,但更强调教师的指导和引领作用。没有教师有效指导的学生活动,无益于学生主体性的提升。正如胡德海先生所说:"只有在教师充分而又正确的发挥主导作用的条件下,学生的主体作用才能得以正确的发挥和不断的提高;也只有学生在教育过程中充分发挥积极性、主动性和创造性,才能使他们的自我教育意识和自我教育能力不断得到提高。"[①] 可见,将学生的主体性绝对化的倾向,无益于学生的发展,在我们的课堂上一定要摒弃。

（二）学习活动的计划方案和组织实施指向固定的结论,忽视学生的个性和生活体验

在研究性学习中,还有一个很普遍的现象是,无论活动内容的特点和学生状况,面对任何课题,教师均会想方设法地设计很多不同形式的活动,旨在培养学生的各种能力,并考虑到各层次学生的需要和发展,从表面看来,学生的主体性得到了很大的重视,但由于研究问题的封闭性和计划方案的严密性,教师实际上规定了学生活动的每个环节,师生的活动,最终都要指向一个固定的结论,所以学生的个性和创造性并不能很好地得到提升。首先,学生在教师的"主导"下,实际上是指挥下,要不断地思考,不断地倾听,不断地表达,不断地训练,其身心是何其疲累。日本教育学家佐藤学说:"战后的学生并不是在国家、教师、家长的重压下痛苦地生活,而是在国家、教师、家长提出的'主体性生活'的强制下不堪重负。"[②] 这种"不堪重负"的情形在我们新课程改革的课堂上,在我们貌似轻松活泼的研究性学习活动中也很普遍。教师积极地创设教育情境,引导学生主动参与,构建生动活泼的教学过程,毋庸讳言,这是我们极力倡导的,但当学生面对自己并不感兴趣的课题内容,必须有自己的思考见解时,学生对这种千篇一律的教学改革的操作模式,事实上,并不是始终都能在内心里唤起学习思考的兴趣的。其次,教师拘泥于研究时间和研究进程的限制,所以教学活动的组织取舍、学生表达的评价反思均是为最后的结论服务的,而学生能力

---

① 胡德海:《教育学原理》,甘肃教育出版社1998年版,第430页。
② 佐藤学:《静悄悄的革命——创造活动的、合作的、反思的综合学习课程》,李季湄译,长春出版社2003年版,第17页。

的培养，学生主观能动性的调动，似乎也成了达成既定标准结论的教学手段的一部分。因为研究问题的封闭性，势必造成研究结论的确定性和答案的唯一性。教师虽然欢迎讨论，但由于潜意识里总是要求学生得出与其思路和方案一致的结论，因此对于学生明晰的表达、标准的见解能充分尊重，但对那些模糊的发言、奇异的想法以及犹疑不定的目光却关注不够。佐藤学认为："教学中价值最高的也许恰恰是这种模糊的多义的意见。"[1] 这里的"价值最高的"是指，"模糊的多义的意见"作为一种不确定的思考，蕴含着学生的生活体验和独特的个性，往往在创造性的思考和表现中更能体现其作用，因为"一切创造性的行为都是发自不确定的语言，探索地进行着的行为"[2]。可见，学生表达中"模糊的多义的意见"，是学生的创造性思维的表现，是主体性体现的最高形式。心理学家坦恩鲍姆（Samuel Tenembaum）曾经在分析这种教学时说："从是否具有坦率、自由和探索性这几个标准来看，这样的讨论都不能看作真正的讨论；从是否启迪思想来看，那些问题都不能看作真正的问题。"[3] 在这里，我们要谈到新形势下知识观的变化。知识作为人们在实践中获得的对客观事物的认识，其"相对的客观性、稳定性和真实性是不应存疑的"，[4] 但同时，知识也具有发展性，它会随着人们认识程度的深入而不断变革、升华和改写，所以知识在一定的意义上也是一个过程，是一个开放性的允许个体解释的材料。承载知识的教材，总体上是一个时代关于某门学科的最权威与最先进的解释，但其权威性和先进性是相对的。教师作为知识的传授者，传授知识是为了促进学生发展，如果教师能认识到知识的发展性，并能真正关注学生的个性和生活体验，他就会理解学生那些踌躇不定的模糊的发言的价值，理解那些困惑的犹疑不定的目光中所蕴含的矛盾、冲突的复杂情感，那么在其教育行为上，他就不会把学生的整个学习活动变成完全由教师自己管制的

---

[1] 佐藤学：《静悄悄的革命——创造活动的、合作的、反思的综合学习课程》，李季湄译，长春出版社2003年版，第20页。
[2] 同上书，第21页。
[3] 转引自林方主编《人的潜能和价值》，华夏出版社1987年版，第363页。
[4] 王策三、孙喜亭、刘硕：《基础教育改革和价值》，华夏出版社1987年版，第363、257页。

"玩偶式的活动",① 用以开展活动的那些问题和讨论，就会真正具有"坦率、自由和探索性"的特征，而不只是为指向教师的标准答案而营造的一种"主体性教育"的虚假繁荣。研究性学习的生成性和表现性目标，要求"教师不能把自己的意志强加给学生，而且连自己的知识也是不能强加给学生的。强加，不但加不进去，而且会挫伤学生的主动性、积极性，扼杀他们的学习兴趣，窒息他们的思想，引起他们自觉不自觉的抵制或抗拒"。②

（三）以成人开展科学研究的思维对学生做出要求，过度推崇科学探究程序的严密性和学科思维能力的形成，从而封杀了学生个性化的探究方式

在研究性学习实施的起步阶段，霍益萍教授就高屋建瓴地指出，研究性学习是指学生在教师指导下，从学生生活和社会生活中选择并确定研究专题，用类似科学研究的方式，主动地获取知识、应用知识、解决问题的学习活动。"用类似科学研究的方式"是指研究性学习旨在通过科学探究和调查研究解决真实问题，增强对知识应用及其与生活关系的理解，由此培养学生的科学态度、科学精神以及科学探究的兴趣，显然，研究性学习的活动方式和传统的学科课程的组织并不相同，它不等同于科学研究中掌握科学探究的程序和方法，其根本目的是让学生通过对研究过程的亲历，获得对客观世界的体验和正确认识，通过自由、自主的探究过程，提高综合素质和能力；而科学探究主要是基于理科的学科知识特征，通过体验完整的科学探究程序，来探究科学本质，形成科学能力，注重的是研究价值和研究结果的创新性。虽然开展研究性学习往往需要创设一种类似科学探究的情景和途径，但其主旨在于变革学习方式，让学生通过自己收集、分析信息来实际感受和体验知识的产生过程，相对于研究结果，它更关注研究过程。因此，研究性学习不同于科学研究。但在实践中，有些教师以成人开展科学研究的思维对学生做出要求，这样做的结果，使研究性学习的方法局限于只注重沿袭获得科学

---

① 王策三、孙喜亭、刘硕：《基础教育改革和价值》，华夏出版社1987年版，第233页。

② 胡德海：《教育学原理》，甘肃教育出版社1998年版，第434页。

结论所需要遵循的程序和方法上，从而封杀了学生个性化的探究方式，导致新的机械学习和另一种形式的灌输教育。有的教师预先设计好严密的实施方案和实施步骤，然后要求学生按照教师的思路进行"照方抓药"式的被动探究，结果，学生只是"机械地记住了解决问题的'典型的步骤'，而对自己正在做什么、为什么这样做却稀里糊涂，他们也可能得到正确的答案，但这并不比机械学习或机械记忆更有意义"①。

探析产生上述现象的原因，传统的功利主义课程价值取向，以及由此而产生的学科中心和知识中心的课程观是其根源所在。在传统课程观中，课程就是教材，就是教师要呈现给学生的教学内容，学生在课程行为系统中处于十分被动的地位。而在现代课程观中，课程是教师、学生、教材、环境四因素持续交互作用的动态情境，这种情境将使教师和学生的主体性得到充分发挥，使课程实施过程充满创造性，并必然产生许多非预期性的因素。正是这些创造性的、非预期性的因素拥有无穷的教育价值。杜威认为，思维具有创造和发明的性质，只有当学生亲身考虑问题的种种条件，寻求解决问题的方法时，才能算真正的思维。"如果他不能筹划他自己解决问题的方法，自己寻找出路，他就学不到什么；即使他能背出一些正确的答案，百分之百正确，他还是学不到什么。"② 用机械模仿和统一模式代替学生自主开放、方法多样的研究性学习活动，将导致学生思维的固化，致使学生的体验和感受归于贫乏和肤浅，不利于培养学生的创新意识和实践能力。过度推崇科学探究程序的严密性和学科思维能力的形成，从而封杀了学生个性化的探究方式，必将消弭师生双方主体共同探索、构建课程文化的教育价值，落入与其创生取向完全相悖的误区。

（四）把"探究学习"凌驾于"接受学习"之上，忽视教师讲授的独特功能和学生接受性学习的价值

在主体性教育实践中，另一种背离其实质的表现是，无视学校教育的特征和学生学习活动的复杂性，认为主体性教育只有在探究学习、研究型学习甚至游戏活动中才能实现，从而把"探究学习"凌驾于"接

---

① 施良方：《学习论》，人民教育出版社2001年版，第222页。
② 杜威：《民主主义与教育》，王承绪译，人们教育出版社1990年版，第175页。

受学习"之上，忽视教师讲授在教育活动中的重要功能。新课改倡导转变学习方式，"改变课程实施过于强调接受学习、死记硬背、机械训练的现状，倡导学生主动参与，乐于探究，勤于动手"，因为以前的教学确实使学生过多地进行了"死记硬背、机械训练"，不利于学生的发展，所以应当改变，但是否就意味着接受学习就不好呢？而教师的讲授法是否也应当放在次要位置上或完全忽视？如果我们从教育的本质和学校教育的特征来分析，就能厘清这些问题。就教育活动这一教育形态而言，教育是"人类一种特有的文化传递的形式、手段和工具，教育的本质属性是其传递性、工具性和手段性"①，可见，教育的本质是人类文化的传承、发展和创新，而学校的教育教学活动就是一种有目的地向学生传授人类历史文化的活动。中小学生在学校里学习的文化知识主要是经过选择的人类历史文化经验，对这些间接的经验，学生难以通过探索在自发的生活中全部而深刻地获得，为此，学生主要的学习方式只能是接受学习，"它的省时高效率的长处和便于学生获得间接经验的优势不仅无可替代，而且使它必然地在各种学习方式中居于主要地位"②。同时，教师的讲授法也因为具有其他诸如发现、探究、试误、游戏等所不具有的自觉性、系统性以及目的性而成为学校教学活动中最重要的传授方法。③ 新课程要改革的是学习方式单一化的状况，倡导以多样化的学习方式促进学生发展，培养创新精神和实践能力。教师的讲授要改变机械的灌输，尽可能结合学生的生活体验，以逻辑清晰的思路和科学简练的语言，通过深入浅出、旁征博引的分析，引发学生积极的思考和探究的欲望。学生作为认识主体的活动，"除了动口、动手、亲身实践外，还包括了观念性活动，即头脑中运用表象观念判断推理等思维形式进行分析、综合、抽象、概括的思维活动……他们虽表现为耐心地在'听'，其实却在更积极地'想'。"④ 可见，这种"更积极地'想'"的

---

① 胡德海：《教育学原理》，甘肃教育出版社1998年版，第434页。
② 王策三、孙喜亭、刘硕：《基础教育改革论》，知识产权出版社2005年版，第233页。
③ 郭华：《新课改与"穿新鞋走老路"》，《课程·教材·教法》2010年第1期。
④ 王策三、孙喜亭、刘硕：《基础教育改革论》，知识产权出版社2005年版，第219页。

"观念性活动"也是学生主体意识的体现。即便在强调自主学习的研究性学习活动中，教师仍然需要在指导活动的某些环节，充分运用讲授的独特功能对所探究的问题进行分析阐释，并综合运用其他方法，充分调动学生自身的主动性和积极性，最终使学生完全能够自主学习。所以从学校教育的特征和学生学习活动的特点来看，开展主体性教育绝不是将接受学习置于次要的位置，教师讲授也不一定就是灌输，就是对学生主体性的压制，主体性教育应渗透在各种教育活动中，并充分重视教师讲授的独特功能和学生接受学习的价值，改纯粹的灌输为有的放矢的启发，改机械的接受学习为有意义的学习，在接受学习中也应注意培养学生的"主动参与，乐于探究，勤于动手"的精神，从实质上培养学生的主体意识，弘扬学生的主体性。

三 摒弃表面繁荣，还原学生真正的"主体性"

主体性教育作为当代教育思潮，是一种理念，而不是形式。新课改以变革学生的学习方式为宗旨，将传统教学长期不被重视的探究学习、自主学习以及合作学习等新型学习方式提到重要位置，并且专门设置了研究性学习课程，以更好地实现学生学习方式的变革，这对于培养学生的主体意识和创新精神无疑具有极大的意义。但不能由于重视学生的主体性而过分强调学生的自主学习、探究学习以及研究性学习的功能，因为在我国的教育背景下，学校最主要的教学任务仍然是学科教学，学生的学习脱离不开学校教育的培养目标、课程计划和教师的主导作用等，学生的学习必须在与教师的互动中，在与教学内容和学习环境的关系中，才能够生成和发展。学生主要的学习方式也仍然是接受学习，所以我们更应在学生的接受学习中注意培养其"主动参与，乐于探究，勤于动手"的精神，充分调动学生自身的主动性和积极性以及创造性，培养主体意识。真正的主体性教育也绝不是多几个问题讨论或多几个学生发言，教师要重视学生的个性和生活体验，组织交流各种各样的意见或发现，开展与学生多样化的互动，使教学生活与学生生活世界联系起来，让学生的体验更深刻。时代呼唤主体性教育，为了造就具有主体性的社会成员，弘扬人在社会历史发展中的能动作用，就必须注重在教育过程中调动、培养和不断提高学生的主体性。研究性学习的有效实施也必须克服那种虚假的以及绝对化、表面化的背离"主体性教育"实质的教育行为,使我们的教育建立在还原学生真正的"主体性",摒弃表面繁荣的基础上。

从研究性学习课程实施的途径与方法来看,它偏重的是三维目标中的"过程与方法",当然,三维目标不是相互割裂的,而是一个有机的整体,但在研究性学习的实施过程中,学生受益的重点是在学习活动的过程中掌握学习的方法,这种学习是研究性的,是创造性的,因此方法也是多样性的,需要教师和学生在课程实施过程中不断地积累并完善,最终形成富有特色和创新的研究性学习实施过程与方法体系。研究性学习课程实施要适合学生的学习需要,就要致力于实现从学生单一被动的接受性的学习向自主参与、合作探究的学习方式变革,实现学习方式的多样化,同时,还要将学习内容开放到学生整个生活世界之中,让学生的学习活动与学生的生活世界有机地连接为一体,使学生在解决生活实际问题的过程中习得经验、获得感受、增长知识。对研究性学习指导教师而言,必须"打破教师作为知识权威和垄断者的角色,应从'学科教师'变为学生学习的导师"[①]。

第四节 促进研究性学习有效实施的对策建议

研究性学习的实施需要一个过程,研究性学习指导教师的专业发展也需要一个过程,参与研究性学习的学生的意识与学习方式的变革同样需要一个过程,这三个过程其实是一个过程,即在研究性学习的实施过程中,课程本身、指导教师、学生都得到了发展,都更趋于适应研究性学习的特点,更为重要的是在这一过程中,我们探索并形成了适合学生发展的新型教学模式。研究性学习本来是为适合学生的发展而设计的,研究性学习指导教师就应为适合学生的发展而开展教学,这一理念的落实需要在研究性学习的实施过程中逐渐完善,出现的一些相应问题也需要在研究性学习过程中加以解决。这样,在研究

---

① 崔允漷、安桂清:《试论普通高中研究性学习的课程框架》,《教育发展研究》2003年第6期。

性学习实施一个阶段之后，适合学生发展的研究性学习的价值与功能就会逐渐体现出来。

调查发现，在研究性学习课程的实施中，不同的学校和教师所呈现出来的解决问题的意识和能力有很大的差异。在同样的办学环境下，在很多学校的研究性学习课程几乎处于停滞状态的情况下，有些学校却能够一直坚持不懈地开展，并形成自己的特色。这些学校所取得的成绩，主要体现在有效的课程领导对于课程改革、教师专业发展以及教学质量全面提高所体现的重要的动力作用。课程管理者能够从学校和教师的实际出发，深入分析问题产生的可能原因，通过一些有的放矢的实质性的工作，帮助教师及时有效地解决课程实施中所遇到的困惑和问题，促使教师逐渐生成新的见解和策略，使其信奉理论和使用理论逐渐达成一致，进而改善教学行为，增强教师变革动力。有效的课程领导基于对教育道德力量的深层思考来理解课程改革与对研究性学习价值的认识，对教师的课程实施提供持久有效的动力支持，他们在积极主动寻求问题解决方面的探索，启迪我们思考有助于增强教师变革的动力，改善教师教学行为的途径和策略。

第一，建构具有共同的价值观和教育理想的学校文化，为教师教学行为的改善提供价值思想的引导。

良好的学校文化是教师践行新课程理念，进行教育创新和教学行为转变的基础条件。培植良好的学校文化，关键是为教师的教育观念和教学行为提供价值思想的引导。把学校建成以价值观、情操及信念为中心的学习共同体，让学校所有的成员了解学校教育的使命，明确学校教育的目的，以价值观为动力，推动学校的课程改革真正走向深入。具有共同的价值观和教育理想的学校文化，为教师的教育观念更新和教学行为改善提供了价值思想的引导，对教师积极参与课程改革提供了持久有效的动力支持。

第二，建立动态互惠的院校合作伙伴关系，争取课程专家和学者为基础教育课程改革提供理论引领和专业支持。

大学和中小学的交流与合作关系对推动课程改革的顺利进行是必不可少的。对遵循调适和创生取向实施的研究性学习课程，来自大学主要是师范院校的理论引领和方法引导，对有效的课程实施尤为重要。通过建立动态互惠的院校合作伙伴关系，大学将社会发展的新信息、教育发展的新理念带给中小学，使中小学教师获得新的思想、新的知识和新的视角，教师通过教育理论学习和参与教育应用研究，养成分析和反思的习惯和能力，因而在课程实践中逐渐开阔知识视野、了解理论前沿、掌握指导方法，不断超越个人的经验。

第三，加强家校交流，充分利用家长在专业、经验以及社会关系等方面的资源支持和充分配合。

家长作为重要的社会力量对有效地开展研究性学习课程可以起到非常重要的支持作用，这些支持作用主要体现在专业、经验以及社会关系等方面。争取家长对学校开展研究性学习课程支持的关键在于，使家长对研究性学习课程的价值产生正确合理的认识，从而提高家长对学校课程改革的认同度。

第四，以多样化的教师专业发展为基础，重建开放合作的教师文化。

教师文化体现了教师群体的价值观和思想规范。研究性学习课程的有效实施，需要重构开放合作的教师专业文化。开放合作的专业文化是以教师的发展为基础，以教师自主和自愿为前提的自然合作文化。重建开放合作的教师文化需以多样化和差异性的教师专业发展为基础，发挥个人主义文化中的教师自主判断和自我抉择的积极因素；培育教师群体共有的信念；建立持续有效的动力机制等，包括教师评价制度、教师奖惩制度和教师工作量计算制度等，保证教师参与课程改革的积极性、主动性和持久性。

第五，构建基于人格和谐发展的课程评价体系，以促进学生的成长。

从体现研究性学习课程的价值出发，以人格和谐发展为核心理念构建发展性课程评价体系，将为研究性学习的有效实施提供充分的保障。一方面，通过确立灵活动态的评价内容和科学合理的评价标准来建构科学的评价体系。另一方面，从教育评价理论的发展成果里汲取坚实的理论支撑。在对学生的表现进行评价时，评价者需对自身的评价理念进行持续不断的反思，充分考虑学生的感受和体会，从每个学生所关注的问题、兴趣和焦点出发，高度重视学生的自评和互评，使评价的激励和导向功能真正体现出来,这是研究性学习课程评价追求学生人格和谐发展的价值取向对实践的合理诉求。

第六,以教师专业发展理论为指导创新教师培训模式,提升教师的课程实施能力。

有效能的教师培训离不开教师的积极态度、丰富的体验、主动的认知投入以及实践知识的形成与表达。在课程改革的新形势下,教师教育要以教师专业发展理论为指导,促进教师专业发展,改进教师培训模式。从教育培训者来说,需加强教师培训的实效性,重视对教师指导能力,尤其是开发和利用课程资源的意识与能力的培训,扩展研究性学习课程开展的空间,使教师认识到如果没有可以利用的较为便利的社会资源条件,那么从实际出发,基于教师和学生自身的生活环境,开发和利用本土课程资源,通过对身边社会和自身生活的感悟和体验,也会增强学生对社会和自身的认识。从学校来说,可以根据自身发展和教育实践的需求探索适宜本校教师发展的培训方式和策略,加强与教师培训机构的合作,共同探究解决教学改革中的问题,帮助教师既提升理论素养,又解决实践问题。

【小结】

课程改革依赖于教师的所思所为,正如有学者所言:"在课程实施中,是教师而不是课程学者、学科专家或包括校长在内的教育行政人员具有保证变革成效的最终权威。"① 然而,教师的"最终权威"如果没有课程学者、学科专家和包括校长在内的教育行政人员,以及教育管理部门提供必要的课程支持条件,那么这种"权威"实际上就是把课程实施的责任和压力全部推向教师,处于课程实施前沿的教师所面对的困难和问题将永远无法超越,课程改革的有名无实也就是必然的结果。"不能让教师单独去完成任务,对他们的期待已经太多了,教师的工作比以往更为复杂,他们必须满足各种各样的和不断变化的学生群体的要求,工作场所技术的迅速变化,社会各个部门又要求尽善尽美,世界市

---

① 尹弘飚、李子建:《课程变革理论与实践》,高等教育文化事业有限公司2008年版,第57页。

场对学校的成绩要求越来越高，不断恶化的社会条件使贫富之间的差距拉大，等等。"① 正如古德莱德（Goodlad）所说："健康的国家才有健康的学校，而不是相反。"② 因此，包括校长在内的课程管理者需不断提升对于课程改革的认识，对教育的道德力量进行深层思考，以对教师的课程实践提供持久有效的动力支持。当课程改革的参与者为解决实践问题形成合力，共同致力于学生的发展时，处于课程实施中心的教师，对课程变革和自己的专业发展就会增强新的理解，从而提升教师自身的专业自主性，真正成为课程变革的动力。图9.1表明了教师的教育观念、教学行为、问题的解决与学生学习之间的互动关系。

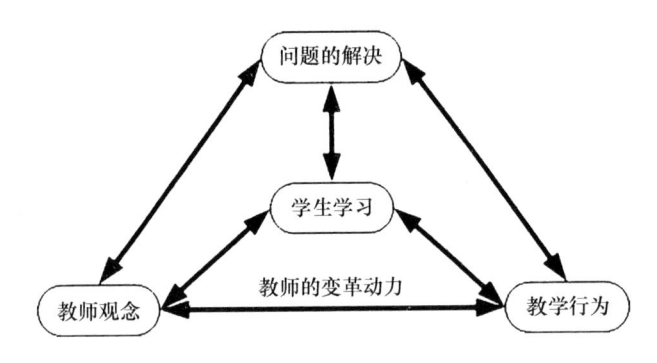

图9.1 研究性学习课程实施影响因素互动分析

在教师的教育观念、教学行为、问题的解决与学生学习的互动关系中，教师逐渐对课程变革和自己的专业发展有了新的理解，从而提升了教师自身的专业自主性。正如富兰所言，教育变革的意义"同时具有道德和智力的维度。对学生的一生做出改变需要更新、奉献和热情，同时也需要知道如何做"。更新观念、投入热情，通过持续的反思和探索获得变革的动力，进而改善教学行为，在这个过程中，有效的课程实施将使"学生的一生做出改变"的"教育变革新意义"得以浮出水面。

---

① ［加］迈克尔·富兰：《变革的力量——透视教育改革》，中央教育科学研究所、加拿大多伦多国际学院组织翻译，教育科学出版社2004年版，第11页。

② 同上。

参考文献

［加］迈克尔·富兰：《教育变革新意义》，赵中健、陈霞、李敏译，教育科学出版社2005年版。

［加］迈克尔·富兰：《变革的力量——透视教育改革》，中央教育科学研究所、加拿大多伦多国际学院组织翻译，教育科学出版社2004年版。

［美］戴维·W. 约翰逊、罗杰·T. 约翰逊：《领导合作型学校》，唐宗清等译，上海教育出版社2005年版。

［美］吉纳·E. 霍尔、雪莱·M. 霍德：《实施变革——模式、原则与困难》，吴晓铃译，浙江教育出版社2004年版。

［美］乔伊斯·P. 高尔、M. D. 高尔、沃尔特·R. 博格：《教育研究方法实用指南》，屈书杰、郭书彩、胡秀国译，北京大学出版社2007年版。

［美］斯特弗、盖尔：《教育中的建构主义》，高文等译，华东师范大学出版社2002年版。

［日］佐藤学：《静悄悄的革命——创造活动的、合作的、反思的综合学习课程》，李季湄译，长春出版社2003年版。

［日］佐藤学：《学习的快乐》，东京世织书房。

陈惠邦：《教育行动研究》，台北师大书苑1998年版。

陈侠：《课程论》，人民教育出版社1989年版。

陈向明：《教师如何作质的研究》，教育科学出版社2001年版。

陈向明：《质的研究方法与社会科学研究》，教育科学出版社2000年版。

黄甫全：《课程与教学论》，高等教育出版社2003年版。

黄政杰：《课程设计》，台湾东华书局股份有限公司 1991 年版。

黄政杰：《多元社会课程取向》，台北师大书苑 1995 年版。

霍益萍：《研究性学习实验与探索》，广西教育出版社 2001 年版。

靳玉乐：《新课程改革的理念与创新》，人民教育出版社 2003 年版。

江山野：《简明国际教育百科全书·课程》，教育科学出版社 1991 年版。

金娣、王刚：《教育评价与测量》，教育科学出版社 2002 年版。

克伯屈：《教学方法原理：教育漫谈》，王建新译，人民教育出版社 1991 年版。

李志宏、郭元祥：《主体性教育的理论与实践》，湖南教育出版社 1998 年版。

李子建、黄显华：《课程：范式、取向和设计》，香港中文大学出版社 1996 年版。

李定仁、徐继存：《课程论研究二十年》，人民教育出版社 2004 年版。

联合国教科文组织：《教育——财富蕴藏其中》，联合国教科文组织总部中文科译，教育科学出版社 1996 年版。

联合国教科文组织：《学习——内在的财富》，联合国教科文组织总部中文科译，教育科学出版社 1996 年版。

［美］克里斯·阿吉里斯、罗伯特·帕特南、戴安娜·麦克莱恩·史密斯：《行动科学：探究与介入的概念、方法与技能》，夏林清译，教育科学出版社 2012 年版。

联合国教科文组织国际教育发展委员会：《学会生存——教育世界的今天和明天》，华东师范大学比较教育研究所译，教育科学出版社 1996 年版。

刘良华：《校本行动研究》，四川教育出版社 2002 年版。

马云鹏：《课程实施探索——小学数学课程实施的个案研究》，东北师范大学出版社 2001 年版。

孟建伟：《论科学的人文价值》，中国社会科学出版社 2000 年版。

瞿葆奎：《教育学文集·教育目的》，人民教育出版社 1989 年版。

饶从满、杨秀玉、邓涛：《教师专业发展》，东北师范大学出版社 2005 年版。

施良方：《课程理论——课程的基础、原理与问题》，教育科学出版社1996年版。

施良方：《学习论》，人民教育出版社2001年版。

石中英：《知识转型与教育改革》，教育科学出版社2001年版。

王鉴：《课堂研究概论》，人民教育出版社2007年版。

王鉴：《课程论热点问题研究》，广西师范大学出版社2008年版。

吴明隆：《问卷统计分析实务——SPSS操作与应用》，重庆大学出版社2010年版。

杨明全：《革新的课程实践者——教师参与课程变革研究》，上海科技教育出版社2003年版。

尹弘飚、李子建：《课程变革理论与实践》，台北高等教育文化事业有限公司2008年版。

袁方：《社会研究方法教程》，北京大学出版社1997年版。

张华：《课程与教学论》，上海教育出版社2000年版。

张华、李雁冰：《研究性学习的理想和现实》，上海科技教育出版社2004年版。

张天宝：《主体性教育》，教育科学出版社1999年版。

张楚廷：《课程与教学哲学》，人民教育出版社2003年版。

钟启泉、黄志成：《美国教学论流派》，陕西人民教育出版社1993年版。

钟启泉、崔允漷等：《为了中华民族的复兴 为了每位学生的发展——基础教育课程改革纲要（试行）解读》，华东师范大学出版社2001年版。

钟启泉：《研究性学习的理论基础》，上海教育出版社2003年版。

钟启泉：《现代课程论》，上海教育出版社2006年版。

朱慕菊：《走进新课程与课程实施者对话》，北京师范大学出版社2002年版。

邹进：《现代德国文化教育学》，山西教育出版社1992年版。

赵明仁：《教学反思与教师专业发展——新课程改革中的案例研究》，北京师范大学出版社2009年版。

赵丽、李妍编著：《中外教师专业发展研究》，华东师范大学出版社

2013年版。

安桂清:《多元智能理论观照下的研究性学习》,《外国教育研究》2004年第10期。

安桂清:《研究性学习：作为理念、方式与领域》,《山东教育科研》2002年第3期。

陈静雄:《试论研究性学习的价值取向》,《福建教育学院学报》2003年第9期。

陈月茹:《普通高中研究性学习：来自学生的调研报告》,《全球教育展望》2003年第7期。

陈忠良:《王晓燕．指导学生有效地开展研究性学习》,《学科教育》2002年第3期。

程红兵:《价值思想引领：校长课程领导的首要任务》,《教育发展研究》2009年第4期。

程良宏、杨淑芹:《控制型教学文化及其转向》,《全球教育展望》2009年第2期。

崔永漷、柯政:《普通高中研究性学习的问题研究》,《教育科学研究》2003年第7—8期。

崔允漷、安桂清:《试论普通高中研究性学习的课程框架》,《教育发展研究》2003年第6期。

崔允漷、王中男:《研究性学习活动课程：意义与性质、问题及澄清》,《教育理论与实践》2009年第12期。

崔允漷、余进利:《我国普通高中研究性学习课程现状调研报告》,《全球教育展望》2003年第7期。

邓涛:《个人主义教师文化：误解与匡正》,《教师教育研究》2007年第7期。

冯生尧、李子建:《香港课程实施影响因素之分析》,《全球教育展望》2001年第5期。

冯生尧、李子建:《教师文化的表现、成因与意义》,《教育导刊》2002年第4期。

傅树京:《教师发展学校：理念及特点》,《首都师范大学学报》（社会科学版）2003年第5期。

高凌飚、张春燕：《探究性学习的特点——一个国外案例的分析》，《课程·教材·教法》2002年第5期。

龚孟伟、李如密：《试论当代教学文化的形态与功能》，《课程·教材·教法》2011年第4期。

胡红杏：《"研究性学习"课程的内涵及有效实施》，《当代教育与文化》2010年第5期。

胡红杏、王鉴：《试论影响当前基础教育课程改革的几种主要理论》，《兰州大学学报》（社会科学版）2010年第6期。

胡红杏、王鉴：《关于课堂中学生学习方式的案例研究》，《教育科学研究》2010年第9期。

胡红杏：《主体性教育实践的误区与反思》，《西北师范大学学报》（社会科学版）2011年第6期。

胡红杏：《研究性学习课程实施十年深度反思》，《当代教育与文化》2012年第3期。

胡红杏：《发展性课程评价的现状反思与体系建构》，《当代教育与文化》2013年第5期。

胡红杏：《课程实施与教师课程观的转向》，《西北成人教育学报》2013年第6期。

胡红杏：《教师教学行为的现状分析与变革路径——以研究性学习指导教师为例》，《当代教育与文化》2014年第2期。

胡红杏：《研究性学习课程实施：适合学生的教学》，《兰州大学学报》（社会科学版）2014年第2期。

胡红杏：《农村教师专业文化重建：从技术取向走向合作交流》，《陕西师范大学学报》（社会科学版）2014年第3期。

胡红杏：《课程资源开发利用的问题与策略——基于甘肃省农村中学研究性学习开展现状的思考》，《丝绸之路》2014年第18期。

胡红杏：《课程改革对教师观念与教学行为的影响探析——基于甘肃省普通高中研究性学习开展现状的调查研究》，《当代教育与文化》2015年第4期。

胡庆芳：《当今美国中小学研究性学习的模式研究》，《教育科学》2003年第10期。

黄甫全：《大课程论初探：兼论课程（论）与教学（论）的关系》，《课程·教材·教法》2000年第5期。

黄伟、谢利民：《研究性学习课程实施中的问题辨正》，《教育理论与实践》2001年第12期。

黄文浩：《从教师实践智慧看我国的教师培训》，《教育导刊》2007年第5期。

张人红：《"研究性学习"在美国》，《教育发展研究》2001年第8期。

霍益萍：《国外研究性学习——法国的实施方案》，《教育发展研究》2001年第11期。

霍益萍：《再谈"研究性学习"在法国》，《教育发展研究》2002年第10期。

霍益萍：《浅谈"研究性学习"课程管理》，《教育发展研究》2001年第10期。

嵇永宁编译：《美国教育界对研究性学习的研究》，《教育发展研究》2002年第1期。

吉标、吴霞：《课程实施：理解、对话与意义建构》，《西南师范大学学报》2005年第1期。

姜勇：《实践取向的课程实施刍议》，《比较教育研究》2002年第6期。

柯政、王成军：《普通高中研究性学习：来自家长的调研报告》，《全球教育展望》2003年第7期。

靳玉乐、艾兴：《对研究性学习的再认识》，《课程·教材·教法》2003年第1期。

靳玉乐、艾兴：《研究性学习的课程解读——研究性学习系列讲座》，《中小学教材教学》2003年第6期。

靳玉乐、罗生全：《中小学教师的课程取向及其特点》，《课程·教材·教法》2007年第4期。

靳玉乐、杨红：《试论文化传统与课程价值取向》，《西南大学学报》（社会科学版）1997年第6期。

靳玉乐：《课程实施：现状、问题与展望》，《山东教育科研》2001年第11期。

靖国平：《"生成性课堂"何以可能?》，《湖北教育》（教学版）2005年第 8 期。

李臣之：《课程实施：意义与本质》，《课程·教材·教法》2001 年第 9 期。

李臣之：《浅谈影响课程实施的六大因素》，《教育导刊》2001 年第 12 期。

李定仁、刘旭东：《教学评价的世纪反思与前瞻》，《教育研究》2001 年第 2 期。

李丽、傅骞：《对研究性学习实施中存在问题的理性思考》，《电化教育研究》2006 年第 1 期。

李森、赵鑫：《教学方式变更的文化审视》，《课程·教材·教法》2011 年第 4 期。

李伟艳：《再论教育价值取向》，《呼伦贝尔学院学报》2004 年第 5 期。

李子建、尹弘飚：《后现代视野中的课程实施》，《华东师范大学学报》（教育科学版）2003 年第 3 期。

李子建、尹弘飚：《研究性学习实施论纲》，《课程·教材·教法》2004 年第 3 期。

李子建：《课程实施研究的障碍与契机》，《河南大学学报》（社会科学版）2005 年第 7 期。

刘景福：《基于项目的学习（PBL）模式研究》，《外国教育研究》2002 年第 11 期。

刘丽群：《教师的教育观念是如何转变的——兼论教师培训的应然取向》，《教育科学研究》2007 年第 4 期。

卢堡生：《研究性学习的价值取向与目标定位》，《云南教育》2004 年第 16 期。

马玉宾、熊梅：《教师合作文化的内涵、现状与重建》，《上海教育科研》2008 年第 1 期。

马玉宾、熊梅：《教师文化的变革与教师合作文化的重建》，《东北师范大学学报》（哲学社会科学版）2007 年第 4 期。

马云鹏、唐丽芳：《课程实施策略的选择——课程改革中一个不可忽视的问题》，《比较教育研究》2002 年第 1 期。

马云鹏：《国外关于课程取向的研究及对我们的启示》，《外国教育研究》1998 年第 3 期。

马云鹏:《课程实施及其在课程改革中的作用》,《课程·教材·教法》2001 年第 9 期。

孟祥林:《美法日研究型课程设置之比较及对我国的启示》,《湖南师范大学教育科学学报》2004 年第 11 期。

孟祥林:《自主·灵活·切实——国外研究型课程的设置》,《上海教育》2004 年第 9 期。

米久奇:《改进教师培训的五项原则课程》,《课程·教材·教法》2002 年第 9 期。

裴娣娜:《学校教育创新视野下中国基础教育课程改革的实践探索》,《课程·教材·教法》2011 年第 2 期。

钱旭昇:《中国的"综合实践活动"和日本的"综合学习时间"的比较研究》,《外国教育研究》2002 年第 8 期。

钱旭昇:《高中研究性学习实施问题的研究》,《课程·教材·教法》2004 年第 7 期。

石中英:《试论研究性学习的性质》,《课程·教材·教法》2002 年第 8 期。

石中英:《关于当前基础教育改革的几点认识论思考》,《人民教育》2002 年第 1 期。

石中英:《知识增长方式的转变与教育改革》,《教育研究与实验》2001 年第 4 期。

孙广勇:《课程环境因素及其对课程改革的影响》,《教育探索》2006 年第 1 期。

孙志刚:《研究性学习——国家课程校本化的实践和思考》,《当代教育与文化》2011 年第 5 期。

万明钢、王平:《教学改革中的文化冲击与文化适应问题》,《教育研究》2005 年第 10 期。

汪霞:《研究性学习的外部援助策略》,《课程·教材·教法》2005 年第 9 期。

王长纯:《教师发展学校——在职教师培训的一种探索》,《首届中国教师培训论坛》2006 年 10 月 31 日。

王鉴、张晓洁：《试论预设性教学的内涵与特点》，《课程·教材·教法》2008年第2期。

王鉴、张晓洁：《试论生成性教学的内涵和特点》，《当代教育与文化》2010年第4期。

王鉴：《论翻转课堂的本质》，《高等教育研究》2016年第8期。

王升：《论研究性学习》，《课程·教材·教法》2002年第5期。

王孝红：《关于实施主体性教育的思考》，《江西社会科学》2003年第1期。

王一军：《普通高中研究性学习中的教师角色研究》，《教育发展研究》2003年第6期。

石中英：《试论研究性学习的性质》，《课程·教材·教法》2002年第8期。

翁伟斌：《寻找课程改革的突破口——上海市开展研究性学习的扫描》，《教育发展研究》2001年第8期。

吴永军：《关于研究性学习若干问题的再思考》，《教育发展研究》2002年第10期。

肖正德：《教师教学行为转变的文化学思考》，《课程·教材·教法》2011年第4期。

徐卫红：《影响中国教育的思想流派——克伯屈的设计教学法》，《光明日报》2005年8月31日。

杨军：《研究性学习与当代学习理论——兼论研究性学习的心理学依据》，《西北师范大学学报》（社会科学版）2003年第5期。

杨明全：《为什么需要研究性学习：追问与求证》，《教育科学研究》2005年第1期。

姚姿如、杨兆山：《"以人为本"教育理念的意蕴》，《课程·教材·教法》2011年第4期。

叶平：《中小学研究性学习》，《信息技术教育》2003年第10期。

尹弘飚、李子建：《教师情绪与课程实施》，第八届海峡两岸和香港、澳门课程专家论坛论文集，杭州，2006年。

尹弘飚、李子建：《课程实施与教师心理变化》，第八届海峡两岸和香港、澳门课程专家论坛论文集，2006年。

尹弘飚、李子建：《再论课程实施取向》，《高等教育研究》2005年第1期。

余文森：《新课程背景下的教学观》，《福建师范大学学报》（哲学社会科学版）2006年第6期。

袁志芬：《农村中学新课程实施影响因素的个案研究》，《上海教育科研》2006年第11期。

曾德琪：《罗杰斯的人本主义教育思想探索》，《四川师范大学学报》（社会科学版）2003年第1期。

张华、仲建维：《研究性学习的历史、现状与未来》，《教育科学研究》2004年第3期。

张华：《课程实施的含义与基本取向》，《外国教育资料》1999年第2期。

张华：《论课程实施的涵义与基本取向》，《外国教育资料》1999年第2期。

张华：《论"研究性学习"课程的本质》，《教育发展研究》2001年第5期。

张华：《追求卓越——美国芝加哥大学实验学校研究性学习活动现状考察》，《教育发展研究》2005年第9期。

张立昌：《论基础教育课程改革的学校文化适应性及其改造的目标——基于中、美课程改革历史与现实的比较分析》，《比较教育研究》2005年第4期。

张丽萍、王升、吴淑华：《用概念图解读研究性学习的理论与实践》，《课程·教材·教法》2007年第1期。

张廷凯：《国外课程研究的现状及主要理论》，《浙江教育科学》1991年第2期。

张增田、靳玉乐：《论解释学视域中的课程实施》，《比较教育研究》2004年第6期。

张肇峰：《试论研究性学习》，《课程·教材·教法》2000年第6期。

赵丽萍：《项目学习的发展及现实问题研究》，《中国教育学刊》2013年第10期。

赵炳辉：《教师文化与教师专业成长》，《教师教育研究》2006年第

7期。

赵昌木:《创建合作教师文化:师徒教师教育模式的运作与实施》,《教师教育研究》2004年第4期。

赵明仁、黄显华:《西方研究性学习的研究综述》,《教育理论与实践》2008年第5期。

赵明仁、王嘉毅:《研究性学习设计与实施的反思》,《教育科学研究》2007年第7期。

赵明仁、周钧:《教师培训的理念更新与制度保障——首届"中国教师培训论坛"综述》,《教师教育研究》2007年第5期。

郑东辉、施莉:《课程领导理念探微》,《教师教育研究》2003年第3期。

郑燕祥:《新世纪教育改革的三重化》,《教学与管理》2001年第1期。

钟启泉:《研究性学习:"课程文化"的革命》,《教育研究》2003年第5期。

钟启泉:《中国课程改革——挑战与反思》,《教育发展研究》2005年第12期。

姜荣华:《课程实施程度的评价工具研究》,博士学位论文,东北师范大学,2008年。

郝琦蕾:《初中综合科学课程的实施》,博士学位论文,西北师范大学,2009年。

蒋永贵:《初中科学新课程实施的现状、影响因素及环境研究——兼论课程实施的若干理论问题》,博士学位论文,上海师范大学,2008年。

宋德云:《教师教学决策研究》,博士学位论文,西南大学,2008年。

王海澜:《打开学生自我建构之门——关于研究性学习的研究》,博士学位论文,华东师范大学,2002年。

王娟:《西北地区中小学教师课程取向研究》,博士学位论文,西北师范大学,2011年。

夏天:《研究性学习支持系统》,博士学位论文,华东师范大学,2007年。

尹弘飚:《课程实施中的教师情绪:中国大陆高中课程改革个案研究》,

博士学位论文，香港中文大学，2006 年。

张新海：《新课程实施中的教师阻抗研究》，博士学位论文，西北师范大学，2008 年。

郑东辉：《教师评价素养发展研究》，博士学位论文，华东师范大学，2009 年。

张星：《论研究性学习中的教师角色》，硕士学位论文，上海师范大学，2003 年。

卢祖琴：《我国贫困地区普通高中研究性学习的实践与启示——基于安徽省洒县一中的经验》，硕士学位论文，苏州大学，2008 年。

杨芳：《甘肃省成县化学课程资源的开发及在九年级教学中的应用》，硕士学位论文，西北师范大学，2006 年。

张筱：《农村高中研究性学习实施状况研究》，硕士学位论文，湖南师范大学，2009 年。

郑伟：《高中研究型课程的理论与实践探索》，硕士学位论文，福建师范大学，2001 年。

Achilles, C. M., Hoover, S. P. *Exploring Problem-Based Learning in Grade 6-12*, Tuscaloosa: Paper Presented at the Annual Meeting of the Mid-south Educational Research Association, 1996.

Argyris, C., Schon, D. A. *Theory in Practice: Increasing Professional Effectiveness*, San Francisco: Jossey-Boss, 1974.

Brookfield, S. D. *Becoming a Critically Reflective Teacher*, San Francisco: Jossey-Bass Publishers, 1995.

Hargreaves, A. *Changing Teachers, Changing Times: Teachers Work and Culture in the Postmodern Age*, London: Cassell, 1994.

Hall, G. E. & Hord, S. M. *Changes in Schools: Facilitating the Process*, Albany, N. Y.: SNUY Press, 1987.

Jackson, P. W. *Handbook of Research on Curriculum*, New Your: Macmillan Pub. Co., 1992.

Miller, J. P. *The Education Spectrum: Orientations to Curriculum*, New York: Longman, 1983.

Schon, D. A. *The Reflective Practitioner: How Professionals Think in Action*,

New York: Basic Books, 1983.

Snyder, J., Bolin, F. & Zumwalt, K. *Curriculum Implementatation*, New York: Macmillan Publishing Company, 1992.

Barrn, B. J. S., Schwartz, D. L., Vye, N. J., Petrosino, A. & Zech, L. "Doing with Understanding: Lessons from the Research on Problem-and Project-Based Learning." *The Journal of the Learning Science*, Vol. 3 & 4, 1998.

Clement, Mieke & Vandenberghe, Roland. "Teachers' Professional Development: A Solitary or Collegial (ad) venture." *Teaching and Teacher Education*, Vol. 16, 2000.

Dochy, F., Segers, M., Bossche, P. V. & Gijbels, D. "Effects of Problem-Based Learning: A Meta-analysis." *Learning and Instruction*, Vol. 13, 2003.

Edelson, D. C., Gordon, D. N., & Pea, R. D. "Addressing the Challenge of Inquiry-Based Learning." *Journal of the Learning Science*, Vol. 8, 1999.

Goodson, I. "Social Histories of Educational Change." *Journal of Educational Change*, Vol. 1, 2001.

Krajcik, J., Blumenfeld, P. C., Marx, R. W., Bass, K. M. & Fredricks, J. "Inquiry in Project-Based Science Classrooms: Initial Attempts by Middle Schoool Students." *The Journal of the Learning Sciences*, Vol. 3 & 4, June 1998.

Ladewski, B. G., Krajcik, J. S., & Harvey, C. L. "A Middle Grade Science Teacher's Emerging Understanding of Project Based Instruction", *The Elementary School Journal*, Vol. 5, 1994.

Meyer, D. K, Turner, J. C., & Spencer, C. A. "Challenge in a Mathematics Classroom: Students' Motivation and Strategies in Project-Based Learning." *Elementary School Journal*, Vol. 5, 1997.

Wagner, T. "Leadership for Learning: An Action Theory of School Change." *Phi Delta Kappan*, Vol. 5, 2001.

Zeichner, K. M. "Alternative Paradigms of Teacher Education." *Journal of*

Teacher Education, Vol. 31983.

Thomas, J. W. "*A Review of Research on Project-Based Learning.*" http://www.autodesk.com/foundation.

附　录

附录1　"研究性学习"课程实施研究调查(教师问卷)

尊敬的老师：

您好！非常感谢您在百忙之中抽出时间填写这份问卷。本问卷旨在了解研究性学习课程（特指新课程计划中作为独立形态的研究性学习）的实施状况。这份问卷各个问题的答案随个人的不同情况而有所不同，我们所关注的是您个人的观点和立场。敬请各位老师根据实际情况作答，衷心感谢您的支持与合作。

西北师范大学教育学院　2011年6月

第一部分　教师个人基本信息

1. 性别：　□男　　　□女
2. 教龄：　□1—3年　□4—6年　□7—10年　□11—20年
　　　　　□20年以上
3. 职称：　□未评　　□中教二级　□中教一级　□中教高级
4. 学历水平：□中师（高中）　　□大专　　□大学本科
　　　　　　□研究生
5. 任教科目：_____
6. 任教的年级：□高一　□高二

第二部分　教师课程观

请根据您的实际情况回答，从1—5中选择最符合的一项，并在该数字上划"√"	非常不同意	基本不同意	不确定	基本同意	非常同意
1. 研究性学习课程强调学生在活动中是否学会了学习、探究及创新	1	2	3	4	5
2. 开展研究性学习课程有助于实现学生的个性和才能的发展	1	2	3	4	5
3. 研究性学习课程旨在培养学生的科学素养和人文素养	1	2	3	4	5
4. 教师的主要职责是传授知识、培养技能，而培养学生道德感等是家长的事	1	2	3	4	5
5. 开展研究性学习课程有助于加强学生对社会的了解	1	2	3	4	5
6. 开展研究性学习课程就是为获得现成的答案	1	2	3	4	5
7. 研究性学习课程的学习以获取直接经验为主，间接经验也很重要	1	2	3	4	5
8. 国家对研究性学习课程内容不做统一规定，有利于发挥师生的主观能动性	1	2	3	4	5
9. 研究课题要引导学生从其关心的自然现象、社会问题及自我生活中选择确定	1	2	3	4	5
10. 课题内容应向学生的整体生活开放，使学生感兴趣	1	2	3	4	5
11. 调查和分析社会问题，有助于加强学生的社会责任感	1	2	3	4	5
12. 课题开展前对活动精心设计，同时也要注重活动中新目标、新主题的价值	1	2	3	4	5
13. 研究性学习课程强调培养学生的社会责任感	1	2	3	4	5
14. 研究性学习课程强调学生的情感体验、意志品质等方面的发展	1	2	3	4	5
15. 研究性学习课程以活动为主，注重活动中的体验和感悟	1	2	3	4	5
16. 研究性学习课程强调发展学生的创新精神和实践能力	1	2	3	4	5
17. 研究性学习课程强调培养学生的科学态度、科学道德和科学方法	1	2	3	4	5

续表

请根据您的实际情况回答，从1—5中选择最符合的一项，并在该数字上划"√"	非常不同意	基本不同意	不确定	基本同意	非常同意
18. 课题开展中，当情况发生变化时，可以对预先设计好的方案进行调整	1	2	3	4	5
19. 课题开展中，要重视研究方法的指导，帮助学生解决困难	1	2	3	4	5
20. 课题开展中，要与学生共同探讨问题，共同发展	1	2	3	4	5
21. 研究性学习课程强调培养学生的团队精神和合作意识	1	2	3	4	5
22. 研究性学习课程强调培养学生获取、分析与处理信息的能力	1	2	3	4	5
23. 研究性学习课程就是在"做""实验""调查"等活动中发现和解决问题	1	2	3	4	5
24. 课题开展中，要重视学生提出的问题和想法	1	2	3	4	5
25. 课题开展中，要尽量为学生的个性发展创造条件	1	2	3	4	5
26. 要尽量帮助学生选择课题和设计方案，而不是代替学生选择设计	1	2	3	4	5
27. 对研究性学习课程的评价，学生不应参与	1	2	3	4	5
28. 学生在充满了爱和情感支持的环境中，会学得更好	1	2	3	4	5
29. 课题开展中，要将学生的需要、动机与兴趣置于核心地位	1	2	3	4	5
30. 指导教师也要具备一定的研究问题的素养和能力	1	2	3	4	5
31. 研究性学习课程评价是生评、师评相结合的多主体评价	1	2	3	4	5
32. 开展研究性学习课程可以拓展学科知识并进行创新和综合运用	1	2	3	4	5
33. 除成果外，学生的自信心、学习态度等也是评价重点	1	2	3	4	5
34. 研究性学习课程强调学生的亲身经历，所以要重视过程评价	1	2	3	4	5
35. 研究性学习课程采取学习档案评价和活动表现评价等多元的评价方式	1	2	3	4	5
36. 研究性学习课程重在学习过程的体验，而不是具体知识和技能的传授	1	2	3	4	5

第三部分　教师在课程实施中遇到的问题

1. 您认为本校开展研究性学习课程的效果如何（　　）

   A. 没有什么效果，纯粹走形式　　B. 有一点效果，存在很多问题

   C. 有一定成效，但也存在一些问题　　D. 开展得扎实有效

2. 开展研究性学习课程，您最大的收获是（　　）

   A. 了解研究性学习课程的背景、理念和目标

   B. 转变了教育观念　　C. 教学能力提高了

   D. 教学方式有所改善　　E. 没有什么收获

3. 您认为学生在参加研究性学习课程后所发生的最明显变化是（　　）

   A. 喜欢探讨问题的学生更多了

   B. 学生更加自信、师生关系更融洽

   C. 课堂学习更主动了　　D. 学生的创造性潜力有所提升

   E. 学科成绩下降了　　F. 课堂纪律较涣散

   G. 没有什么变化　　H. 其他变化（请填写）＿＿＿＿＿＿＿

4. 在开展研究性学习课程中，您在指导中做得最好的是（　　）

   A. 帮助学生确定课题　　B. 查阅相关资料

   C. 在方法上进行点拨　　D. 给予学生情感支持

   E. 协调合作学习

5. 您对指导学生完成研究性学习课程最担心的是（　　）

   A. 安全问题　　B. 影响学科成绩

   C. 学不到东西　　D. 管理难度大

   E. 资金问题　　F. 学生不会做研究

   G. 其他（请填写）＿＿＿＿＿＿＿

6、对于学生的调查或访问，学校所在社区或受访单位给予理解并配合的情况如何（　　）

   A. 只要不妨碍他们的正常工作，一般会给予理解和支持

   B. 给出种种理由婉言谢绝

   C. 一口回绝

7. 对于学生的课题研究，家长给予支持并配合的情况如何（   ）

　　A. 只要不影响他们的工作和生活，一般会配合

　　B. 只要不影响学生的学科成绩，一般会配合

　　C. 只要有条件，一般会提供支持和帮助

　　D. 担心影响学生高考，一般不会配合

8. 周边师范院校及课程专家、学者有没有对贵校研究性学习课程的开展提供帮助（   ）

　　A. 较多帮助　　B. 有一定帮助　　C. 很少帮助

　　D. 从来没有　　E. 不清楚

9. 您认为当地教育管理部门和学校领导对开设研究性学习课程的态度如何（   ）

　　A. 给予了大力支持　　B. 有一定支持

　　C. 只是态度上支持，实际上没有检查和落实　　D. 不太支持

10. 您认为，您能获取和利用的研究性学习课程资源（   ）

　　A. 较为丰富　　B. 一般　　C. 非常缺乏

11. 在研究性学习课程实施中，贵校可供利用的校内资源有（   ）（可多选），其中最常利用的两项是（   ）

　　A. 校园网络　　B. 学科实验室　　C. 图书馆　　D. 多媒体教室

　　E. 学生活动室　　F. 各种幻灯、录像、光盘等教学资源库

12. 在研究性学习课程实施中，贵校可供利用的校外资源有（   ）（可多选），其中最常利用的两项是（   ）

　　A. 自然资源　　B. 校外工厂　　C. 互联网

　　D. 农业基地　　E. 政府机构　　F. 家长

　　G. 本地大学的教育资源（如专家、教授等）

13. 在研究性学习课程资源的开发和利用上，您觉得贵校最需解决的问题是（   ）

　　A. 建立研究性学习课程资源库

　　B. 开辟研究性学习课程实验基地

　　C. 获得各种案例集

　　D. 加强对教师课程资源开发和利用的培训

　　E. 充分利用家长资源　　F. 其他（请填写）_____

14. 对研究课题成果的评价容易进行，但对研究过程的评价难以落实，您的看法是（　　）

 A. 完全赞同　　B. 基本赞同　　C. 不能确定

 D. 有点不赞同　　E. 完全不赞同

15. 贵校对研究性学习课程主要采用的评价方式是（　　）

 A. 书面考试　　　　B. 记录袋评价　　　C. 课题成果答辩

 D. 学生自评法　　E. 师生民主评议法　　F. 成果展示法

 G. 分等级考核法

16. 在研究性学习课程开展过程中，您跟同事的合作交流（　　）

 A. 经常进行　　　　B. 有时候进行　　　C. 很少进行

17. 您认为，有助于提升研究性学习课程指导能力的合作交流方式是（　　）

 A. 开展校本教研活动，组织开展跨学科的同伴互助和案例研究，解决实践中遇到的问题

 B. 指导教师集体备课及研讨，教师之间交流合作

 C. 能者为师，开设讲座　　D. 个别交流

18. 就研究性学习课程实施而言，您认为对您帮助最大的培训形式是（　　）

 A. 听专家讲座　　B. 参加校内和校外组织的各种校本教研交流活动

 C. 参加教育管理部门组织的课程培训　　D. 自学有关资料

19. 您是否研读过教育部颁发的《普通高中研究性学习实施指南（试行）》（　　）

 A. 认真研读过　　　B. 粗略看过

 C. 只知道有这么一个文件，但从来就没见过

 D. 从来没有听说过

20. 为了更好地实施研究性学习课程，您最希望获得什么信息（　　）

 A. 研究性学习课程的实际指导技能

 B. 国内、外研究性学习课程的最新动态

 C. 其他学校的优秀经验　　D. 有关研究性学习课程的理论

21. 关于研究性学习课程的价值和理念，您主要是通过什么方式了解的（　　）

　　A. 校外教育培训　　　　B. 校内培训　　　　C. 同事互相交流

　　D. 自己搜集资料学习　　E. 其他（请填写）_____

22. 您认为有助于实现研究性学习课程目标的有利措施是（　　）

　　A. 不同学科教师之间的合作与交流

　　B. 开展校本教研活动

　　C. 研究过程和成果直接与学生的升学、选拔等挂钩

　　D. 上级教育部门组织的相关培训

23. 对于研究性学习课程的前景，您是怎么看待的（　　）

　　A. 在越来越重视学生综合素质的今天，这门课程会越来越受到重视，并逐渐走向完善

　　B. 理念是好的，但在当今形势下有名无实，迟早会被别的课程所取代

　　C. 如果不搞好各种配套改革，尤其是高考方式不变革，这门课程不会有什么明朗前景

24. 您在实施研究性学习课程的过程中遇到的主要问题是（　　）（限选3项）

　　A. 学校缺乏资料、设备等资源，研究性学习课程的平台支持较差

　　B. 缺少政策支持和经费保障　　C. 学校领导不重视

　　D. 家长不支持　　E. 得不到应有的评价和报酬

　　F. 学生不太积极　　G. 得不到有效的培训指导，不熟悉指导方法

　　H. 没有充足的时间和精力　　I. 没有合适的教材

　　J. 教师之间缺乏合作和交流　　K. 学生探究、动手操作能力差

25. 据您估计，学生在研究性学习课程学习中遇到的最大困难是（　　）（限选3项）

　　A. 不知如何进行选题

　　B. 不会制定研究方案

　　C. 撰写论文、报告不知从何下手

　　D. 不能够收集到有用的信息、资料

　　E. 不会灵活运用研究方法

F. 不会处理小组成员之间的关系

26. 结合您正在指导或曾经指导的课题,能否具体谈谈您所遇到的困难和问题?您认为贵校开展研究性学习课程有哪些有益经验?影响研究性学习课程实施的因素主要有哪些?

问卷到此结束,衷心感谢您的支持与合作!

附录2 "研究性学习"课程实施研究调查(学生问卷)

各位同学:

　　你们好!欢迎你们参加"研究性学习"课程实施(特指新课程计划中作为独立形态的研究性学习)的研究调查。这项研究的目的在于了解普通高中"研究性学习"课程实施状况。这份问卷中各个问题的答案随个人的不同情况而有所不同,没有"对"与"错"之分,我们所关注的是你个人的看法。请各位同学根据实际情况作答,非常感谢你们的支持与合作。

西北师范大学教育学院　2011年6月

第一部分　学生个人的基本情况

1. 你所在的学校:　　□ 城市　　□ 县城　　□ 乡镇
2. 你的性别:　　　　□ 男　　　□ 女
3. 你所在的年级:　　□ 高一　　□ 高二　　□ 高三
4. 你所在的学校是否开设研究性学习?　　□ 是　　□ 否
5. 你是否参加过研究性学习?　　　　　　□ 是　　□ 否

6. 你所在学校的名称：

第二部分　教师课程观

请根据您的实际情况回答，从1—5中选择最符合的一项，并在该数字上划"√"	非常不同意	基本不同意	不确定	基本同意	非常同意
1. 我喜欢研究性学习，因为它充满乐趣和挑战	1	2	3	4	5
2. 开展研究性学习提高了我的学习兴趣	1	2	3	4	5
3. 在研究性学习中，老师很重视发展我们的个性和才能	1	2	3	4	5
4. 老师很看重我在活动过程中的表现	1	2	3	4	5
5. 课题研究中，老师很重视培养我们的创新意识和实践能力	1	2	3	4	5
6. 课题研究中，我经常能够用到从前或现在学的学科知识	1	2	3	4	5
7. 通过开展课题研究，我们小组充分体现出了团结合作精神	1	2	3	4	5
8. 我已经初步掌握了资料的收集、分类与整理方法	1	2	3	4	5
9. 老师引导我们要从自然、社会及自我生活中选择和确定研究课题	1	2	3	4	5
10. 老师允许我们调查和分析社会问题，以加强我们的社会责任感	1	2	3	4	5
11. 课题开展前要精心设计，但如果条件变化，老师会帮助我们根据实际情况对方案进行调整	1	2	3	4	5
12. 如果条件变化，老师不允许我们对课题方案进行调整	1	2	3	4	5
13. 老师常与我们共同探讨问题，帮助我们解决困难	1	2	3	4	5
14. 在研究小组里，我有自己的工作，并和老师同学一起交流，感到很快乐	1	2	3	4	5
15. 课题研究中，老师尽可能多地教给我们怎样做	1	2	3	4	5
16. 在充满了爱和情感支持的环境中，我会学得更好	1	2	3	4	5

请根据您的实际情况回答，从1—5中选择最符合的一项，并在该数字上划"√"	非常不同意	基本不同意	不确定	基本同意	非常同意
17. 通过研究性学习，我对调查、实验等研究方法有了一定的体验	1	2	3	4	5
18. 研究性学习就是通过亲自"做""实验""调查"等活动发现和解决问题	1	2	3	4	5
19. 研究性学习的本质就是体验、探究、动手、动脑的自主学习过程	1	2	3	4	5
20. 我们的课题是在老师指导下由我们小组商量确定的，我较感兴趣	1	2	3	4	5
21. 我们的课题方案是在老师指导下由我们小组研究设计的	1	2	3	4	5
22. 课题开展前，老师引导我们根据能力倾向进行任务分工，各负其责	1	2	3	4	5
23. 课题开展中，老师很重视我提出的问题和想法	1	2	3	4	5
24. 课题开展中，老师总是尽量为我们的研究创造条件	1	2	3	4	5
25. 课题开展中，老师很重视我的需要与兴趣	1	2	3	4	5
26. 开展研究性学习是我们自己研究，老师不起什么作用	1	2	3	4	5
27. 除成果外，老师也注重评价我们的态度、自信心和创新意识等	1	2	3	4	5
28. 除学校评价外，老师也鼓励我们通过记录研究过程和心得进行总结和自我评价	1	2	3	4	5

第三部分　学生遇到的问题

1. 通过开展研究性学习，你所发生的较明显变化是（　　　）

A. 喜欢探讨问题了　　　　B. 更加自信，和老师、同学关系更融洽

C. 学习更主动了　　　　　D. 创造性潜力有所提升

E. 学习方式有所改善　　　F. 学科成绩下降了

G. 课堂纪律较涣散　　　　H. 没有什么变化

I. 其他变化（请填写）_____

2. 你认为老师指导研究性学习对你帮助最大的是（　　），其次是（　　）

  A. 帮助学生确定课题　　　B. 查阅相关资料

  C. 在方法上进行点拨　　　D. 给予学生情感支持

  E. 协调合作学习

3. 你对完成研究性学习最担心的是（　　），其次是（　　）

  A. 安全问题　　　B. 影响学科成绩　　　C. 学不到东西

  D. 不会做研究　　　E. 其他（请填写）_____

4. 外出调查或访问时，调查对象或受访部门对于活动的态度如何（　　）

  A. 只要不妨碍正常工作，一般给予理解和配合

  B. 给出种种理由，婉言谢绝　　　C. 一口回绝

5. 对于你的课题研究，家长给予支持并配合的情况如何（　　）

  A. 只要不影响他们的工作和生活，一般会支持

  B. 只要不影响学科成绩，一般会支持

  C. 只要有条件，一般会提供支持和帮助

  D. 担心影响我的高考，一般不会支持

6. 周边师范院校及课程专家、学者有没有对你校开展研究性学习提供帮助（　　）

  A. 较多帮助　　　B. 有一定帮助　　　C. 很少帮助

  D. 从来没有　　　E. 不清楚

7. 你认为当地教育管理部门对开设研究性学习课程的态度如何（　　）

  A. 给予了大力支持　　　B. 有一定支持

  C. 只是态度上支持，实际上没有检查和落实

  D. 不太支持

8. 你认为，你能获取和利用的研究性学习课程资源（　　）

  A. 较为丰富　　　B. 一般　　　C. 非常缺乏

9. 开展研究性学习，可供本校学生利用的校内资源有（　　）（可多选）

  A. 校园网络　　　B. 学科实验室　　　C. 图书馆

D. 多媒体教室　　　E. 学生活动室

F. 各种录像、光盘等教学资源库

10. 开展研究性学习，可供本校学生利用的校外资源有（　　　）（可多选），其中最常利用的两项是（　　　）

A. 互联网　　　B. 工厂或农业基地　　　C. 自然资源

D. 政府机构　　　E. 家长

F. 本地大学的教育资源（如专家、学者等）

11. 在研究性学习课程资源的开发和利用上，你觉得本校最需解决的是（　　　）（单选）

A. 建立研究性学习课程资源库

B. 开辟研究性学习课程实验基地

C. 加强对教师研究性学习课程资源开发和利用的培训

D. 获得各种案例集　　　E. 充分利用家长资源

12. 本校对研究性学习主要采用的评价方式是（　　　）

A. 书面考试　　　B. 记录袋评价　　　C. 课题成果答辩

D. 学生自评法　　　E. 师生民主评议法

F. 成果展示法　　　G. 分等级考核法

13. 你在研究性学习中遇到的最大困难是（　　　）

A. 没有合适的选题，不知如何确立选题　　B. 不会制定研究方案

C. 不会灵活运用研究方法　　　D. 不能够收集到有用的信息、资料

E. 撰写论文、报告不知从何下手

F. 不会处理与小组成员的关系

G. 其他（请填写）_____

14. 为更好地开展研究性学习，你对学校和老师有哪些建议？

问卷到此结束，衷心感谢你的支持与合作。

附录3 教师访谈提纲

一 基本信息

访谈时间_____ 访谈学校_____ 被访人_____
性别_____ 学历_____ 职称_____
职务_____ 任教科目_____ 任教年级_____
指导的研究性学习课题名称_____

二 访谈内容

下列的问题旨在为访谈提供一个引导，实际访谈中的问题将取决于教师的具体情况。

1. 关于教师的从教经历和对教学与教师职业的认识等。
2. 对新课程改革和研究性学习课程的认识。
3. 教师的教学方式和指导策略。

（1）请问您在指导过程中怎样帮助学生确定课题研究目标？怎样在指导过程中凸显目标？怎样注重生成性目标？

（2）研究性学习课程没有统一教材，您认为这对有效实施有利还是有弊？

（3）您怎样认识活动开展中学生的直接经验和间接经验之间的关系？

（4）在活动开展中，您怎样对学生进行研究方法指导？

（5）在活动开展过程中，您怎样指导学生自评及进行总结或反思？

4. 教师遇到的主要问题和困难及解决策略。

（1）贵校现有的条件能否保证顺利地开展研究性学习课程（领导

支持、课程管理、对教师的情感支持、考核和评价等)？

（2）请谈谈您校指导教师之间的交流与合作情况（交流的主要内容、形式等）。

（3）您对研究性学习课程培训有何建议？

（4）您在指导过程中的资源怎样获得？还需要哪些具体资源？

（5）贵校的研究性学习课程评价主要采取哪些方式？有哪些问题？

5. 研究性学习课程开展效果和建议。

（1）您校开展研究性学习课程的效果如何（学生的变化，如学习态度、学习方式、创新精神、动手能力、责任感、合作精神等；教师的变化，如理念、教学能力、教学方式等）？

（2）在实施研究性学习课程的过程中，您遇到的主要问题和困难还有哪些？您对开展研究性学习课程有什么建议？

6. 教师的变革动力（个人努力的意义、学习进取的动力、合作交流的习惯、创新的意识等）。

附录4　学生访谈提纲

一　基本信息

访谈时间＿＿＿＿　访谈学校＿＿＿＿　被访人＿＿＿＿
性别＿＿＿＿　年级＿＿＿＿　班级＿＿＿＿
研究性学习课题名称＿＿＿＿＿＿＿＿

二　访谈内容

1. 你对研究性学习课程怎样认识？有没有学习兴趣？
2. 在活动开展过程中老师较为关注你的哪些表现？

3. 在活动开展过程中老师会在哪些方面给予帮助和指导？（研究课题的来源、开题和结题报告的撰写、课程资源的获取、研究方法的指导、自评反思的指导等）

4. 你遇到的主要问题和困难是什么？学校和老师有没有帮你尽量解决问题？

5. 通过活动开展，你的收获和较明显的变化是什么？预定目标和实际效果的差距在哪里（学习兴趣、主动性、师生及同学关系、自信心、学习方式、课堂纪律、学习成绩等）？

6. 对于开展研究性学习课程父母是否支持？从哪些方面提供支持和帮助？有没有社区和单位给予帮助和支持？

7. 老师对你帮助最大的是什么？你对学校和老师有哪些建议？（选题方法、资源利用、方法点拨、学法改进、创新和动手实践能力提升等）

附录5　实地观察记录表

一　基本信息

时间＿＿＿＿＿　　地点＿＿＿＿＿　　观察对象＿＿＿＿＿

性别＿＿＿＿＿　　学历＿＿＿＿＿　　职称＿＿＿＿＿

职务＿＿＿＿＿　　任教科目＿＿＿＿＿　　任教年级＿＿＿＿＿

指导的研究性学习课题名称 ＿＿＿＿＿＿＿＿＿＿＿＿

二 观察记录表

开展过程	问题情境阶段 准备、选题	实践体验阶段 调查、访问、资源开发	评价反思阶段 总结、表达、交流	事件场景
课程内容调适创生				
课程目标凸显				
课题指导策略探究				
课程评价				
教师角色				
问题解决策略				

后　　记

　　生命的意义在于收获内心的丰富。作为一名曾经在中学讲台上执教近二十年的老师，在我的内心深处，没有比用科学的教育理念和思维方式去影响和感染烂漫纯真的莘莘学子，帮助和陪伴他们健康、快乐地成长更让我感到高兴的事了。"君子不器"，我想，从某种程度上讲，研究性学习就是要达成这样的效果：当学生走出校门时，应该成长为一个具有创新精神和实践能力的人，成长为一个具有独立人格的完整的人。

　　毫无疑问，学生是研究性学习的主体，以解放学生主体性为根本特征的新课程改革为研究性学习提供了绝佳的实践背景，而教师的教育理念和教学方式对研究性学习的课程实施起着至关重要的作用。教师有了以学生为本的教育理念、重视创新思维培养的教学方式，有了灵动的思考和充满活力的课堂教学，才能带来学生课堂上的头脑风暴和思维挑战、课堂外的创新探索和学习实践，才能激发学生的创新潜能和探索精神，彰显学生的内在价值和生命张力，从而达成研究性学习的终极目的。本书的选题和研究成果就是为改善和提升研究性学习指导教师的教学行为，为研究性学习在普通高中教育实践中的深入推进提供理论指导和实践指南。

　　本书是在我的博士学位论文基础上修改而成的。在西北师范大学教育学院攻读博士学位这三年，注定成为我生命中最重要的一段历程，成为我人生的转折点。在不惑之年，我秉承"以学生为中心"的教育理想，带着对中学教学的经验积累和教学实践中的一些困惑，我重新走上了一条艰辛的求学之路。博士论文的撰写对我犹如一次"长征"，要克服知识积累、理论素养、研究方法等一道道难关，还要克服人到中年的工作压力和生活负累。但一路走来，是教育的理想感召着我，是学习、研究的乐趣激励着我，使我在艰辛中品味教育的真谛、感悟研究的魅力、享用思维的盛宴、收获内心的丰富，以及由此带来的生命的喜悦。

此刻，博士论文即将付梓出版之际，我由衷地感谢为我打开学术之门，带领我走上学术之路的各位老师，没有他们的悉心指导和帮助，很难想象我能走到这里。感谢我的导师王鉴教授，为我书稿的撰写和修改倾注了大量的心血，从选题方向、理论框架、研究方法到提炼加工，都给予我明确、具体的指导和帮助，并专门为拙作写序，予以鼓励。王老师深厚的学术底蕴和广阔的学术视野使我得以畅游理论的海洋，他严谨求实的学术品格将使我终生受益。王老师在学术上要求严格，在师生之间又善于营造自由、平等、宽松的交流氛围，使我如沐春风，激励着我学为人师的新追求。非常感谢胡德海教授、王嘉毅教授、万明钢教授、李瑾瑜教授、王兆璟教授、刘旭东教授、赵明仁教授、李泽林教授、安富海副教授、张海副教授等对我的学业和论文给予的指导和帮助。母校西北师范大学教育学院课程与教学论专业的研究有非常优秀的传统，这里有许多知识渊博、学养深厚的老师，他们对教育理想的执着追求深深地感染和激励着我，在为人、治学方面都让我深受教益，他们在我生命的记忆中，深深地印下了视野开阔、胸怀宽广、不拘一格、充满个性和活力的身影，成为指引我成长的生命的亮光。

田野调查是本研究一个十分重要的环节。调查的过程对我来讲已成为一段充满挑战和惊喜、富有收获和感悟的学习之旅。在调研过程中，我接触了很多富有创新意识和开拓精神的中学校长，结识了许多爱岗敬业、充满激情的中学老师，以及一大批勤奋好学、充满灵性、纯真可爱的学生。他们使我在顺利完成调研工作的同时，看到了教育的未来和希望，也更加坚定了追寻教育理想的信念和决心。在这里，我尤其要感谢兰州市榆中县恩玲中学的魏永胜校长、魏振国主任，白祥志、李红霞、岳祖霖等老师以及王琴、钱冬梅、魏丹等同学，没有他们的配合和支持，我的论文不可能完成；没有他们的工作和奉献，研究性学习的成果也不可能显现。还要感谢兰州市教育局南战军局长在田野调查过程中给予本研究的大力帮助和中肯建议，让我受益匪浅。

同窗好友相互学习、鼓励和支持所结下的深厚友谊，也成为我三年博士生涯中弥足珍贵的记忆。在博士论文撰写和修改的过程中，得到了张维民、张善鑫、王俊、龙红芝、赵晓霞、杨宝琰、夏瑞雪、吴银银以及安静等同学的大力帮助和支持，他们或帮助查阅资料，或讨论修订问卷，或协助整理调研数据，更重要的是在相互交流的过程中提出许多宝贵的意见和建议，使我学到不少东西，常常让我感动，他们的热情也时常鼓舞和激励着我前行。我要把内心深处最美好的祝福送给他们，祝他们学业精进，事业有成。还有很多老师、同学和朋友值得我去铭记和感谢，不能一一表述，他们给予我的支持将陪伴我在今后的学术之路上风雨兼程。

搁笔之际，感谢我的家人，给我最温暖的港湾，倦航时，有着最安心的依靠。"爱是最好的教育。"对此，我深信不疑。

胡红杏
2017 年 5 月 23 日